Gregor Schöllgen · Jenseits von Hitler

Gregor Schöllgen

Jenseits von Hitler

Die Deutschen in der Weltpolitik
von Bismarck bis heute

Propyläen

Propyläen ist ein Verlag der Ullstein Buchverlage GmbH

ISBN-13: 978-3-549-07203-5
ISBN-10: 3-549-07203-1

Gesetzt aus der Janson
bei Pinkuin Satz und Datentechnik, Berlin
Druck und Bindung: Bercker, Kevelaer
Printed in Germany

INHALT

VORWORT

Am Anfang war nicht Hitler. Die moderne deutsche Geschichte, die Geschichte des deutschen Nationalstaates, begann mit Bismarck. Und die Jahrzehnte, die auf die Reichsgründung folgten, waren keine Einbahnstraße in die Katastrophe. Es gab Alternativen – vor Hitler, und erst recht nach ihm: Die deutsche Geschichte seit 1945 ist auch die Geschichte eines anderen Weges. Und der zweite deutsche Nationalstaat, der 1991 – hundertzwanzig Jahre nach der Gründung des Deutschen und fast ein halbes Jahrhundert nach dem Untergang des Dritten Reiches – eingerichtet wurde, hat mit dem ersten wenig gemein. Außer seiner Geschichte.

Um sie geht es in diesem Buch. Es ist die erste übergreifende Darstellung Deutschlands in der Weltpolitik von Bismarck bis zur Gegenwart. Es benennt und beschreibt die eigentlichen Zäsuren der deutschen Geschichte. So erscheinen auch die Akteure in einem anderen Licht. Unter ihnen Hitler. Der radikalisierte zwar den in der Gründung des Deutschen Reiches angelegten Drang zum Ausbruch aus seiner halbhegemonialen Lage und führte es so zwangsläufig in den Untergang. Aber der Vernichtungsfeldzug insbesondere gegen die Juden Europas, den die Deutschen unter seiner Führung 1941 begannen, brach mit allen Traditionslinien ihrer Geschichte. Zu diesem Schluss kamen auch die vormaligen Opfer, Gegner und Besieger Hitlers, als sie die Deutschen 1991 endgültig in die Freiheit entließen. Ohne diese Einsicht in den Reihen der »Anti-Hitler-Koalition«, die sich damit auflöste, hätte es eine »abschließende Regelung in bezug auf Deutschland« nie geben können.

Die Darstellung ist aus den Quellen gehoben, allen voran den Akten des Auswärtigen Amtes. In der Regel wird nach den großen Aktenwerken des Amtes zitiert, die mit der Außenpolitik des 1871 gegründeten Deutschen Reiches einsetzen und inzwischen mehr als hundertfünfzig Bände umfassen. Eine beispiellose Leistung. Sie sagt auch einiges über die Bereitschaft der Deutschen aus, ihrer Geschichte ins Auge zu sehen.

Erlangen, im Juni 2005
Gregor Schöllgen

ALPTRAUM

Die Quittung für die Reichsgründung 1871–1884

Die Alpträume waren lästig. Vor allem als sie chronisch wurden. Nicht genug, dass Otto von Bismarck unter den Folgen seiner Gefräßigkeit, unter lästigen und eingebildeten Krankheiten oder auch unter Schlaflosigkeit litt; seit Mitte der siebziger Jahre wurde der Reichskanzler auch noch von diesem Übel heimgesucht. Jedenfalls diktierte er Mitte Juni 1877 in Bad Kissingen, wo er wieder einmal zur Kur weilen musste, seinem Sohn Herbert die Wendung vom »cauchemar des coalitions«, vom Alptraum gegnerischer Bündnisse, in die Feder. Der Kanzler hatte die Formulierung in einer französischen Zeitung entdeckt und sich zu Eigen gemacht. Diese »Art Alp«, hielt er in seinem berühmt gewordenen Kissinger Diktat fest, werde deutsche Staatsmänner wohl noch lange Zeit, wenn nicht sogar auf alle Zeiten, einholen.[1]

Bismarck wusste, wovon er sprach. Gerade einmal zwei Jahre war es her, dass sich vor seinen Augen die Gefahr einer großen Koalition gegen das junge Deutsche Reich abgezeichnet hatte. Dabei war der Anlass für die Krise des Frühjahrs 1875 eher banal. Ein Zeitungsartikel hatte sie ausgelöst. Am 8. April war in der *Post* ein Beitrag erschienen, in dem der Publizist Constantin Rößler unter der Überschrift »Ist der Krieg in Sicht?« nach den Konsequenzen der neuen französischen Heeresreform fragte. Vier Wochen zuvor, am 13. März 1875, hatte nämlich das Pariser Parlament ein Gesetz beschlossen, das im Kriegsfall eine deutliche Verstärkung der Truppen vorsah.

Bemerkenswert waren weniger der Inhalt des besagten Zeitungsartikels als vielmehr die Reaktionen, die er provozierte – und zwar auf beiden Seiten. Bismarck, der von der Veröffentlichung nichts gewusst hatte, nutzte die Gelegenheit der umgehend einsetzenden Kampagne, um die Stimmungslage der europäischen Nachbarn zu sondieren. Die war eindeutig. Zwar hatte der Kanzler selbst – anders als der preußische Generalstabschef Helmuth Graf von Moltke – nicht an einen präventiven Schlag Deutschlands gegen seinen westlichen Nachbarn gedacht. Dennoch gelang es der routinierten französischen Diplomatie, in den europäischen Hauptstädten eben diesen Eindruck zu erwecken.

Entsprechend fielen in London und St. Petersburg die Reaktionen aus. Umgehend wurden sowohl der britische Botschafter in Berlin, Lord Odo Russell, als auch der russische Staatskanzler Alexander Fürst Gortschakow, der sich Mitte Mai an der Seite seines Zaren in der deutschen Hauptstadt aufhielt, bei der Reichsregierung vorstellig. An ihrer entschlossenen Haltung ließen weder der eine noch der andere einen Zweifel: Eine nachhaltige Schwächung, gar ein Ausfall des Machtfaktors Frankreich, so ihre Botschaft, sei mit dem Gleichgewicht der Kräfte auf dem Kontinent nicht vereinbar und also weder für Großbritannien noch für Russland akzeptabel. Bismarck verstand und wies am 1. Juni 1875 im *Reichs-Anzeiger* für die »Reichsregierung« kriegerische Entschließungen oder auch nur Erwägungen weit von sich.[2]

Die Krise war entschärft. Der Alptraum blieb. Keine Geringere als Victoria, Königin von Großbritannien und Irland, nutzte die Gelegenheit, um Wilhelm I., dem Deutschen Kaiser und König von Preußen, zum Abschluss der Krise – »mit wiederholter Versicherung unwandelbarer Freundschaft«, aber unmissverständlich – vor Augen zu führen, was auf dem Spiel stand. Der Umstand, so die Königin, dass »Frankreich oder irgendein Nachbarland« des Deutschen Reiches »auf die erste günstige Gelegenheit zum Losschlagen« warte, sei noch kein ausreichender Grund für einen deutschen Angriff. »Eine solche Politik könnte wohl für den Augenblick von Erfolg sein, allein sie würde notwendig (und mit Recht) die allgemeine Indignation Europas wachrufen« und Deutschland »ohne Alliierte und ohne teilnehmende Freunde lassen«.[3] Keine Frage, das Deutsche Reich war von den »bedrohlichen Folgen seiner Gründung«[4] eingeholt worden.

Dabei hätte man schon sehr bald wissen oder doch ahnen können, was auf dieses Deutsche Reich zukommen würde, und daran hatten die Umstände seiner Gründung einigen Anteil. Immerhin war der preußische König am 18. Januar 1871 ausgerechnet im Spiegelsaal des Schlosses zu Versailles zum Deutschen Kaiser proklamiert worden, und wenig später, im Frankfurter Frieden vom 10. Mai, hatten die Deutschen ihren geschlagenen Nachbarn auch noch zur Zahlung von Kriegsentschädigung in beträchtlicher Höhe, vor allem aber zur Abtretung von Elsass-Lothringen gezwungen. Das waren Demütigungen, die Generationen von Franzosen nicht vergessen wollten. Die vielbeschworene sogenannte Erb- oder auch Erzfeindschaft, die in diesen Wochen und Monaten gestiftet wurde, blieb für die deutsche Politik über Jahrzehnte hinweg eine schwere Hypothek.

Dass es überhaupt zur deutschen Einheit hatte kommen können, dass sich in den sechziger Jahren ein Weg zur nationalstaatlichen Einigung Deutschlands öffnete, war einer Reihe von Ereignissen zu danken, die mit Deutschland zunächst nichts oder nur wenig zu tun hatten. Dabei ist vor allem an den sogenannten Krimkrieg der Jahre 1853 bis 1856 zu denken, eine Auseinandersetzung zwischen Großbritannien, Frankreich und in gewisser Weise auch Österreich und Italien auf der einen und Russland auf der anderen Seite. Sie zog einen tiefen Graben zwischen Russland und jenen anderen europäischen Großmächten, die noch ein halbes Jahrhundert zuvor mit vereinten Kräften Napoleons dynamischem Expansionsdrang gegengesteuert und Frankreich in seine Grenzen gewiesen hatten.

So machten der Krimkrieg und die durch ihn ausgelöste Erschütterung des Mächtesystems den Weg für jene frei, die auf die nationalstaatliche Einigung Deutschlands setzten. Um diese Chance nutzen zu können, bedurfte es jedoch nicht nur einer Gelegenheit, sondern vor allem der militärischen Möglichkeiten sowie des politischen Willens. Woher aber sollten sie kommen? Der Deutsche Bund, im Juni 1815 durch den Wiener Kongress aus der Taufe gehoben, war schon deshalb nicht handlungsfähig, weil seine Führungsmächte, Österreich und Preußen, nicht an einem Strang zogen. Denn nur einer, der Kaiser von Österreich oder der König von Preußen, konnte die Führung in einem deutschen Nationalstaat übernehmen. Ein Dritter kam ohnehin nicht in Frage.

Es bedurfte wohl einer Persönlichkeit wie Otto von Bismarcks, um das vorderhand kleinere und wohl auch schwächere Preußen entschlossen an die Spitze der Bewegung zu setzen und innerhalb weniger Jahre als zentrale Macht in der Mitte Europas zu installieren. Bismarck, am 1. April 1815 in der Altmark geboren, entstammte väterlicherseits jener Führungsschicht, auf die sich die Hohenzollern, die preußischen Könige, stets hatten verlassen können. Seine Schulzeit absolvierte der junge Bismarck in Berlin, das Studium der Rechte zunächst in Göttingen, dann wieder in der preußischen Metropole. Die anschließenden Jahre als Regierungsreferendar in Aachen und Potsdam ließen in dem nicht einmal Fünfundzwanzigjährigen die Erkenntnis reifen, dass die Beamtenlaufbahn ihm nicht die Möglichkeit bot, so »Musik zu machen, wie ich sie für gut erkenne«.[5]

Also entschloss er sich 1838 zur Rückkehr aufs Land, zuletzt nach Schönhausen, wo er das Licht der Welt erblickt hatte und von wo aus er im Mai 1847 als Abgeordneter des Preußischen Vereinigten Landtages den Weg in die Politik nahm. Seine Stunde schlug, als die Revolution das Land erfasste. Keine Frage, dass Otto von Bismarck 1848/49 auf der Seite der Gegenrevolution stand. Keine Frage auch, dass er der Krone und dem Land als Diplomat diente, als diese seine Dienste benötigten – zunächst, von 1851 bis 1859, als preußischer Gesandter am Deutschen Bundestag in Frankfurt, danach für drei Jahre in St. Petersburg. Der Diplomatie, der Außenpolitik hatte schon immer seine Leidenschaft gegolten.

Natürlich war er erneut zur Stelle, als der König im Spätsommer 1862 wegen einer schweren Verfassungskrise, die sich aus einer Heeresreform entwickelt hatte, unter Druck geriet. Seit dem 23. September des Jahres amtierte Bismarck als preußischer Ministerpräsident, seit dem 8. Oktober auch als Minister der Auswärtigen Angelegenheiten – in beiden Fällen, von einer zehnmonatigen Pause als Ministerpräsident 1873 abgesehen, fast dreißig Jahre lang, bis zum 20. März 1890. 1874 drängte er das zweite seiner drei Kinder zum Eintritt in den diplomatischen Dienst des Deutschen Reiches, und vor allem in den letzten Jahren gehörte Herbert von Bismarck als Staatssekretär im Auswärtigen Amt zu den engsten Mitarbeitern seines Vaters.

Wir wissen nicht, wie der 1862 ausgetragene Konflikt mit der liberalen Opposition unter anderen Umständen als den obwaltenden ausgegangen wäre, ob Bismarck ihn politisch überlebt hätte. Immerhin regierte er vier Jahre lang ohne bewilligtes Budget, also gegen das Parlament. Dass die Abgeordneten schließlich dem Ministerpräsidenten verziehen, ja sogar seine politischen Verfehlungen im Nachhinein legalisierten, hatte einen einfachen Grund: die spektakulären außenpolitischen Erfolge des Mannes. Wohlwissend, dass der preußische Führungsanspruch in Deutschland nicht auf Österreichs Zustimmung rechnen konnte, führte Bismarck das Land – über die Zwischenetappe eines 1864 gemeinsam mit Österreich ausgefochtenen Krieges gegen Dänemark – in die unvermeidliche Auseinandersetzung mit der Habsburgermonarchie.

Ein riskantes Spiel. Denn nicht wenige empfanden den Konflikt als Bruderkrieg. Schon deshalb hatte Bismarck während der Auseinandersetzung stets das künftige Verhältnis zu Österreich im Blick und verzichtete auf dessen Demütigung, zumal auf die Einnahme Wiens. Auch ohne diese brachte der preußische Sieg, vor allem der durchschlagende Erfolg in der

Schlacht von Königgrätz am 3. Juli 1866, nicht nur die meisten Kritiker Bismarcks im Innern zum Schweigen, sondern auch eine Reihe deutscher Staaten an Preußens Seite. Das war dringend nötig, denn allein hätte Preußen wohl kaum die Entscheidung gegen Frankreich herbeiführen können.

Den Waffengang gegen den westlichen Nachbarn hielt Bismarck schon deshalb für unabwendbar, weil Kaiser Napoleon III. – ein Neffe des ersten, des großen – eine nationalstaatliche Einigung unter preußischer Führung nicht hinnehmen konnte: Sie gefährdete auf lange Sicht die mit dem Krimkrieg wiedergewonnene führende Stellung Frankreichs in Europa. Auch entfiel mit einem geeinten, handlungsfähigen deutschen Nationalstaat die Verfügungsmasse – das Schlacht- und Vorfeld –, die Deutschland in seiner bestehenden äußeren und inneren Verfassung für Frankreich bot. Nicht zufällig hatte Paris 1866 insgeheim mit Wien gemeinsame Sache gegen Preußen gemacht.

Mit alledem war es vorbei, seit eine französische Armee Anfang September 1870 bei Sedan kapituliert hatte und Napoleon III. von seinen Landsleuten in den royalen Ruhestand geschickt worden war. Von außen betrachtet trug er daran selbst die Schuld: Durch einen taktischen Kniff hatte Bismarck es geschafft, den Kaiser der Franzosen zu einer empörten Reaktion, nämlich zur Kriegserklärung an Preußen zu zwingen. Hintergrund des Vorfalls war die Kandidatur eines Prinzen aus dem Hause Hohenzollern-Sigmaringen für den vakanten spanischen Königsthron, die von Spanien aus betrieben, aber in Frankreich entschieden abgelehnt wurde. Obgleich sich die Sache dann erledigte und der preußische König nur mittelbar involviert gewesen war, verlangte der französische Botschafter von Wilhelm I. eine Erklärung, dass er die Ehre und die Interessen Frankreichs nicht habe verletzen wollen. Als Bismarck durch seinen König telegraphisch von diesem demütigenden Ansinnen in Kenntnis gesetzt wurde, zögerte er keinen Moment, verschärfte den Text der Depesche durch redaktionelle Änderungen und veröffentlichte ihn postwendend.

Das ganze war eine taktische Meisterleistung. Die Gegner einer nationalstaatlichen Einigung unter preußischer Führung hatten einlenken müssen, einer nach dem anderen, und Otto von Bismarck war seit dem 21. März 1871 nicht nur preußischer Ministerpräsident und Außenminister, sondern auch Kanzler des Deutschen Reiches. Aber die Kosten dieses Triumphzuges waren hoch. Denn genaugenommen hatte Preußen durch ihn seine Bewegungsfreiheit eingebüßt, war mit der Versailler Krönungszeremonie vom Januar 1871 im Deutschen Reich aufgegangen, gewissermaßen in ihm gefangen.

Zudem war das neue Reich fortan von Gegnern und Skeptikern umstellt: Dass Frankreich auf nicht absehbare Zeit zu Deutschlands Gegnern zählen musste, galt auf beiden Seiten der Grenze als ausgemacht. Vorerst völlig offen war, ob das geschlagene Österreich, dessen Kaiser seit der Neuordnung seines Reiches im Jahre 1867 – einer Folge der Niederlage gegen Preußen – zugleich als König von Ungarn firmierte, wieder an die Seite des deutschen Bruderstaates finden würde. Und aus Russland, ohne dessen Zurückhaltung die Reichsgründung nicht vorstellbar gewesen wäre, kam schon im Frühjahr 1875, im Rahmen der »Krieg in Sicht«-Krise, das unüberhörbare Signal, dass die Grenze des Erträglichen erreicht sei.

Und England? Hier waren schon 1871 besorgte Warnungen zu hören gewesen. Gewiss, Benjamin Disraeli war damals nicht amtierender Premierminister, sondern lediglich Oppositionsführer im Unterhaus, und natürlich wollte er die nächsten Wahlen gewinnen, was den Konservativen drei Jahre später auch gelang. Möglicherweise hat ihn auch seine Tätigkeit als Romancier zu einer besonders dramatischen Formulierung verleitet. Jedenfalls sprach der Earl of Beaconsfield mit Blick auf den deutsch-französischen Krieg und die Reichsgründung von einer Revolution, genauer gesagt von »der deutschen Revolution«, und nannte sie »ein größeres Ereignis als die französische Revolution des vergangenen Jahrhunderts«.[6] Man ahnt, wie ernst die Warnung war, wenn man weiß, wie tief in Europa nach den revolutionären Wellen der ersten Jahrhunderthälfte die Furcht vor neuen Erschütterungen saß.

Aus deutscher Sicht stellte sich die Lage nicht wesentlich anders dar. Auch Bismarck wusste selbstverständlich um die revolutionäre Dimension der Reichsgründung. Nur hatte sie für ihn wie für die allermeisten seiner Landsleute keine bedrohliche Qualität, ganz im Gegenteil: Sie brachte Entlastung, Befreiung aus einer unhaltbaren Situation. Sie war, so gesehen, eine Antwort auf diese Lage. Endlich, so das verbreitete Empfinden, waren die Deutschen nicht mehr nur Bauern auf dem europäischen Schachbrett, war ihr Land nicht länger Verfügungsmasse und Kompensationsobjekt seiner Nachbarn. Deutschland war jetzt ein Staat wie diese – mit klar definierten Grenzen, einer zentralen Exekutive und mit einer eigenen Armee, die das Land verteidigen und das Volk beschützen konnte. Im Übrigen lag die Reichsgründung ganz im Trend dieser Epoche, die als Zeitalter der Nationalstaaten in die Geschichte eingegangen ist.

Verglichen mit anderen, zumal großen Nationen waren die Deutschen recht spät dran – nicht zum ersten Mal in der Geschichte und auch nicht zum letzten Mal. Wenn auch das Bild von der »verspäteten Nation« ursprünglich in einem geistes-, kultur- und religionsgeschichtlichen Rahmen entworfen worden ist,[7] lässt es sich doch, jedenfalls für die Zeit seit der Gründung des Deutschen Reiches, auf manchen Bereich des politischen Lebens übertragen: Die Deutschen taten die Schritte hin zum Nationalstaat, zur Großmacht, zur Industrienation, zur Kolonial- beziehungsweise Weltmacht, zur Republik oder auch zur funktionierenden parlamentarischen Demokratie erst, als vergleichbare Nationen diese bereits hinter sich hatten. Dass sie dabei nicht selten überstürzt zu Werke gingen, hatte vor allem im 19. und frühen 20. Jahrhundert immer auch mit dem Bedürfnis zu tun, nicht länger »anders« als die anderen, sondern baldmöglichst ebenso etabliert und erfolgreich zu sein wie diese.

Mit der Reichsgründung war das fürs Erste geschafft. Sie

katapultierte Deutschland, gleichsam über Nacht, in den Rang einer europäischen Großmacht, die in ihrem Gewicht den traditionellen europäischen Großmächten England, Frankreich und Russland vergleichbar, in vieler Hinsicht sogar bald überlegen war. Das galt ohnehin für Deutschlands territoriale Größe und für seine Einwohnerzahl: Mit einer Bevölkerung von gut einundvierzig Millionen auf deutlich mehr als einer halben Million Quadratkilometern war das Deutsche Reich der nach Russland gewichtigste Staat Europas. Große Teile des heutigen Polen, nämlich Pommern, Posen, der östliche Teil Brandenburgs, Schlesien, West- und zum Teil Ostpreußen, gehörten vor 1919 beziehungsweise 1945 ebenso dazu wie das seit 1945 sowjetische, heute russische Nordostpreußen mit Königsberg oder auch Elsass-Lothringen, das 1919 wieder an Frankreich ging, und der nördliche Teil Schleswigs, der gleichfalls 1919 zu Dänemark kam.

Was die Zahl und übrigens auch das rasche Wachstum der Bevölkerung betrifft, so fielen sie schon deshalb ins Gewicht, weil sich immer stärker abzeichnete, dass die modernen Kriege von Massenheeren geführt werden würden. Der Trend war im Grunde schon in den napoleonischen Feldzügen erkennbar gewesen; die Kriege Deutschlands gegen Österreich und Frankreich, aber auch der fast gleichzeitig ausgetragene amerikanische Bürgerkrieg hatten ihn verstärkt. Hinzu kam der vergleichsweise hohe Bildungsstand der Deutschen, Folge einer seit dem 18. Jahrhundert vor allem in Preußen konsequent vorangetriebenen Elementarschulbildung und später, in der Ära des preußischen Wissenschaftsadministrators Friedrich Althoff, auch einer international vorbildlichen Hochschulpolitik des Deutschen Reiches. Nicht erst heute weiß man um den engen Zusammenhang von solider Ausbildung und prosperierender Volkswirtschaft.

Jedenfalls gehörte das Reich alsbald auch zu den führenden Wirtschaftsnationen Europas. In den sogenannten Leitsektoren, also bei der Kohleförderung sowie der Roheisen- und Stahlproduktion, hatte Deutschland schon mit den gebündelten Ressourcen der Reichsgründung führende Industrienationen der Zeit wie Frankreich oder Belgien hinter sich gelassen. Um die Jahrhundertwende wurde dann mit England das Ursprungsland der industriellen Revolution ins Visier genommen und bis zum Ausbruch des Ersten Weltkrieges auf fast allen Gebieten eingeholt. Zwar blieb die britische Seemacht die führende Handelsnation, doch konnte sich das Reich etwa bei der Dampfschifffahrtstonnage bis 1914 auf den zweiten Platz vorschieben, gefolgt von den USA, die Deutschland auch bei den damals modernen, zukunftsweisenden Industriezweigen auf dem Fuße folgten. Beim Maschinenbau, der Elektro- und insbesondere der chemischen Industrie hielt das Deutsche Reich bei Kriegsausbruch die Weltspitze.

Das waren beachtliche, in mancher Hinsicht spektakuläre Erfolge. Mit ihnen machte man sich nicht nur Freunde, schon weil sie von Entwicklungen und Ereignissen flankiert wurden, die aus Sicht der Nachbarn auf eine unmittelbare Bedrohung des labilen Mächtegleichgewichts in Europa, wenn nicht auf den Todesstoß für die bestehende Friedensordnung hinauslaufen konnten: Der Schritt zur Kolonial- beziehungsweise Weltmacht und wenig später dann der Aufbau einer Schlachtflotte ließen die ohnehin schon stärkste Militärmacht des Kontinents perspektivisch in die Rolle einer Hegemonialmacht hineinwachsen.

Das jedenfalls war die Sorge der Nachbarn, gewissermaßen ihr Alptraum, und er war so unbegründet nicht. Mit seiner Errichtung befand sich nämlich das Deutsche Reich in einer machtpolitischen Lage, die man als »halbhegemonial«[8] bezeichnet hat – zu stark, um von den anderen ignoriert oder übersehen werden zu können; zu schwach, um aus eigener Kraft die Hegemonie über den Kontinent errichten zu können. Dass diese Erwägung immer wieder eine Rolle spielte, dass die Deutschen wiederholt und mit unterschiedlichen Mitteln und Methoden versucht haben, der geostrategischen Falle durch die Flucht nach vorn zu entkommen, überrascht nicht. Diese Vorstellung war den meisten Deutschen, übrigens auch ihren

Nachbarn, seit den Tagen Bismarcks derart vertraut, dass noch Hitler sie sich zunutze machen konnte, um hinter ihrer Deckung ganz andere Ziele ins Auge zu fassen.

So gesehen war die Reichsgründung, war Otto von Bismarcks große Tat ein zweifelhaftes, ein Danaergeschenk an die Deutschen. Eigentlich war der Kanzler auf halber Strecke stehen geblieben. Um der Nation dauerhaft das Gefühl der Sicherheit vor ihren zahlreichen, zum Teil sehr starken, zusehends missgünstigen Nachbarn zu geben, hätte er tun müssen, was er in den sechziger Jahren gerade nicht tun wollte und danach, wenn er es denn gewollt hätte, nicht mehr tun konnte: Deutschland zur nicht mehr anfechtbaren Macht in Europa zu machen. Und so wird man zu dem Schluss kommen müssen, »daß der höchste Triumph Bismarcks schon die Wurzeln seines Scheiterns enthielt und die Gründung des Deutschen Reiches schon den Keim seines Untergangs«.[9] Kein Wunder, dass der Mann Alpträume hatte.

Denn das war die Lage: Mit acht Staaten hatte Deutschland eine gemeinsame Grenze. Darunter befanden sich mit Russland, Österreich-Ungarn und Frankreich allein drei Großmächte. Rechnete man, wie Bismarck es tat, die mittelbar benachbarten Großmächte England und Italien hinzu, kam man auf fünf. Kein zweites vergleichbares Land der Erde befand sich in einer derartigen Situation. Daraus ergab sich ein ebenso simples wie schwierig umzusetzendes Prinzip: Man musste die Nachbarn, die Großmächte zumal, daran hindern, sich zusammenzuschließen, sich untereinander auf Kosten Deutschlands zu verständigen.

Das hieß nichts anderes, als dass sich das Reich, seit es das Licht der Welt erblickt hatte, in der Defensive befand. Eine unkomfortable, auf Dauer durchaus gefährliche Lage. Wer steht schon gerne mit dem Rücken zur Wand? Das galt jedenfalls seit 1875, also seit jenem Schlüsseljahr, in dem Bismarck die Grenzen der deutschen Außenpolitik aufgezeigt wurden. Denn nicht nur gegenüber Frankreich, auch gegenüber Russland hatte der Kanzler damals die Initiative ergriffen. Gescheitert war er hier wie dort. Dabei hatte der Gedanke, die russischen Sorgen vor dem enorm gestärkten westlichen Nachbarn durch beträchtlichen Einflussgewinn des Zarenreiches auf dem Balkan zu neutralisieren, einiges für sich: Konnte man nicht die Russen für den preußischen Machtzuwachs in Mitteleuropa durch die Aufwertung ihres Machtbereichs in Südosteuropa entschädigen? Offenbar hat der Kanzler den Gesandten Joseph Maria von Radowitz, der sein besonderes Vertrauen besaß, im Februar 1875 in diesem Sinne in St. Petersburg sondieren lassen. Aber die Russen winkten ab, und das nicht zum letzten Mal.

Nicht anders verhielten sie sich – und mit ihnen die Briten – wenige Wochen darauf, als Bismarck im Zuge der »Krieg in Sicht«-Krise seinen Versuchsballon aufsteigen ließ. Denn letztlich wollte der Kanzler in der Krise Antwort auf eine naheliegende Frage bekommen: Konnte man es Deutschland verdenken, wenn es im äußersten Notfall durch eine Initiative nach Westen, durch einen präventiven Vorstoß gegen Frankreich, drohendem Unheil zu entgehen suchte? Die Antwort war eindeutig, die Aussichten waren es ebenso.

Der deutsche Bewegungsspielraum war mithin seit 1875 deutlich eingeschränkt, entsprechend düster des Kanzlers Stimmung. Die reflektierte durchaus das allgemeine Empfinden der Zeit, die als »Große Depression« in die Geschichte eingegangen ist. Dabei handelte es sich mehr um ein diffuses Gefühl als um eine tiefe Krise im strengen Sinne des Wortes, wuchs doch die Wirtschaft auch nach 1873, allerdings nicht mehr mit der atemberaubenden Geschwindigkeit der sogenannten Gründerjahre. Der Fortschrittsoptimismus war jedenfalls dahin – in der Wirtschaft wie in der Politik. Die Zeiten, in denen Bismarck die europäischen Angelegenheiten »beim ersten Frühstück abgemacht, gekämmt und gebürstet hatte«,[10] wie er Ende Juni 1872 an seine Tochter schrieb, würden nicht wiederkommen.

Selbstverständlich hieß das nicht, dass man zur Handlungsunfähigkeit verdammt gewesen wäre, dass man sich in Berlin auf das reine Reagieren hätte verlegen müssen. Das war nicht Bismarcks Sache. Wenn es gelang, außer dem notorisch revisionistischen Frankreich alle übrigen Großmächte so an Deutschland zu binden, dass sie keine Veranlassung sahen, sich ihrerseits gegen das Reich zu verbünden, ließ sich aus der Not eine Tugend machen. Dann konnte man das Heft des Handelns doch noch in der Hand behalten.

Klug eingefädelt, ließen sich dank einer solchen Defensivdiplomatie sogar zwei Fliegen mit einer Klappe schlagen: Wenn die Bindung an Deutschland den Nachbarn an dieser Front Ruhe verschaffte, hatten sie die Möglichkeit, sich in der außereuropäischen Welt oder auch an den Rändern des Kontinents anderen Horizonten zuzuwenden. Taten das alle zur gleichen Zeit, würden sie sich dort zwangsläufig miteinander beschäftigen müssen und Deutschland in Frieden lassen. Eben das war der Grundgedanke jener schon zitierten Aufzeichnung, die Bismarck am 15. Juni 1877 zu Bad Kissingen seinem Sohn Herbert, Legationssekretär im Auswärtigen Amt, in die Feder diktierte. Hier entwarf der Kanzler mit einem Satz das »Bild«, das ihm »vorschwebt[e]«, nämlich »nicht das irgend eines Ländererwerbs, sondern das einer politischen Gesamtsituation, in welcher alle Mächte außer Frankreich unser bedürfen, und von Koalitionen gegen uns durch ihre Beziehungen zueinander nach Möglichkeit abgehalten werden«.[11]

Um diese für das Reich günstige »Gesamtsituation« erwirken zu können, mussten zwei Voraussetzungen gegeben sein. Einmal hatte Deutschland den »Ländererwerb«, also eine aktive Kolonialpolitik, anderen zu überlassen, und das war im aufziehenden Zeitalter des Imperialismus leichter gesagt als getan. Und dann musste Frankreich isoliert, also von Bündnissen mit anderen Großmächten fern gehalten werden. Das setzte bei diesen entweder Desinteresse an einem Arrangement mit Frankreich oder aber ein Angebot Deutschlands voraus, das attraktiv genug war, um sie von einem Zusammengehen mit Frankreich abzuhalten. Im Falle Großbritanniens waren mit dem Wahlsieg Disraelis Anfang 1874 die Würfel zugunsten einer Politik der *Splendid isolation*, also des relativen Desinteresses an den kontinentaleuropäischen Angelegenheiten gefallen. Anders lagen die Dinge bei Österreich-Ungarn und Russland. Den beiden musste das besondere Interesse der deutschen Politik gelten, weil ein Zusammengehen eines oder gar beider östlicher Nachbarn mit Frankreich die Einschnürung Deutschlands und damit den Alptraum Bismarcks Wirklichkeit hätte werden lassen.

Das zu verhindern, erforderte ein beträchtliches Maß an diplomatischer Virtuosität und machtpolitischer Kaltschnäuzigkeit. Der Kanzler besaß beides. Allerdings wurde ihm das Geschäft auch durch den Umstand erleichtert, dass im Zeitalter der Geheimdiplomatie beinahe alles machbar schien. Dennoch waren beträchtliche Hürden zu nehmen. Was das Verhältnis Deutschlands zu Russland und Österreich-Ungarn anging, so sprach einiges für ein Zusammengehen, also für eine Dreierlösung. Dem aber standen vorderhand nicht nur der 1866 offen ausgebrochene deutsch-österreichische Bruderzwist und eine deutlich spürbare Erkaltung im deutsch-russischen Verhältnis im Wege, sondern auch und vor allem der russisch-österreichische Gegensatz.

Entsprechend bescheiden waren die ersten Versuche. Gewiss hatten sich schon Anfang Juni 1873 Franz Joseph I., Kaiser von Österreich und König von Ungarn, und Alexander II., Kaiser aller Russen, auf den Friedenserhalt verständigt; auch wollten sie sich konsultieren, falls ein Dritter diesen Frieden gefährden sollte. Schließlich war am 22. Oktober Wilhelm I., Deutscher Kaiser und König von Preußen, dieser Absprache beigetreten. Doch waren für diesen allgemein gehaltenen Zusammenschluss, das sogenannte Drei-Kaiser-Abkommen, neben verwandtschaftlichen Bindungen vor allem weltanschauliche Gemeinsamkeiten, wie das konservative Prinzip und die antirepublikanische Grundhaltung der drei Monarchien, verantwortlich. Den tiefen Interessengegensatz, der sich an der orientalischen Krise entfachte, vermochten solche Absprachen nicht zu überdecken. Dass er in der großen Orientkrise der Jahre 1875 bis 1878 offen ausbrach, war kein Zufall, und dass Bismarck sein Bild einer für Deutschland günstigen Gesamtsituation vor diesem Hintergrund entwarf, auch nicht.

Die orientalische Frage. Wenn es einen Dauerbrenner in der neueren Geschichte Europas gab, dann war sie es. Sie speiste sich aus mehreren Quellen. Das machte sie so gefährlich. In ihrem Mittelpunkt stand die Zukunft des Osmanischen Reiches. Seit die Türken 1683 zum zweiten Mal vor Wien gescheitert waren, befanden sie sich in der Defensive. Die orientalische Frage war die Geschichte ihres Rückzugs vom Balkan, ihrer Vertreibung aus Europa an oder gar hinter die Meerengen. Dieser Grundzug erklärt ihre enorme Bedeutung für die europäische Politik bis zum Ende des Ersten Weltkrieges; und er erklärt die Schlüsselrolle, die Bosporus und Dardanellen dabei spielten.

Denn der Rückzug beziehungsweise die Vertreibung der Türken aus Europa warf zwangsläufig die Frage auf, wer denn die geräumten Gebiete und damit, direkt oder indirekt, das strategisch wichtige Vorfeld der Meerengen kontrollieren sollte: die Großmächte oder die dort zum Teil seit Jahrhunderten unter türkischer Herrschaft lebenden Völker? In deren Reihen wurde jedenfalls der Ruf nach Unabhängigkeit und nationalstaatlicher Organisation immer lauter. Bislang hatten jedoch lediglich die Griechen ihre 1822 verkündete Unabhängigkeit erkämpfen können. Hingegen lebten Bosnier und Herzegowiner, Serben und Montenegriner, Bulgaren, Rumänen und Albaner immer noch unter türkischer Herrschaft.

Damit sollte es nun vorbei sein. Als sich im Sommer 1875, beginnend mit Aufständen in Bosnien und der Herzegowina, die Völker des Balkans gegen die türkischen Usurpatoren erhoben, riefen sie gleichsam automatisch die Großmächte auf den Plan, allen voran Russland, Österreich-Ungarn und England. Unter dem Vorwand, den slawischen Brüdern zur Hilfe zu eilen, in Wahrheit aber mit dem seit Katharina der Großen verfolgten Ziel, die Meerengen endlich unter ihre Kontrolle zu bringen, griffen die Russen im April 1877 gegen die Türken in den Konflikt ein. Anfang März des folgenden Jahres schien das Ziel erreicht. Mit dem Vorfrieden von San Stefano wurde unter anderem ein sogenanntes Großbulgarien installiert, das Russland die Möglichkeit eines Zangengriffs auf Bosporus und Dardanellen eröffnet hätte. Da aber waren andere vor – die Briten wegen der Meerengen, die sie für die Passage ins Schwarze Meer offen halten wollten, und die Österreicher wegen des Balkans, den man in Wien als Vorhof, als natürliches Expansionsfeld der Doppelmonarchie betrachtete. Die Zeichen standen auf Krieg.

Damit schlug die Stunde Otto von Bismarcks. Während der Krise war er sorgfältig darauf bedacht, Berlin nicht in den Konflikt hineinziehen zu lassen. Schon Anfang Dezember 1876 stellte er vor dem Reichstag, also öffentlich, klar, dass er vorerst »in dem Ganzen für Deutschland kein Interesse sehe, welches auch nur … die gesunden Knochen eines einzigen pommerschen Musketiers werth wäre«.[12] Hinter den Kulissen setzte der Kanzler – wohlwissend, dass er gerade jetzt unabkömmlich war – alle Mittel einschließlich der Rücktrittsdrohung ein, um seinen kaiserlichen Herrn von einem Eingreifen in den Konflikt abzuhalten. Mitte Oktober 1876 hatte er in einem seiner scharfsinnigen Diktate klargestellt, dass »unser Hauptinteresse nicht in dieser oder jener Gestaltung der Verhältnisse des türkischen Reiches liegt, sondern in der Stellung, in welche die uns befreundeten Mächte zu uns und untereinander gebracht werden«.[13] Erst nachdem alles ausgestanden war, ließ er, jedenfalls intern, die Katze aus dem Sack und räsonierte gegenüber dem Auswärtigen Amt offen über den »Triumph unserer Staatskunst«, der darin bestehe, »das orientalische Geschwür offen zu halten und dadurch die Einigkeit der andern Großmächte zu vereiteln und unsern eigenen Frieden zu sichern«.[14]

Die unappetitliche Metapher gab ziemlich genau Bismarcks Strategie auf dem großen Friedenskongress wieder, der vom 13. Juni bis zum 13. Juli 1878 in der deutschen Hauptstadt abgehalten wurde. Das sagte einiges über das politische Gewicht des noch jungen Deutschen Reiches, aber auch über die Reputation seines ersten Kanzlers aus. Dank seiner überlegenen Verhandlungsführung erwarb er sich das Vertrauen der versammelten Staatsmänner Europas, nicht zuletzt Benjamin Disraelis, der sein Land als Premierminister auf dem Berliner Kongress vertrat. Vor allem wegen einer Reihe von ihm vermittelter bilateraler Absprachen zwischen den Teilnehmern gelang es Bismarck in diesen vier Wochen tatsächlich, das »orientalische Geschwür offen zu halten«. Ging alles nach Plan, würden die Energien der übrigen Mächte, stärker noch als zuvor, an die Peripherie des europäischen Geschehens gelenkt und ihre Aufmerksamkeit dort fixiert.

Die Einzelheiten der umfänglichen Kongressakte sind hier nicht von Interesse, wohl aber die Folgen, die der Friedensschluss für die deutsche Politik zeitigte. Dazu gehörte vor allem eine nachhaltige, folgenreiche Trübung des Verhältnisses zu Russland. Dort war man über den Ausgang der Verhandlungen, insbesondere über die faktische Annullierung des Vorfriedens, begreiflicherweise sehr verstimmt: Bismarck, so die nicht unberechtigte Auffassung in St. Petersburg, hatte den militärischen Triumph der Russen in eine diplomatische Niederlage verwandelt.

Daran ließ Zar Alexander II. keinen Zweifel, als er seinem »lieben Oheim und Freund« Kaiser Wilhelm I. am 15. August 1879 ein eigenhändiges Schreiben zukommen ließ, das als »Ohrfeigenbrief« Karriere gemacht hat. Schwere Vorwürfe über die »immer feindlichere« Politik »deutsche[r] Vertreter« und namentlich des Fürsten Bismarck gingen mit unmissverständlichen Warnungen vor den »traurigen Folgen« für die Beziehungen einher. Auch ein Hinweis auf den »Dienst«, den Russland dem Nachbarn 1870 durch sein Stillhalten im deutsch-französischen Krieg geleistet hatte, fehlte nicht.[15] Allerdings ließ Alexander unerwähnt, dass der deutsche Onkel 1870 zugleich als sein Racheengel fungiert und Frankreich die demütigende Behandlung heimgezahlt hatte, die Russland am

Ende der Krimkrieges im Pariser Frieden vom März 1856 zuteil geworden war. Auf der anderen Seite hätte der Zar die Liste seiner Vorwürfe an die Adresse des Kaisers durchaus noch verlängern können, etwa um einen Hinweis auf die Schutzzollgesetze, die nur wenige Wochen zuvor, Mitte Juli 1879, den Reichstag passiert hatten und nicht zuletzt den russischen Getreideexport treffen mussten.

Nein, mit dem Verhältnis zwischen St. Petersburg und Berlin stand es nicht mehr zum Besten, ganz im Gegenteil: Die erstaunlich guten Beziehungen Deutschlands zu Österreich-Ungarn trugen das Ihre dazu bei, die Verunsicherung in Russland weiter zu erhöhen. Genau das sollten sie auch, soweit es nach Bismarck ging. Der Reichskanzler war nämlich die treibende Kraft beim Zustandekommen des am 7. Oktober 1879 zwischen Deutschland und Österreich-Ungarn geschlossenen Bündnisvertrages, der bis zum Ausbruch des Großen Krieges im August 1914 in Kraft geblieben und als »Zweibundvertrag« in die Geschichte eingegangen ist.

Er bildete den Grundstein eines komplexen Systems von Defensivbündnissen, mit deren Hilfe Bismarck das Deutsche Reich auf absehbare Zeit vor der Bildung einer gegnerischen Koalition zu schützen gedachte. Das war leichter zu planen, als es umzusetzen war. Denn einmal waren die Akteure nicht von Berlin aus zu steuern. Das galt für die Großmächte, also die potentiellen Bündnispartner des Deutschen Reiches. Es galt für die jungen Staaten Südosteuropas – Serbien, Rumänien, Montenegro, in gewisser Weise auch Bulgarien –, die ihrerseits, direkt oder indirekt, die politischen Manöver der Kontrahenten in Wien und St. Petersburg beeinflussten. Und es galt für das Osmanische Reich, das immer noch einen beträchtlichen Besitzstand in Europa hatte und wegen seiner geostrategischen Schlüsselrolle als stiller Teilhaber mit am Verhandlungstisch saß – jedenfalls dann, wenn Österreich-Ungarn und Russland dort Platz genommen hatten.

Und dann beruhen Bündnisse auf Gegenseitigkeit. Was immer Bismarck von seinen künftigen Partnern wollte – er konnte es nur bekommen, wenn er ihnen seinerseits dort entgegenkam, wo es um ihre Interessen ging, wo ihre Sicherheit auf dem Spiel stand. Eben das war in Südosteuropa der Fall – für Russland, für Österreich-Ungarn, in gewisser Weise auch für Italien. Wusste der Kanzler, auf was er sich da einließ? Ahnte Bismarck, dass er sich, wenn auch ungewollt, an der Herstellung einer gefährlichen Zeitbombe beteiligte, die zu einem Zeitpunkt und unter Umständen detonieren konnte, die man von Berlin aus vielleicht beeinflussen, aber nicht bestimmen konnte? Selbst wenn der Kanzler das vorausgesehen hätte, wäre ihm angesichts der delikaten Lage, in der sich Deutschland seit Mitte der siebziger Jahre befand, wohl kaum eine Alternative geblieben. So verwob er die deutsche Außenpolitik zu einem dichten Netz zum Teil sehr weitreichender Verpflichtungen und Verbindlichkeiten. Das war die Rechnung, die dem Kanzler für seine größte Tat, die Reichsgründung, durch die Umstände aufgemacht wurde. Das war der Preis, den er zu zahlen hatte, wenn er seine Alpträume in Grenzen halten wollte.

Auf den ersten Blick nehmen sich die Verträge – allesamt kurze, prägnante Dokumente – eindeutig und wenig brisant aus. Auch der Zweibundvertrag. Sollte »wider Verhoffen und gegen den aufrichtigen Wunsch« der beiden Kaiser von Deutschland und Österreich eines ihrer Reiche von Russland angegriffen werden, wollten sie sich »mit der gesamten Kriegsmacht« beistehen. Das galt auch für den Fall, dass eine »andere Macht« – also vor allem das nicht ausdrücklich genannte Frankreich – einen der beiden angreifen und dabei durch Russland Unterstützung finden sollte.[16] Ohne Zweifel handelte es sich hier um eine solide Absicherung für den Fall eines Zweifrontenkrieges. So gesehen konnte man sich in Berlin zufrieden zurücklehnen – jedenfalls soweit man dort den Vertragstext überhaupt kannte. Das traf nur auf einen kleinen Kreis enger Vertrauter Bismarcks zu, und in dem gab es keine Zweifel.

Anders bei den Nachfolgern. Als sie die Verträge, auch den

von 1879, zu Gesicht bekamen, stellten sich ihnen Fragen, die auch dem ersten Reichskanzler nicht fremd gewesen sind: Waren die Bestimmungen des Vertrages eindeutig und unmissverständlich? War geklärt, wann ein Angriff vorlag? Wie würde man sich zum Beispiel verhalten, wenn ein russischer »Angriff« auf Österreich-Ungarn als Befreiungsschlag zu werten war, also als Reaktion des Zaren auf ein Manöver Wiens in Südosteuropa? Was würde man antworten, wenn die Russen in diesem Fall präventive, wenn nicht defensive Motive geltend machten?

Vorerst war es noch nicht soweit. Ganz im Gegenteil gingen Russen und Österreicher zunächst wieder aufeinander zu. Das war ja auch eines der Ziele gewesen, die Wilhelm I. und Franz Joseph I. mit ihrer demonstrativen Annäherung verfolgt hatten: Alexander II. beziehungsweise Alexander III., der seinem Mitte März 1881 ermordeten Vater nachfolgte, sollten erneut in das gemeinsame Boot geholt werden. Um die Bereitschaft des zögernden Zaren zu fördern, wurde er kurzerhand über die allgemeinen Ziele des Zweibundvertrages ins Bild gesetzt. Das half, und so konnten die Vertreter der drei Monarchen am 18. Juni 1881 ihre Unterschrift unter ein bemerkenswertes Dokument setzen, das die »geheimen Abmachungen« von 1873, also das Drei-Kaiser-Abkommen, ersetzte und als »Drei-Kaiser-Bündnis« in die Geschichtsbücher eingegangen ist.

Bemerkenswert war es deshalb, weil sich die drei »wohlwollende Neutralität« für den Fall zusagten, dass sich einer von ihnen »mit einer vierten Großmacht im Kriege befinden würde«. Diese Bestimmung konnte also, rein theoretisch, auch in einem Fall Anwendung finden, der seit 1875 als ausgeschlossen galt: bei einem deutschen Angriff auf Frankreich. Im Übrigen dokumentierten der Vertrag und ein gleichzeitig unterzeichnetes Zusatzprotokoll das eigentliche Problem des russisch-österreichischen Verhältnisses, nämlich die verfahrene Lage in der orientalischen Frage. Auch deshalb waren die Abmachungen vorerst nur für drei Jahre in Kraft. Von den Meerengen über Bosnien, die Herzegowina, den Sandschak von Novipazar, Ostrumelien und Bulgarien bis hin zur »Haltung der Beamten im Orient« wurde zu allem Stellung bezogen, was zwischen Wien und St. Petersburg umstritten war.[17] Aus jeder dieser Fragen sollte sich in den kommenden drei Jahrzehnten eine mehr oder weniger schwere Krise und mit ihr ein Problem für die deutsche Außenpolitik entwickeln.

Sicher kann niemand in die Zukunft schauen. Als er im Frühsommer 1881 seine Unterschrift unter das Drei-Kaiser-Bündnis setzte, konnte auch Bismarck nicht vorhersehen, wie sich die Dinge im Orient entwickeln würden. Aber dass es sich dort um ein Minenfeld handelte, wusste er. Und obgleich ihm diese Krisenregion noch wenige Jahre zuvor nicht die Knochen eines einzigen pommerschen Musketiers wert gewesen war, schloss der Kanzler – in Ermangelung kurzfristig realisierbarer Alternativen – in rascher Folge Verträge, die Deutschland mittel- oder langfristig eben dort binden mussten. Das galt für den Zweibundvertrag, es galt für das Drei-Kaiser-Bündnis, und es galt auch für den sogenannten Dreibundvertrag, ein Defensivabkommen zwischen dem Deutschen Reich, Österreich-Ungarn und Italien, das am 20. Mai 1882 in Wien das Licht der Welt erblickte.

Italien sah sich damals in einer Lage, die durchaus derjenigen Deutschlands vergleichbar war. Auch das Königreich hatte seine nationalstaatliche Einigung erst 1871 abschließen können, zählte also zu den jungen, noch nicht etablierten und insofern gefährdeten Großmächten. Ähnlich wie Deutschland befand sich auch Italien in einer Zweifrontensituation – bedrängt von Österreich-Ungarn auf der einen, von Frankreich auf der anderen Seite. Das Verhältnis zum östlichen, zum österreichischen Nachbarn war gespannt, seit sich Italien 1866 im deutschen Krieg auf die Seite Preußens geschlagen und trotz klarer Niederlagen zu Lande und zur See von Österreich Venetien erhalten hatte. Dass die Österreicher auf dem Berliner Kongress zu den Gewinnern gehörten und ihre Stellung ausgerechnet in Südosteuropa, der Gegenküste Italiens, festigen konnten, sorgte in Rom für einige Nervosität. Nicht wesentlich besser sah es im traditionell ambivalenten Verhältnis zum westlichen Nachbarn aus, vor allem seit Frankreich im Mai 1881 ein Protektorat über Tunesien errichtet hatte und damit einer italienischen Okkupation dieser Gegenküste zuvorgekommen war.

Kein Wunder, dass sich die Italiener in dieser Situation auf die Waffenbrüderschaft von 1866 besannen und auf deutsche Unterstützung hofften. Wäre alles nach ihren Wünschen verlaufen, hätte sich Berlin auf eine exklusive Absprache mit Rom über gemeinsame Interessen eingelassen. Das wollte Bismarck gerade nicht. Die Schnittlinien italienischer und österreichisch-ungarischer Interessen im Adria-Raum vor Augen, verlangte der Kanzler von den Italienern, sich erst einmal mit den Österreichern im Grundsatz zu einigen, bevor er der deutschen Unterschrift unter einem Dreibundabkommen zustimmte. Der Geheimvertrag – im Übrigen keine Fortschreibung des Zweibundvertrages, sondern ein eigenständiges Dokument – brachte Italien beträchtliche, Deutschland zusätzliche Sicherheit für den Fall, dass der eine oder andere von Frankreich »ohne unmittelbare Herausforderung« angegriffen werden sollte.

So gesehen war das Abkommen auch für Deutschland von einigem Wert. Vorderhand noch wichtiger war die Aussicht, dass Österreich-Ungarn, gegenüber Italien entlastet, sich nunmehr noch stärker als zuvor auf die Sicherung gegen etwaige russische Vorstöße konzentrieren konnte. War das bereits eine Vorentscheidung Berlins zugunsten der Doppelmonarchie? Jedenfalls findet sich im Dreibundvertrag auch die Verpflichtung zu »wohlwollender Neutralität« für den Fall, dass »eine Großmacht, die den gegenwärtigen Vertrag nicht unterschrieben hat«, die »Sicherheit« einer der drei Vertragsparteien bedrohen und diese sich »dadurch gezwungen sehen sollte, ihr den Krieg zu machen«.[18] Welche Großmacht konnte damit wohl gemeint sein, wenn nicht das russische Zarenreich? Was sollte man aus jener Formulierung lesen, wenn nicht die Einladung zu einem Präventivschlag, falls sich Österreich-Ungarn von

Russland bedroht sehen sollte? Und wie war dieses Szenario mit den einschlägigen Bestimmungen des Zweibundvertrages und des Drei-Kaiser-Bündnisses vereinbar?

Keine Frage, Bismarcks Bündnispolitik gewann mit jedem Schritt eine Eigendynamik, die sich über kurz oder lang der Kontrolle durch ihren Erfinder entziehen musste. So auch der Dreibund. Er zwang den Kanzler und seine Nachfolger, sich bei jeder Vertragsverlängerung auf die speziellen Forderungen und Wünsche der Partner einzulassen, wenn sie prinzipiell am Erhalt der Konstruktion interessiert waren. Im Falle Wiens bezogen sich diese Forderungen in aller Regel auf den Balkan und hatten damit per se eine antirussische Spitze. Im Falle Roms musste sich Berlin schrittweise auf die imperialistischen Ambitionen der Italiener, vor allem in Nordafrika, einlassen, womit der Vertrag zwangsläufig eine antifranzösische Stoßrichtung bekam.

Überdies musste der Dreibundvertrag, und zwar von Anfang an, auch noch der probritischen Ausrichtung der italienischen Außenpolitik Rechnung tragen. Schon dem ursprünglichen Abkommen von 1882 war eine sogenannte Ministererklärung beigegeben, wonach seine Abmachungen »in keiner Weise ... als gegen England gerichtet angesehen werden« konnten.[19] Die italienische Regierung hatte gute Gründe, auf dieser Auslegung zu bestehen. Einmal war die italienische Flotte der britischen nicht gewachsen; würden sich die Briten also im Konfliktfall auf die Seite der Franzosen schlagen, hätten die Italiener schlechte Karten. Und dann gab es da noch den Wunsch Roms nach einem eigenen Kolonialreich, mit dessen Aufbau die Italiener am Horn von Afrika beginnen wollten. So wie die Dinge lagen, war dieser Wunsch nur im Windschatten der englischen Kolonialpolitik realisierbar.

Bismarck kamen die italienischen Verbindungen zu Großbritannien nicht ungelegen, ließ sich doch auf diese Weise, also über den Dreibund, für das Reich eine Hintertür nach England offen halten. Das war nicht so selbstverständlich, wie es klingt, denn Mitte der achtziger Jahre führte die deutsche

Kolonialpolitik zu einer regelrechten Eiszeit im ohnehin eher unterkühlten deutsch-britischen Verhältnis. Und es war niemand anderes als Otto von Bismarck selbst, der den Deutschen den Weg in die Kolonien wies und ihnen so einen Platz an der Sonne verschaffte.

ÜBERMUT

Ein Platz an der Sonne 1884–1901

Kolonien für Deutschland? Eine absurde Vorstellung, jedenfalls bis es soweit war. Schon Friedrich der Große, der eigentliche Begründer der Großmacht Preußen, hatte seinen Nachfolgern ausdrücklich Abstinenz auf dem Gebiet des Kolonialerwerbs, übrigens auch des Flottenbaus, empfohlen: Preußen, schrieb er 1768, »ist eine Kontinentalmacht; es braucht eine gute Armee und keine Flotte. Unsere Ostseehäfen gestatten uns nicht, unsere Schiffahrt auszudehnen, und wenn wir keine Kolonien in Afrika und Amerika haben, beglückwünsche ich meine Nachfolger, weil diese entfernten Besitzungen die Staaten, denen sie gehören, entvölkern, man muß sie durch große Flotten schützen, und sie bilden fortwährend neue Anlässe zu Kriegen, als ob wir nicht schon genug davon mit unsern Nachbarn hätten.«[1]

An dieser Auffassung hatte sich, sieht man einmal von dem ohnehin nicht sehr wirklichkeitsnahen Forderungskatalog der Paulskirche 1848/49 ab, seither kaum etwas geändert. Schon gar nicht für Otto von Bismarck. Der Reichskanzler ließ keinen Zweifel, dass er von derartigen Experimenten wenig hielt. Vor allem waren sie nicht mit dem erklärten Verzicht auf »Ländererwerb« vereinbar, der seit Mitte der siebziger Jahre zum Kernbestand seines außenpolitischen Konzepts gehörte.

Und dann das: Am 24. April 1884 stellte die Berliner Regierung die Niederlassung, die der Bremer Großkaufmann Adolf Lüderitz während des vergangenen Jahres in Angra Pequena gegründet hatte, ausdrücklich unter den Schutz des Reiches. Damit begann die Geschichte von Deutsch-Südwestafrika, dem heutigen Namibia. Die deutsche Anfrage in London, ob es englischerseits Rechtsansprüche auf dieses Gebiet gebe, war ein halbes Jahr unbeantwortet geblieben. Jetzt schuf Bismarck vollendete Tatsachen. Den folgenreichen Schritt verband der Kanzler mit der provokanten, aber naheliegenden Überlegung, »weshalb das Recht zu kolonisieren, welches England in weitestem Maße ausübt, uns versagt sein sollte«.[2]

Um weiteren Verwicklungen aus dem Weg zu gehen, ergriff die Reichsregierung im Folgenden ihrerseits die Initiative und beauftragte im Sommer 1884 Gustav Nachtigal, Afrikaforscher und Generalkonsul in Tunis, in Westafrika die deutsche Flagge zu hissen. Das tat dieser mit Erfolg in Togo und Kamerun. Im Februar des kommenden Jahres erhielt schließlich der Afrikareisende und Vorsitzende der Gesellschaft für Deutsche Kolonisation, Carl Peters, einen Schutzbrief der deutschen Regierung, durch den seine Verträge mit mehreren Häuptlingen Ostafrikas und Sansibars faktisch anerkannt wurden. Das war die Geburtsstunde Deutsch-Ostafrikas, der vierten deutschen Kolonie auf dem Schwarzen Kontinent, wenn diese auch erst seit Anfang des Jahres 1891 vom Reich aus verwaltet wurde. Abgeschlossen wurde das kurze Kapitel deutschen Kolonialerwerbs im Frühjahr 1885, als Nordost-Neuguinea und die Inselgruppe Nova Britannia zu Schutzgebieten des Reiches erklärt wurden, letztere unter dem Namen »Bismarck-Archipel«.

So kam es, dass eine pazifische Inselgruppe für einige Jahrzehnte den Namen eines Mannes trug, der ursprünglich von einem deutschen Kolonialreich nichts hatte wissen wollen und schon deshalb nach dessen Einrichtung so schnell wie möglich wieder zur Tagesordnung zurückzukehren gedachte. Umso mehr überrascht die Geschichte, die durchaus keine Episode war. Was in aller Welt hatte Bismarck bewogen, mit seinen Maximen zu brechen und Deutschland auf einen Weg zu bringen, der es in schwieriges, zudem ganz ungewohntes Gelände führte? Natürlich spielten auch im deutschen Fall Motive eine Rolle, die im Zeitalter des Imperialismus allgemein für das Ausgreifen nach Übersee verantwortlich waren. Seit Frankreich 1881 in Tunis sein Protektorat errichtet und Großbritannien im darauffolgenden Jahr Ägypten okkupiert hatte, war man in Europa von der Notwendigkeit aktiver Kolonialpolitik überzeugt. Die Aussichten auf Rohstoffe, auf neue Absatzmärkte für die heimischen Produkte, auf Siedlungsgebiete für die rasch wachsende Bevölkerung oder auch auf strategisch vorteilhafte Positionen schienen verlockend. Hinzu kam die Möglichkeit, gegebenenfalls von innenpolitischen Schwierigkeiten abzulenken oder auch missionarische und zivilisatorische Aufgaben zu erfüllen.

Das war in Deutschland nicht anders als in England, Frankreich oder Italien, wenn auch die Kolonialbewegung im Reich eher zögernd auf Touren kam, im Grunde sogar erst durch Bismarcks Vorstoß den Durchbruch erlebte. Für dessen Kolonialpolitik wiederum waren die zeittypischen Motive allenfalls von untergeordneter Bedeutung. Seine Afrika-Politik war in erster Linie Europa-Politik. Offensichtlich betrachtete der Kanzler die Kolonien auch als eine Art Verhandlungsmasse. Mit ihrer Hilfe hoffte er etwas von jener Bewegungsfreiheit zurückzugewinnen, die der preußisch-deutschen Politik im Grunde schon mit der Reichsgründung, spätestens jedoch mit der »Krieg in Sicht«-Krise abhanden gekommen war.

Ein gefährliches Spiel, denn es setzte die Kooperation ausgerechnet Frankreichs voraus. Dass die Rechnung kurzzeitig aufging, lag daran, dass die französische Regierung in der Amtszeit von Ministerpräsident Jules Ferry ihrerseits Interesse an einer begrenzten Zusammenarbeit mit dem ungeliebten Nachbarn haben musste. Angesichts erheblicher Probleme mit China in Ost- und Südostasien und mit England in Afrika kam Paris ein Stillhalten Deutschlands in Europa sehr gelegen. Das galt erst recht für die Stoßrichtung der deutschen Afrika-Politik, die zwangsläufig mit den Interessen Großbritanniens – Frankreichs traditionellem Rivalen auf der weltpolitischen Bühne – kollidierte. Mit Genugtuung nahm man in Paris wahr, wie sich Bismarck auf der sogenannten Kongo-Konferenz, die von Mitte November 1884 bis Ende Februar 1885 in Berlin tagte, für französische und belgische Interessen ins Zeug legte und England zum Einlenken zwang: Die vierzehn teilnehmenden Staaten, darunter übrigens auch die USA, installierten in der deutschen Hauptstadt einen unabhängigen, dem Handel aller Nationen offenstehenden Kongo-Staat, als dessen Souverän der belgische König Leopold II. amtierte. Für die britischen Ambitionen in Afrika bedeutete das einen herben Rückschlag.

Allerdings war dies bereits der Scheitelpunkt deutscher Afrika-Politik. Gut vier Wochen nach Abschluss der Kongo-Konferenz wurde der unpopuläre Ferry in Paris zum Rücktritt gezwungen. Damit endete die Tauwetterepisode im französisch-deutschen Verhältnis. Unter dem Kriegsminister Georges Boulanger wurde sie sogar wenig später von einem militanten Revanchismus abgelöst. Eine ausgesprochen gefährliche Situation, zumal gleichzeitig die orientalische Frage wieder an Sprengkraft gewann.

Bismarcks Kolonialpolitik hinterließ einen Scherbenhaufen. Kurzfristig musste das ihretwegen beschädigte Verhältnis zu England repariert werden; denn nur so konnte man der aufziehenden Doppelkrise einigermaßen gefasst ins Auge sehen, die sich aus dem französischen Revanchismus und der bulgarischen Krise mit ihrer Belastung des deutsch-russischen Verhältnisses entwickelte. Das gelang. Langfristig galt es hingegen jene Geister zu bannen, welche der Imperialismus in Deutschland gerufen hatte. Das sollte keinem mehr gelingen – Bismarck nicht, und seinen Nachfolgern auch nicht. Welche Lawine er da losgetreten hatte, ahnte der Kanzler wohl schon, als er Ende Januar 1885 in einem Schreiben an den deutschen Botschafter in London, den Grafen Georg Herbert zu Münster, über die große Bedeutung auch des »kleinste[n] Zipfel[s] von Neu-Guinea oder Westafrika« reflektierte, »wenn derselbe objektiv auch ganz wertlos sein« mochte. Aber die öffentliche Meinung in Deutschland legte inzwischen »ein so starkes Gewicht auf die Kolonialpolitik«, dass sogar »die Stellung der Regierung im Innern« von ihrem »Gelingen« abhing.[3]

So hatte Bismarck mit dem Aufmarsch in Afrika und im Pazifik die Bewegungsfreiheit der deutschen Politik nicht etwa erhöht, sondern weiter eingeschränkt, und zwar nach außen und im Innern. Auszubaden hatten das andere. Seine Nachfolger übernahmen nicht nur das koloniale Erbe und die mit ihm verbundenen, in die Zukunft gerichteten Erwartungen der Deutschen, sondern auch den schlechten Ruf, welcher der deutschen Kolonialpolitik seit den Tagen Bismarcks anhing. Die Forderung nach einem eigenen überseeischen Imperium war, für sich genommen, kein Problem. Wer hätte sie im Zeitalter des Imperialismus ernsthaft in Frage stellen wollen? Problematisch waren die Methoden, die Bismarck anwandte, erwischte er die Briten doch auf dem falschen Fuß. Ihr Empire stand damals, Anfang der achtziger Jahre, unter erheblichem Druck. In Afghanistan, also im Vorfeld Indiens, machten die Russen Druck, und der sogenannte Mahdi-Aufstand im Sudan bedeutete eine akute Gefährdung der gerade erst errichteten britischen Herrschaft über Ägypten.

Hier setzte Bismarck den Hebel an. Zweimal, im Januar 1885 und erneut im März und April 1886, ließ er der britischen Regierung über den Grafen Münster beziehungsweise über dessen Nachfolger als deutscher Botschafter in London, Paul Graf von Hatzfeldt, signalisieren, welche Folgen ihre renitente Haltung in der Kolonialfrage zeitigen könnte – nämlich einen entsprechenden »Handel« mit Frankreich beziehungsweise mit Russland, »wenn England uns nicht befriedige«. In diesem Sinne war die Ägypten-Politik Berlins ein Druckmittel. Mit ihm sollte zunächst der britische Widerstand gegen Deutschlands »koloniale Bestrebungen«[4] überwunden und dann England von einer Annäherung an den Dreibund überzeugt werden. So gesehen hatte Bismarcks Orientpolitik durchaus ein konstruktives Element.

Zu gut wusste der Kanzler um die britische Schlüsselrolle für die Geschicke Europas: Hatte nicht seit dem ausgehenden 17. Jahrhundert England am Ende immer auf der Siegerseite gestanden? Außerdem spitzte sich die allgemeine Lage für das

Deutsche Reich während der Jahre 1885 bis 1887 gefährlich zu. In Frankreich blies Kriegsminister Boulanger zur Revanche gegen Deutschland, und auf dem Balkan führte insbesondere die bulgarische Krise – das heißt die ohne russische Zustimmung erfolgte Vereinigung Bulgariens und Ostrumeliens und ihre Folgen – zu derart schweren internationalen Verwerfungen, dass die 1887 anstehende Erneuerung des Drei-Kaiser-Bündnisses aussichtslos war.

Das sorgte in Berlin für Handlungsbedarf, auch gegenüber England. Die Wiederannäherung kulminierte in zwei taktisch angelegten, verklausuliert formulierten Bündnisangeboten, die Bismarck im November 1887 und im Januar 1889 dem britischen Premierminister Robert Cecil Marquess of Salisbury unterbreitete. Nicht dass er ernsthaft an eine Annahme geglaubt hätte – aber erstens war es dem Kanzler wichtig, den Beginn der Tauwetterperiode zu signalisieren, und zweitens verband er damit den Wunsch, genaugenommen sogar die Forderung nach einem britischen Beitritt zum sogenannten Orientdreibund. Dabei handelte es sich um eine seit Februar angebahnte, Mitte Dezember 1887 durch Notenaustausch geschlossene Vereinbarung zwischen Österreich-Ungarn, Italien und eben Großbritannien über die Aufrechterhaltung des Friedens und des Status quo im Orient, insbesondere in Bulgarien und an den türkischen Meerengen.

Bismarck hatte dabei als Geburtshelfer fungiert und der britischen Regierung schon Anfang Februar 1887 zu verstehen gegeben, »daß wir, wenn England sich von jeder Beteiligung an der europäischen Politik zurückzöge, keinen Grund mehr haben würden, den französischen Wünschen in Ägypten oder den russischen im Orient … unsere Förderung vorzuenthalten«.[5] An den Methoden hatte sich also nichts geändert, wohl aber an den Zielen, die Bismarck verfolgte. Nicht mehr um die Sicherung entlegener, ohnehin eher bedeutungsloser afrikanischer Kolonien ging es ihm jetzt. Eine Wiederannäherung Englands an das Reich und eine Unterstützung seiner Dreibundpartner, also Italiens und vor allem Österreich-Ungarns, waren das Gebot der Stunde. Um diese zu erlangen, kam der Kanzler sogar der Bitte des britischen Premiers nach und setzte ihn über den Inhalt des Zweibundvertrages in Kenntnis.

Kein Zweifel, Bismarck stand unter Zugzwang. Wie sehr, ahnte nur eine ganz kleine Gruppe deutscher Diplomaten und Politiker, die den Inhalt aller durch den Kanzler getroffenen Absprachen und Abkommen kannte. Legte man sie nebeneinander, musste man zu dem Ergebnis kommen, dass Bismarck nicht mehr in der politischen Offensive war. Ganz im Gegenteil hatte seine Bewegungsfreiheit weiter abgenommen. Er saß in der Falle. Denn der Orientdreibund war nicht zuletzt eine Reaktion, ein dringend notwendiger Ausgleich für die beträchtlichen Zugeständnisse, die Bismarck wenig zuvor sowohl an die Dreibundpartner als auch an Russland hatte machen müssen. So konnte der Dreibundvertrag im Februar 1887 nur verlängert werden, weil Deutschland Italiens nordafrikanischen Interessen weit entgegenkam.

Noch weiter gingen die Absprachen mit St. Petersburg. Dass der Zar die Initiative ergriff, lag an dem massiven Druck, den die deutsche Politik, direkt und indirekt, auf Russland ausübte. Nicht nur schlug sich Berlin in der Balkankrise eindeutig auf die Seite Wiens, sondern die Deutschen hoben auch im Februar 1885 und erneut im März 1887 die Agrarzölle drastisch an und drehten im November 1887 noch den Kredithahn zu. Schließlich konnte man in St. Petersburg nicht die Ohren verschließen, wenn in Berlin mehr oder weniger offen über einen Präventivkrieg gesprochen und gleichzeitig im Reichstag eine neue Wehrvorlage eingebracht wurde, welche die Friedenspräsenzstärke des Heeres um gut vierzigtausend Mann erhöhte.

Vor diesem Hintergrund also verhandelten beide Seiten unter strengster Geheimhaltung über ein Abkommen, das einen Ersatz für das Drei-Kaiser-Bündnis bilden konnte. Am 18. Juni 1887 wurde in Berlin ein geheimer Neutralitätsvertrag unterzeichnet, den Bismarck später einmal als »Rückversicherungsvertrag« bezeichnet hat und der zu den bemerkenswertesten Dokumenten der Zeit zählt. Er sah wohlwollende Neutralität im Kriegsfall vor, nahm aber ausdrücklich den Fall eines russischen Angriffs auf Österreich oder eines deutschen auf Frankreich von dieser Regelung aus. Die eigentliche Brisanz der Abmachungen jedoch lag in einem als »ganz geheim« eingestuften Zusatzprotokoll, das ausdrücklich die russischen Interessen in Bulgarien und an den türkischen Meerengen bestätigte, ja die Russen sogar zu einer aktiven Politik an Bosporus und Dardanellen ermutigte.

Kein Wunder, dass es selbst nach Eröffnung der Kampfhandlungen am 1. August 1914 weder die russische noch die deutsche Seite gewagt hat, das Zusatzprotokoll zu veröffentlichen, sondern dass dieses brisante Dokument erst durch die Bolschewiki ans Tageslicht gebracht worden ist. Kein Wunder aber auch, dass Bismarck sich alsbald gezwungen sah, seinen eigenen, ungewöhnlich weitgehenden Zugeständnissen an Russland gegenzusteuern, wollte er nicht den Ausbruch eines europäischen Konflikts mit womöglich unkalkulierbaren Konsequenzen für Deutschland riskieren.

Gewiss, der Rückversicherungsvertrag mit Russland konnte in Verbindung mit dem ja nach wie vor bestehenden Zweibundvertrag mit Österreich-Ungarn als vollwertiger Ersatz für das Drei-Kaiser-Bündnis gelten. Auch waren seine Bestimmungen geeignet, die Spannungen an der orientalischen Peripherie zu fixieren und damit die Aufmerksamkeit der anderen Mächte von der Mitte Europas abzulenken. Damit das aber gelang, mussten andere mitspielen – die Italiener, die Österreicher und vor allem die Briten. Sie mussten die Russen von jenen Aktionen auf dem Balkan und an den Meerengen abhalten, zu denen diese durch die deutsche Politik und namentlich durch den Rückversicherungsvertrag gerade ermuntert wurden. Die Briten zu der Verpflichtung zu bringen, sich gemeinsam mit Italienern und Österreichern für den Status quo in dieser Weltgegend einzusetzen, war der eigentliche Sinn des Orientdreibundes.

Vieles ist über diesen Schlussstein der Bismarckschen Bündnispolitik gesagt worden. Bildete er den Höhepunkt einer virtuos gemeisterten außenpolitischen Strategie? War er Ausdruck eines Systems bloßer Aushilfen und somit des Scheiterns? Fest steht, dass in den Dämmerstunden dieser Kanzlerschaft einiges zusammenkam, von dem die Reichsregierung manches nicht beziehungsweise nicht mehr zu steuern vermochte. Das galt für die komplexen äußeren Umstände, vor allem die tumultuösen Zustände auf dem Balkan. Es galt aber auch für die Folgen einer Außenpolitik, mit der Bismarck ursprünglich die bereits in der Reichsgründung angelegte Beschränkung des deutschen Handlungsspielraums aufbrechen wollte.

Gemessen an den Kosten und den Hypotheken auf die Zukunft, waren die Erfolge bescheiden. Sicher hatte man mit der indirekten Anbindung Englands einem Zurückschlagen der Spannungen von der orientalischen Peripherie in die Mitte Europas mit einiger Wahrscheinlichkeit vorgebeugt. Auch und vor allem war das Reich für weitere drei Jahre, also solange der Rückversicherungsvertrag lief, gegen einen Zweifrontenkrieg gesichert – soweit das überhaupt möglich war. Allerdings musste man zur Not Österreich fallen- und den Russen den Orient überlassen. Das war der Preis, den Bismarck seit Mitte der achtziger Jahre zu zahlen bereit war – wenn denn die deutsche Politik überhaupt noch Optionen besaß.

Diesen eingeengten Handlungsspielraum hat der Kanzler seinen Nachfolgern hinterlassen. Auch wenn sich diese für Österreich-Ungarn entschieden, blieben sie auf dem Weg, den Bismarck eingeschlagen hatte. Das gilt auch für die Orientpolitik. Denn niemand anders als der erste Reichskanzler selbst hat den Deutschen schon in den achtziger Jahren den Weg in diese gefährliche Gegend der Weltpolitik gewiesen, als er nicht nur einem ersten großen Engagement deutscher Banken und Firmen in der Türkei zustimmte, sondern auch einer Militärmission, mit der die Deutschen eine in den dreißiger Jahren begründete preußische Tradition wiederaufleben ließen.

Vergleichbares gilt schließlich für Bismarcks Kolonial- und

die davon nicht zu trennende England-Politik. Nicht nur ist diese manchem britischen Staatsmann und Beamten in unangenehmer Erinnerung geblieben. Vielmehr haben die Nachfolger des Reichsgründers auch hier den Faden seiner Politik aufgenommen und schon 1893 erneut versucht, der Regierung in London die Pistole auf die Brust zu setzen, um durch Druck in ägyptischen Angelegenheiten andernorts Zugeständnisse zu erzwingen. Auch hinter der 1898 aufgenommenen Flottenpolitik wird dieser Ansatz erkennbar. Das musste schief gehen, schon weil die Epigonen nicht die lange Erfahrung und instinktsichere Souveränität Bismarcks besaßen.

Jetzt zeigte sich die Kehrseite seiner hochentwickelten Staatskunst. Sie war nur im Alleingang zu verwirklichen, und sie war, eben deshalb, nicht schulbildend. Sie konnte es nicht sein: »Er hinterließ eine Nation«, hat dreißig Jahre später mit Max Weber einer seiner größten Bewunderer und zugleich Kritiker gesagt, »*ohne allen und jeden politischen Willen*, gewohnt, daß der große Staatsmann an ihrer Spitze für sie die Politik schon besorgen werde … Eine politische Tradition dagegen hinterließ der große Staatsmann *überhaupt nicht*.«[6] Die Nachfolger Otto von Bismarcks waren mit seinem Vermächtnis überfordert.

Wer waren sie? Wer folgte auf Bismarck und warum? Dessen Abtritt von der politischen Bühne war abzusehen, als Wilhelm II. Mitte Juni 1888 das Ruder in Preußen und damit in Deutschland übernahm. Sein todkranker Vater, Friedrich III., hatte nach dem Ableben Wilhelms I. nur 99 Tage lang den Thron verwalten können. Nicht zuletzt in den Fragen des Umgangs mit der Sozialdemokratie und der Verbesserung des Arbeitsschutzes prallten die Auffassungen des jungen Monarchen und des greisen Kanzlers unversöhnlich aufeinander. Vor allem aber die schon früh erkennbare Entschlossenheit Wilhelms II., anders als sein Großvater die Zügel der Innen- wie der Außenpolitik selbst in die Hand zu nehmen, führten Bismarck am 18. März 1890 dazu, um seine Entlassung zu ersuchen.

Schon den Zeitgenossen, erst recht den Nachgeborenen hat Wilhelm II. Rätsel aufgegeben. Kein Wunder, wenn man bedenkt, dass Deutschlands Weg in die Katastrophe des Ersten Weltkrieges in seine Regierungszeit fiel. Dabei war er in seiner häufig sprunghaften, unberechenbaren, auftrumpfenden Art ein typischer Vertreter seines Volkes: »Dieser Kaiser, über den ihr euch aufregt, ist euer Spiegelbild«, schrieb 1909 der linksliberale Politiker und Publizist Friedrich Naumann, wahrlich kein Apologet des Monarchen und seiner Herrschaft.[7] Die besagten Eigenschaften, aber auch Unsicherheit und Willensschwäche, paarten sich mit einer raschen Auffassungsgabe, einem exzellenten Gedächtnis, weitgespannten künstlerischen und wissenschaftlichen Neigungen und Interessen, übrigens auch mit einem ausgeprägten politischen Instinkt und einer hohen Sensibilität. Gut möglich, dass der Kaiser mit seinen Attitüden auch ein schweres Handicap kompensierte: Als er am 27. Januar 1859 das Licht der Welt erblickte, mussten die Ärzte eine körperliche Missbildung des linken Armes registrieren, die trotz aller Anstrengungen in den folgenden Jahren nicht zu beheben war. Man ahnt, was es bedeutet haben muss, unter diesen Umständen beinahe drei Jahrzehnte lang ein Land und eine Dynastie zu repräsentieren.

Das tat Wilhelm II. nach außen auf eine Art und Weise, die ihm zu Hause hohen Zuspruch eintrug. Ganz offenkundig entsprach die Außenpolitik seinen Neigungen, und was immer im Einzelnen über sie zu sagen ist, eines kann man dem Kaiser nicht absprechen. Er war stets aufs Beste informiert, Folge eines intensiven Aktenstudiums, von dem die dichte, handschriftliche Kommentierung der Akten des Auswärtigen Amtes beredtes Zeugnis ablegt. Eine neue Ausrichtung vermochte er den auswärtigen Beziehungen vorderhand, solange Bismarck noch im Amt war, nicht zu geben, wohl aber setzte er mit einer neuen Form kaiserlicher Reisediplomatie Akzente. So stattete er im August 1889 Großbritannien und wenige Wochen darauf, im November, der Türkei einen ersten Besuch ab. Die England-Visite, die dem Kaiser unter anderem die Ernennung zum Ehrenadmiral der Flotte eintrug, diente nicht zuletzt dem Besuch seiner Großmutter, der Königin Victoria. Diese enge familiäre Bindung an das englische Königshaus erklärt seine anglophilen Neigungen, die nicht immer mit seiner späteren England-Politik vereinbar waren.

Eine erste Spur hinterließen sie schon in der deutschen Außenpolitik, kaum dass Bismarck sich in den Sachsenwald zurückgezogen hatte. Wenn es nämlich in den auswärtigen Beziehungen des Reiches über diesen Wechsel des politischen Führungspersonals hinweg eine Kontinuität gegeben hat, dann in der Politik gegenüber Großbritannien: Am 1. Juli 1890 wurde der noch in der Bismarck-Ära vorbereitete Helgoland-Sansibar-Vertrag geschlossen. Den Deutschen brachte er die Kontrolle über das seit 1815 britische Helgoland, den Briten die Schutzherrschaft unter anderem über Sansibar, Pemba, Witu und Kismaju. In Deutschland war das Abkommen, also der Verzicht auf einen substantiell geringen, symbolisch indessen bedeutenden Teil des afrikanischen Kolonialreichs, äußerst unpopulär. Die Afrika-Kampagne Otto von Bismarcks in den Jahren 1884/85, wie immer sie sich erklärte, hatte seine Landsleute auf dem Geschmack gebracht und geradezu zwangsläufig die Saat antienglischer Ressentiments gelegt, die um die Jahrhundertwende aufgehen sollte.

In der politischen Führung des Reiches war die Fortschreibung der in den ausgehenden achtziger Jahren begonnenen Politik gegenüber Großbritannien einstweilen unumstritten. Denn sie war ein gemeinsamer Nenner, auf den sich alle – Kaiser, Kanzler und Auswärtiges Amt – verständigen konnten. Das ließ schon deshalb aufhorchen, weil der deutschen Politik mit dem Rückzug Bismarcks und seines Sohnes Herbert, der von 1886 bis 1890 den Posten des Staatssekretärs im Auswärtigen Amt und damit formell dessen Leitung innegehabt hatte, gleichsam über Nacht die Direktion abhanden gekommen war. Fortan wirkten eine Reihe von Personen und Interessen, aber auch eine Fülle neuer Themen und Probleme auf den politischen Entscheidungsprozess ein. Dafür gibt es einen augenfälligen Beleg: Als sich das Auswärtige Amt 1922 daranmachte, innerhalb von nur fünf Jahren seine Akten unter dem Titel *Die Große Politik der Europäischen Kabinette* 1871–1914 zu edieren, ließen sich diese für die ersten beiden Jahrzehnte, also für die Ära Bismarck, in sechs Bänden unterbringen. Für die Dokumentation der folgenden fünfundzwanzig Jahre wurden achtundvierzig Bände benötigt.

Wer sich in Berlin zu welchem Zeitpunkt durchsetzte, hing immer stärker auch von dem Einfluss ab, den eine Person oder eine Gruppe auf Wilhelm II. nehmen konnte. Die beiden Reichskanzler, die Bismarcks Erbe zunächst anzutreten hatten, waren dabei nur eingeschränkt erfolgreich, schon weil sie bis zu ihrer Ernennung nur am Rande mit der Außenpolitik in Berührung gekommen waren. Der eine, Leo Graf von Caprivi, kam aus dem Militär, der andere, Chlodwig Fürst zu Hohenlohe-Schillingsfürst, aus der inneren Verwaltung des Reiches. Caprivi, der Reichskanzler der Jahre 1890 bis 1894, hatte als Generalstabschef des Zehnten Armeecorps im deutsch-französischen Krieg von sich reden gemacht und danach im Kriegsministerium und in der Admiralität führende Positionen innegehabt. Sein Nachfolger bis 1900, Hohenlohe-Schillingsfürst, war unter anderem von 1866 bis 1870 bayerischer Ministerpräsident und seit 1885 Statthalter von Elsass-Lothringen gewesen und im Übrigen zum Zeitpunkt seiner Berufung als Reichskanzler schon fünfundsiebzig Jahre alt.

Die biographischen Profile der beiden Kanzler der neunziger Jahre des 19. Jahrhunderts, aber auch die vielfältigen neuen Aufgaben und Probleme der deutschen Außenpolitik jener Zeit erklären die erstaunliche Karriere, die das Auswärtige Amt nach dem Rückzug des ersten Kanzlers hinlegen konnte. Bismarck, der ja von 1862 bis 1890 immer auch preußischer Außenminister war, hatte das am 4. Januar 1870 gleichsam aus dem preußischen Ministerium der auswärtigen Angelegenheiten heraus gegründete Amt stets als dem Kanzler nachgeordnete Behörde betrachtet und behandelt.

Dass sich das mit seinem Abtritt rasch änderte, lag auch

am politischen Personal des Hauses, allen voran an Friedrich von Holstein. Beinahe ein halbes Jahrhundert, von 1860 bis 1906, hat er im Dienst der preußischen beziehungsweise deutschen Außenpolitik gestanden und vor allem seit 1890 ihr Profil erkennbar mitgeprägt – als Vortragender Rat des Amtes, also keineswegs an dessen Spitze. Allerdings besaßen nur wenige seine Erfahrung und sein Durchsetzungsvermögen, und kaum jemand hatte wie er das Immediatrecht, also das Privileg, dem Kaiser direkt vortragen zu dürfen. Starke Partner hatte Holstein vor allem in Paul Graf von Hatzfeldt, dem deutschen Botschafter in London von 1885 bis 1901, in gewisser Weise auch in Adolf Freiherr Marschall von Bieberstein, der zunächst, von 1890 bis 1897, als Staatssekretär des Auswärtigen Amtes, danach für fünfzehn Jahre als Botschafter auf dem außerordentlich wichtigen Posten in Konstantinopel Dienst tat.

Obgleich sich also Kaiser, Kanzler und Auswärtiges Amt seit dem Frühjahr 1890 mit unterschiedlichen Voraussetzungen, Erwartungen und Interessen an die Gestaltung der Außenpolitik machten, wurde doch alsbald eine Grundstruktur erkennbar. Das gilt vor allem für die Zurückhaltung auf kolonialem Gebiet: »Je weniger Afrika, desto besser für uns«, soll Caprivi gesagt haben,[8] und tatsächlich wurde die mit dem Helgoland-Sansibar-Vertrag eingeschlagene Linie in zwei Abkommen mit Großbritannien über Guinea und Kamerun, die 1893 zustande kamen, weiterverfolgt. Entsprechend eindeutig war die Konzentration auf Europa.

Das lag an den Prioritäten im Auswärtigen Amt, wo Holstein immer stärker auf den Zweibund, Marschall vor allem auf den Dreibund setzte. Es lag aber auch am Kanzler. Caprivi war entschlossen, die Stellung Deutschlands auf dem Kontinent durch wirtschaftliche und militärische Maßnahmen weiter zu festigen. Eine Serie von Handelsverträgen und eine große Armeereform waren die Mittel, die der Kanzler gegen zum Teil erhebliche Widerstände im Innern durchboxte: Am

Ende brachte die Reform die zweijährige Dienstzeit und eine Heeresstärke von über 550 000 Mann.

Zu diesem Zeitpunkt, Mitte des Jahres 1893, ließ sich schon nicht mehr genau sagen, in welchem Maße die deutsche Politik das Heft des Handelns abgegeben hatte und lediglich auf Vorgaben von außen reagierte. Inzwischen hatte man nämlich in St. Petersburg die Konsequenz aus der Entscheidung Berlins gezogen, den Rückversicherungsvertrag nicht zu erneuern. Der Entschluss war wenige Tage nach Bismarcks Rücktritt gefallen. Die Neuen in Berlin waren nicht davon überzeugt, dass sich Deutschland unter den herrschenden Umständen aus einem offenen Konflikt zwischen Großbritannien und Russland würde heraushalten können, der über die orientalische Frage aufbrach. Vor allem aber waren sie nicht bereit, gegebenenfalls Österreich-Ungarn fallen zu lassen. Darin nämlich sahen die Nachfolger des Reichsgründers die logische Konsequenz der von Bismarck angelegten Konstruktion, und da sich die Waagschale auch sonst, vor allem bei Holstein, immer stärker zugunsten des Zweibundes mit Österreich-Ungarn zu neigen begann, brachte selbst der russische Vorschlag, auf das ganz geheime Zusatzprotokoll zum Rückversicherungsvertrag zu verzichten, keinen Durchbruch.

Dass nunmehr in St. Petersburg die Alarmglocken schlugen, kann man verstehen. Nahm man alles zusammen – die kolonialpolitische Abstinenz, die demonstrative Hinwendung zu England und Österreich-Ungarn, die Handels- und die Militärpolitik –, konnte es kaum einen Zweifel geben, dass Russland der Hauptbetroffene des deutschen Kurswechsels war. Kein Wunder, dass jetzt am Zarenhof jene Partei Oberwasser bekam, die für ein Zusammengehen mit Frankreich plädierte: Hatte man nicht schon immer vor der deutschen Politik gewarnt? Litt nicht der russische Getreideexport seit Jahren unter der deutschen Schutzzollpolitik? Musste nicht die russische Wirtschaft ihren Kreditbedarf seit 1887 an der Pariser Börse decken? Jetzt zog man die Notbremse.

Als am 23. Juli 1891 die französische Flotte im russischen

Kronstadt einlief, ahnten viele, dass in der Weltpolitik eine neue Zeitrechnung anbrechen würde. Tatsächlich verpflichtete die Militärkonvention, die am 17. August des folgenden Jahres von Frankreich und Russland unterzeichnet wurde und um die Jahreswende 1893/94 in Kraft trat, die beiden Länder nicht nur zum Beistand im Falle eines Angriffs einer der Dreibundmächte, sondern auch zu einem koordinierten Handeln im Vorfeld: »Falls der Dreibund«, so stand dort zu lesen, »oder eine der an ihm beteiligten Mächte etwa mobil machen sollten, werden auch Frankreich und Rußland auf die erste Kunde von diesem Ereignis, ohne daß noch besonders eine vorhergehende Verständigung nötig ist, sofort und gemeinsam ihre gesamten Streitkräfte mobil machen und so nahe wie möglich an die Grenze werfen.«[9] Damit war nicht nur der Weg in ein System mehr oder weniger starrer Allianzen eingeschlagen; es war auch der Automatismus kriegsvorbereitender Maßnahmen vorgezeichnet. Das wissen wir jedenfalls heute.

Damals war das noch nicht ohne weiteres erkennbar. Auf der anderen Seite konnte man sich in Berlin auch nicht der Einsicht verschließen, dass der »Neue Kurs« der deutschen Außenpolitik in eine Sackgasse zu führen schien. Die Russen hatten die Zurückweisung durch Deutschland mit einer Konsequenz beantwortet, die wenig Spielraum für Interpretationen ließ. Und die Engländer wollten das deutsche Entgegenkommen partout nicht mit den Maßnahmen beantworten, die man in Berlin erwartet hatte, ganz im Gegenteil. Nicht nur ließen sie wenig Neigung erkennen, sich eindeutig dem Dreibund anzunähern, sie brachen auch die vertraglichen Brücken zu Deutschlands Dreibundpartnern Österreich-Ungarn und Italien ab: Im Februar 1896 kündigte London den Orientdreibund auf.

Das war eine unmittelbare Reaktion auf die deutsche Politik, nicht zuletzt auf Äußerungen und Aktivitäten Wilhelms II. Der war Ende 1895 endgültig zu dem Schluss gekommen, dass die »Continentalmächte nächstens Schritte berathen müssen zur Wahrung ihrer gemeinsamen Interessen gegen England«.[10]

Das war nicht so abwegig, wie es klingen mag. Die jüngsten Vorkommnisse in Asien schienen nämlich darauf hinzudeuten, dass eine pragmatische Zusammenarbeit der führenden Kontinentalmächte auch nach Abschluss der französisch-russischen Allianz durchaus im Horizont des Möglichen lag. Selbst ein Zusammengehen Deutschlands mit Frankreich und Russland war keineswegs ausgeschlossen, wenn gemeinsame Interessen auf dem Spiel standen. Und war es nicht so, dass auch Franzosen und Russen in der Kolonialpolitik noch offene Rechnungen mit Großbritannien hatten, übrigens deutlich höhere und wesentlich ältere als der Neuling auf der Weltbühne?

Die asiatischen Verwicklungen sprachen jedenfalls dafür. Am 10. Juni 1894 hatte Japan den Angriff auf das zwischen ihm und China umstrittene Korea eröffnet. Der Verlauf des folgenden Krieges war eine Überraschung, weil der unerwartet hohe Ausbildungsstand der japanischen Armee zu einem schnellen militärischen und der Präliminarfriede von Shimonoseki zu einem durchschlagenden politischen Erfolg für Japan führten. Immerhin musste China Mitte April 1895 auf Korea, Formosa, aber auch auf Teile des Festlandes, namentlich auf die Halbinsel Liaotung mit Port Arthur, verzichten. Die Haltung der Europäer, für die hier einiges auf dem Spiel stand, war nicht einheitlich. Während sich die Briten bedeckt hielten und auf eine Annäherung an Japan vorbereiteten, schritten Russen, Franzosen und Deutsche zur Tat. Die konzentrierte, koordinierte diplomatische Initiative der drei Großmächte, die als »Ostasiatischer Dreibund« in die Geschichte eingegangen ist, zwang Japan wenig später, im Frieden von Chefoo einen Teil seiner Beute wieder an China abzutreten.

Eine bemerkenswerte Episode, wenn auch aus der weiter gehenden kaiserlichen Idee einer europäischen Kontinentalliga gegen England nichts geworden ist. Zwar hat Wilhelm II. sie immer wieder einmal ins Gespräch gebracht, tatsächlich gruben ihr aber Stoßrichtung und Methoden der deutschen Außenpolitik schon seit Mitte der neunziger Jahre zusehends das Wasser ab. Je unverhohlener die Deutschen nämlich ihre kolonialpolitische Zurückhaltung aufgaben, umso mehr wuchsen die Spannungen – an allen Ecken und Enden der Welt und mit mehr oder weniger allen Akteuren in der Weltpolitik. Dass zunächst vor allem die Divergenzen mit den Briten im Vordergrund standen, kam Russen und Franzosen zwar nicht ungelegen. Aber für ein gemeinsames Vorgehen, für eine Kontinentalliga mit Deutschland gegen England reichte das nicht.

Ganz im Gegenteil nahm man in St. Petersburg und Paris gleichermaßen erstaunt und gelassen zur Kenntnis, wie sich Deutsche und Briten 1896 über eine Frage in die Haare gerieten, die weder französische noch russische und genaugenommen auch keine deutschen Interessen berührte. Wen kümmerten schon die Vorgänge im südafrikanischen Burenstaat Transvaal? Die Briten, wild entschlossen, dieses Gebiet unter ihre Kontrolle zu bringen, waren daran während der späten siebziger und frühen achtziger Jahre schon einmal gescheitert. Ende Dezember 1895 unternahm der Administrator der *British South Africa Company* in Rhodesien, Leander Starr Jameson, eigenmächtig den nächsten Versuch.

Die Aufregung war beträchtlich. Auch in Deutschland, auch und vor allem bei Wilhelm II. Der hatte schon Wochen zuvor den Eindruck gewonnen, dass England »wegen ein paar Quadratmeilen voll Neger und Palmbäume« seinem »einzigen wirklichen Freund, dem Deutschen Kaiser, Enkel ihrer Majestät der Königin von Großbritannien und Irland«, mit Krieg drohe.[11] Jetzt war das Maß voll. Zunächst wollte er dem Präsidenten von Transvaal, Ohm Krüger, mit seiner Marineinfanterie zu Hilfe eilen, ihm auch die deutsche Schutzherrschaft anbieten. Dann ließ er es aber auf Drängen des Auswärtigen Amtes doch bei einem Telegramm bewenden und übermittelte Krüger seinen »aufrichtigen Glückwunsch« für den Sieg über die »Friedensstörer« und die Wahrung der »Unabhängigkeit des Landes gegen Angriffe von außen«.[12]

Das Telegramm hat Karriere gemacht, schon weil die britische Öffentlichkeit mit großer Erregung reagierte und die

Regierung in London zu handeln zwang. Der Umgangston wurde schärfer, die Maßnahmen und Forderungen wurden drastischer. Auf beiden Seiten. Die englischen Aktivitäten erreichten Ende Juli 1897 in der Kündigung des Handelsvertrages mit dem Reich ihren vorläufigen Höhepunkt, die deutschen im Entschluss zum Aufbau einer Schlachtflotte. In der Erkenntnis, dass die Briten ihren deutschen Verwandten nicht nur einen ordentlichen Kolonialbesitz absprechen, sondern auch deren überlegene Industrie »vernichten« wollten, war der Kaiser nämlich im Frühjahr und Sommer 1897 zu einer doppelten Schlussfolgerung gelangt. Erstens bekam man, zumal von England, »gutwillig nichts«, was man sich »nicht mit bewehrter Faust« selbst holte,[13] und daher galt zweitens: »naves esse aedificandas«.[14] Es mussten Schiffe her. Hinter alledem stand der von ihm persönlich bereits im Februar des Jahres formulierte »Grundsatz der Kaiserlichen Regierung«: »erst handeln, dann verhandeln«.[15]

Daran hielt man sich im Folgenden. Ein Revirement in der politischen und militärischen Führungsspitze des Reiches trug das Seine dazu bei, die »Politik der freien Hand« mit dem nötigen Schwung zu versehen. Denn so verstand sich die deutsche Außenpolitik der kommenden Jahre. Am 18. Juni 1897 wurde Konteradmiral Alfred Tirpitz Staatssekretär des Reichsmarineamtes. Vier Monate später, am 20. Oktober, folgte ihm Bernhard von Bülow als Staatssekretär des Auswärtigen Amtes.

Wie sein kaiserlicher Herr gehört der 1849 in der Nähe von Altona geborene Bülow zu den schillernden, umstrittenen politischen Figuren der Epoche. Adeliger Herkunft und ausgesprochen wohlhabend, war er mit besten gesellschaftlichen Verbindungen ausgestattet. Wie sein Vater Bernhard Ernst von Bülow, der es in den siebziger Jahren ebenfalls zum Staatssekretär des Auswärtigen Amtes gebracht hatte, schlug der Sohn die diplomatische Laufbahn ein, überstand den Sturz Bismarcks unbeschadet und amtierte seit 1894 als deutscher Botschafter in Rom. Politischer Sachverstand und geschliffene Rhetorik gingen bei Bernhard von Bülow einher mit einer eigenartigen Mischung aus Anpassungsfähigkeit und Servilität, namentlich gegenüber Wilhelm II. Diese Eigenschaften trugen ihm schon unter Zeitgenossen den Beinamen »der Aal« ein. Jedenfalls war er dem Kaiser bald unentbehrlich, und so hielt sich die Überraschung in Grenzen, als er Mitte Oktober 1900, nur drei Jahre nach der Übernahme des Staatssekretärspostens, Hohenlohe als Kanzler beerbte. So kometenhaft Bülows Aufstieg war, so ernüchternd war sein politisches Ende, nachdem der Monarch im Zuge der sogenannten *Daily Telegraph*-Affäre im November 1908 das Vertrauen in ihn verloren hatte. Immerhin hatte er das Amt, als er es im Juli 1909 verlassen musste, fast neun Jahre lang verwaltet. Das hat nach Bismarck, von Hitler abgesehen, kein zweiter Reichskanzler geschafft.

Bülow residierte als Staatssekretär gerade einmal sechs Wochen in seinem neuen Büro an der Wilhelmstraße, als er sich in den Reichstag aufmachte, um eine der alsbald berühmtesten Reden der Zeit zu halten. Hintergrund waren die Ereignisse in China. Das Vordringen der Russen in der Mandschurei – eine Folge der Intervention des Ostasiatischen Dreibundes –, vor allem aber die Ermordung zweier deutscher Missionare in der Provinz Schantung hatten Wilhelm II. zur Tat veranlasst: Am 14. November 1897 wurde die Bucht von Kiautschou mit dem Hafen Tsingtau von einem deutschen Geschwader besetzt.

Darauf bezog sich der Staatssekretär, als er am 6. Dezember, wiederholt von Bravo-Rufen der Abgeordneten unterbrochen, klarstellte: »Die Zeiten, wo der Deutsche dem einen seiner Nachbarn die Erde überließ, dem anderen das Meer und sich selbst den Himmel reservierte, wo die reine Doktrin thront – diese Zeiten sind vorüber ... Wir müssen verlangen, daß der deutsche Missionar und der deutsche Unternehmer, die deutschen Waren, die deutsche Flagge und das deutsche Schiff in China geradeso geachtet werden wie diejenigen anderer Mächte ... Mit einem Wort: wir wollen niemand in den Schatten stellen, aber wir verlangen auch unseren Platz an der Sonne!«[16]

Was ist nicht alles über diese Rede gesagt, vor allem von folgenden Generationen in sie hineingelegt worden. Dabei spricht sie für sich. Deutschland tat, was andere in seiner Situation auch taten beziehungsweise tun zu müssen glaubten: den Schritt von der Groß- zur Weltmacht. Es gibt keine Großmacht in dieser Zeit – die außereuropäischen, also Japan und die Vereinigten Staaten von Amerika eingeschlossen – die darauf hätte verzichten können oder wollen. Dass die imperialen Stoßrichtungen und die Methoden unterschiedlich ausfielen, dass beispielsweise Österreich-Ungarn und Russland die Landnahme in der Regel unmittelbar jenseits ihrer Grenzen verfolgten, steht auf einem anderen Blatt.

Im deutschen Falle kam hinzu, dass 1897 das massive Fundament für das Kolonialreich längst gelegt war. Um den Anspruch selbst ging es nicht. Die Stoßrichtung der deutschen Weltpolitik war das Problem. In dem Augenblick, als mit dem Aufbruch der jungen japanischen Großmacht nach China der Wettlauf in Ostasien eröffnet wurde, mussten auch die Deutschen dort mit von der Partie sein, wollten sie bei der offenbar bevorstehenden Aufteilung Chinas in Interessensphären nicht ins Hintertreffen geraten. So gesehen war die Besetzung Kiautschous aus deutscher Sicht zwingend. Niemand war überrascht, dass dem Pachtvertrag Deutschlands mit China über Kiautschou vom März 1898 in rascher Folge entsprechende Abkommen Russlands, Frankreichs und Großbritanniens folgten. Im Grunde tat Bülow mit Blick auf Ostasien genau das, was Bismarck dreizehn Jahre zuvor bezogen auf Afrika getan hatte, als er, an die Adresse Londons gerichtet, die schon zitierte Frage stellte, »weshalb das Recht zu kolonisieren, welches England in weitestem Maße ausübt, uns versagt sein sollte«.

Auch die von der Reichsregierung angewandte Methode war im Zeitalter des Imperialismus durchaus nicht unüblich, ganz im Gegenteil: Die Alleingänge der Briten in Südafrika, der Amerikaner auf Kuba, den Philippinen oder in Puerto Rico oder eben der Japaner und der Russen in China hatten ganz andere Dimensionen. Die deutsche Politik, unerfahren wie sie auf diesem Gebiet war, stimmte sich im Umkreis ihrer begrenzten China-Aktion sogar wohlweislich mit den Russen ab, und nachdem alles vorüber war, nachdem Deutschland und das Zarenreich ihre Pachtgebiete sicher hatten, kannte des Kaisers Zufriedenheit keine Grenzen: »... wir beide werden ein gutes Paar Schildwachen am Eingange des Golfs von Petschili abgeben, die gebührend, insbesondere von den Gelben, respektiert werden!«[17] Das schrieb Wilhelm II. Ende März 1898 an seinen »liebsten Nicky«, seinen russischen Vetter Nikolaus II., der dem im November 1894 verstorbenen Vater Alexander III. nachgefolgt war.

Nein, die Aktion, für sich genommen, war in dieser Ära nichts Ungewöhnliches. Das galt auch für den hinter ihr stehenden Anspruch, von dem Bülow noch mehr als ein Vierteljahrhundert später nichts zurücknehmen wollte: »Ich bin auch heute der Ueberzeugung, die uns beide erfüllte, als wir vor 27 Jahren gleichzeitig Staatssekretäre wurden«, schrieb er im November 1924 an Tirpitz, »dass unser Volk nach seiner Tüchtigkeit, seiner Kultur (im besten Sinne des Wortes) und seiner Vergangenheit ein Recht auf die Stellung hätte, die ich damals den Platz an der Sonne nannte, d.h. das Recht auf Gleichberechtigung mit anderen grossen Nationen.«[18]

Sprach damals, am Ende des Jahres 1897, etwas dagegen? Gab es eine andere Großmacht der Zeit, die auf diesen Anspruch hätte verzichten können? War es nicht so, dass die Großmachtposition in Europa nur zu halten war, wenn man sich auch in der außereuropäischen Welt betätigte und behauptete? Bestand andernfalls nicht die Gefahr, dass die auf dem Kontinent soeben errungene Gleichrangigkeit in dem nun geltenden Weltmaßstab wieder aufgehoben wurde? Musste man nicht mit dem jungen Soziologen und Nationalökonomen Max Weber »begreifen, daß die Einigung Deutschlands ein Jugendstreich war, den die Nation auf ihre alten Tage beging und seiner Kostspieligkeit halber besser unterlassen hätte, wenn sie der Abschluß und nicht der Ausgangspunkt einer deutschen Weltmachtpolitik sein sollte«?[19] Man mochte es drehen und wenden, wie man wollte:

Wenn es einen Fehler gab, dann war er 1871, vielleicht auch erst 1884 gemacht worden. Was folgte, war unausweichlich, soweit es um den Weg in die Welt ging.

Anders war es mit den Tönen, die man dabei anschlug. Das galt schon für Bülows Rede, die durch ihre forsche, selbstgewisse Argumentation auffiel – so etwas hatte man aus dem Munde eines deutschen Staatssekretärs bislang nicht vernommen. Es galt erst recht für den Kaiser, der seit seiner Depesche an den Präsidenten von Transvaal die Tonlage der deutschen Außenpolitik vorgab. So im Herbst 1898, als er sich auf seine zweite Orientreise begab und unter anderem Konstantinopel, Jerusalem und Damaskus besuchte. Schlimm genug, dass Wilhelm II. den türkischen Sultan damit zu einer Zeit hofierte und aufwertete, in der Abdul Hamid II. die christlichen Armenier seines Reiches massakrieren ließ. Geradezu töricht war die Rede von Damaskus, in der er, überwältigt vom orientalischen Empfang, am 8. November den Sultan und »die 300 Millionen Mohammedaner, welche auf der Erde zerstreut lebend in ihm ihren Kalifen verehren«, seiner Freundschaft »versichert[e]«.[20] Gewiss, hier handelte es sich um eine impulsive, in gewisser Weise naive Bekundung. Aber immerhin war es der Deutsche Kaiser, also der Repräsentant der inzwischen stärksten europäischen Großmacht, der so sprach, und das zu einer Zeit, in der sich Deutschland anzuschicken schien, diesen oder jenen Worten Taten folgen zu lassen.

Denn so, gewissermaßen als verlängerter Arm deutscher Weltpolitik, stellte sich die Flottenpolitik des Reiches dar, für die Konteradmiral Tirpitz verantwortlich zeichnete: England, so legte der Staatssekretär im Juli 1897, also wenige Wochen nach seinem Amtsantritt, in einer Denkschrift dar, sei der »Gegner, gegen den wir am dringendsten ein gewisses Maß an Flottenmacht als politischer Machtfaktor haben müssen«.[21] Das war eine banale Einsicht, und sie war verheerend. Denn sie koppelte Weltmacht- und Flottenpolitik aneinander. Dabei war der Flottenbau gerade nicht eine Folge der deutschen Kolonialpolitik und ihrer maritimen Sicherung. Der Entschluss zum Aufbau einer deutschen Schlachtflotte, den der Reichstag am 10. April 1898 und am 14. Juni 1900 mit zwei Gesetzen in handfeste Politik umsetzte, fiel zwar gleichzeitig mit der Ankündigung einer deutschen Weltpolitik, war aber in der Sache nicht durch diese bedingt. Die Schlachtflotte sollte vielmehr ein Druckmittel gegenüber England sein.

Zwei Ideen lagen dem Flottenbau zugrunde: einmal die Überzeugung, dass Deutschland auf Dauer nur mit einer starken Marine bündnisfähig sei, ganz gleich, ob es um eine Koalition mit Großbritannien oder um eine Kontinentalliga gegen Großbritannien ging. Und dann sollte die Flotte eine »Risikoflotte« sein: Die britische, die weltweit stärkste Flotte sollte im Kriegsfall Gefahr laufen, durch die deutsche Seemacht derart geschwächt zu werden, dass sie ihre Doppelaufgabe – die Sicherung der britischen Inseln und des Kolonialreiches – nicht mehr würde wahrnehmen können. Diese Aussicht, so das Kalkül, würde London von einer Konfrontation mit dem Reich abhalten, wenn nicht sogar an dessen Seite bringen. »Ich habe«, zitierte Tirpitz nach dem Großen Krieg Bismarck, »was das Ausland anbelangt, in meinem Leben nur für England und seine Bewohner Sympathie gehabt und bin stundenweise noch nicht frei davon. Aber die Leute wollen sich von uns nicht lieben lassen.«[22]

In Deutschland war die Hochrüstung zur See äußerst populär. Der 1898 ins Leben gerufene Deutsche Flottenverein hatte mehr als dreihunderttausend Einzelmitglieder und verstärkte zugleich die Phalanx der immer mächtiger werdenden Agitationsvereine. Zu ihnen gehörten die 1887 gegründete Deutsche Kolonialgesellschaft und der Alldeutsche Verband, der 1894 aus der Protestbewegung gegen den Helgoland-Sansibar-Vertrag hervorgegangen war. Dabei beruhte die hohe Zustimmung zum Flottenprogramm auf einem bemerkenswerten Missverständnis. Denn die Öffentlichkeit sah darin vor allem einen Ausdruck des deutschen Ausgreifens »in die Welt«, eine Flankierung deutscher Weltpolitik, stellte den Flottenbau also auf eine Stufe mit den weltmachtpolitischen Aktivitäten des Reiches, an deren Notwendigkeit und Legitimität es wenig Zweifel gab.

Einmal mehr zeigte sich, welch gewaltige Lawine Bismarcks Entscheidung von 1884 ins Rollen gebracht hatte. Für ihn mochte die Kolonialpolitik eine Episode, ein Kapitel seiner Europapolitik sein. Für die Deutschen war sie eine unabwendbare Konsequenz aus dem »Jugendstreich« der Reichsgründung. So gesehen war nicht nur die Welt-, sondern auch die Flottenpolitik schon seit 1884 programmiert. Bismarck hatte den darin angelegten Konflikten noch ausweichen können, sie gewissermaßen in die Zukunft verlegt. Seine Nachfolger mussten sie austragen.

Schwer zu sagen, was aus der deutschen Welt- und Flottenpolitik geworden wäre, hätten sich ihre Architekten nicht, kaum dass die Pläne erstellt waren, in ihrer Auffassung bestätigt gesehen. Die Weltpolitik war eben angekündigt und in China in die erste Phase ihrer Realisierung getreten, der Flottenbau wurde gerade durch das deutsche Parlament auf den Weg gebracht – da schien das Unternehmen ausgerechnet aus Großbritannien Zuspruch zu erfahren. Jedenfalls ließ sich der Vorstoß des britischen Kolonialministers so interpretieren. Am 29. März 1898 erläuterte Joseph Chamberlain dem deutschen Botschafter in London »*ganz vertraulich* …, daß die politische Situation jetzt eine Wendung genommen habe, welche England nicht länger gestatte, die bisher traditionelle Politik der Isolierung aufrechtzuerhalten«. Diesen Befund verband der Minister mit dem »Wunsch nach einer bindenden Abmachung zwischen England und dem Dreibund«.[23] Das war nichts anderes als ein wenig verschlüsseltes Bündnisangebot, also eine Sensation.

In Berlin, wo man seit den ausgehenden achtziger Jahren immer wieder in diese Richtung sondiert hatte, fielen die Reaktionen erstaunlich gelassen aus. Das hatte auch mit dem Gesprächspartner zu tun. Joseph Chamberlain, Vater der Halbbrüder Austen und Neville, war ja nicht der Premierminister der amtierenden konservativen Regierung. Dieses Amt hatte, zum dritten Mal bereits, Salisbury inne. Der aber kränkelte und musste immer häufiger von seinem Neffen und Nachfolger, Schatzminister Arthur James Balfour, vertreten werden. Standen die beiden hinter Chamberlains Vorstoß?

Aber das war nicht der einzige, schon gar nicht der eigentliche Grund für die Absage, welche die deutsche Regierung der britischen erteilte. In Berlin vermuteten der Kaiser, Bülow und Holstein keineswegs zu Unrecht, dass die Briten in Deutschland einen Partner für ein begrenztes Zusammengehen gegen Russland in China suchten, dass es ihnen also in erster Linie um eine Entlastung der unter erheblichem Druck stehenden Empire-Politik ging. Dahinter steckte ein tiefes, aus den Tagen des Siebenjährigen Krieges herrührendes Misstrauen, dass England im Grunde nur die Strategie verfolge, die Kontinentalmächte miteinander in Konflikt zu bringen, um sich dann zurückzuziehen und ungestört seine weltpolitischen Geschäfte zu erledigen.

Tatsächlich konnte man ja auch in Berlin beobachten, wie rasant die Briten an allen Enden und Ecken der Welt unter Druck gerieten: Der Vorstoß der Russen in China war perspektivisch für ihre Interessen in Asien nicht weniger gefährlich als der Konflikt mit Frankreich, der sich abzeichnete, seit eine britische Armee 1896 mit der Rückeroberung des Sudan begonnen hatte. Und natürlich hatte in London kaum jemand einen Zweifel, dass es im südlichen Afrika noch eine offene Rechnung gab: Im Oktober 1899 begann dann auch ein mehr als zweijähriger, äußerst verlustreicher und brutal geführter Krieg gegen die Buren. Und jetzt war auch noch Deutschland ganz offenkundig entschlossen, seinen Worten Taten folgen zu lassen – im Orient, in China und selbst zur See.

Die Wahl des Bündnispartners fiel insofern nicht zufällig auf das Reich, als die alten Rivalen Frankreich oder Russland, das seit 1895 mehr und mehr ins Zentrum entsprechender Bemühungen rückte, für die Briten einstweilen ebenso wenig zu haben waren wie die jungen weltpolitischen Konkurrenten Japan und die USA, die man zunächst hofiert hatte. Für die Deutschen sprach, dass sie 1884 mit der Kolonialpolitik ein Feld betreten hatten, auf dem sich solche Verhandlungen führen ließen. Außerdem waren sie hungrig und ziemlich unerfahren: Musste es für den Aufsteiger nicht verlockend sein, im Windschatten des britischen Altmeisters – wenn auch als dessen Juniorpartner, also zu seinen Bedingungen – zu reüssieren?

Das sah man in Berlin begreiflicherweise ganz anders. Hier wurde das Angebot als Bestätigung des eingeschlagenen Weges betrachtet: Lag in der britischen Initiative nicht auch eine unausgesprochene Anerkennung für das beträchtliche wirtschaftliche, politische und militärische Gewicht, das sich Deutschland seit der Reichsgründung zugelegt hatte? War die Offerte nicht auch eine Würdigung der deutschen Weltpolitik? Die Ablehnung erfolgte aus einem Gefühl der Stärke, in der Überzeugung, dass man genügend Zeit habe, den Partner, den Zeitpunkt und die Konditionen eines Bündnisses bestimmen zu können. Da war eine gehörige Portion Übermut im Spiel.

Und so überhörten die Umworbenen die unverhohlene Drohung, die Chamberlain Ende April 1898 gegenüber Botschafter Hatzfeldt mit dem Hinweis aussprach, dass es für England, »wenn es auf die seiner Ansicht nach naturgemäße Allianz mit Deutschland verzichten müsse, keine Unmöglichkeit sein würde, mit Rußland oder mit Frankreich zu einer Verständigung zu gelangen«.[24] In Berlin hielten sie das noch Jahre später für derart ausgeschlossen, dass sie glaubten, das zusehends instabile Gebäude deutscher Weltpolitik auf dem Fundament des britisch-französischen beziehungsweise englisch-russischen Gegensatzes errichten zu können.

Es mag ein Zufall sein – aber mit der als vorläufig betrachteten Absage an die britische Regierung wurde ein Grundzug der deutschen Außenpolitik dominant, den mancher schon seit 1890 beobachtet hatte. Seit dem Abtritt Bismarcks, der übrigens Ende Juli 1898, also wenige Wochen nach Beginn der deutschen China- und Flottenpolitik, verstarb, wurde sie in dem Maße sprunghafter und unberechenbarer, in dem der Kaiser direkt in sie eingriff. Dabei standen er und mit ihm die deutsche Politik keineswegs immer auf der falschen Seite, im Gegenteil. Das zeigte sich im Mai 1900, als in China der sogenannte Boxeraufstand, unter anderem eine Erhebung gegen die Überfremdung des Landes, losbrach, dem Tausende einheimischer Christen und Hunderte Ausländer zum Opfer fielen, unter ihnen der deutsche Gesandte Klemens Freiherr von Ketteler.

Wilhelm II. zögerte keinen Augenblick, sich an der internationalen Expedition zur Bestrafung der Chinesen beziehungsweise zur Befreiung der in Peking belagerten Ausländer zu beteiligen. Allerdings drängte er dann der alliierten Armee mit Generalfeldmarschall Alfred Graf von Waldersee nicht nur den Oberbefehlshaber auf, sondern ließ es sich auch nicht nehmen, das deutsche Kontingent am 27. Juli 1900 mit einer seiner berüchtigten Reden zu verabschieden. »Pardon wird nicht gegeben«, rief er seinen Soldaten zu, »Gefangene nicht gemacht ... Wie vor tausend Jahren die Hunnen unter ihrem König Etzel sich einen Namen gemacht, ... so möge der Name Deutschland in China in einer solchen Weise bekannt werden, daß niemals wieder ein Chinese es wagt, einen Deutschen auch nur scheel anzusehen.«[25]

Nicht dass solche Töne in diesem Zeitalter ungewöhnlich gewesen wären; auch folgten ihnen keine Taten, die etwa dem russischen Massaker an den Chinesen im sibirischen Blagoweschtschensk vom Sommer 1900 vergleichbar gewesen wären. Problematisch war, dass sich die kaiserlichen Auslassungen in Bremerhaven – wie zuvor schon jene in Damaskus – mit den Planungen und Maßnahmen der deutschen Weltpolitik zu einem Gesamtbild zu fügen schienen, das in der Tat Anlass für beträchtliche Irritation bieten konnte.

Zum Beispiel im Orient. Der Grundstein für das Gebäude der deutschen Orientpolitik war schon in der Bismarckzeit gelegt worden. 1889 und 1898 hatten die beiden Reisen Wilhelms II. dann entscheidend dazu beigetragen, dass sich ein Konsortium unter Führung der Deutschen Bank in den Jahren 1893 und 1903 die Konzessionen für den Bau der sogenannten Bagdadbahn sichern konnte. Diese sollte dereinst Berlin mit Bagdad beziehungsweise Kuwait verbinden, und eben da lag das Problem. Denn für die britische Regierung, insbesondere aber für die vehement reagierende britische Öffentlichkeit, zeichnete sich mit diesem wichtigsten Prestigeprojekt deutscher Weltpolitik eine unmittelbare Bedrohung ihrer strategischen, wirtschaftlichen und politischen Positionen am Persischen Golf, dem Vorfeld Indiens, ab. Damit lagen sie gar nicht einmal falsch.

Anfang Januar 1899 hatte Marschall von Bieberstein, soeben erst vom Kaiser auf den Botschafterposten in Konstantinopel geschickt, ein »Zukunftsbild« entworfen, »wie sich die Dinge einst gestalten werden, wenn Deutschland fortfährt, sich im Oriente wirthschaftlich auszustrecken – der Hafen in Haidar-Pascha, dem zu erheblichem Theile auf deutschen Schiffen deutsche Waaren zugeführt werden, … die Bahnlinie von dort bis Bagdad ein deutsches Unternehmen, das nur deutsches Material verwendet und zugleich für Güter und Personen die kürzeste Linie bildet aus dem Herzen Deutschlands nach seinen ostasiatischen Besitzungen«. Und so trat dem »vorausschauenden Blick« des Botschafters »der Moment entgegen, in dem der berühmte Ausspruch, ›daß der ganze Orient nicht die Knochen eines pommerschen Grenadiers für uns werth sei‹, eine interessante historische Reminiscenz, aber keine historische Wahrheit mehr bildet«.[26] Kein Wunder, dass ein Mann mit solchen Visionen recht bald zu des Kaisers »bestem Pferd im Stall« wurde.

Allerdings kann man nicht sagen, dass die deutsche Außenpolitik um die Jahrhundertwende den Konflikt, etwa mit England, gesucht hätte. Ganz im Gegenteil verständigte man sich nach dem vorläufigen Scheitern der Bündnisgespräche auf eine Politik der »kleinen Schritte« und schloss mit den Briten Ende

August 1898 einen Vertrag über die Aufteilung der portugiesischen Kolonien in Afrika für den Fall ihrer Verpfändung. Mitte November 1899 folgte ein Abkommen über die Aufteilung der pazifischen Samoa-Inseln, durch das Deutschland in den Besitz von Upulo und Savaii kam. In einer dritten Vereinbarung, dem sogenannten Jangtse-Abkommen, bekräftigten London und Berlin schließlich im Oktober 1900 die territoriale Integrität Chinas und das Prinzip der »Offenen Tür«, das allen Interessenten freien Handel im Reich der Mitte garantierte. Das waren beachtliche Fortschritte, wenn auch beide Seiten nicht immer mit sauberen Methoden arbeiteten.

Für mehr reichte es dann aber nicht, schon gar nicht für einen erfolgreichen Abschluss der Bündnisverhandlungen, die Anfang 1901 als Folge eines Alleingangs des deutschen Botschaftsrates in London, Herrmann Freiherr von Eckardstein, noch einmal aufgenommen wurden. Die deutsche Seite wollte einem »Defensivarrangement« nur unter einer Voraussetzung zustimmen: Demnach sollte der Bündnisfall für England auch dann gelten, wenn Deutschland seinem von zwei Mächten angegriffenen Dreibund-Partner Österreich-Ungarn zu Hilfe kommen musste. Das hieß nichts anderes, als dass die Würfel zugunsten der Doppelmonarchie gefallen waren: Aus dem Entschluss, Österreich-Ungarn nicht fallen zu lassen, war über Nacht die Entschlossenheit geworden, die Donaumonarchie unter allen Umständen zu verteidigen. Damit hatte man den Weg in das südosteuropäische Minenfeld eingeschlagen. Und die Hintertür, welche die Engländer der jungen deutschen Kolonialmacht geöffnet hatten, war wieder geschlossen. Konnte das gut gehen?

ISOLIERUNG

Von Neidern umstellt 1901–1912

Was war Ursache? Was war Folge? Wer handelte? Wer reagierte? Die im Herbst 1914, also unmittelbar nach Ausbruch des Großen Krieges einsetzende Debatte über die Verantwortung für diese Katastrophe hat über Jahrzehnte hinweg die Gemüter bewegt. Eine eindeutige, einvernehmliche Antwort konnte nie gefunden werden. Überraschen kann das nicht, hing das Urteil doch in entscheidendem Maße von den Wahrnehmungen der Zeitgenossen ab, und die waren seit der Wende vom 19. zum 20. Jahrhundert höchst unterschiedlich, letztlich unvereinbar. Zu viel stand auf dem Spiel, als dass man sich ernsthaft, also unter Aufgabe eigener, namentlich sicherheitspolitischer Maximen auf die Sichtweise des anderen hätte einlassen können. Zu unterschiedlich waren die Wahrnehmungen deutscher und mit ihnen österreichisch-ungarischer Politiker und Militärs auf der einen, führender Repräsentanten der sogenannten Tripel Entente auf der anderen Seite.

Inzwischen hat man sich im Wesentlichen darauf verständigt, der deutschen Politik die entscheidende Verantwortung für den Ausbruch des Großen Krieges anzulasten und damit die Sicht der alliierten Sieger zu übernehmen. Dafür spricht in der Tat einiges – und dennoch wird dieses Geschichtsbild dem zeitgenössischen Selbstverständnis nicht gerecht. Dass alle maßgeblichen politischen Kräfte in Deutschland, die starke Linke eingeschlossen, nicht erst Anfang August 1914 überzeugt waren, Opfer einer seit Jahren durch den Gegner systematisch betriebenen »Einkreisung« zu sein, sollte zu denken geben. Denn diese Auffassung war nicht etwa das Ergebnis eines propagandistischen Trommelfeuers, das gar nicht nötig gewesen wäre, sondern das Resultat britischer, französischer und russischer Politik, so wie man sie in Deutschland wahrnahm.

Das festzustellen heißt nicht, der deutschen Politik die Absolution zu erteilen, ihren mitunter haarsträubenden Dilettantismus, ihre Großspurigkeit, ihre mit Anmaßung gepaarte Ignoranz übersehen zu wollen. Es heißt, sie zunächst einmal beim Wort zu nehmen. Tut man das, wird man also der Chronistenpflicht gerecht, ist man zunächst überrascht, wie blauäugig die politische Führung des Reiches auf die ersten Anzeichen dessen reagierte, was sie erstaunlich spät, nämlich nicht vor dem Winter 1904/05, als »Einkreisung« wahrzunehmen begann. Dabei konnte man warnende Hinweise schon seit den ausgehenden neunziger Jahren registrieren. Zunächst waren sie allerdings weniger Reaktionen auf die deutsche Politik als vielmehr Etappen einer politischen Vorwärtsstrategie, die aus Frankreichs Problemen resultierte und namentlich durch den französischen Außenminister jener Jahre mit robuster Konsequenz verfolgt wurde.

Sieben Jahre lang – vom Bezug seiner Amtsräume am Quai d'Orsay im Juni 1898 bis zu seinem Sturz im Juni 1905 und in fünf aufeinanderfolgenden Kabinetten – hat Théophile Delcassé die französische Außenpolitik geprägt. Keiner vor ihm, jedenfalls nicht seit Begründung der Dritten Republik im September 1870, oder nach ihm hat das geschafft, bis Aristide Briand in den zwanziger Jahren diesen Rekord in den Schatten stellte. Natürlich galt Delcassés Interesse von Anfang an immer auch Deutschland, weil das Reich nun einmal seit 1871 im Zentrum der französischen Europa-Politik stand und stehen musste. Nicht weniger, aber auch nicht mehr. In den neunziger Jahren war hier nichts Ungewöhnliches zu berichten. Es herrschte gespannte Routine.

Anders im Falle des französischen Kolonialreiches. Dieses beanspruchte seit Mitte der neunziger Jahre die ganze Aufmerksamkeit der Pariser Außenpolitik. Dass die Italiener immer vernehmlicher Ansprüche vor allem auf Tripolis und die Cyrenaika, also die nordafrikanischen Provinzen des Osmanischen Reiches, anmeldeten, war ärgerlich. Dass England die alte weltpolitische Rivalität wieder belebte, war hingegen gefährlich, weil es nicht nur in Hinterindien und Ostasien zu Spannungen kam, sondern neuerdings auch in Afrika. Es war einem Zufall zu verdanken, dass ein verschlafenes Dorf am Oberen Nil für einen Augenblick die Aufmerksamkeit der Weltöffentlichkeit auf sich zog. Im sudanesischen Faschoda nämlich hatte ein französischer Expeditionstrupp, von Westen kommend, im Juli 1898 die Trikolore gehisst und damit Tatsachen geschaffen, die man in London nicht akzeptieren konnte, hatte man doch zwei Jahre zuvor eine Armee entsandt, um das Land wieder unter britische Kontrolle zu bringen.

Das war die Stunde des französischen Außenministers: In Europa zwangsläufig auf Deutschland fixiert und im Innern von einer antisemitischen Kampagne, der sogenannten Dreyfus-Affäre erschüttert, wäre Frankreich einer Auseinandersetzung mit England wohl nicht gewachsen gewesen. Also blies Delcassé zum Rückzug, räumte den Sudan und überführte die diplomatische Niederlage in einen politischen Erfolg. Im März 1899 wurden mit dem sogenannten Sudan-Vertrag die Grenzen zwischen dem Sudan und Französisch-Äquatorialafrika festgelegt. Damit schritten Franzosen und Briten konsequent auf einem Weg voran, den sie bereits im Januar 1896 eingeschlagen hatten. Damals waren die ebenfalls bis an den Rand eines Konfliktes führenden Differenzen über Siam beigelegt worden.

Die Bedeutung dieses Vorgangs lässt sich schwerlich überschätzen. Hier nämlich liegen die Anfänge einer pragmatischen Zusammenarbeit der traditionellen Rivalen auf weltpolitischem Gebiet, die alsbald so tragfähig werden sollte, dass sie sogar als Ausgangspunkt für eine militärische Kooperation dienen konnte. Hier liegt aber auch der Wendepunkt der französischen Deutschlandpolitik, die immer stärker von der Defensive in die Offensive überging und ihre Stärke zusehends aus den Schwächen und Fehlern des deutschen Vorgehens bezog. Das zeigte schon die Erneuerung des Allianzvertrages mit Russland im Sommer 1899. Sie brachte insofern eine substantielle Änderung, als die Existenz der französisch-russischen Allianz jetzt nicht mehr ausdrücklich an den Bestand des Dreibundes gekoppelt war, also auch dann weiter in Kraft bleiben sollte, wenn sich beispielsweise Italien vom Dreibund entfernte.

Dass ebendieser Fall sehr bald eintrat, ging gleichfalls auf das Konto der französischen Diplomatie. Auch hier bildeten koloniale Fragen den Ausgangspunkt. Die verheerende Niederlage der Italiener gegen Menelik II. von Abessinien in der berühmten Schlacht bei Adua hatte Roms Einfluss am Horn von Afrika seit März 1896 auf Eritrea reduziert. Daher konzentrierte sich Italien jetzt wieder verstärkt auf die Ausdehnung seines Einflusses im Mittelmeerraum und nahm die nordafrikanische Gegenküste ins Visier. Delcassé, ohnehin am weiteren Abbau kolonialer Gegensätze interessiert, nutzte die Gelegenheit, um mit Italien Mitte Dezember 1900 ein entsprechendes Geschäft abzuschließen: Im Falle eines französischen Zugriffs auf Marokko sollte einem italienischen Vorstoß auf Tripolis und die Cyrenaika nichts im Wege stehen. Zwei Jahre später gingen beide Seiten einen großen Schritt weiter und unterzeichneten am 1. November 1902 einen regelrechten Neutralitätsvertrag. Die Angelegenheit war äußerst delikat, weil die italienischen Zusagen in einem bedenklichen Gegensatz zu den Verpflichtungen des Landes aus dem Dreibund-Vertrag mit Deutschland und Österreich-Ungarn standen. Außerdem hatte Rom diesen soeben erst verlängert.

In Berlin wusste man von alledem nichts, jedenfalls nichts Genaues. Natürlich hatte man registriert, dass Delcassé nach St. Petersburg gereist war. Aber was er dort verhandelt und unterzeichnet hatte, entzog sich der Kenntnis der deutschen Politik. Etwas anders lagen die Dinge im Fall der Annäherung Italiens und Frankreichs. Dass Italiener und Franzosen unter anderem über Tripolis sprachen, war im Auswärtigen Amt bekannt, und dass die Gespräche auch in andere Richtung gingen, konnte man kaum mehr übersehen. Aber all das ließ deutsche Politiker erstaunlich kalt. Zwar stellte Bülow schon im Januar 1902 intern die Frage: »Gegen wen und unter welchen Voraussetzungen wird nach dieser Hinneigung zu Frankreich überhaupt noch mit einer Unterstützung Deutschlands durch Italien im Kriegsfalle zu rechnen sein?«

Verblüffend aber ist, dass ihn diese Ungewissheit nicht nachhaltig irritierte, dass der Reichskanzler – denn das war Bülow ja seit gut einem Jahr – die italienische Regierung vielmehr »zu dem Bewußtsein« bringen wollte, »daß von deutscher Seite ein Verbleiben Italiens im Bundesverhältnis zwar als sehr erwünscht, jedoch nicht als für uns unter allen Umständen notwendig betrachtet werde«.[1] Darin wusste er sich mit den Strategen im Auswärtigen Amt, allen voran mit Holstein, einig. Der hatte kurz zuvor, gleichfalls für den Hausgebrauch, die Begründung für diese Politik der kalten Schulter geliefert: »Heutzutage bedeutet Deutschland mit seiner ungeheuren Stärke zu Lande und zu Wasser einen Faktor, den keine Macht, die einen großen Schlag führen will, in ihrem Rücken stehn lassen darf, ohne sich vorher mit ihm verständigt zu haben.«[2]

Große Worte. Was steckte dahinter? Größenwahn? Übermut? Allenfalls im Ansatz. Bülow, Holstein und die anderen, auch der Kaiser, die breite Öffentlichkeit sowieso, waren vom Gewicht des Landes überzeugt, und tatsächlich sprach einiges dafür. Nicht nur gab es vorweisbare kolonialpolitische Erfolge in China, im Pazifik und im Orient, auch die Konjunktur hatte seit Mitte der neunziger Jahre wieder Tritt gefasst, und der Flottenbau schien vorderhand Deutschlands Machtposition weiter zu festigen. Jedenfalls war das Reich der Umworbene, der gesuchte Partner selbst Großbritanniens. Also ließ man die Dinge einstweilen treiben und verlegte sich darauf, ihren Lauf zu beobachten – bis es zu spät war und nur noch hektische Reaktionen blieben.

Anders die Briten. In Japan fanden sie den Partner, den sie seit 1898 zunächst im Deutschen Reich gesucht hatten, um dem russischen Vormarsch in Ostasien Einhalt zu gebieten. Die Russen hatten nämlich die chinesischen Wirren genutzt, um ihren Expansionskurs zu forcieren, und sich in der Mandschurei festgesetzt. Dem konnten die Japaner nicht tatenlos zusehen. Die Defensivklausel des Bündnisses, das sie am 30. Januar 1902 mit den Briten eingingen, gab ihnen Sicherheit: Im Falle einer Auseinandersetzung mit Russland würde man es nicht auch mit Frankreich zu tun haben – dafür wollte England sorgen. Das Kalkül ging auf. So konnte Japan im Februar 1904 den Krieg gegen Russland eröffnen und ihn nach durchschlagenden militärischen Erfolgen zu Lande und zur See mit einem politischen Triumph krönen: Der vom amerikanischen Präsidenten Theodore Roosevelt vermittelte Friede von Portsmouth brachte Japan im September 1905 unter anderem die Kontrolle über Korea, Port Arthur und den Südteil der Halbinsel Sachalin.

Für Russland bedeuteten dieser Krieg und dieser Friede nicht nur das vorläufige Ende seiner Expansion in Ostasien, sondern zugleich auch seiner Stellung als Seemacht. Denn das Zarenreich hatte nicht nur seine pazifische, sondern auch seine baltische Flotte verloren, die um die halbe Welt gedampft war, um am Kampf gegen Japan teilnehmen zu können. Die Folgen dieser Niederlage waren enorm, für Russland, für Europa und vor allem für Deutschland. Vorübergehend sah es so aus, als könne es Wilhelm II. doch noch gelingen, seinen geschlagenen und gedemütigten Vetter Nikolaus II. von einem Defensivbündnis, vielleicht sogar von einer Kontinentalliga zu überzeugen. Immerhin fand sich der Zar beim Treffen der beiden Monarchen im finnischen Björkö, um das er gebeten hatte, am 24. Juli 1905 zur Unterzeichnung eines Beistandspaktes bereit. Allerdings trat der aus einer Reihe von Gründen nie in Kraft. Vor allem wollte der Zar im November plötzlich den Fall eines Krieges mit Frankreich, dem Allianzpartner Russlands, von der Regelung ausdrücklich ausgenommen wissen.

Jetzt wurde es für die deutsche Politik eng, das wusste niemand besser als der Kaiser: »Die Coalition«, quittierte er den

Rückzug des russischen Cousins, »ist *de facto* da!«[3] Tatsächlich hatte sich die weltpolitische Lage seit 1890, als man deutscherseits die Bitte des Zaren um Rückversicherung abgewiesen hatte, grundlegend geändert. Damals bestimmte der Gegensatz zu England die russische Politik. Jetzt befand sich das Zarenreich auf Annäherungskurs zu Großbritannien, und dafür gab es gute Gründe. Einmal konnte die Balkanpolitik, die Russland nach der Niederlage in Ostasien wieder aufnahm, nur Erfolge zeitigen, wenn sie von England unterstützt, zumindest aber toleriert würde. Und dann hatten sich die Briten ihrerseits zwischenzeitlich weiter den Franzosen angenähert und die in den neunziger Jahren begonnene kolonialpolitische Zusammenarbeit entscheidend ausgeweitet. Auch deshalb mochte der Zar sich nicht auf ein Bündnis mit dem Kaiser einlassen, das sich offenkundig in erster Linie gegen England richtete; und deshalb wusste Wilhelm II., was die Stunde geschlagen hatte: Der vetterliche Kurswechsel war weniger eine Abwendung von Deutschland als vielmehr eine Hinwendung zu England, und das war eine schlechte Nachricht.

Denn inzwischen ließ sich nicht mehr übersehen, dass die hinter alledem stehende Neuorientierung der britischen Außenpolitik viel mehr mit Deutschland zu tun hatte, als sie in Berlin zunächst hatten wahrhaben wollen. Das galt schon für den englisch-französischen Kolonialvertrag vom 8. April 1904, der als »Entente cordiale« in die Geschichte eingegangen ist. Das umfassende Paket enthielt Vereinbarungen über Neufundland, West- und Zentralafrika, Siam, Madagaskar sowie die Neuen Hebriden und schrieb vor allem die dominante Stellung Frankreichs in Marokko und diejenige Großbritanniens in Ägypten fest. Auch deutsche Beobachter, beispielsweise an der Botschaft in London, hatten keinen Zweifel, dass »die Abneigung gegen Deutschland das Unterfutter für die ›entente‹ abgegeben hat«.[4]

Und das war erst der Anfang. Vor allem in der englischen Öffentlichkeit verschaffte sich jetzt eine antideutsche Stimmung lautstark Luft. Zwischenfälle wie an der Doggerbank wurden von der britischen Presse begierig aufgegriffen: In der Nacht vom 21. auf den 22. Oktober 1904 nahm der Kommandant der russischen Ostseeflotte beim Auslaufen nach Ostasien in der Nordsee englische Fischerboote unter Feuer, weil er annahm, es handle sich um japanische Torpedoboote. Der schwerwiegende Vorfall wurde in London sogleich darauf zurückgeführt, dass die Russen von den Deutschen vor japanischen Angriffen gewarnt worden seien und entsprechend nervös reagiert hätten.

Erst recht gingen die Wogen hoch, als Wilhelm II. Marokko einen Besuch abstattete. Dabei war der Vorgang, für sich genommen, wenig spektakulär: Am 31. März 1905 landete der Kaiser in Tanger, gab einen Empfang für die Angehörigen des diplomatischen Korps, nahm eine Truppenparade ab und schiffte sich dann wieder auf der »Hamburg« ein. Auch die vordergründige Absicht des Unternehmens war nachvollziehbar und entsprach den deutschen Interessen. Man wollte und musste etwas gegen eine exklusive Kontrolle oder gar Inbesitznahme Marokkos durch die Franzosen tun, die angesichts ihrer Verständigung mit Italienern und Briten unmittelbar bevorzustehen schien. Mit seiner Visite unterstrich der deutsche Monarch die Unabhängigkeit des Sultanats und klagte, durchaus auch im Sinne anderer Nationen wie den USA, die Rechte und Interessen nicht nur der deutschen Wirtschaft in Marokko ein.

Dahinter freilich steckte mehr. Namentlich Bülow und Holstein, die den Besuch Wilhelms gegen dessen anfängliche Bedenken durchgesetzt hatten, ging es um eine politische Demonstration Deutschlands, um die »Wahrung seines Prestiges«. Lasse man sich in Marokko »stillschweigend auf die Füße treten«, so Holstein, komme das einer Ermunterung zur »Wiederholung anderswo« gleich. Hugo Graf von Lerchenfeld, bayerischer Gesandter in Berlin und gelassen-scharfsinniger Beobachter der politischen Szene, brachte die Absichten der kaiserlichen Regierung Mitte Oktober 1905 auf den Punkt:

»Wenn ich die Interessen Deutschlands richtig verstehe, so hat es sich in der ganzen Marokko-Sache weniger um die Stellung des Reiches in diesem afrikanischen Staate, als um die deutsche Weltstellung gehandelt. Man hatte versucht, uns im Konzert der Mächte zu isolieren und lahm zu legen. Gegen diesen Versuch wurde mit Fug und Recht die Marokko-Aktion eröffnet und mit Erfolg durchgeführt. *Deutschland hat bewiesen, daß man es nicht ungestraft übersehen kann.*«[5]

Diese eigentliche Absicht des Unternehmens blieb anderen schon deshalb nicht verborgen, weil sie von diesen gerade erkannt und so verstanden werden sollte. Dass dahinter eher eine subjektiv empfundene Schwäche steckte, dass es der deutschen Politik darum ging, sich nicht, wie Holstein sagte, »vor aller Welt zu blamieren«,[6] ließ sich natürlich nicht öffentlich sagen. Und dass den Strategen in der Reichskanzlei und im Auswärtigen Amt stille Zweifel kamen, ob eine Kontinentalmacht nicht womöglich mit weitgesteckten weltpolitischen und maritimen Zielsetzungen überfordert sei, konnte man in Paris oder London nicht erkennen. Wenn die deutsche Politik mit den grundlegenden Entscheidungen der späten neunziger Jahre einen Fehler gemacht hatte, so konnte er jetzt nicht mehr zugegeben und korrigiert werden. Deutschland war nicht mehr am Zug; es konnte, wie in Marokko, nur noch reagieren. Je klarer diese Erkenntnis ins Bewusstsein rückte, umso heftiger fielen die Reaktionen aus – und wie die wiederum von anderen wahrgenommen wurden, lässt sich leicht denken.

Am 10. Februar 1906 lief in Großbritannien die »Dreadnought« vom Stapel, das erste Exemplar eines neuen Typs von Großkampfschiffen, die wegen ihrer Feuerkraft und Beweglichkeit fortan die neue Bemessungsgrundlage für die Seestärke aller Nationen bildeten. Das war die britische Antwort auf die deutsche Flottenpolitik. Anderthalb Jahre später, im August 1907, brachte der britische Kriegsminister per Gesetz eine Reorganisation des Landheeres auf den Weg. Damit setzte Richard Burdon Haldane Erkenntnisse in die Tat um, die er beim Besuch deutscher Heereseinrichtungen im April 1906 gewonnen hatte.

Was die deutschen Reaktionen anging, so überrascht nicht, dass sie erfolgten, sondern welche Ausmaße sie annahmen. Mit drei ergänzenden Gesetzesnovellen, deren erste schon am 19. Mai 1906 den Reichstag passierte, wurden das Bautempo der eigenen Flotte erhöht, die Lebensdauer der Schiffe gesenkt und die Typen der englischen »Dreadnought«-Klasse angepasst. Für die Deutschen, allen voran den Kaiser, war das eine Flucht nach vorn: »Es wird sich nichts in Englands Haltung ändern«, notierte er im Oktober 1906, »als bis wir zur See so stark sind[,] daß wir wünschenswerthe Bundesgenossen werden.«[7] Für die Briten wiederum war das eine Bedrohung, ein schlagender Beweis für Deutschlands eigentliche Absichten: »Die Deutschen machen sich nicht klar, daß England stets gegen jede Macht, die eine Hegemonie in Europa aufrichtet, in Opposition geraten oder bewußt getreten ist.« Das notierte im Sommer 1906 Sir Edward Grey.[8] Der hatte mit der Machtübernahme der Liberalen im Dezember 1905 das britische Außenministerium bezogen und sollte das damals wohl wichtigste Amt in der Weltpolitik für mehr als zehn Jahre, also noch über den Ausbruch des Großen Krieges hinaus, innehaben. An Grey führte fortan kein Weg vorbei, auch nicht für die deutsche Außenpolitik.

Wie tief diese inzwischen in der selbstgestellten Falle saß, mussten ihre Vertreter auf der Konferenz von Algeciras zur Kenntnis nehmen, auf der sich von Januar bis April 1906 Repräsentanten von dreizehn Nationen, darunter die Vereinigten Staaten von Amerika, um eine Lösung des Marokko-Problems bemühten. Obgleich die Schlussakte durchaus den Vorstellungen Berlins entgegenkam und unter anderem den Grundsatz der Unabhängigkeit des Sultans und der Integrität seines Landes festschrieb, war der Konferenzverlauf für die Deutschen ernüchternd. Weit davon entfernt, die Briten mit Hilfe der Flottenpolitik oder die Franzosen durch eine moderate Konferenzdiplomatie an ihre Seite zu bringen, übte London demonstrativ den Schulterschluss mit Paris. Daran änderte auch der von Berlin aus tatkräftig unterstützte Sturz Delcassés Anfang Juni 1906 nichts, im Gegenteil.

Vor allem trat den deutschen Emissären in Algeciras ihre fast vollständige Isolierung vor Augen. Lediglich auf die Österreicher war noch Verlass. Alle anderen gingen direkt oder indirekt auf Distanz. Die Folgen sind kaum hoch genug zu veranschlagen. Je stärker sich nämlich dieser Eindruck zu einem klar konturierten Bild verdichtete, umso eindeutiger und einseitiger setzte die deutsche Politik auf die österreichische Karte. Nicht dass dieser Linie in jenen Monaten ein klarer Entschluss zugrunde gelegen hätte; die Konstellation ergab sich beinahe von selbst, war der Endpunkt eines im Grunde bereits 1890, wenn nicht schon 1879 eingeschlagenen Weges. Er war in dem Augenblick erreicht, als sich mit der »Rückwendung der Großmächte von Übersee nach Europa als Folge des russisch-japanischen Krieges« die Interessen Russlands, Österreich-Ungarns und damit zwangsläufig auch Deutschlands im »Balkanbereich« kreuzten[9] und Russland demonstrativ klarstellte, auf welcher Seite es stand.

Das geschah am 31. August 1907. Die an diesem Tag unterzeichnete englisch-russische Konvention, mit der die alten weltpolitischen Kontrahenten ihre Divergenzen in Persien, Afghanistan und Tibet pragmatisch aus der Welt schaffen wollten, entlastete die seit 1904 heftig gebeutelte russische Außenpolitik. Deutsche Politiker witterten dahinter mehr: »Wie geschickt auch immer der Wortlaut des Vertrages gefaßt sein mag«, kommentierte der Geschäftsträger an der deutschen Botschaft in St. Petersburg die Geschehnisse, »der Eindruck bleibt nicht aus, daß die Mächte ein Syndikat gegründet haben, mit dem wir zu rechnen haben werden. Dieses Bedürfnis nach engem Zusammenschluß ist ein wenn auch lästiges Kompliment für das deutsche Heer, die deutsche Marine, unsere Kaufmannschaft und die Entwickelungsfähigkeit des deutschen Volkes überhaupt.«[10] Das war nicht falsch, aber es war so auch nicht ganz richtig.

Denn die Konvention mit England war ein erstes handfestes Ergebnis des neuen Kurses in der russischen Außenpolitik, der sich auch in diesem Falle mit dem Namen eines Mannes verbindet: Im Mai 1906 hatte Alexander Iswolski das Steuer übernommen. In vier Jahren, bis zu seinem Wechsel auf den wichtigen Botschafterposten in Paris, brachte er die russische Außenpolitik auf eine Linie, die bis Kriegsausbruch auch für die Deutschlandpolitik wenig Spielraum ließ. Das hatte viel mit der inneren Lage des Zarenreiches zu tun. Nach der schweren Niederlage im Krieg gegen Japan und den durch sie mitbedingten revolutionären Wirren des Jahres 1905 brauchte die russische Politik Erfolge – um jeden Preis. Zu holen waren sie nur auf dem Gebiet der auswärtigen Politik, in Südosteuropa und an den Meerengen, also vor der Haustür Österreich-Ungarns. Und die Doppelmonarchie war der wichtigste, der einzige zuverlässige Partner, den Deutschland jetzt noch hatte.

Ein gefährliches Szenario. Hatte schon der enge Schulterschluss Berlins mit Wien dazu beigetragen, die Russen in die offenen Arme der Entente-Mächte zu treiben, so musste fortan jede Maßnahme zugunsten einer Stärkung Österreich-Ungarns ein ungewollter Beitrag zur Stabilisierung der Tripel Entente sein. Und je fester diese wurde oder auch nur zu werden schien, umso stärker wuchs in Deutschland der Wunsch, der Entwicklung gegenzusteuern. Dabei standen vorerst politische Mittel im Vordergrund, allen voran die Stabilisierung des im Innern labilen Vielvölkerstaates Österreich-Ungarn, und das hieß: die letztlich bedingungslose Unterstützung der Wiener Balkanpolitik. Ein Teufelskreis.

Anfang Oktober 1908 war auf dem Balkan die Hölle los. Die türkische Insel Kreta proklamierte die Einverleibung ins griechische Mutterland, Bulgarien erklärte seine Unabhängigkeit von der Türkei, und Österreich-Ungarn annektierte die türkischen Provinzen Bosnien und Herzegowina, die seit dem Berliner Kongress unter seiner Verwaltung standen. Gemeinsam war diesen Aktionen der Auslöser, nämlich die sogenannte jungtürkische Revolution, eine vor allem von Offizieren ausgehende Bewegung zur inneren Reform des maroden Osmanischen Reiches. Die deutsche Politik wurde durch die Ereignisse in erhebliche Bedrängnis gebracht. So wenig Berlin auf der einen Seite an einer Schwächung der Türkei gelegen sein konnte, so wenig konnte auf der anderen Seite eine Distanzierung von der Aktion Wiens zur Debatte stehen. Der Handlungsspielraum der deutschen Außenpolitik tendierte gegen Null.

In den Wochen und Monaten der bald so genannten Bosnischen Annexionskrise entwickelte sich eine Konstellation, die fortan zur gefährlichen Grundstruktur der internationalen Beziehungen in Europa gehörte: Serbien, der kleine Nachbar der noch größer gewordenen Doppelmonarchie, forderte diese zur Rücknahme der Annexion auf, drohte andernfalls mit Krieg; Russland schlug sich auf die Seite Serbiens; und Deutschland ließ keinen Zweifel an seiner Bündnistreue zu Österreich-Ungarn. Am 30. Oktober 1908 versicherte Bülow der Wiener Regierung, dass er die Entscheidung in dem Konflikt mit Serbien, »zu der Sie schließlich gelangen werden, als die durch die Verhältnisse gebotene ansehen« werde.[11] Das war der erste Blankoscheck, den Deutschland seinem Bündnispartner in der orientalischen Frage ausstellte. Es sollte nicht der letzte sein.

Aber dabei ließ man es nicht bewenden. Auch öffentlich bezogen Repräsentanten der deutschen Politik unmissverständlich Position. Der Reichskanzler wollte Ende März 1909 in der großen außenpolitischen Debatte des Reichstags die »Nibelungentreue« im Verhältnis Deutschlands zu Österreich-Ungarn »gegenseitig« gewahrt wissen, und der sozialdemokratische Abgeordnete Ledebour sprach bei dieser Gelegenheit für die breite Mehrheit im Plenum, als er feststellte, dass in einer Situation wie der inzwischen bereits bewältigten Krise ein verbündeter Staat »bis zu einem gewissen Grade … die Disposition über seine Aktionen aus der Hand« gebe.[12] Das hieß: Je größer der Handlungsspielraum wurde, den die Deutschen ihrem österreichischen Partner einräumten, umso enger wurde ihr eigener.

Wie recht er damit hatte, wusste selbst der Abgeordnete zu diesem Zeitpunkt nicht. In einem geheimen Briefwechsel zwischen den Chefs des deutschen und des österreichischen Generalstabs, Helmuth von Moltke und Franz Conrad von Hötzendorf, hatte der Deutsche dem Österreicher im Januar 1909 eine weitreichende Zusage gemacht. Für Deutschland, so Moltke, gelte der Bündnisfall auch dann, wenn ein österreichischer Einmarsch in Serbien ein »aktives Einschreiten Rußlands auslösen« sollte. Dabei waren sich die beiden Strategen durchaus bewusst, »daß wohl kaum einer der europäischen großen Staaten das Schwert ziehen kann, ohne daß damit dem gesamten Kontinent die Verpflichtung entsteht, einer über den anderen herzufallen«. Zudem hatten sie keinen Zweifel, dass Deutschland, »wenn es gegen Rußland mobil macht, auch mit einem Kriege gegen Frankreich rechnen muß«.[13]

So weit ist es während dieser Krise noch nicht gekommen, weil Russland, für die meisten Beobachter unerwartet, plötzlich einen Rückzieher machte, sich am 23. März 1909 mit der Annexion Bosniens und der Herzegowina durch Österreich-Ungarn einverstanden erklärte und damit Serbien fallen ließ. Auch hier hatte übrigens die deutsche Außenpolitik ihre Finger im Spiel. Denn das russische Einlenken ging auf eine diplomatische Erpressung durch Berlin zurück. Dort wusste man, dass Iswolski den Österreichern bereits im Vorfeld der Aktion grünes Licht für die Annexion der beiden Provinzen gegeben hatte, weil er hoffte, bei dieser Gelegenheit die Meerengenfrage einer Lösung im russischen Sinne zuführen zu können.

Daraus ist dann schon deshalb nichts geworden, weil selbst die eigenen Partner, allen voran England, nichts von einem solchen russischen Unternehmen wissen wollten. So standen sie in St. Petersburg vor einem Scherbenhaufen. Ihr erster Versuch, die schwere militärische Niederlage in Ostasien auszugleichen, endete in einer nicht minder schweren politischen Niederlage auf dem Balkan. Dass Berlin einen nicht unerheblichen Anteil an dieser Demütigung hatte, konnte nicht nur Iswolski nie vergessen.

Auch deshalb war der Ausgang der großen Balkankrise für die deutsche Außenpolitik ein Pyrrhussieg. Öffentlich und unzweideutig hatte sie sich auf die Seite des österreichischen Partners geschlagen. Damit hatte die in jeder Hinsicht stärkere Großmacht ihr Schicksal an dasjenige der schwächeren gebunden. Genaugenommen war das eine Fernwirkung der Entscheidung Otto von Bismarcks, seine Bündnis- und Außenpolitik auf dem Fundament des Zweibundes mit Österreich-Ungarn zu errichten. Dreißig Jahre später war diese Bindung zu einem derart irreversiblen Faktor der deutschen Politik geworden, dass die Entscheidungsgewalt beim Partner lag.

So gesehen war es nur konsequent, dass Bülow die Maxime des ersten Reichskanzlers Ende März 1909 vor dem Reichstag im Lichte der jüngsten Entwicklung einer bezeichnenden Interpretation unterzog: »Nicht, in Balkan-, in Orientfragen überhaupt Stellung zu nehmen, hat Fürst Bismarck widerraten, sondern vorzeitig Stellung zu nehmen oder die Führung an sich zu nehmen.«[14] Das war nicht nur Bülows Bilanz der Annexionskrise, sondern zugleich sein außenpolitisches Vermächtnis. Wenige Monate später musste er seinen Hut nehmen.

Die schwierige Nachfolge trat Theobald von Bethmann Hollweg an. Er war ein Enkel Moritz August von Bethmann Hollwegs, der 1851 die liberal-konservative Wochenblattpartei begründet und mit dieser nicht zuletzt Position gegen doktrinäre Prinzipien in der Außenpolitik bezogen hatte. Der Enkel, im November 1856 in Hohenfinow in der Mark geboren, hatte sich in der inneren Verwaltung einen Namen gemacht, unter anderem als Oberpräsident der Provinz Brandenburg, als preußischer Innenminister und zuletzt, seit Juni 1907, als Staatssekretär des Innern. In dieser Zeit hatte sich Theobald von Bethmann Hollweg übrigens für den umstrittenen sogenannten Sprachenparagraphen stark gemacht, der ursprünglich in allen öffentlichen Versammlungen – beispielsweise auch in den mehrheitlich von Polen besiedelten Gebieten – ausschließlich die deutsche Sprache zulassen wollte, dann aber doch entschärft wurde. Dass sich Bethmann Hollweg um das Kanzleramt gerissen hätte, kann man nicht sagen. Dem skrupulösen, pflichtbewussten Mann, der wenig mit den Ehrgeizlingen vom Typ Bülows gemeinsam hatte, war bewusst, dass er auf dem Feld der Außenpolitik ein unbeschriebenes Blatt war. Wie sehr diese sein berufliches und persönliches Schicksal bestimmen würde, ahnte Bethmann Hollweg nicht, als er am 14. Juli 1909 das Reichskanzlerpalais bezog.

Der Neue betrat die Bühne der Weltpolitik zwar nicht mit einem differenzierten außenpolitischen Konzept, das auch niemand erwarten konnte, wohl aber mit einem Entschluss, an dem er bis in den Sommer 1914 hinein festgehalten hat: Das Verhältnis Deutschlands zu England musste verbessert werden. Solches war leichter gesagt als getan, schon weil in der jüngsten Vergangenheit namentlich durch öffentliche Auftritte und Verlautbarungen des Kaisers doch sehr viel Porzellan zerschlagen worden war. Immerhin gelang es dem Kanzler, seinen kaiserlichen Herrn von politischen Äußerungen abzuhalten, als sich dieser im Mai 1910 anlässlich der Beisetzung seines Onkels in Großbritannien aufhielt. Mit dem Namen König Edwards VII., dem wegen des langen Lebens seiner Mutter Victoria nur eine neunjährige Regentschaft beschieden gewesen war, verband sich in Deutschland die Annäherung Englands an Frankreich und Russland, also kein guter Ruf.

Vor allem aber gab es in der politischen und militärischen Führung des Reiches erhebliche Widerstände gegen die von Bethmann Hollweg ins Auge gefasste Verständigung mit Großbritannien, besonders im mächtigen Reichsmarineamt und damit auch beim Kaiser. Diese Kräfte waren nach wie vor überzeugt, dass ihre kompromisslos verfolgte Flottenpolitik das effektivste und aussichtsreichste Instrument deutscher Englandpolitik sei. Das sahen der Kanzler und mit ihm maßgebliche Kreise im Auswärtigen Dienst des Reiches ganz anders. Sie interpretierten die Flottenpanik, die in der britischen Öffentlichkeit grassierte und seit 1906 in einer regelrechten Invasionsfurcht gipfelte, nicht als Erfolg der deutschen Pressionspolitik, sondern als Hinweis auf ein bevorstehendes Zusammenrücken der Tripel Entente. Insbesondere die deutsche Botschaft in London, an deren Spitze seit 1901 Paul Graf von Wolff-Metternich stand, aber auch die Führung des Auswärtigen Amtes unterstützten den Kurs des Kanzlers mit Nachdruck. Schon Vorgänger Bülow hatte am Ende seiner Amtszeit, darin sogar vom inzwischen pensionierten Holstein unterstützt, das Ruder umzulegen versucht.

Mit Bethmann Hollweg bekamen die gegenüber Großbritannien verständigungsbereiten Kräfte Oberwasser. Mitte Oktober 1909 wurden offiziell und streng geheim Verhandlungen aufgenommen. Gesprochen wurde über alles, was die Beziehungen zu Großbritannien belastete, auch die Flottenfrage. Die Federführung lag beim Auswärtigen Amt und damit seit dem Sommer 1910 endgültig bei Alfred von Kiderlen-Wächter. Der 1852 in Stuttgart geborene Schwabe war mehr als zehn Jahre lang deutscher Gesandter in Bukarest gewesen, bevor er ab 1908, anfänglich mit einigen Unterbrechungen, in der Berliner Zentrale Dienst tat, seit Juni 1910 als Staatssekretär, also als Leiter der Behörde.

Eine undankbarere Aufgabe lässt sich schwerlich vorstellen; gut möglich, dass der plötzliche Tod des völlig erschöpften Mannes Ende Dezember 1912 auf das Konto der extremen Belastungen ging, denen sich die deutsche Politik gerade in dieser Zeit ausgesetzt sah. Mehrere schwere internationale Krisen beziehungsweise Kriege, die Verhandlungen mit Großbritannien, Russland und Frankreich über eine Entspannung der jeweiligen Beziehungen, aber auch der zunehmende Druck der deutschen Öffentlichkeit auf die Reichsregierung schufen eine Atmosphäre, die keinen Raum mehr für eine konsequent geplante und umgesetzte Außenpolitik bot.

Jetzt wurde offenkundig, dass hinter dem deutschen Anspruch auf Weltgeltung wenig mehr steckte als der Wunsch, mit den anderen mithalten zu können, von ihnen als gleichrangig anerkannt und respektiert zu werden. Dafür mag es gute Gründe gegeben haben, allen voran die Überzeugung, andernfalls in eine gefährliche Zweitrangigkeit abzugleiten. Um dieses hochgesteckte Ziel erreichen zu können, hätte es allerdings eines Konzepts, einer langfristigen Strategie bedurft: Mit welcher Schrittfolge, mit welchem Tempo und nicht zuletzt mit welchen alternativen Optionen – sollten solche gefordert sein – wollte man vorgehen? Darauf gab es keine schlüssige Antwort. Also erlitt die deutsche Außenpolitik Schiffbruch.

Gewiss, Kiderlen-Wächter selbst hatte den Reichskanzler schon im Herbst 1909 mit zwei Denkschriften in dessen Verständigungsabsichten unterstützt. Von ihm stammte auch der Rat, dass man zunächst auf kolonialpolitischem Gebiet, wo vermutlich gute Erfolgsaussichten bestanden, die Annäherung an England vorantreiben und so gewissermaßen vertrauensbildende Vorarbeit für die Verhandlung der sensiblen und entscheidenden Themen leisten solle. Dann aber entwickelte die Reichsleitung auf ebendiesem Feld und auf eine Art und Weise Aktivitäten, die zunächst einmal das glatte Gegenteil bewirkten: Am 1. Juli 1911 wurde das deutsche Kriegsschiff »Panther« nach Agadir in Marokko entsandt und später durch die »Berlin« und die »Eber« verstärkt, um dort für den Schutz deutscher Interessen und deutscher Staatsangehöriger zu sorgen.

Dass dieser »Panthersprung nach Agadir« in eine schwere internationale Krise führen würde, war nicht unbedingt zu erwarten. Einmal waren derartige Aktionen im Zeitalter der Kanonenboot-Diplomatie nicht unüblich, ganz im Gegenteil. Verglichen etwa mit der Art und Weise, wie Großbritannien in solchen Situationen zu agieren pflegte, nahm sich die deutsche Marokko-Expedition eher bescheiden aus: 1899 hatte der Vizekönig von Indien den Sultan von Oman mit der Drohung, das Feuer zu eröffnen, davon überzeugt, den Franzosen keine Kohlestation zu überlassen. An der Jahreswende 1902/03 hatte eine von England und Deutschland gemeinsam aufgebaute maritime Drohkulisse das säumige Venezuela zur Begleichung seiner Schulden gezwungen.

Auch preschte Deutschland im Sommer 1911 nicht vor. Es reagierte. Anlass für die Aktion war die französische Besetzung von Fez, die einen Bruch bestehender Abkommen, nicht zuletzt der Algeciras-Akte, bedeutete und offenkundig einen weiteren Schritt auf Frankreichs Weg zur Okkupation Marokkos darstellte. Außerdem hatte auch Spanien, in enger Absprache mit Frankreich, schon im Juni Truppen bei Alkassar an Land gebracht. Nein, ein provokativer Alleingang, gar ein auf Krieg hinsteuernder Akt war die Entsendung eines deutschen Kanonenbootes nicht. Wohl aber eine Flucht nach vorn, eine politische Demonstration, mit der sie in Berlin einer Machtverschiebung zuungunsten Deutschlands vorbeugen und zugleich den Kolonialbesitz in Afrika substantiell erweitern wollten. Marokko war nicht das Ziel der Aktion, sondern Verhandlungsmasse.

So sah es jedenfalls Kiderlen-Wächter, als er den zunächst wieder einmal zögernden Kaiser und den anfänglich nicht ausreichend informierten Kanzler mit einem Abschiedsgesuch auf seine Linie bringen wollte: »Die Franzosen sehen ein, daß sie uns eine Kompensation auf kolonialem Gebiet gewähren müssen … Sie werden sich zu einem annehmbaren Angebote nur entschließen, wenn sie ganz fest überzeugt sind, daß wir andernfalls zum Äußersten entschlossen sind … Wir müssen den ganzen französischen Kongo haben – es ist die letzte Gelegenheit, ohne zu fechten – etwas Brauchbares in Afrika zu erhalten … wir müssen bis an den belgischen Kongo heran, damit wir mittun, falls dieser einmal aufgeteilt werden sollte, und damit wir, solange dieses Gebilde noch besteht, durch ihn die Verbindung nach unserem Ostafrika erhalten … Wer im voraus erklärt, daß er nicht fechten will, kann in der Politik nichts erreichen.«[15]

Ein riskantes Spiel. Nicht nur weil der Staatssekretär geradezu sträflich den Faktor England übersah, sondern auch weil er einen enormen Anspruch erhob und dabei einen Pakt mit dem Teufel einging: Ausgerechnet der Alldeutsche Verband sollte die Aktion propagandistisch flankieren. Das musste schief gehen, und so wurden den Strategen in Berlin während der zweiten Krise um Marokko ihre Grenzen aufgezeigt – auf der Weltbühne und zu Hause. Weil nämlich der Vorstoß, gemessen an seinen Zielen, in einem Debakel endete, hatte die Politik alle Mühe, die von ihr aufgewühlten Wogen der öffentlichen Meinung wieder zu glätten. Gelungen ist ihr das allenfalls kurzfristig. Längerfristig wurde sie die Geister, die sie gerufen hatte, nicht mehr los. Fortan war die erfolgshungrige Öffentlichkeit für die deutsche Politik ein Faktor, an dem kein Weg mehr vorbeiführte.

Beigelegt wurde die Krise mit den sogenannten Marokko-Kongo-Verträgen. Mit ihnen überließ Deutschland Frankreich am 4. November 1911 praktisch Marokko und erhielt im Gegenzug den sogenannten Entenschnabel, nämlich zwei Gebietsteile aus französischem Kolonialbesitz, dank derer Kamerun nun direkten Grenzkontakt mit dem belgischen Kongo besaß. Gemessen an den ursprünglichen Forderungen und Erwartungen war das eine herbe Niederlage. Gemessen an dem, was hätte geschehen können, war die vertragliche, also friedliche Beilegung der Krise ein Erfolg. Er wurde möglich, weil auch die französische Regierung unter Joseph Caillaux, der übrigens als Marineminister wieder Théophile Delcassé angehörte, zu diesem Zeitpunkt den Krieg nicht wollte und weil die britische Regierung, insbesondere durch eine unmissverständliche Rede ihres Schatzkanzlers David Lloyd George, keinen Zweifel ließ, auf welcher Seite sie in diesem Konflikt stand.

Sollte Kiderlen-Wächter im Laufe der Krise mit dem Gedanken gespielt haben, einen Keil in die Entente treiben zu können, so wurde er durch die Briten eines Besseren belehrt. Das war umso ernüchternder, als der Staatssekretär wenig zuvor mit den Russen eine ähnliche Erfahrung hatte machen müssen. Zwar war es Anfang November 1910 in Potsdam zu einem insgesamt harmonisch verlaufenen Treffen Wilhelms II.

mit Nikolaus II. gekommen. Auch folgte ihm am 19. August 1911 ein Abkommen, in dem sich beide Seiten pragmatisch über ihren jeweiligen Einfluss in Persien und Mesopotamien verständigten. Eigentlich aber hatte Kiderlen-Wächter mehr gewollt, nämlich eine Abmachung, die »am Tage, wo sie zur englischen Kenntnis kommt, für die Russen kompromittierend wirkt«. Das hatte der Staatssekretär jedenfalls dem deutschen Botschafter in St. Petersburg geschrieben und ihm nahe gelegt, »diesen Brief zu *verbrennen*«.[16]

Zu einer solchen Abmachung ist es dann aber nicht mehr gekommen, und so war auch der letzte großangelegte Versuch gescheitert, die bedrohliche Einkreisung durch eine Spaltung der Tripel Entente aufzuhalten, wenn nicht rückgängig zu machen. Offensichtlich war dieser diplomatische Kraftakt für die deutsche Politik nicht nur eine Nummer zu groß, er bewirkte auch das glatte Gegenteil. Deutschland war international isolierter denn je. Wie sehr, ahnte man zu diesem Zeitpunkt nicht einmal in Berlin. So hatte sich Italien in dem Maße, in dem es sich von den Zweibundmächten entfernte, der Tripel Entente weiter angenähert und am 24. Oktober 1909 in Racconigi mit Russland eine geheime Vereinbarung über Libyen und die Meerengen getroffen, die seine Absprachen mit Frankreich von der Jahrhundertwende ergänzte.

Vor allem aber begann sich der Ring um Deutschland auch militärisch zu schließen: Die französisch-russische Marinekonvention vom Juli 1912 erweiterte die seit Anfang der neunziger Jahre bestehenden Abmachungen um eine entscheidende Dimension. Noch folgenreicher aber war, dass sich der französische und der britische Generalstab schon am 20. Juli 1911, also während der Marokko-Krise, auf die Modalitäten einer Zusammenarbeit im Falle eines deutsch-französischen Krieges geeinigt hatten. Nachdem im Februar Sondierungsversuche des britischen Kriegsministers Haldane in Berlin gescheitert waren und im Mai eine dritte Flottengesetzesnovelle den Reichstag passiert hatte, verständigten sich Ende November 1912 Außenminister Grey und Frankreichs Botschafter in London, Paul Cambon, auf einen Konsultationsmodus im Kriegsfall.

In Berlin ahnten sie das, aber sie wussten es nicht bestimmt, kannten keine Einzelheiten. Das machte die Stimmung noch gespannter und die Akteure noch nervöser, als sie es ohnehin schon waren. Dafür zeichnete neben dem äußeren Druck auch eine zunehmend brisante Atmosphäre im Innern mitverantwortlich. So spitzten sich seit dem Spätsommer 1911 die Spannungen zwischen der Marineführung und der Heeresleitung des Reiches in dem Maße zu, in dem sich die Finanzierung der gleichzeitig eingebrachten Vorlagen für den Ausbau beider Waffengattungen als problematisch erwies. Als sie im Mai 1912 den Reichstag passierten, hatten beide Federn lassen und damit dem Umstand Rechnung tragen müssen, dass die wirtschaftliche Konjunktur umgeschlagen war und sich Anzeichen einer Rezession bemerkbar machten.

Die wiederum trug einiges zum Stimmungsumschwung in der Öffentlichkeit bei. Fortan brachte sie ihren Unmut immer stärker auf dem sensiblen Feld der Rüstungs-, Außen- und Weltpolitik zum Ausdruck. Dass der Deutsche Wehrverein 1912 gegründet wurde, war eben kein Zufall, und dass er ein »Kind des Alldeutschen Verbandes« war, wie dessen Vorsitzender im Rückblick festhielt,[17] auch nicht. So stand die deutsche Außenpolitik fortan mit dem Rücken zur Wand, herausgefordert von einer zusehends hemmungslos agierenden »nationalen Opposition« im Innern auf der einen Seite, von einer zunehmend entschlossen und geschlossen vorgehenden Koalition gegnerischer Mächte auf der anderen.

Das war die Quittung für eine durchweg konzeptionslose, häufig überstürzte, dabei ausgesprochen forsch auftretende Politik, die im Reich große Erwartungen geweckt und außerhalb seiner Grenzen große Ängste hervorgerufen hatte. Was aber steckte dahinter? Forsches Auftreten ist eine Sache, Selbstbewusstsein eine andere. Wer sich seiner Sache sicher ist, begibt sich nicht auf die Flucht. Die deutsche Politik aber war auf der Flucht, in der Regel auf der Flucht nach vorn. Das machte sie so unberechenbar und für die Nachbarn des Reiches so gefährlich. Das namentlich vom Kaiser zur Schau gestellte Selbstbewusstsein hatte wenig Substanz. Es war trotziger Anspruch der Spätgeborenen, der Parvenüs, mit von der Partie zu sein, als Großmacht auf der entscheidenden, der weltpolitischen Bühne mitspielen zu können.

Das war verständlich. Es entsprach dem Geist der Zeit. Nicht dieser Wunsch war das Problem, sondern der Zustand, der ihn hervorbringen musste. Der entscheidende Fehler, wenn man denn von einem solchen sprechen kann, war 1871 gemacht worden, mit der Reichsgründung, nicht 1898 mit dem Einstieg in die Weltpolitik. Der konnte schon deshalb nicht gelingen, weil Deutschland hier keinerlei Erfahrung besaß. So gesehen war es töricht, das Angebot des Routiniers abzulehnen, als Juniorpartner der britischen Weltmacht das Laufen zu lernen. Es ist eben kein Zufall, dass der Weg in die Isolierung, in die Selbstauskreisung des Deutschen Reiches mit der definitiven Ablehnung der englischen Offerte begann. Seit 1901 befanden sich die Deutschen mental endgültig in der Defensive, davon überzeugt, dass die anderen sie nicht »liebten«: »Dafür sind wir zu stark, zu sehr Parvenü und überhaupt zu eklig.«[18] Als Bethmann Hollweg diese Erkenntnis im Sommer 1912 zu Papier brachte, hatte sich der Ring um Deutschland geschlossen. Die daran vor allem Beteiligten – Engländer, Franzosen und Russen – hatten keine Wahl mehr. Die Deutschen auch nicht. Fortan setzten sie alles auf eine Karte.

VABANQUE

Vorbeugend in den Untergang 1912–1919

Am 8. Dezember 1912 verlor der Kaiser die Nerven. Um elf Uhr bestellte er die führenden Militärs des Deutschen Reiches zu einer Besprechung ein. Und so erschienen an diesem Adventssonntag Generalstabschef Helmuth von Moltke, der Staatssekretär des Reichsmarineamtes, Alfred von Tirpitz, der Chef des Admiralstabes, August von Heeringen, sowie der Chef des Marinekabinetts, Georg Alexander von Müller, um sich von Wilhelm II. ins Bild setzen zu lassen. Anlass für das denkwürdige Treffen war ein Bericht der deutschen Botschaft in London. An deren Spitze stand inzwischen Karl Max Fürst von Lichnowsky. Metternich war wenige Monate zuvor abberufen und durch Marschall von Bieberstein, den langjährigen Botschafter in Konstantinopel, ersetzt worden, der dann allerdings unerwartet verstarb. Der Kaiser selbst hatte die Personalentscheidungen für die wichtigste deutsche Auslandsvertretung getroffen.

Am 3. Dezember 1912 hatte Lichnowsky von einer Unterredung mit dem britischen Außenminister berichtet, in deren Verlauf Grey unmissverständlich klargestellt hatte, dass England »unter keinen Umständen eine Niederwerfung der Franzosen dulden« könne, die er – ein »großer Bewunderer« des deutschen Heerwesens – »mit einiger Sicherheit« voraussehe: »England könne und wolle sich nicht nachher einer einheitlichen kontinentalen Gruppe unter Führung einer einzigen Macht gegenübersehen.«[1] Als dieser Bericht dem Kaiser am 8. Dezember unter die Augen kam, gab es kein Halten mehr. England, verschaffte er sich zunächst gegenüber Kiderlen-Wächter Luft, »wird aus Neid und aus Haß gegen Deutschland unbedingt Frankreich u[nd] Rußland gegen uns beistehen. Der event[uel]l[e] Existenzkampf, den die Germanen in Europa (Österreich, Deutschland) gegen die von Romanen (Galliern) unterstützten Slaven (Rußland) zu fechten haben werden[,] findet die Angelsachsen auf der Seite der Slaven. Grund: Neidhammelei, Angst unseres zu groß werdens!«[2]

Ganz so äußerte sich Wilhelm II. an diesem 8. Dezember 1912 auch gegenüber den Militärs. Für ihn stand fest, dass der Krieg unmittelbar bevorstand. Auch Moltke hielt den Krieg, vor allem mit Russland, für »unvermeidlich« und fügte hinzu: »je eher, desto besser«. Tirpitz sah das anders und empfahl – die Fertigstellung des Nord-Ostsee-Kanals im Hinterkopf –, den »Krieg wenn möglich noch 1–2 Jahre hinauszuschieben«.[3] Ein konkreter Beschluss wurde auf dem seltsamen Treffen nicht gefasst, doch wurden die Bundesstaaten mit einer eigenen Heeresverwaltung über seinen Verlauf in Kenntnis gesetzt. Natürlich war das nicht der Entschluss zum Krieg. Das konnte er auch nicht sein, weil die zuständigen Vertreter der zivilen Reichsleitung, also der Kanzler und der Staatssekretär des Auswärtigen Amtes, abwesend waren. Sie wurden erst später unterrichtet. Dennoch demonstrierte dieser »Kriegsrat«, wie Bethmann Hollweg ihn dann ironisch nannte, die Bereitschaft und den Willen zum Krieg, den nicht nur Moltke für unvermeidlich hielt. Seither standen lediglich der Zeitpunkt und die Umstände seines Beginns zur Debatte.

Nicht anders sahen es auch immer weitere Kreise der deutschen Öffentlichkeit. Kein Wunder, dass sie populär gehaltene Überlegungen zum Thema begierig aufgriffen. So das Buch Friedrich von Bernhardis »Deutschland und der nächste Krieg«, das es gleich nach seinem Erscheinen Anfang des Jahres 1912 zum Bestseller brachte. Ganz im Sinne des Generalstabes reflektierte der ehemalige General der Kavallerie nicht nur über das »Recht«, sondern auch über die »Pflicht zum Kriege« und kam zu dem Schluss: »Wenn … die Reichsleitung geglaubt hat, den Krieg bisher vermeiden zu müssen, läßt doch die Weltlage erkennen, daß es sich nur noch um eine kurze Frist handeln kann, bis wir von neuem vor die Frage gestellt sein werden, ob wir mit dem Schwerte für unsere Weltstellung eintreten oder auf eine solche überhaupt verzichten wollen. Warten dürfen wir keinesfalls, bis unsere Gegner ihre Rüstungen vollendet haben und ihrerseits den Augenblick zum Angriff für gekommen halten. Diese uns noch gegönnte Frist müssen wir zur tatkräftigsten Kriegsvorbereitung benutzen …«[4]

Die Ironie des Schicksals wollte es, dass ausgerechnet Bethmann Hollweg, ein erklärter Verfechter des Ausgleichs mit England, den Stein ins Rollen brachte. Am 2. Dezember 1912 hatte der Reichskanzler nämlich vor dem Parlament, also öffentlich, klargestellt, wie sich Deutschland verhalten werde, wenn die Österreicher »bei der Geltendmachung ihrer Interessen wider alles Erwarten von dritter Seite angegriffen und damit in ihrer Existenz bedroht werden sollten«. Dann, so Bethmann Hollweg, »würden wir, unserer Bündnispflicht getreu, fest und entschlossen an ihre Seite zu treten haben, dann würden wir an der Seite unserer Verbündeten zur Wahrung unsrer eigenen Stellung in Europa, zur Verteidigung der Sicherheit und Zukunft unseres eigenen Landes fechten«.[5] Das waren starke Worte. Sie reflektierten die schwierige Lage, in der sich die deutsche Außenpolitik während der großen Balkankrise der Jahre 1912/13 befand.

Ermutigt durch den militärischen Erfolg der Italiener gegen das Osmanische Reich, der Rom nach einem mühsamen einjährigen Feldzug endlich die Kontrolle über Tripolis und die Cyrenaika, also das spätere Libyen brachte, erhoben sich auch die Völker des Balkans gegen die türkische Herrschaft. Zu diesem Zweck war im März 1912, unter tätiger Mitwirkung der russischen Diplomatie, durch Serbien und Bulgarien der sogenannte Balkanbund gegründet worden, dem sich später Griechenland und Montenegro anschlossen. Der am 17. Oktober eröffnete Krieg führte zu einem raschen Sieg der Balkanstaaten über die Türkei und damit unter anderem zu einer deutlichen

Stärkung Serbiens, das jetzt einen Hafen an der albanischen Küste, also einen Zugang zum Meer beanspruchte. Nach einigem Zögern schlug sich Russland auf die Seite Serbiens und bezog damit zugleich Position gegen Österreich-Ungarn. Denn in Wien trat man der Forderung Belgrads entschieden entgegen und favorisierte auch deshalb die Gründung eines unabhängigen albanischen Staates, um den Serben den Weg an die Adria zu verlegen.

Keine Frage, wo Deutschland in dem aufziehenden Konflikt stand, wenn auch Wilhelm II. klarstellte, dass er wegen einer lokalen Angelegenheit auf dem Balkan nicht einen Krieg gegen Russland und Frankreich riskieren werde. Das ließ dem Kanzler und dem Auswärtigen Amt keine andere Wahl, als hinter den Kulissen mäßigend auf Österreich-Ungarn einzuwirken und gleichzeitig in der Öffentlichkeit unmissverständlich der Bündnistreue des Reiches das Wort zu reden. Daher also der ungewöhnlich bestimmte Ton der Reichstagsrede Bethmann Hollwegs, der wiederum den britischen Außenminister zu seiner umgehenden Klarstellung veranlasste.

Der ganze Vorgang ist in mehrfacher Hinsicht bemerkenswert. Nicht nur offenbarten die Reaktionen des Kaisers und der deutschen Militärs den inzwischen erreichten Grad der Kriegsbereitschaft, ihre tiefsitzende Überzeugung, dass der europäische Krieg unvermeidbar, also eine Frage der Zeit sei; nicht nur wurde offenkundig, wie blank die Nerven lagen, und zwar auf allen Seiten. Vor allem standen die britischen Reaktionen auf das Missverständnis, also die Interpretation der Berliner Verlautbarungen als Ankündigung einer konkreten Kriegsbereitschaft, in einem beachtlichen Gegensatz zum Klima der deutsch-englischen Beziehungen dieser Tage und Wochen, das eher auf eine Tauwetterperiode schließen ließ.

Denn die Eskalation während der Marokko-Krise des vergangenen Sommers hatte auf beiden Seiten des Kanals zu der Einsicht geführt, dass es so nicht weitergehen könne, dass man nach Wegen suchen müsse, um künftig ähnliche Situationen zu vermeiden. Und was lag näher, als der Entstehung gefährlicher Krisen zunächst dort zu begegnen, wo sie im Zeitalter des Imperialismus nun einmal vornehmlich aufzubrechen pflegten, nämlich an der Peripherie des europäischen Geschehens? Sollte man damit reüssieren, war eine Verständigung in den besonders heiklen Fragen, namentlich ein Flotten- und ein politisches Abkommen, nicht unmöglich. Auf deutscher Seite hatte diese Linie starke Befürworter an der Botschaft in London und an der Spitze des Auswärtigen Amtes. Auch Gottlieb von Jagow, der zuletzt die Botschaft in Rom geleitet hatte und mit Jahresbeginn 1913 dem plötzlich verstorbenen Kiderlen-Wächter nachfolgte, hielt sie bei.

So war es kein Zufall, dass ausgerechnet das über den ersten Balkankrieg entstandene Missverständnis den Anlass bot, diesen Weg des Ausgleichs einzuschlagen und eine beachtliche Strecke erfolgreich zurückzulegen. Das geschah auf der sogenannten Botschafterkonferenz, einer über Monate tagenden Runde von Vertretern der sechs europäischen Großmächte, die erstmals am 17. Dezember 1912, also vierzehn Tage nach der diplomatischen Eskalation, zusammentrat. Dass ihr mit dem Londoner Präliminarfrieden Ende Mai 1913 eine Beilegung der Krise gelang, ging vor allem auf das Konto des engen deutsch-englischen Einvernehmens, das auch während des Folgekonflikts anhielt: Am 29. Juni eröffnete Bulgarien den sogenannten zweiten Balkankrieg gegen Serbien und Griechenland, musste aber trotz anfänglicher Erfolge im Bukarester Frieden vom 10. August des Jahres endgültig den Versuch aufgeben, die Ergebnisse des ersten zu revidieren. Bulgariens Gegner, auf deren Seite sich Montenegro, Rumänien und schließlich auch die Türkei geschlagen hatten, konnten ihre Positionen nicht nur behaupten, sondern ausbauen.

Auch Serbien, und das sorgte vor allem bei den Österreichern für beträchtliche Unruhe. Allerdings traf ihr Versuch, den Bukarester Vertrag zu revidieren, auf den geschlossenen diplomatischen Widerstand der übrigen Großmächte – einschließlich Deutschlands, und das wiederum machte dessen Lage nicht einfacher. Eben weil man in Berlin aus übergeordneten Überlegungen dem Friedenserhalt im Allgemeinen, einer Fortsetzung der Zusammenarbeit mit England im Besonderen den Vorrang gegeben hatte, durfte kein Zweifel an der Zuverlässigkeit Deutschlands als Bündnispartner aufkommen. Allen war bewusst, dass die nächste Krise auf dem Balkan der Testfall sein würde – wann und unter welchen Umständen auch immer sie ausbrechen sollte.

Ganz ähnlich sah die Lage für Russland aus. Gewiss, Serbien gehörte zu den Siegern und Gewinnern der beiden Balkankriege, hatte sich unter anderem fast vierzig Prozent Mazedoniens einverleibt. Aber einen Zugang zum Meer hatte es nicht durchsetzen, die Gründung des Staates Albanien nicht verhindern können, weil ihm die Unterstützung der russischen Schutzmacht fehlte. Einmal mehr, so jedenfalls die serbische Wahrnehmung, hatte Russland den kleineren Partner fallen lassen; einmal mehr, so die russische Einschätzung der Lage, hatte man das Gesicht verloren. Für die Russen war das die dritte schwere Niederlage in Serie. Erst der Krieg gegen Japan, dann die Annexionskrise und jetzt das. Derartiges durfte sich nicht wiederholen.

Auch in diesem Falle war den Beteiligten in St. Petersburg klar, was das in der Konsequenz bedeuten musste. Stand man in der nächsten Krise bedingungslos hinter Serbien, würde man Österreich-Ungarn zum Gegner haben – und mit ihm das Deutsche Reich. Ohnehin trübte sich das russisch-deutsche Verhältnis seit den Balkankriegen sichtbar ein. Um die Jahreswende 1913/14 konnte eine gefährliche Zuspitzung nur deshalb vermieden werden, weil Berlin, und zwar aus einer Position der Stärke heraus, beidrehte.

Die Berufung des deutschen Generals Otto Liman von Sanders zum Chef der deutschen Militärmission in der Türkei und vor allem zum Kommandierenden des Ersten Armeekorps in Konstantinopel hatte natürlich die Russen auf den Plan gerufen. Einerseits stand sie in einer langen, schon in den achtziger Jahren wieder aufgenommenen Tradition deutscher Militärmissionen in der Türkei. Andererseits hatte sie mit der Konzentration auf die Region um die Meerengen eine Stoßrichtung, die in St. Petersburg für beträchtliche Irritation sorgte. Ein diplomatischer Kunstgriff entspannte die Lage. Indem Wilhelm II. Liman von Sanders zum General der Kavallerie ernannte, entfiel automatisch das Kommando und damit der Anlass für die russischen Proteste. An der Bedeutung der Mission änderte das wenig.

In Berlin hätte man also die Verstimmung im Verhältnis zu Russland gelassen nehmen können, wäre nicht der Reichsleitung im Mai 1914 über einen deutschen Spion in der russischen Botschaft in London zu Ohren gekommen, dass Russen und Briten ganz geheim über eine Marinekonvention, also über ein koordiniertes Vorgehen ihrer Seestreitkräfte im Krieg verhandelten. Das war ein Schlag ins Gesicht insbesondere derer, die in Berlin auf die Verständigung mit Großbritannien setzten. Hatte man nicht erste Erfolge vorzuweisen? Immerhin konnte am 15. Juni 1914 ein Vertragswerk über die schwierigen orientalischen Angelegenheiten paraphiert werden. Damit zeichnete sich die Lösung eines Problems ab, das die internationalen, insbesondere die englisch-deutschen Beziehungen seit der Jahrhundertwende schwer belastet hatte. Möglich wurde sie, weil die Deutschen erhebliche Konzessionen machten und zum Beispiel akzeptierten, dass die Bagdadbahn nicht in Kuwait, also am Persischen Golf, sondern in Basra endete.

Stabil war dieser Ausgleich nicht. Einmal reichte eine Verständigung in dieser zwar wichtigen, aber verglichen mit dem Flottenbau doch peripheren Frage nicht aus, um einer Belastung wie der Julikrise standzuhalten. Und dann konnte das Misstrauen nicht wirklich beseitigt werden. Die beunruhigenden Informationen über die englisch-russischen Marinegespräche, die man in der Endphase der Verhandlungen über die Bagdadbahn erhielt, wirkten ernüchternd. Und sie bestätigten die Vorurteile all derer, die immer schon vor Großbritannien gewarnt hatten.

Erst im Herbst 1913 hatte die Kritik Aufwind erhalten. Zwar konnte am 20. Oktober ein modifiziertes Abkommen über eine eventuelle Aufteilung der portugiesischen Kolonien in Afrika unterzeichnet werden. Aber im Umfeld der Verhandlungen wurde in Berlin bekannt, dass die Briten am 14. Oktober 1899, also unmittelbar nach Unterzeichnung des ersten englisch-deutschen Afrika-Vertrages, mit den Portugiesen eine geheime Vereinbarung geschlossen hatten. In dem sogenannten Windsor-Vertrag garantierten sie Lissabon im Prinzip genau die Kolonien, über deren mögliche Aufteilung sie sich im August 1898 mit den Deutschen verständigt hatten.

Nein, das alles war unerfreulich, wenn nicht gefährlich. Denn die englische Annäherung an Russland musste das ohnehin auf Konfrontationskurs zu Deutschland eingeschwenkte Zarenreich zu weiteren Aktionen ermutigen. Je deutlicher das wurde, umso näher rückte die Stunde der Militärs. Schon Ende Juni 1913 hatte der Reichstag eine weitere Wehrvorlage angenommen, die eine Verstärkung des Heeres um mehr als hundertdreißigtausend Mann vorsah. Angesichts der in Europa grassierenden Truppenvermehrungen, die in Russland auf eine Friedensstärke von fast anderthalb Millionen Soldaten hinauslief, war das wenig mehr als ein Tropfen auf den heißen Stein – jedenfalls für die Militärs, denen jetzt zusehends die Zeit davonlief. Für Moltke stand fest, dass Russland seine Rüstung in zwei bis drei Jahren abgeschlossen haben würde. Das legte er im Frühjahr 1914 dem Staatssekretär des Auswärtigen Amtes dar und verband seine Beobachtung gegenüber Jagow mit der Frage, ob man nicht einen »Präventivkrieg« führen solle, »um den Gegner zu schlagen«, solange man »den Kampf noch einigermaßen bestehen« könne.[6] Für die Militärs war das eine rhetorische Frage. Wenige Wochen später bekamen sie die erwartete Antwort.

Am 28. Juni 1914 wurden der Thronfolger Österreich-Ungarns, Franz Ferdinand, und seine Gattin in Sarajevo auf offener Straße ermordet. Die Attentäter waren Bosnier serbischer Herkunft. Das veranlasste Wilhelm II. einmal mehr zu der intern formulierten Erkenntnis, mit den Serben müsse »aufgeräumt werden, *und* zwar *bald*«.[7] Wie der Kaiser einigen Dokumenten, darunter einer Lageanalyse des greisen österreichisch-ungarischen Monarchen Franz Joseph I., entnehmen konnte, sah man das in Wien nicht anders. Am 5. Juli wurden ihm diese Papiere durch den Botschafter Österreich-Ungarns, den Grafen Szögyény-Marich, und den eigens nach Berlin entsandten Alexander Graf von Hoyos übergeben.

Aus den Gesprächen, welche die beiden bei dieser Gelegenheit mit Wilhelm II. beziehungsweise mit Bethmann Hollweg und Arthur Zimmermann, dem Unterstaatssekretär des Auswärtigen Amtes, führten, gewannen Wiens Diplomaten den Eindruck, dass der »Reichskanzler ebenso wie sein kaiserlicher Herr ein sofortiges Einschreiten unsererseits gegen Serbien als radikalste und beste Lösung unserer Schwierigkeiten am Balkan ansieht. Vom internationalen Standpunkt hält er den jetzigen Augenblick für günstiger als einen späteren.« Wilhelm II. hatte überdies vorausgesagt, dass Russlands Haltung »feindselig« sein werde, »doch sei er hierauf schon seit Jahren vorbereitet, und sollte es sogar zu einem Krieg zwischen Österreich-Ungarn und Rußland kommen, so könnten wir davon überzeugt sein, daß Deutschland in gewohnter Bundestreue an unserer Seite stehen werde«.[8]

Diese Zusicherungen, die der Botschafter am 5. und 6. Juli nach Wien telegraphierte, sind als »Blankoscheck« in die Geschichte eingegangen. So waren sie auch gemeint. Nicht nur in dieser Hinsicht unterschied sich der Verlauf der sogenannten Julikrise zunächst allenfalls in Nuancen von dem der voraufgegangenen, allen voran der Bosnischen Annexionskrise. Ein aufziehender Konflikt zwischen Österreich-Ungarn und Serbien rief Deutschland und Russland auf den Plan. Hier wie dort war man zwar – mehr denn je – der Überzeugung, dass der Krieg unvermeidlich sei. Zu diesem Zeitpunkt unter allen Umständen gewollt hat ihn aber weder die eine noch die andere Seite. Unter allen Umständen vermeiden wollten sie ihn allerdings auch nicht. Dass man den jeweiligen Partner, Österreich-Ungarn und Serbien, nicht beziehungsweise nicht noch einmal im Regen stehen lassen dürfe, galt in Berlin und St. Petersburg als ausgemacht. Folglich hatte man in beiden Fällen das Heft des Handelns schon aus der Hand gegeben, bevor die Krise eigentlich begann.

So kam es, dass Österreich-Ungarn nach vierwöchigem Zögern die Initiative ergreifen und nicht nur Serbien, sondern auch Deutschland und Russland in einen Strudel sich verselbständigender Reaktionen ziehen konnte. Obgleich Serbien am 25. Juli bis auf einen alle Punkte eines eigentlich nicht annehmbaren Wiener Ultimatums vom 23. Juli akzeptierte und auch Wilhelm II. *»jeden Grund zum Kriege«* entfallen sah,[9] brach Wien noch am selben Tag die diplomatischen Beziehungen zu Belgrad ab. Drei Tage später, am 28. Juli, erklärte Österreich-Ungarn Serbien den Krieg und begann bald darauf mit der Beschießung Belgrads. Damit waren die Weichen gestellt. Das wussten alle unmittelbar und mittelbar Beteiligten, auch in Deutschland.

Eindringlich versuchte der Kaiser seinen russischen Vetter zu direkten Verhandlungen mit Österreich zu bewegen und so zu verhindern, dass »Europa in den entsetzlichsten Krieg« gestürzt würde, »den es je gesehen hat«.[10] Tatsächlich hat Nikolaus II. dann auch noch am Abend des 29. Juli dem russischen Kriegsminister Wladimir Alexandrowitsch Suchomlinow – letzten Endes vergeblich – befohlen, die Teilmobilmachung gegen Österreich-Ungarn anzuhalten. »Es sei«, telegraphierte der Zar am 31. Juli an den Kaiser, »*technisch* unmöglich«, die »militärischen Vorbereitungen einzustellen, die infolge Mobilmachung Österreichs notwendig waren«.[11] Nur wenige Stunden später musste Wilhelm II. eine ähnliche Erfahrung machen: Seinen Befehl, den deutschen Aufmarsch im Westen aufzuhalten, um eine noch so vage Chance für eine englische Neutralität nutzen zu können, vermochten die Militärs nicht umzusetzen.

Sie nämlich bestimmten inzwischen das Geschehen – auf allen Seiten. In den frühen Morgenstunden des 26. Juli war die Kriegsvorbereitungsperiode für das gesamte europäische Russland, also auch gegen Deutschland, angelaufen, gefolgt am 29. Juli von der Teilmobilmachung gegen die Donaumonarchie und am 30. Juli von der Generalmobilmachung. Spätestens jetzt hatten auch die deutschen Militärs, von der Politik gar nicht zu reden, keinen Handlungsspielraum mehr. Am 31. Juli, 13 Uhr, erklärte Deutschland den Zustand drohender Kriegsgefahr, gefolgt von der ultimativen Aufforderung an Russland, die Mobilmachung gegen Deutschland und Österreich einzustellen, der die Russen nicht nachkamen.

Also erklärte das Deutsche Reich am 1. August 1914 Russland, zwei Tage später, am 3. August, dessen Bündnispartner Frankreich den Krieg. Diesem Schritt vorausgegangen war eine Anfrage der deutschen Regierung an die französische, ob sie »in einem russisch-deutschen Kriege neutral bleiben« wolle. Die Antwort Frankreichs vom 1. August, das zu tun, »was seine Interessen geböten«,[12] kommentierte der Kaiser mit Ausrufungszeichen.

Hatte man das gewollt? War der Krieg gegen Russland und Frankreich das Ziel der deutschen Politik während der Julikrise? Die Antwort ist eindeutig: Nein. Nicht nur glaubte bis zu den diplomatischen und militärischen Offensiven Wiens, also bis zum 25. Juli, kaum jemand ernsthaft an einen russischen Kriegseintritt, schon weil man das Zarenreich für »noch keineswegs kriegsbereit« hielt.[13] Nicht nur begab sich der Kaiser auf die anstehende Nordlandreise, während die Militärs in ihren Sommerurlaub gingen. Es kann auch keinen Zweifel geben, dass jedenfalls Kaiser und Kanzler alles taten, um den russischen – und damit zwangsläufig den französischen – Kriegseintritt zu verhindern: Bethmann Hollweg, indem er mit einer ausgesprochen riskanten politischen Strategie die Russen »rücksichtslos unter allen Umständen ins Unrecht«[14] setzen und damit zum Rückzug zwingen wollte; Wilhelm II., indem er den Zaren mit einer Flut von Telegrammen überschüttete.

Dass der eine wie der andere dabei nicht bereit waren, Österreich-Ungarn fallen oder vor ein »europäisches Gericht«, nämlich auf eine durch Grey angeregte Konferenz der Großmächte »ziehen« zu lassen,[15] kann nicht überraschen. Dafür war es seit 1908, wenn nicht seit 1890, zu spät.

Und die Militärs? Sie gingen in die Offensive, weil sie mental und wohl auch psychisch längst in der Defensive waren. Sie saßen in der Falle, verfügten über keine Alternative zur Flucht nach vorn und trafen so eine offenkundig irrationale Entscheidung: Weil der Kampf in Moltkes Worten jetzt »noch einigermaßen zu bestehen« war, weil der Krieg in zwei oder drei Jahren noch geringere Aussicht auf Erfolg haben würde als ohnehin schon jetzt, musste er besser heute als morgen begonnen werden, koste es, was es wolle. Und so begingen sie »aus Angst vor dem Tode Selbstmord«.[16]

Dabei ahnten sie, dass es ein langer und verlustreicher Krieg werden würde. Immerhin hatte kein Geringerer als Helmuth von Moltke – der ältere, Onkel des amtierenden Generalstabschefs – schon im Frühjahr 1890, bei seinem letzten Auftritt im Reichstag, vor einem modernen »Volkskrieg« gewarnt: »... wenn dieser Krieg zum Ausbruch kommt, so ist seine Dauer und ist sein Ende nicht abzusehen ... es kann ein siebenjähriger, es kann ein dreißigjähriger Krieg werden – und wehe dem, der Europa in Brand steckt, der zuerst die Lunte in das Pulverfaß schleudert!«[17]

Tatsächlich erlebten alle, die von einem schnellen Feldzug geträumt und einen Sieg der sogenannten Mittelmächte bis zum Jahresende in Aussicht gestellt hatten, ein böses Erwachen. Das lag unter anderem an der ungünstigen Ausgangssituation. Nicht nur standen bei Kriegsbeginn den etwa 3,7 Millionen Soldaten Deutschlands und Österreich-Ungarns gut 5,8 Millionen der Alliierten gegenüber, sondern das Verhältnis verschob sich im Verlauf des Krieges weiter deutlich zuungunsten der Mittelmächte. Vor allem deshalb, weil es Berlin und Wien nicht gelang, eine nennenswerte Anzahl von Staaten auf ihre Seite zu ziehen. Selbst die Verbündeten, also Italien und das seit 1883 faktisch dem Dreibund angegliederte Rumänien, erklärten zunächst ihre Neutralität, und dann 1915/16 – gegen die Aussicht auf beträchtliche Beute – ihren Kriegseintritt auf Seiten der Alliierten. Siebenundzwanzig Staaten, darunter ein Dutzend amerikanischer einschließlich der USA, bildeten schließlich die Koalition der Gegner. Hingegen fanden lediglich die Türkei und Bulgarien im August 1914 beziehungsweise Oktober 1915 den Weg ins Lager der Mittelmächte.

Hinzu kam, schon gleich zu Anfang des Krieges, die Überforderung der militärischen Führung des Reiches. Einmal war der Chef der Ersten Obersten Heeresleitung, der jüngere Moltke, den enormen, vielfältigen Anforderungen operativ und wohl auch psychisch nicht gewachsen, so dass er schon nach wenigen Wochen durch Erich von Falkenhayn abgelöst wurde. Grund für den Wechsel war das Scheitern des sogenannten Schlieffenplans, der die deutschen Kräfte überforderte, weil er 1905 unter dem Eindruck der schweren militärischen Niederlage Russlands in seine definitive Form gebracht worden war und zudem ein enormes Risiko beinhaltete. Alfred Graf von Schlieffen, der Namensgeber, sah nämlich im Westen ein großes Umfassungsmanöver der deutschen Truppen vor, die durch Belgien und Luxemburg vorstoßen und unter Umgehung von Paris die französischen Armeen nach Süden bis an den östlichen Festungsgürtel abdrängen sollten. Danach wollte man sich Russland zuwenden, von dem man in der Anfangsphase des Krieges wenig erwartete.

Tatsächlich nahm der Kriegsverlauf schon in den ersten Wochen eine ungeahnte Wendung. Die Russen stießen, anders als gedacht, tief nach Ostpreußen und Galizien vor; England quittierte die Verletzung der belgischen Neutralität, anders als erhofft, am 4. August 1914 mit dem Kriegseintritt; und der schnelle Vorstoß durch Frankreich war, anders als geplant, bereits Mitte September 1914, nach der Marne-Schlacht, beendet. Was dort, auf dem westlichen Kriegsschauplatz, folgte, war ein ungeheuer brutal und verlustreich geführter Stellungskrieg, der die deutsche Politik Jahr um Jahr weiter von den

Zielen entfernte, die sie nach Kriegsbeginn ins Visier genommen hatte.

Wie andere Nationen auch, ist Deutschland nicht mit einem ausformulierten Kriegszielkatalog in die große Schlacht gezogen. Die Entscheidung zum Krieg fiel nicht vor dem Morgengrauen des 1. August. Sie war eine Reaktion auf eine politisch-militärische Konstellation, an der die deutsche Politik seit 1890 ungewollt mitgewirkt, die sie aber nicht gewünscht und gewiss nicht allein zu verantworten hatte. Sie zu überwinden, den Ring zu sprengen, die Gefahr ein für alle Mal zu beseitigen war das Ziel im August 1914, nicht die großräumige Eroberung.

Das änderte sich mit dem Beginn der Kampfhandlungen. Jetzt meldeten sich immer mehr Persönlichkeiten und Gruppen mit ihren zum Teil weitausgreifenden Forderungen zu Wort, und je mehr sich der Krieg in die Länge zog, umso lauter, vielstimmiger und disharmonischer wurde dieser Chor. Weil er dem entgegentreten und für die »Eventualität plötzlicher Verhandlungen ... gewappnet« sein wollte, ergriff Bethmann Hollweg im September 1914 die Initiative, ließ durch seinen Vertrauten, Kurt Riezler, ziemlich hastig eine Denkschrift zu Papier bringen und an den Staatssekretär des Innern nach Berlin schicken. Als sie am 9. September, also auf dem Höhepunkt der Marne-Schlacht, formuliert wurde, gingen die Autoren noch von einem kurz bevorstehenden deutschen Sieg aus.

In diesem Falle sollten Frankreich unter anderem den Küstenstrich von Dünkirchen bis Boulogne sowie das Erzbecken von Briey abtreten und hohe Kriegsentschädigungen zahlen, Belgien Lüttich und Verviers an Preußen abgeben und im Übrigen »zu einem Vasallenstaat herabsinken« und Luxemburg »deutscher Bundesstaat« werden. Außerdem war daran gedacht, Russland, das wegen der militärischen Lage ansonsten nicht vorkommt, von der deutschen Grenze nach Möglichkeit »abzudrängen« und die »wirtschaftliche Vorherrschaft Deutschlands über Mitteleuropa« zu »stabili[s]ieren«.[18]

Gewaltige Forderungen und Vorstellungen, gewiss. Aber was steckte dahinter?

Nimmt man die Verfasser dieser sogenannten Septemberdenkschrift, die ja vor Kriegsausbruch nicht gerade zu den kompromisslosen Hardlinern zählten, beim Wort, ging es ihnen um die »Sicherung des Deutschen Reiches nach West und Ost auf erdenkliche Zeit«. Überraschen kann das nicht, stellt man in Rechnung, wie die Deutschen ihre Lage seit 1871 wahrnahmen. So gesehen wollten Bethmann Hollweg und Riezler nichts anderes, als die halbhegemoniale Stellung Deutschlands in eine hegemoniale zu überführen, und damit die späte Konsequenz aus der Reichsgründung ziehen – bevor die anderen das taten. Denn dass die Zertrümmerung des Deutschen Reiches das Ziel eines »im Haß verbündete[n] Europa« war, das die Deutschen »nicht dulden« wollte, stand im September 1914 für Thomas Mann wie für die allermeisten seiner Landsleute außer Frage.[19] Mit anderen Worten: Wenn man Bismarcks Entscheidung nicht rückgängig machen beziehungsweise machen lassen wollte, musste man sie korrigieren.

Es lag vor allem an der militärischen Entwicklung im Westen, dass daraus nichts geworden ist, dass Bethmann Hollweg vielmehr im Herbst 1916 zu dem Schluss kam, am Ende »Gott dankbar« sein zu müssen, »wenn wir das 1870 Erreichte erfolgreich verteidigt hätten«.[20] Auf dem französischen Kriegsschauplatz änderte sich nämlich trotz einiger großangelegter und außerordentlich verlustreicher Einbruchs- und Materialschlachten bis in das Frühjahr 1918 hinein wenig. Der erhoffte Durchbruch gelang weder im Verlauf der alliierten Herbstoffensive des Jahres 1915 in der Champagne noch während der Ende Februar 1916 begonnenen »totalen Schlacht« um Verdun, die den deutschen Angreifern bis Mitte Juli gerade einmal fünfzehn Kilometer Geländegewinn brachte und auf beiden Seiten mehr als eine halbe Million toter und verwundeter Soldaten forderte. Nicht erfolgreicher waren die alliierten Offensiven an der Somme zwischen dem 1. Juli und dem 25. November 1916, die insgesamt weit mehr als eine Million Tote und Verletzte hinterließen, oder während der dritten Champagne-Schlacht im April und Mai 1917.

Dass sich die Waage im Verlauf des Jahres 1918 doch zugunsten der Alliierten neigte, lag an einem Ereignis, das mit dem europäischen Kriegsschauplatz zunächst wenig zu tun hatte: Am 6. April 1917 erklärten die Vereinigten Staaten von Amerika dem Deutschen Reich den Krieg. Für diesen alles andere als selbstverständlichen Schritt zeichneten die deutsche Politik und Seekriegführung verantwortlich. Am 19. Januar 1917 hatte Arthur Zimmermann, seit Ende November vergangenen Jahres Nachfolger Jagows als Staatssekretär des Auswärtigen Amtes, Mexiko – und fast gleichzeitig auch Japan – ein Bündnis angeboten. Mit der Aussicht auf eine Rückeroberung von Texas, Arizona und New Mexico sollte der südliche Nachbar der USA zu einem Kriegseintritt gegen die Vereinigten Staaten bewegt werden. Das geschah mit Hilfe einer chiffrierten Depesche, die das Auswärtige Amt über die amerikanische Botschaft in Berlin und das State Department an den deutschen Botschafter in Washington und von diesem an den deutschen Gesandten in Mexiko schickte. Aber nicht auf diesem Wege erhielt die amerikanische Regierung Kenntnis von dem abenteuerlichen Vorgang, sondern über die Briten, deren Geheimdienst das Telegramm abgefangen und entschlüsselt hatte.

Die Wirkung auf die amerikanische Politik und Öffentlichkeit war enorm, zumal fast zeitgleich bekannt wurde, dass Deutschland am 1. Februar 1917 zum uneingeschränkten U-Boot-Krieg zurückkehrte. Was das bedeutete, wusste man spätestens seit dem 7. Mai 1915, als ein deutsches Unterseeboot den englischen Passagierdampfer »Lusitania« versenkt und weit über tausend Reisende und Besatzungsmitglieder, darunter mindestens hundertzwanzig amerikanische Staatsbürger, in den Tod gerissen hatte. Für die schwerwiegende Entscheidung der politischen und militärischen Führung des Reiches, zu dieser Form der Seekriegführung zurückzukehren, gab es Gründe. So die Tatsache, dass Passagierschiffe immer häufiger auch für den Transport von Kriegsmaterial benutzt wurden, oder die desaströsen Folgen der englischen Seeblockade für die Versorgungs- und Ernährungslage im Deutschen Reich.

Dennoch war der Beschluss kurzsichtig, gab er doch endgültig den Kräften im Umfeld des amerikanischen Präsidenten Auftrieb, die das Land im Krieg gegen Deutschland und dessen Verbündete sehen wollten. So wurde, gewissermaßen mit deutscher Unterstützung, der 1916 sechzigjährige, aus einem presbyterianischen Pfarrhaus stammende Ökonomieprofessor und vormalige Gouverneur von New Jersey, Woodrow Wilson, zu dem Mann, in dessen Händen Deutschlands Zukunft lag. Denn wer sonst sollte nach Kriegsende das entscheidende Wort haben, wenn nicht der, dessen Land dank seiner enormen militärischen und wirtschaftlichen Ressourcen den Kampf letztlich entschied?

Die Rückkehr zum uneingeschränkten U-Boot-Krieg war auch eine Folge der explosiven personalpolitischen Konstellation in der deutschen Führung, insbesondere seit der zuletzt erfolglose Falkenhayn gestürzt und am 29. August 1916 durch die Dritte Oberste Heeresleitung ersetzt worden war. Deren Chef, der nach Kriegsbeginn reaktivierte Paul von Hindenburg, vor allem aber ihr Generalquartiermeister, Erich Ludendorff, waren fortan die bestimmenden Figuren. Auch in der deutschen Politik. Weder der Kaiser noch die jeweiligen Reichskanzler oder Staatssekretäre des Auswärtigen Amtes vermochten sich in entscheidenden Fragen gegen die Heeresleitung durchzusetzen. Kein Wunder, dass sie in immer kürzeren Abständen scheiterten.

Dabei hatte der Sturz Bethmann Hollwegs am 13. Juli 1917 eine geradezu tragische Dimension. Denn er wurde durch eine Koalition eigentlich gegeneinander operierender Kräfte ins Werk gesetzt: Auf der einen Seite stand die Oberste Heeresleitung, die nicht zuletzt unter Berufung auf Forderungen aus den Reihen des Reichstags die Ablösung des Kanzlers betrieb. Auf der anderen Seite stand der sogenannte Interfraktionelle Ausschuss ebenjenes Parlaments, der sich am 6. Juli 1917 aus den Fraktionen von SPD, katholischem Zentrum, linksliberaler Fortschrittlicher Volkspartei und, jedenfalls zeitweilig, auch Nationalliberaler Partei konstituiert hatte. Mit dem Ruf nach einem baldigen Verständigungsfrieden, aber auch mit seinen Forderungen nach einer Verfassungsreform im Reich begann langfristig in Deutschland die Tradition der Kontrolle der Politik durch das Parlament und die Parteien. Kurzfristig jedoch setzten die Parlamentarier den Reichskanzler unter Druck, obgleich dieser grundsätzlich ihre Position teilte, und arbeiteten so den Militärs zu.

Die drei Kanzler, die Bethmann Hollweg bis zum Ende des Kaiserreichs am 9. November 1918 folgten, besaßen kaum eine Chance, die deutsche Außenpolitik und Kriegführung zu beeinflussen. Georg Michaelis, seit Februar 1917 preußischer Staatskommissar für Volksernährung, galt zu Recht als gänzlich unbeschriebenes Blatt; der bayerische Ministerpräsident Georg Graf Hertling war ein alter, kranker Mann; und Prinz Max von Baden blieb nicht viel mehr zu tun, als den Krieg und die Monarchie zu liquidieren. Nicht wesentlich mehr Erfolg war den Staatssekretären des Auswärtigen Amtes beschieden, die nach dem Rücktritt Zimmermanns Anfang August 1917 an der Wilhelmstraße residierten. Zum einen ließ der Krieg der Diplomatie kaum eine Chance, zumal mit dem Kriegseintritt der USA der neben dem Vatikan bislang aussichtsreichste neutrale Friedensvermittler zur Konfliktpartei geworden war. Vor allem aber kamen die Leiter der auswärtigen Politik nicht gegen den autoritären Stil der »beiden Halbgötter im Hauptquartier«[21] an.

Das galt für Richard von Kühlmann, Jahrgang 1873, einen Berufsdiplomaten mit vielfältiger Verwendung, der im Herbst 1916 auf Sondermission nach Konstantinopel geschickt worden war und das Auswärtige Amt von August 1917 bis Juli 1918 leitete. Es galt aber auch für seine beiden Nachfolger, die es gerade einmal drei beziehungsweise zwei Monate auf dem Posten hielt: den neun Jahre älteren Paul von Hintze, der von 1903 bis 1911 zunächst als Marineattaché für die Nordischen Reiche, dann als Militärbevollmächtigter in St. Petersburg

Dienst getan und zuletzt die Gesandtschaft in Norwegen geleitet hatte, und den Korvettenkapitän Wilhelm Solf, Jahrgang 1862, der unter anderem seit Ende 1911 und bis zum Umzug ins Auswärtige Amt Leiter des Reichskolonialamtes gewesen war.

Der Einfluss des Auswärtigen Amtes auf die Friedensverhandlungen im Osten war schon deshalb gering, weil die deutschen Truppen hier erfolgreich operierten. So konnte Ludendorff Anfang Februar 1918 in einer Gesprächsrunde mit den Österreichern die Losung ausgeben: »Ein Friede, der nur den territorialen status quo gewährleistet, würde bedeuten, daß wir den Krieg verloren hätten.«[22] Dabei profitierten Deutschland und seine Verbündeten zusehends von der militärischen und politischen Schwäche des russischen Gegners. Nach den Siegen bei Tannenberg und an den Masurischen Seen, denen Hindenburg und Ludendorff nicht ganz zu Recht ihren legendären Ruf verdankten, konnten die deutschen Truppen schon Ende August beziehungsweise Mitte September 1914 die Initiative ergreifen und bis Oktober 1915 große Teile des Baltikums und Polens besetzen. Mit den revolutionären Wirren, die seit der Februarrevolution und der Abdankung des Zaren am 15. März 1917 über Russland hinwegrollten, kam wieder Bewegung in die Front. Am 15. Dezember des Jahres schlossen Russland und Deutschland einen Waffenstillstand, dem sieben Tage später Friedensverhandlungen folgten.

Allerdings saß den Vertretern des kaiserlichen Deutschland und seiner drei Verbündeten nicht der Außenminister einer zarischen oder einer provisorischen Regierung gegenüber, sondern mit Adolf Joffe – beziehungsweise seit Januar 1918 Leo Trotzki – der zuständige Volkskommissar des bolschewistischen Russland. Die Bolschewiki, also der seit 1912 von Wladimir Iljitsch Lenin geführte Flügel der Russischen Sozialdemokratischen Arbeiterpartei, hatten am 7. November 1917 die provisorische Regierung gestürzt, die seit der Abdankung des Zaren die Amtsgeschäfte führte. Zehn Wochen später, am 19. Januar 1918, sprengten sie auch die neugewählte Nationalversammlung, um in Russland ein sozialistisches Rätesystem zu etablieren.

Es war nicht zuletzt deutscher Unterstützung zu danken, dass der 1870 geborene Lenin – studierter Jurist, Berufsrevolutionär, Verbannter und Exilant – den Weg nach Russland fand. Im April 1917 traf er in Petrograd, wie die Hauptstadt seit Kriegsbeginn hieß, ein. In Berlin erhofften sie sich von seiner Rückkehr eine Stärkung des revolutionären Potentials und damit eine weitere Schwächung der russischen Kampfkraft. Tatsächlich schlugen die Sowjets unmittelbar nach ihrem Novemberputsch einen »Frieden ohne Kontributionen und Annexionen« vor. So gesehen war Lenin »die deutsche Geheim- und Wunderwaffe, die politische Atombombe des Ersten Weltkriegs«.[23]

Keine Frage, die Sowjets standen mit dem Rücken zur Wand, als sie mit den Emissären Deutschlands, Österreich-Ungarns, Bulgariens und der Türkei in Brest-Litowsk über den Frieden berieten. Der dort schließlich am 3. März unterzeichnete und am 27. August 1918 ergänzte Vertrag sah eine weitgehende Dekomposition insbesondere der westlichen Gebiete Russlands vor. So sollten unter anderem Kurland und Livland – das spätere Lettland –, Litauen, Estland, Polen, die armenischen Territorien sowie Finnland aus dem russischen Staatsverband ausscheiden. Das galt auch für die Ukraine, mit deren bürgerlicher Regierung Deutschland und seine Verbündeten schon am 9. Februar 1918 einen Separatfrieden geschlossen hatten.

Damit war noch nichts über das künftige Schicksal dieser Gebiete und insbesondere darüber gesagt, welche von ihnen durch einen der Siegerstaaten, allen voran Deutschland, annektiert werden sollten. Sicher, das Auswärtige Amt, dessen Staatssekretär von Kühlmann die deutsche Delegation in Brest-Litowsk leitete, trat für eine äußerst zurückhaltende Besatzungs- und Annexionspolitik ein, um das Verhältnis zu Russland nicht dauerhaft zu belasten. Anders die Militärs, anders die Oberste Heeresleitung, die sich in weitausgreifenden

Plänen ergingen. Weil Hindenburg bereits Pläne für den – bezeichnenderweise als unausweichlich angesehenen – »nächsten Krieg gegen Rußland« schmiedete, wollte er »den Raum für die Bewegungen des deutschen linken Flügels sichern«.[24]

Noch wesentlich weiter gehende Vorstellungen verfolgte Ludendorff. Ihnen lag die Beobachtung zugrunde, dass man die afrikanischen und pazifischen Kolonien des Reiches im Kriegsfall nicht halten konnte. Von Deutsch-Ostafrika abgesehen, wo eine versprengte Truppe noch bis Mitte November 1918 kämpfte, waren sämtliche überseeischen Besitzungen bald nach Kriegsbeginn verloren gegangen. Darin zeigte sich zudem für die Verfechter eines starken Landheeres der zweifelhafte Wert der Schlachtflotte. Offenbar war diese weder zur Sicherung des Kolonialreiches noch zur Öffnung der maritimen Nachschubwege in der Lage. Von anfänglichen Kreuzergefechten in Übersee abgesehen, waren die deutsche und die englische Flotte überhaupt nur einmal, am 31. Mai und 1. Juni 1916, aufeinandergetroffen. Allerdings war diese Schlacht im Skagerrak auch deshalb unentschieden ausgegangen, weil sich der zahlenmäßig überlegene britische Verband zurückgezogen und jedes weitere Risiko vermieden hatte, was im Übrigen für den Tirpitz-Plan zu sprechen schien.

Anders sah es im Osten Europas, insbesondere in Russland aus. Dieses riesige Land bot sich in den Augen der Militärs nicht nur als Ersatzraum für die verlorenen Kolonien an, es war offensichtlich auch mit den zur Verfügung stehenden Mitteln zu erobern und zu halten, bot überdies ein riesiges Reservoir an Rohstoffen und Nahrungsmitteln. So wurde von Ludendorff erstmals jene Idee eines deutschen Großraums im Osten entwickelt, mit dem Hitlers wenig später entworfenes »Lebensraum«-Konzept insofern einiges gemeinsam hat, als schon in Ludendorffs Plänen von »Zuchtstätten für Menschen« die Rede war, die für »weitere Kämpfe nach Osten nötig« seien: »Diese«, so Ludendorff im Dezember 1915, »werden kommen, unausbleiblich.«[25]

Vorerst kam es anders, weil sich die Niederwerfung Russlands als Pyrrhussieg entpuppte. Um die von Finnland über das Baltikum, Polen und die Ukraine bis in den Kaukasus und auf die Krim verlaufende Front halten beziehungsweise weiter nach Osten vorschieben zu können, wurden etwa anderthalb Millionen Soldaten benötigt. Und die fehlten im Westen. Kein Wunder, dass dort die am 21. März 1918 begonnene Offensive der gut siebzig erschöpften deutschen Divisionen an der Übermacht eines Gegners scheiterte, dessen Reihen monatlich um bis zu zweihundertfünfzigtausend amerikanische Soldaten verstärkt wurden und für den Versorgungsschwierigkeiten ein Fremdwort war. Mit dem Beginn der alliierten Gegenoffensive am 18. Juli und insbesondere mit der verlorenen Schlacht von Amiens drei Wochen darauf musste der Krieg für die Deutschen als nicht mehr gewinnbar gelten. Am 29. September zog auch die Oberste Heeresleitung diese Konsequenz, forderte zugleich die von ihr bislang blockierte Parlamentarisierung des Reiches und tat damit den ersten Schritt, um später der Politik die unausweichliche Niederlage in die Schuhe schieben zu können.

Tatsächlich war es dann auch Reichskanzler Prinz Max von Baden, der noch am 3. Oktober 1918, dem Tag seiner Ernennung, beim Präsidenten der Vereinigten Staaten von Amerika um den Waffenstillstand ersuchte. Basis dieser Flucht nach vorn waren Wilsons sogenannte Vierzehn Punkte vom 8. Januar 1918, in denen der Präsident – zum Teil in Form allgemeiner Prinzipien für die Nachkriegszeit – die amerikanischen Kriegsziele formuliert hatte. Ausgangspunkt des Ersuchens war eine für Deutschland scheinbar günstige militärische Lage, stand doch das deutsche Heer immer noch in Belgien, Luxemburg, Frankreich und vor allem tief in russischem beziehungsweise vormals russischem Territorium. Nach einem fünfwöchigen diplomatischen Hin und Her zwischen Berlin und Washington, in dem erstmals kommende Probleme aufschienen, wurde am 11. November 1918 der Waffenstillstand zwischen Deutschland und seinen Gegnern unterzeichnet.

Zwei Tage zuvor hatte in einer turbulenten Situation, mehr

zufällig als gewollt, das deutsche Kaiserreich sein Leben ausgehaucht. Am 9. November gab Reichskanzler Prinz Max von Baden den Thronverzicht Wilhelms II. bekannt, bevor dieser abdankte und sich ins holländische Exil zurückzog, um dort bis zu seinem Tode im Juni 1941 Bücher zu schreiben, Holz zu hacken und mit seinem Schicksal zu hadern. Der Sozialdemokrat Philipp Scheidemann rief die Republik aus, um der Proklamation einer Räterepublik durch den Radikalsozialisten Karl Liebknecht zuvorzukommen, und ein Rat der Volksbeauftragten unter Leitung des Sozialdemokraten Friedrich Ebert führte die Regierungsgeschäfte. Repräsentanten dieses neuen politischen Systems, einer Republik ohne Verfassung und legitimer Regierung, waren es, die im französischen Compiègne ihre Unterschrift unter das Waffenstillstandsabkommen setzten.

Damit war die »Urkatastrophe« des 20. Jahrhunderts[26] beendet, jedenfalls soweit sie auf dem Schlachtfeld stattgefunden hatte. Auf deutscher Seite hatten bis zu zwei Millionen Soldaten ihr Leben verloren; Millionen waren verwundet worden; hunderttausende Zivilisten waren gestorben, vor allem am Hunger und seinen Folgen, aber auch an der schweren Grippewelle, die 1918/19 rund um den Globus grassierte und in Deutschland etwa dreihunderttausend Menschen das Leben gekostet haben dürfte. Die weitreichenden Konsequenzen des Krieges wurden erst später sichtbar. Zu ihnen zählte der Preis, den Deutschland an die alliierten und assoziierten Sieger zu entrichten hatte. Erst als dieser feststand, wurde den Deutschen bewusst, wie tief sie gestürzt waren.

Festgesetzt wurde er auf der großen Friedenskonferenz, die seit dem 18. Januar 1919 in Paris tagte. Repräsentanten von beinahe dreißig Staaten – unter ihnen der amerikanische Präsident Woodrow Wilson, Großbritanniens Premierminister David Lloyd George, der französische Ministerpräsident George Clemenceau und Italiens Ministerpräsident Vittorio Emanuele Orlando – saßen hier über fünf Länder zu Gericht, deren Vertreter vorerst nicht einmal zu den Verhandlungen zugelassen waren. Neben dem Schicksal Bulgariens, der Türkei sowie Österreichs und Ungarns, der beiden Nachfolgestaaten der im Strudel des Kriegsendes untergegangenen Doppelmonarchie, stand vor allem die Zukunft Deutschlands auf der Tagesordnung.

Fast vier Monate, bis zum 7. Mai, sollte es dauern, bis der deutschen Delegation das Vertragswerk übergeben wurde. Sie stand unter Leitung des Karrierediplomaten Ulrich Graf von Brockdorff-Rantzau. Der spätere Botschafter in Moskau, Jahrgang 1869, war zuletzt Gesandter in Kopenhagen gewesen und hatte zum Jahresende 1918 die Nachfolge Solfs als Staatssekretär des Auswärtigen Amtes angetreten. Der Graf war ein erklärter Verfechter eines kompromisslosen Kurses gegenüber den Alliierten. Dass er die Friedensbedingungen im Sitzen entgegennahm, war als Affront gedacht und wurde so empfunden. Geholfen hat es nicht.

Noch einmal acht Wochen mit erheblichen internationalen und nationalen Turbulenzen, darunter dem Rücktritt der ersten Regierung der Weimarer Republik unter Philipp Scheidemann, gingen ins Land, bis der Friedensvertrag schließlich am 28. Juni 1919 durch Außenminister Hermann Müller und Verkehrsminister Johannes Bell unterzeichnet wurde. Der Ort der Zeremonie war von den französischen Gastgebern der Konferenz mit Bedacht gewählt worden: Im Spiegelsaal des Schlosses von Versailles, dem Ort, an dem im Januar 1871 das Deutsche Reich proklamiert worden war, mussten seine Vertreter ein knappes halbes Jahrhundert später ihre Unterschrift unter ein Dokument setzen, dessen Inhalt von den allermeisten Deutschen als Zumutung, als Diktat, als Schande empfunden wurde.

Denn nicht nur der Inhalt dieses sogenannten Versailler Vertrages war in vielem demütigend, sondern auch die Art, wie es zur deutschen Unterschrift gekommen war. Gerade einmal zwei Wochen hatte man Zeit gehabt, um das umfangreiche Dokument zu prüfen; die Gegenvorschläge, die man schriftlich hatte einreichen müssen, waren allenfalls marginal berücksichtigt worden; und eine deutschsprachige Fassung des Vertrages gab es nicht: Die Sprachen der 440 Artikel mit ihren zahlreichen Anlagen waren Englisch und Französisch. Demütigend mussten auch viele inhaltliche Bestimmungen und Eigenarten wirken, so die Tatsache, dass Deutschland die in Teil I des Vertrages veröffentlichte Satzung des Völkerbundes zwar anzunehmen hatte, aber dem in Genf neu eingerichteten Gremium selbst vorerst nicht beitreten durfte.

Und dann das: »... Deutschland erkennt an, daß Deutschland und seine Verbündeten als Urheber für alle Verluste und Schäden verantwortlich sind, die die alliierten und assoziierten Regierungen und ihre Staatsangehörigen infolge des Krieges, der ihnen durch den Angriff Deutschlands und seiner Verbündeten aufgezwungen wurde, erlitten haben.«[27] So lautete der wohl berühmteste und zugleich berüchtigtste Artikel des Vertrages, und seine Aussage war ebenso eindeutig wie die dahinter stehende Politik kurzsichtig. Allen Beteiligten musste klar sein, dass sich die Deutschen nicht mit der einseitigen und in dieser Form unhaltbaren Zuweisung der Urheberschaft – der im Reich so genannten »Kriegsschuld« – würden abfinden können, zumal der Artikel 231, der das Kapitel »Wiedergutmachung« des Vertrages einleitete, exorbitante Reparationsforderungen legitimieren sollte: Nicht nur Sachschäden aller Art, auch Invalidenunterstützung, Militärpensionen, Witwen- und Waisenrenten und anderes mehr waren durch Geld- und Sachlieferungen aus Deutschland abzugelten.

Eine enorme Hypothek für die unter Kriegsfolgen aller Art stöhnende Republik. Ein Drittel des deutschen Volksvermögens war im Krieg vernichtet worden; auf 144 Milliarden Mark beliefen sich 1919 die Schulden der öffentlichen Hand; mehr als dreimal so viel, beinahe vierhundertsiebzig Milliarden, waren es 1922. Dass sich die Alliierten, allen voran Frankreich, gerade in der Reparationsfrage entschieden zeigten, weil sie ihrerseits enorme Kriegsschulden namentlich bei den Vereinigten Staaten von Amerika zu begleichen hatten, interessierte in Deutschland begreiflicherweise kaum jemanden. Hier machte man den Vertrag und nicht zuletzt die Zahlungsverpflichtungen, deren Höhe und Laufzeit in Paris noch gar nicht festgelegt worden waren, für nahezu alles verantwortlich, was der jungen Republik das Leben erschwerte. Und so wurde amtlicherseits, etwa durch das im Herbst im Auswärtigen Amt eingerichtete sogenannte Kriegsschuldreferat, alles getan, um das pauschale Verdikt des Vertrages aus der Welt zu schaffen.

Dieses ging vor allem auf die Franzosen zurück. Ihre kompromisslose Haltung in der Reparations- und damit der Schuldfrage war aus Pariser Sicht auch ein Ausgleich für die Niederlage, die sie in Paris bei der Regelung der territorialen Angelegenheiten hatten einstecken müssen. Wäre es nach der französischen Diplomatie gegangen, hätte Deutschland durch den Versailler Vertrag deutlich mehr an Substanz verloren, als das ohnehin schon der Fall war.

Konnte die Abtretung von Elsass-Lothringen niemanden überraschen, so bedeuteten die Unterstellung des nördlich angrenzenden Saargebietes unter den Völkerbund und die Übernahme seiner Kohlegruben durch Frankreich auch dann einen schweren Verlust, wenn man in Rechnung stellte, dass nach fünfzehn Jahren eine Volksabstimmung über die Zukunft des Saarlandes entscheiden sollte. Das ungleich wichtigere Rheinland blieb zwar beim Reich, allerdings waren westlich sowie fünfzig Kilometer östlich des Flusses militärische Befestigungen und die »zeitweise Unterhaltung oder Ansammlung von Streitkräften untersagt«.[28] Mit anderen Worten: Deutsche Soldaten durften diese strategisch bedeutsame Region auch dann nicht betreten, wenn die alliierten Truppen jene Zonen des Rheinlandes verlassen hatten, die sie für fünfzehn Jahre besetzen durften und bei pünktlicher Vertragserfüllung in Schritten vorzeitig räumen konnten.

Weniger gravierend, allerdings emotional nicht minder belastend war die Verpflichtung, die »Unabhängigkeit« Österreichs als »unabänderlich« anzuerkennen.[29] Dieses sogenannte

Anschlussverbot, das auch die Republik Österreich zu akzeptieren hatte, barg Sprengstoff. Nicht dass der Anschluss in den zwanziger oder frühen dreißiger Jahren hier oder dort auf der Tagesordnung gestanden hätte. Als er aber 1938 durch Hitler zu einem Thema gemacht wurde, ließ sich die Einverleibung Österreichs in das Deutsche Reich ohne Mühen als Revision überlebter Verträge verkaufen.

Für die Gebietsabtretungen im Osten, die von Anfang an als besonders schwere Zumutung betrachtet wurden, galt das ohnehin. So für das Hultschiner Ländchen, das an die Tschechoslowakei ging, das Memelgebiet, das zunächst unter alliierte Verwaltung, dann unter litauische Besatzung kam, vor allem aber für fast ganz Westpreußen und Posen, die an Polen fielen. Ausgenommen war lediglich die wirtschaftlich und strategisch äußerst wichtige »Freie« Stadt Danzig. Sie unterstand dem Völkerbund. Allerdings standen Polen unter anderem die freie Benutzung der Hafenanlagen, die Verwaltung des Eisenbahnwesens und die »Leitung der auswärtigen Angelegenheiten«[30] der Stadt zu.

So gingen durch den Versailler Vertrag insgesamt mehr als dreizehn Prozent des Gebietsstandes von 1914 verloren und mit ihm zehn Prozent der Bevölkerung. Nicht minder schwer wog der Verlust von fünfzehn Prozent der landwirtschaftlichen Produktion und zwanzig Prozent des Bergbaus sowie der eisenerzeugenden Industrie, zumal die Handelsbeziehungen des Reiches, aber auch die Benutzung zahlreicher Häfen, Eisenbahnstrecken und Wasserstraßen, Restriktionen und Kontrollen unterworfen wurden und Deutschland auf sämtlichen kolonialen Besitz verzichten musste. Erst in diesem Zusammenhang erschließt sich die ganze Dimension der Reparationsfrage.

Natürlich hatte all das, hatten die territorialen Amputationen, die Besetzungen, die wirtschaftlichen und finanziellen Belastungen auch mittelbare und unmittelbare Auswirkungen auf die Sicherheit des Reiches, soweit von einer solchen im engeren Sinne überhaupt noch die Rede sein konnte. Dass alle Festungen auch fünfzig Kilometer östlich des Rheins geschleift, fast die gesamte Hochseeflotte ausgeliefert und auf die Produktion von Panzern, U-Booten und anderen schweren Waffen verzichtet werden musste, war schlimm genug.

Als geradezu unerträglich wurden die Abschaffung der allgemeinen Wehrpflicht und die Auflösung des Generalstabes betrachtet. Mit den zugestandenen hunderttausend Berufssoldaten, zu denen noch fünfzehntausend Mann Marine-Truppen kamen, war im Zweifelsfall nicht einmal die innere Ordnung aufrechtzuerhalten, von der Verteidigung der Landesgrenzen gar nicht zu reden: Ostpreußen mit Königsberg war durch polnisches Territorium, den sogenannten Korridor, vom Reichsgebiet getrennt; mit zehn alten und neuen Staaten hatte das Deutsche Reich jetzt eine gemeinsame Grenze; und die Lage gegenüber Großbritannien hatte sich, seit Deutschland über keine nennenswerten Seestreitkräfte mehr verfügte, ebenso verschlechtert wie diejenige gegenüber Italien, das sich das vormals österreichische Südtirol einverleibt hatte und so der deutschen Grenze bedenklich nahe gerückt war.

Ein niederschmetterndes Ergebnis – vor allem dann, wenn man die Motive und Ziele in Rechnung stellt, von denen sich die Verantwortlichen hatten leiten lassen, als sie alles auf eine Karte setzten und Deutschland in den Krieg führten: Sicherer sollten sich die Deutschen in Zukunft fühlen, befreit vom Alptraum gegnerischer Koalitionen, erlöst von »Neid und Haß«, die der Kaiser 1912 als maßgebliche Triebkräfte der Nachbarn identifiziert hatte. Gemessen an diesen Erwartungen stand man jetzt – im Sommer 1919, als man das Resultat des 1912 von Wilhelm II. vorausgesagten »Existenzkampfes« schwarz auf weiß in der Hand hielt – am Abgrund: »Der Zusammenbruch«, kommentierte Philipp Scheidemann das Ergebnis, »war vollendet.«[31] Hatte der Friede, so es denn überhaupt einer war, unter diesen Umständen eine Chance?

LETHARGIE

Der Frust des Friedens 1919–1935

Es hätte schlimmer kommen können. Denn so aussichtslos, wie sich die Lage des Reiches auf den ersten Blick darstellte, war sie bei näherem Hinsehen nicht. Sicher ließ sich noch nicht absehen, ob die brisante Mischung aus militärischer Schwäche, wirtschaftlichem Ruin und innerem Aufruhr die junge Republik nicht endgültig in den Abgrund stürzen würde, an dessen Rand man sich seit Jahren bewegte. Aber ausgemacht war das keineswegs. Schließlich ging es vielen Nachbarn nach den Auszehrungen eines vierjährigen Krieges nicht wesentlich besser.

Außerdem, so sah es jedenfalls Thomas Manns ältester Sohn Klaus, wusste »das deutsche Volk … nun doch, woran es war. Man hatte gar nichts mehr, keinen Kaiser, kein Geld, kein Elsaß, keine Flotte, keine Kolonien. Bei so allgemeinem Ausverkauf war man immerhin auch manchen Ballast losgeworden, zum Beispiel die Illusionen.«[1] Geblieben war die Substanz. Denn zu Clemenceaus großem Kummer hatte die Mehrheit der Sieger, hatten vor allem Wilson und Lloyd George nicht ernsthaft an der Großmachtstellung des Reiches rütteln wollen.

Allen voran den Briten konnte nicht an einer unproportionalen Stärkung des alten Rivalen Frankreich und einer Erschütterung des europäischen Gleichgewichts gelegen sein, im Gegenteil: Weil das Empire als Folge des Krieges weiter gewachsen war, weil sich nicht zuletzt deshalb erste Risse und Verwerfungen zeigten, war die Ruhe in Europa ein hohes Gut – so wichtig, dass man in London vieles übersah oder ignorierte, bis es im Sommer 1939 zu spät war. Aber die Sorgen der britischen Regierung galten, soweit es um Europa ging, von Anfang an weniger Deutschland als vielmehr Russland.

Schließlich gab es dort seit dem November 1917 eine neue Kraft, die man zwar vorerst nicht so recht einzuschätzen wusste, der man allerdings alles Mögliche, vor allem Schlechtes, zutrauen musste. Nicht genug damit, dass die Bolschewiki unmittelbar nach der Machtergreifung in Petrograd aus der alliierten Kriegskoalition ausgeschieden waren und im März 1918 ihren Frieden mit Deutschland gemacht hatten. Sie hatten auch die Tore der zarischen Archive geöffnet und dabei zahlreiche Geheimdokumente ans Tageslicht befördert, welche die Kriegs- und Vorkriegspolitik der ehemaligen Verbündeten, namentlich der Briten und Franzosen, nicht gerade vorteilhaft erscheinen ließen. Vor allem aber hatten die Bolschewiki erklärt, nicht für die erheblichen Vorkriegsinvestitionen des Westens im untergegangenen Zarenreich geradestehen zu wollen, und das bedeutete für diesen schlicht einen Totalverlust.

Gewiss, vorerst standen die neuen Herrscher Russlands mit dem Rücken zur Wand: Ein verlustreicher Bürgerkrieg, die serienweise vollzogene Abspaltung ganzer Staaten und Provinzen des alten Russischen Reiches, die Intervention französischer, britischer, aber auch japanischer oder amerikanischer Truppen in Russland und ein Krieg mit Polen – das alles und anderes mehr ließ den Bolschewiki kaum den Spielraum, den sie benötigten, um ihre Herrschaft wenigstens auf dramatisch reduzierter Basis zu konsolidieren.

In dieser komplexen, unübersichtlichen Konstellation lag Deutschlands doppelte Chance. Die Alliierten benötigten ein überlebensfähiges Reich, gewissermaßen die Substanz der alten Großmacht, um für den Fall eines Falles ein Gegengewicht zu einem unberechenbar expandierenden Sowjetrussland zu haben; die Sowjets brauchten die rasche, vor allem wirtschaftliche Erholung der alten deutschen Industrie- und Wirtschaftsmacht, um mit ihrer Hilfe auf die Beine zu kommen und sich für den erfolgreichen Export der Weltrevolution zu rüsten. Deutschland, reflektierte Lenin Ende November 1920, sei zwar »vom Versailler Vertrag erdrückt«, verfüge aber immer noch über »ungeheure wirtschaftliche Möglichkeiten«. Es könne die Friedensbedingungen »nicht ertragen« und müsse »Verbündete gegen den Weltimperialismus suchen, obwohl es selbst ein imperialistisches – aber geschlagenes – Land« sei.[2]

Dass sich die Deutschen tatsächlich bald auf die Suche nach solchen Verbündeten machten, lag an den alliierten Siegern des Krieges. Denn diese, allen voran Frankreich, ließen nach der Unterzeichnung des Versailler Vertrages keinen Zweifel aufkommen, dass sie ihn eng und unnachgiebig auszulegen gedachten. So war es nur ein schwacher Trost, dass die Vertreter der Berliner Regierung vom 21. Februar bis zum 14. März 1921 mit am Verhandlungstisch sitzen durften, als die wichtigsten Reparationsempfänger in London unter anderem über diese Frage konferierten: Den rund fünfzig Milliarden Goldmark, die Außenminister Walter Simons für die Reichsregierung anbot und von denen er bereits bis zu dreißig als bezahlt betrachtete, stellten die Alliierten beinahe zweihundertsiebzig Milliarden Goldmark zuzüglich zwölf Prozent des deutschen Exportwertes gegenüber, die innerhalb von zweiundvierzig Jahren zu zahlen waren. Und damit auch kein Zweifel an der Entschlossenheit der Sieger aufkommen konnte, besetzten französische Truppen Anfang März 1921 – wieder einmal – einige deutsche Städte, in diesem Falle Düsseldorf, Duisburg und Ruhrort.

Nein, das war keine angenehme Situation. Denn die Alternative, vor der man stand, war keine: Wollte man nicht sehenden Auges eine Besetzung des gesamten Ruhrgebietes riskieren, blieb nur die Annahme des insgesamt etwas günstigeren Zahlungsplans, den die Alliierten am 5. Mai 1921 ultimativ dekretierten. Es war bereits die fünfte Regierung der Weimarer Republik, die sich zu dem Entschluss durchrang. An der Spitze dieser Koalition aus Sozialdemokraten, Linksliberalen und Katholiken stand seit dem 10. Mai 1921 ein Mann des Zentrums: Joseph Wirth, 1879 in Freiburg im Breisgau geboren und von Hause aus Gymnasiallehrer für Mathematik, war von November 1918 bis August 1920 badischer und danach für anderthalb Jahre deutscher Finanzminister gewesen, verstand also einiges von der schwierigen Materie. Der begabte Redner verband einen emphatischen Nationalismus mit einem vorbehaltlosen Bekenntnis zur Republik.

Natürlich wusste der Reichskanzler um das hohe innenpolitische Risiko, das er und seine Regierung mit dieser »Erfüllungspolitik« eingingen. Denn so firmierte alsbald die Strategie, den Forderungen der Alliierten pünktlich und uneingeschränkt nachzukommen und damit gerade die engen Grenzen der deutschen Leistungs- und Zahlungsfähigkeit zu demonstrieren. Die Kosten waren hoch – für die deutsche Politik insgesamt, aber auch für einige der Verantwortlichen.

So für Walther Rathenau. Der gebürtige Berliner jüdischer Abkunft, Jahrgang 1867, hatte viele Jahre im Vorstand des von seinem Vater gegründeten Elektrokonzerns AEG gesessen und war nach Ausbruch des Krieges einer der wichtigsten Organisatoren der deutschen Kriegswirtschaft gewesen. Nach der Katastrophe trat er der neu gegründeten linksliberalen DDP, der Deutschen Demokratischen Partei, bei. Seit er dem Kabinett Wirth zunächst als Wiederaufbau-, dann als Außenminister angehörte, stand Rathenau im Zentrum der Hasstiraden zahlreicher Gegner einer auch noch so vorsichtigen Politik des Ausgleichs mit den kompromisslosen Westmächten. Als er am 24. Juni 1922 während der Fahrt ins Auswärtige Amt auf offener Straße ermordet wurde, ließen die Attentäter, Angehörige einer rechten Geheimorganisation, Rathenau die Rechnung für eine Politik zahlen, die aus ihrer Sicht auf ganzer Linie gescheitert war.

Denn nicht einmal in den wenigen Fällen, in denen die Deutschen überhaupt gefragt wurden, konnten sie ihre Interessen durchsetzen – etwa bei den Gebietsabtretungen. Ausnahmen bestätigten die Regel. So blieb das südliche Ostpreußen, wo sich im Sommer 1920 mehr als neunzig Prozent der Bevölkerung für diese Lösung aussprachen, bei Deutschland. Anders in den Fällen Nordschleswig, dessen nördlicher Teil an

Dänemark fiel, und Eupen-Malmedy, das an Belgien ging. Im ersten Fall wurde das problematische Blockprinzip angewandt, im zweiten handelte es sich um eine Scheinabstimmung.

Ganz und gar unakzeptabel waren die Vorgänge in der industriell wichtigen Region Oberschlesien, aus der etwa ein Viertel der deutschen Kohleproduktion kam. Zwar ging die im Versailler Vertrag vorgesehene Volksabstimmung am 20. März 1921 mit sechzig Prozent zugunsten Deutschlands aus. Doch entschied der Völkerbundsrat auf eine Teilung des Gebiets und sprach Mitte Oktober den wirtschaftlich wichtigeren Teil Polen zu. Das war Wasser auf die Mühlen jener, die in der Erfüllungspolitik eine Bankrotterklärung, gewissermaßen eine zweite Kapitulation vor den Alliierten sahen. Zugleich war es eine Abfuhr für Kanzler Wirth und seinen Minister Rathenau, der in diesen Tagen das Auswärtige Amt bezog. Vehement sprach sich der Außenminister im Mai 1921 auf einer Protestversammlung gegen die »Vergewaltigung« Oberschlesiens aus und stellte den Beschluss des Völkerbundes in eine Reihe mit dem Versailler Vertrag und dem Londoner Ultimatum.[3] Keine Frage, Deutschland befand sich in einem Existenzkampf, im »Niederbruch«, wie Rathenau Ende März 1922 vor dem Reichstag bilanzierte.[4] Gab es eine Perspektive? Einen Ausweg?

Es gab ihn, er lag im Osten. Das hatte Lenin richtig gesehen. Und so kam es, wie es bei einer umsichtigeren Politik der Westmächte nicht hätte kommen müssen, wurden Weichen für eine Entwicklung gestellt, von deren verheerenden Folgen schließlich auch sie eingeholt wurden. Isoliert, wie Deutschland und Sowjetrussland als Folge des Krieges und der Nachkriegspolitik der Alliierten waren, begannen sie sich zu fixieren und nach gemeinsamen Interessen Ausschau zu halten. Zehn Jahre nachdem man auf beiden Seiten zu dem Schluss gekommen war, dass der Krieg unvermeidbar sei, reifte in Berlin und Moskau, der neuen Hauptstadt Sowjetrusslands, die Erkenntnis, dass es auf absehbare Zeit keine Alternative zu einer gemeinsamen Gestaltung der Nachkriegsordnung geben könne. Das hatte durchaus eine revolutionäre Qualität.

Wäre es nach den Russen gegangen, hätte man sich schon in Berlin geeinigt. Dort nämlich machte die sowjetische Delegation unter Leitung des Volkskommissars für Äußeres, Georgij Wassiljewitsch Tschitscherin, Anfang April 1922 Station, bevor sie zur Wirtschaftskonferenz nach Genua weiterreiste. In Moskau war man nämlich zu der Überzeugung gelangt, dass es das Beste sei, sich weiter auf Deutschland zuzubewegen, diplomatische Beziehungen aufzunehmen, die noch offenen Fragen aus der Kriegs- und Vorkriegszeit umfassend zu klären und damit auf dem bereits eingeschlagenen Weg konsequent voranzuschreiten. Schon Mitte April 1920 hatten sich beide Seiten über die Rückführung ihrer Kriegs- und Zivilgefangenen geeinigt; und am 6. Mai 1921 war ein vorläufiges Abkommen über die Rechtsstellung ihrer jeweiligen Staatsangehörigen und den Aufbau von Handelsvertretungen mit diplomatischen Rechten geschlossen worden. Was also lag näher, als das Provisorium in eine definitive Regelung zu überführen und dabei auszubauen? Immerhin war ein entsprechender Vertrag im Januar 1922 fast unterschriftsreif. Aber es gab Bedenken – auf deutscher Seite.

Vor allem Walther Rathenau wollte abwarten, welche Ergebnisse die große Zusammenkunft in Genua bringen würde. Außerdem setzte der Außenminister, ähnlich wie auch der britische Premierminister David Lloyd George, auf ein internationales Konsortium, das den Wiederaufbau Russlands im Lichte der allgemeinen wirtschaftlichen Situation Europas betrachten und betreiben sollte. In Genua wurden er und die hochrangige deutsche Delegation unter Leitung von Reichskanzler Joseph Wirth eines Besseren belehrt. Den Sowjets ging es nicht anders. Gut dreißig Staaten hatten ihre Vertreter auf die Konferenz in die italienische Hafenstadt entsandt, um über Fragen der Weltwirtschaft, darunter das Reparationsproblem und ein internationales Konsortium für den wirtschaftlichen Wiederaufbau Russlands, zu sprechen.

An ebendiesen Themen scheiterte die Versammlung. Weder konnten sich die Sowjets auf die zahlreichen Bedingungen einlassen, die der Westen an Kreditzusagen knüpfte, noch war Frankreich zu einer angemessenen Erörterung der Reparationsfrage bereit. In Paris gab seit Januar wieder einmal Raymond Poincaré als Ministerpräsident den Ton vor. Der 1860 geborene Jurist und Literat hatte seit Mitte der neunziger Jahre des 19. Jahrhunderts als Finanz- und Außenminister, Ministerpräsident und Präsident der Republik reiche Erfahrung mit Deutschland gesammelt und galt als einer der entschiedensten Verfechter einer kompromisslosen Politik gegenüber dem östlichen Nachbarn.

So kam es, für die allermeisten Beobachter gänzlich unerwartet, am Rande der Konferenz von Genua zu einem »Jahrhundertereignis«, jenem »Erdstoß, der die ganze internationale Landschaft veränderte«.[5] Vorbereitet wurde er auf einer Sitzung, die in der Nacht vom 15. auf den 16. April 1922 im Hotel der deutschen Delegation einberufen wurde und daher als »Pyjamakonferenz« in die Geschichte eingegangen ist. Initiator der improvisierten Zusammenkunft war Adolf Georg Otto von Maltzan, Freiherr zu Wartenberg und Penzlin, der Leiter der Ostabteilung des Auswärtigen Amtes. Diese wiederum war, wie die übrigen Regionalreferate des Amtes auch, erst jüngst eingerichtet worden, und zwar als Ergebnis jener Reformen, die in den Jahren 1917 bis 1920 durchgeführt und 1936 größtenteils wieder rückgängig gemacht wurden. Mit der Aufhebung der Trennung von diplomatischer und konsularischer Karriere, der stärkeren Gewichtung von Wirtschaftsfragen, aber auch der Ausweitung der technischen Dienste und einer neuen Ausbildungs- und Prüfungsordnung wollte Edmund Schüler, der Vater dieser Reformen, den Auswärtigen Dienst schon während des Krieges auf eine neue Zeit einstellen.

Maltzan also, durch einen Anruf Tschitscherins aus dem Bett geholt, ergriff in dieser Nacht die Initiative und brachte, energisch unterstützt von Wirth, schließlich auch den immer noch zögerlichen Rathenau dahin, jetzt mit den Russen abzuschließen. Diese Entscheidung war mithin nicht zuletzt ein mittelbares Ergebnis der alliierten, vor allem der französischen Blockadepolitik auf der Genueser Konferenz, aber wohl auch eine Reaktion auf Gerüchte, wonach eine Einigung der Sowjets mit den Westmächten nicht mehr auszuschließen sei. Also setzte man sich baldmöglichst mit Tschitscherin und den Seinen in Rapallo, einer Hafenstadt unweit von Genua, an einen Tisch und unterzeichnete noch am selben Tag, es war der 16. April 1922, die nach dem Tagungsort benannte Übereinkunft.

Um kaum einen zweiten Vertrag haben sich solche Mythen gerankt wie um den deutsch-sowjetischen von Rapallo. Dabei handelte es sich bei dem äußerst knappen, gerade einmal sechs Artikel umfassenden Dokument um eine pragmatische Abwicklung jener Probleme, die der Krieg im deutsch-russischen Verhältnis aufgeworfen hatte. Neben der Wiederaufnahme der diplomatischen und konsularischen Beziehungen, die Berlin am 5. November 1918 aus Protest gegen die sowjetische Unterstützung deutscher Revolutionäre abgebrochen hatte, wurden unter anderem die Meistbegünstigung im Handel und vor allem der gegenseitige Verzicht »auf den Ersatz ihrer Kriegskosten sowie auf den Ersatz der Kriegsschäden« vereinbart.[6]

Für Deutschland, das seinerseits auf sämtliche Vorkriegsansprüche verzichtete, hieß das nichts anderes, als dass Russland nicht von seinem in Artikel 116 des Versailler Vertrages verbrieften Recht auf Wiedergutmachung Gebrauch machte. Diese Bestimmung wurde in einem geheimen Notenwechsel für den Fall relativiert, dass sich die Sowjets gegenüber dritten Staaten doch noch zur Erstattung von Vorkriegsansprüchen durchringen sollten. Eine bestimmte Laufzeit hatte der Vertrag übrigens nicht, nicht einmal eine Kündigungsklausel; allerdings dürfte er seine Wirksamkeit spätestens am 22. Juni 1941, dem Tag des deutschen Überfalls auf die Sowjetunion, verloren haben.

Was ist in England oder Frankreich, wo man vom deutsch-sowjetischen Zusammengehen begreiflicherweise wenig begeistert war, nicht hinter dem Vertrag vermutet worden. Von einer geheimen Abmachung über die Aufteilung Polens bis hin zu einem Militärbündnis wurde alles für möglich gehalten, und wäre es nach den deutschen Militärs gegangen, hätte sich also Hans von Seeckt, seit 1920 Chef der Heeresleitung, durchgesetzt, wäre es auch dahin gekommen. So aber mussten sich Deutsche und Sowjets mit einer geheimen militärischen Zusammenarbeit begnügen, die schon vor Rapallo eingefädelt worden war und im Laufe des Sommers 1922 vereinbart wurde.

Sie verschaffte der Roten Armee den Zugang zu moderner Waffentechnik und eröffnete der Reichswehr die Chance, unter Umgehung des Versailler Vertrages die Offiziersausbildung zu intensivieren und den Grundstein für den Aufbau einer eigenen Luft- und Panzerwaffe zu legen. So gesehen ist die »deutsche Wehrmacht, die Sowjetrußland im Jahre 1941 fast den Garaus machte, … in ihren entscheidenden Teilen in den Jahren 1922 bis 1933 in Sowjetrußland herangezüchtet worden«.[7] Dass dies der Wehrmacht nicht gelang, verdankte die Rote Armee nicht zuletzt der Aufbauhilfe, die sie in den zwanziger und dreißiger Jahren durch die Reichswehr erhalten hatte. Das alles wusste man bei Abschluss des Rapallo-Vertrages im Westen noch nicht. Die geheime militärische Kooperation wurde erst Ende 1926 durch eine englische Zeitung bekannt.

Dennoch rief die öffentliche Dokumentation der »Schicksalsgemeinschaft«, von der Karl Radek, Mitglied des Exekutivkomitees der Kommunistischen Internationale, Ende Januar 1922 in Berlin gesprochen hatte,[8] vor allem in Paris, aber auch in London erhebliche Irritationen hervor. Das lag am Überraschungseffekt der Aktion, aber auch an ihrem Präzedenzcharakter. Mit Deutschland hatte nicht nur einer der wichtigsten Gläubiger Russlands auf seine Vorkriegsansprüche verzichtet, sondern auch die erste Großmacht das bolschewistische Regime diplomatisch anerkannt. Kein Wunder, dass die anderen wenig später folgen mussten: Großbritannien, Italien und Frankreich 1924, Japan im Jahr darauf. Und schließlich wusste man nirgends besser als in Frankreich, welche Vorteile der Vertrag dem Reich bot. Er führte die deutsche Politik ein gutes Stück aus der internationalen Isolierung und erhöhte ihre Handlungsfreiheit auch gegenüber den Westmächten. Immerhin hatte sich Deutschland mit Frankreichs altem Allianzpartner zusammengetan. Das war bedenklich, wenn nicht auf Dauer sogar gefährlich.

Entsprechend hart und kompromisslos fiel Poincarés Reaktion aus. Sein Entschluss zu handeln stand seit jenen Apriltagen des Jahres 1922 fest. Was er noch brauchte, waren Anlässe, Vorwände und Partner. Die Anlässe lieferte die deutsche Politik. Als die Regierung Wirth, im Juli 1922 beginnend, signalisierte, dass die Erfüllungspolitik das Reich an den Rand der Zahlungsunfähigkeit bringe, und um ein Moratorium, also eine Atempause, ersuchte, wurde das in Paris nicht als Ergebnis verzweifelten Mühens interpretiert, sondern als Ausdruck von Obstruktion. Daher wirkte der Rücktritt Wirths Mitte November 1922 wie ein Eingeständnis; daher hatte auch sein Nachfolger, der parteilose Generaldirektor der Hamburg-Amerika-Linie HAPAG, Wilhelm Cuno, nie eine wirkliche Chance, durch eine konstruktive Politik französischen Vorwänden für drastische Maßnahmen den Wind aus den Segeln zu nehmen. In Belgien und Italien fand Poincaré die Partner, sie umzusetzen.

Nachdem die alliierte Reparationskommission unvollständige deutsche Holz- und Kohlelieferungen als absichtliche Verfehlungen deklariert hatte, marschierten seit dem 11. Januar 1923 französische und belgische Truppen ins Ruhrgebiet ein. Die schließlich einhunderttausend Soldaten sollten eine zivile Ingenieurskommission, darunter auch einige Italiener, schützen, die mit der Überprüfung der Lieferungen beauftragt war. Jedes Kind konnte sehen, dass es sich dabei um einen Vorwand handelte, dass es hier um knallharte Machtpolitik ging. Ganz offensichtlich wollten die Franzosen, allen voran Poincaré, der neuen deutschen Ostpolitik etwas entgegensetzen, wollten sich mit dem Zugriff auf das Ruhrgebiet etwas von dem holen, was ihnen 1919 in Paris entgangen war.

Gewiss, die Aktion stieß in den Reihen der Alliierten keineswegs auf ungeteilte Zustimmung. Die Amerikaner zogen ihr letztes Besatzungskontingent aus dem Rheinland ab, und die Briten machten, auch öffentlich, aus ihrer Ablehnung der französischen Offensive keinen Hehl. Den Deutschen nutzte das wenig. Ihnen blieb nur ein Mittel der Reaktion, der passive Widerstand gegenüber den Besatzern, und der kostete Nerven, Devisen und nicht zuletzt wirtschaftliche, finanzielle und politische Stabilität.

Im Frühjahr und Sommer 1923 stand Deutschland vor dem Zusammenbruch. Mitte November 1923 waren ein amerikanischer Dollar 4,2 Billionen Papiermark und eine Goldmark eine Billion Papiermark wert; bis Mitte September hatte die Staatskasse an die Boykottierenden Unterstützungsgelder in Höhe von 3,5 Billiarden Reichsmark ausgezahlt; und die knappen Devisen gingen nicht zuletzt in den Kauf ausländischer Kohle, um die versiegten Lieferungen von der Ruhr zu ersetzen. Nicht minder gravierend war, dass mit dem Ruin von Wirtschaft und Finanzen auch das Ansehen der deutschen Politik verfiel, im Inland wie im Ausland. Abhilfe tat Not. Gefragt war eine Persönlichkeit, die wirtschaftlichen Sachverstand mit politischer Weitsicht verband.

So gesehen war Gustav Stresemann für den Posten des Außenministers geradezu prädestiniert, obgleich ihn seine berufliche und politische Karriere zunächst in andere Richtungen geführt hatten. Im Mai 1878, wenige Wochen vor Beginn des Berliner Kongresses in der Hauptstadt geboren, war er zunächst seinen Neigungen gefolgt, hatte dann aber doch das Studium der Geschichte und Germanistik an den Nagel gehängt und sich der Nationalökonomie gewidmet. Kaum promoviert, führte ihn der Weg in die Wirtschaft, seit 1902 auch in die organisierte Interessenvertretung der Industrie, vor allem als Syndikus des Verbandes Sächsischer Industrieller. Seine politische Heimat fand Stresemann bei den Nationalliberalen, die er seit 1907, von einer zweijährigen Unterbrechung abgesehen, im Reichstag vertrat, seit 1917 als ihr Fraktionsvorsitzender.

Während des Krieges bezog Stresemann in jeder Hinsicht unzweideutig Position. Weitgehende annexionistische Pläne und eine durchgreifende Parlamentarisierung des Reiches schlossen sich für ihn nicht aus. Sie waren dann aber ein entscheidender Grund dafür, dass ihn die nach dem Krieg gegründete linksliberale DDP, die Deutsche Demokratische Partei, nicht in ihren Reihen sehen wollte. So wurde Gustav Stresemann zur führenden, bis zuletzt auch integrierenden Figur der DVP, der Deutschen Volkspartei, und zum ersten und einzigen Reichskanzler, den die rechtsliberale Partei in der Weimarer Republik stellte. Bis zum 23. November 1923, also einhundert Tage, amtierte er als Reichskanzler und in Personalunion zugleich als Außenminister. Dann zerbrach mit dem Rückzug der Sozialdemokraten endgültig jene »Große Koalition«, der nicht nur die Parteien der ersten Stunde – der sogenannten Weimarer Koalition aus SPD, DDP und Zentrum – angehörten, sondern auch Stresemanns DVP.

Dass er im Kabinett blieb, dass Gustav Stresemann den folgenden sieben Regierungen unter den Kanzlern Wilhelm Marx, Hans Luther und Hermann Müller als Außenminister angehörte, war auch Ausdruck der hohen, parteiübergreifenden Reputation, die er sich während der außerordentlich schwierigen Kanzlermonate erworben hatte. Sie setzte er in den kommenden Jahren – im wahrsten Sinne des Wortes bis zur völligen Erschöpfung – auch ein, um das Deutsche Reich unter den europäischen Großmächten wieder salon- und damit konkurrenzfähig zu machen. Stresemann stand dabei nicht allein, sondern konnte sich im Amt auf einen Kreis erfahrener, loyaler Mitarbeiter stützen, allen voran auf Staatssekretär Carl von Schubert.

Es ist kein Zufall, dass die Behörde in diesen Jahren einen Einfluss auf die Gestaltung der deutschen Außenpolitik nehmen konnte wie selten zuvor und kaum einmal danach. Offensichtlich ist das in der langen Geschichte des Auswärtigen Amtes immer dann der Fall gewesen, wenn die Männer an seiner Spitze ein entsprechendes Format hatten. Das galt während des Kaiserreichs für Bernhard von Bülow, was auch immer sonst über ihn zu sagen ist, seit der Wiedereinrichtung des Amtes 1951 vor allem für Konrad Adenauer, der als Bundeskanzler bis 1955 zugleich an der Spitze der Behörde stand, Gerhard Schröder, den Außenminister der Jahre 1961–1966, und seinen Nachfolger Willy Brandt, der das Amt von 1966 bis 1969 leitete. Kein Wunder, dass sie alle das Zeug zum Reichs- beziehungsweise Bundeskanzler hatten und es auch einmal gewesen sind – von Schröder abgesehen, der allerdings im Gespräch war.

Wenn man seit der Amtsübernahme durch Gustav Stresemann auch nicht von einem ausformulierten, unter den gegebenen Umständen wohl auch kaum souverän formulierbaren außenpolitischen Konzept sprechen kann, lässt sich doch die Zielsetzung eindeutig bestimmen: Deutschland so bald als möglich wieder in den Rang einer vollgültigen, gleichrangigen Großmacht zu führen, galt Stresemann schon deshalb als ausgemacht, weil er das Reich nur so auf Dauer für überlebensfähig hielt. Das war die Lehre, die man aus Kriegsausbruch und Kriegsverlauf zu ziehen hatte, und so gesehen ist Stresemann einer aus jener Zeit stammenden Grundüberzeugung treu geblieben.

Dass die alten Mittel ungeeignet waren, dieses Ziel zu erreichen und dauerhaft zu sichern, weil die »Macht, die Kriege führen kann«,[9] nicht mehr zur Verfügung stand, schien offenkundig; und dass die neue republikanische Staatsform die Grundlage bildete, auf der man sich fortan bewegen musste, galt es zu akzeptieren. Dafür sprach die Vernunft, nicht das Herz. Wie überhaupt die Wahl der Methoden, der Prioritäten oder auch der politischen Partner keine Herzensangelegenheit war, sondern das Ergebnis kühler Kalkulation. Nicht weil Stresemann besondere Gefühle für Frankreich entwickelt hätte, wurde der westliche Nachbar zum bevorzugten Partner seiner Außenpolitik, sondern weil kein Weg an Paris vorbeiführte. Das hatte die Liquidation des Ruhrkampfes gezeigt, die erste große Tat, die er, noch als Reichskanzler, vollbringen musste. Mit ihr legte er das Fundament seiner Außenpolitik.

Poincaré ließ ihm nicht einmal die Chance, das Gesicht zu

wahren, und so blieb dem Reichspräsidenten Ebert und dem Kabinett unter Führung Stresemanns Ende September 1923 nur der dramatische Appell an das eigene Volk, dass bei einer Fortsetzung des passiven Widerstandes »die Schaffung einer geordneten Währung, die Aufrechterhaltung des Wirtschaftslebens und damit die Sicherung der nackten Existenz« unmöglich seien.[10] Die Kosten waren hoch. Im Rheinland und in der Pfalz erhielten separatistische Strömungen zeitweilig bedenklichen Auftrieb. In Sachsen und Thüringen versuchten die Kommunisten von der allgemeinen Erregung zu profitieren. Und in München sah zum ersten Mal Adolf Hitler eine Chance, aus gravierenden wirtschaftlichen Problemen und verbreitetem politischen Unbehagen Kapital zu schlagen.

Dass die Rechnung für Stresemann schließlich aufging, dass die Beendigung des Ruhrkampfes, die Konsolidierung der Währung und die Überwindung der Inflation das solide Erbe bildeten, das der Reichskanzler dem Außenminister übergeben konnte, war nicht vorherzusehen. So aber konnte Stresemann genau dort ansetzen, wo er ohnehin den eigentlichen und vorerst einzigen Ansatzpunkt für die Rekonstruktion der deutschen Großmacht sah, auf dem Gebiet der Wirtschafts-, Handels- und Finanzpolitik, der »einzige[n] große[n] Waffe«,[11] die man nach seiner Einschätzung noch besaß. Eine besondere Bedeutung maßen der Außenminister wie auch sein Amt dabei den Vereinigten Staaten zu. Gewiss, an deren konsequenter politischer und militärischer Abstinenz in europäischen Angelegenheiten konnte kein Zweifel bestehen; ebenso wenig ließ sich aber übersehen, dass Washington ein dezidiertes Interesse an der Erholung und Stabilisierung der europäischen Wirtschaft haben musste.

Davon profitierte Deutschland während der zwanziger Jahre beträchtlich. Nicht zufällig waren die USA der erste bedeutende Partner, mit dem schon gegen Jahresende 1923 Verhandlungen über einen Handelsvertrag abgeschlossen werden konnten. Vor allem aber wirkten Amerikaner maßgeblich an der schrittweise erfolgenden Lösung der leidigen Reparationsfrage mit, und darin wiederum erblickte Gustav Stresemann einen Beleg für seinen »lebenslangen Optimismus« und seine Überzeugung, dass letztlich doch die »menschliche Vernunft« siege.[12] Immerhin verband sich der neue Zahlungsplan, der im Sommer 1924 auf einer Konferenz in London angenommen wurde, mit dem Namen des Bankiers Charles G. Dawes.

Zwar enthielt er immer noch keine Gesamtsumme der zu leistenden Reparationen, wohl aber fixierte der Plan die jährlichen Zahlungen, nämlich zweieinhalb Milliarden Reichsmark, die ab 1929 zu entrichten waren; bis dahin war eine allmähliche Steigerung der Annuitäten vorgesehen. Vor allem aber wurden die Quellen benannt, aus denen das Geld fließen sollte, so auch Belastungen der Reichsbahn, die deshalb in eine Aktiengesellschaft umgewandelt werden musste. Das machte übrigens im Reichstag eine Zweidrittelmehrheit und damit die Zustimmung der konservativen DNVP, der Deutschnationalen Volkspartei, notwendig, die zu diesem Zeitpunkt die zweitstärkste Fraktion stellte. Stresemann gelang es, etwa die Hälfte ihrer Abgeordneten für die Sache zu gewinnen. Immerhin stand mit der Annahme eine kräftige internationale Finanzspritze in Aussicht.

Aber nicht nur die Deutschen, auch die Franzosen mussten dem Plan zustimmen, und wer weiß, wie die Sache ausgegangen wäre, hätte nicht Anfang Juni 1924 Poincaré seinen Hut nehmen und einer Linksregierung unter Édouard Herriot Platz machen müssen. So aber herrschte eine Atmosphäre, in der nicht nur der Dawes-Plan die Hürden nehmen und im Oktober 1924 Gespräche über einen deutsch-französischen Handelsvertrag aufgenommen werden konnten, sondern die es Stresemann auch erlaubte, mit einiger Aussicht auf Erfolg sicherheitspolitisch in die Offensive zu gehen.

Der Rückendeckung durch die konservative britische Regierung unter Premierminister Stanley Baldwin und Außenminister Austen Chamberlain, Sohn des vormaligen Kolonialministers, gewiss, schlug Stresemann London und Paris zu Jahresbeginn 1925 Verhandlungen über die Bestätigung des territorialen Besitzstandes und über einen Sicherheitspakt vor. Das Risiko einer Ablehnung lag dann auch weniger bei seinen kommenden Verhandlungspartnern als vielmehr bei der Opposition im Innern, allen voran – aber keineswegs nur – den Konservativen. Dass nach dem Tod Friedrich Eberts am 26. April 1925 auch noch der Weltkriegsveteran Paul von Hindenburg im zweiten Wahlgang zum Reichspräsidenten gewählt wurde, schien nichts Gutes zu verheißen. Zumal die Franzosen mit klaren Vorstellungen und Forderungen in die Gespräche gingen, zu denen neben dem eigentlichen Thema, also Deutschlands Westgrenze, auch dessen Eintritt in den Völkerbund sowie eine Garantie des Status quo im Osten zählten.

Gemessen daran war das, was vom 5. bis zum 16. Oktober in Locarno, auf der Schweizer Seite des Lago Maggiore, ausgehandelt und am 1. Dezember 1925 in London unterzeichnet wurde, durchaus beachtlich. Sechs Anlagen waren dem Schlussprotokoll beigegeben, von denen der ersten, dem sogenannten Rhein- oder auch Westpakt, der zugleich ein Nichtangriffs- und ein Beistandspakt war, die größte Bedeutung zukam. Denn hier garantierten Frankreich, Belgien und Deutschland – außerdem Großbritannien und Italien – den territorialen Status quo und die Unverletzlichkeit der Grenzen Deutschlands zu den beiden westlichen Nachbarn, »wie sie durch den in Versailles am 28. Juni 1919 unterzeichneten Friedensvertrag« festgesetzt worden waren, einschließlich des Status der entmilitarisierten Zonen des Rheinlandes.[13]

Die vier Schiedsverträge, die Deutschland mit Belgien und Frankreich sowie mit Polen und der Tschechoslowakei schloss, also die Anlagen B bis E, waren in ihren Bestimmungen identisch, unterschieden sich aber durch ihre Präambeln. Während die Verträge Deutschlands mit Frankreich und Belgien auf den Rheinpakt und die dort bei Vertragsverletzung festgeschriebene Beistandspflicht Bezug nehmen konnten, blieben die Formulierungen in den Präambeln der Abkommen mit der Tschechoslowakei und Polen in dieser Hinsicht vage. Sicher war davon die Rede, »daß die Rechte eines Staates nur mit seiner Zustimmung geändert werden können«;[14] doch war eine solche Zustimmung ja auch erpressbar oder zu erzwingen, zumal sich der festgelegte Gewaltverzicht, den Gepflogenheiten der Zeit entsprechend, ausdrücklich nur auf die »Anwendung«, nicht aber auf die Androhung von Gewalt bezog.

Damit hatte Deutschland in Locarno erfolgreich die von Warschau, Prag und nicht zuletzt von Paris erhobene Forderung abgewehrt, auch die durch den Versailler Vertrag gezogenen Ostgrenzen des Reiches zu garantieren. Und auch in einer weiteren Hinsicht waren die Verträge für die deutsche Außenpolitik ein beachtlicher Erfolg. In der Anlage F, der letzten, legten die fünf Vertragspartner des Reiches den Artikel 16 der Völkerbundsakte dahingehend aus, dass er die Mitglieder »in einem Maße« zur Beteiligung an Sanktionen verpflichte, »das mit seiner militärischen Lage verträglich ist und das seiner geographischen Lage Rechnung trägt«.[15] Erstmals hatten einige Alliierte, darunter die Großmächte England, Frankreich und Italien, den spezifischen militärischen und geopolitischen Gegebenheiten Deutschlands Rechnung getragen.

War Locarno also der große Erfolg, als der die Verträge bis heute gelten? Auf der einen Seite gewiss – aus den genannten Gründen, aber auch weil das Ansehen und das politische Gewicht Deutschlands spürbar stiegen. Dass die deutsche Wirtschaft in der Welt wieder Tritt zu fassen begann, dass alleine 1927 Handelsverträge mit der Türkei, Japan, Jugoslawien und selbst mit Frankreich unter Dach und Fach gebracht werden konnten, hatte auch mit dieser Politik zu tun. Und dass Deutschland auf amerikanische Einladung hin am 17. Dezember 1925 dem sogenannten Neunmächtevertrag über China, einem von vier Abkommen der Washingtoner Konferenz von 1921/22, beitreten durfte, war mehr als ein Achtungserfolg. Immerhin ging es hier um die Zukunft einer Region, der schon die Politiker und Strategen des kaiserlichen Deutschland eine große Bedeutung zugemessen hatten.

Das war die eine Seite. Aber Locarno hatte auch eine andere. Nicht nur verstärkte die schleppende Konzessionsbereitschaft der Franzosen nach Vertragsabschluss die ohnehin schon beträchtliche Frustration der deutschen Politik. Vielmehr verschlechterte die neue Lage perspektivisch Deutschlands Position, weil sie mittel- und langfristig das Sicherheitsbedürfnis einer ganzen Reihe von Staaten gegenüber Deutschland erhöhte. Das galt für Polen und die Tschechoslowakei; es galt aber auch für die Sowjetunion und nicht zuletzt für Frankreich selbst. Die Franzosen verloren ja mit Locarno nicht nur ihre Interventionsmöglichkeiten in Deutschland – Aktionen wie die Ruhrbesetzung waren fortan ausgeschlossen. Sie kamen auch nicht umhin, über kurz oder lang die entmilitarisierten Zonen des Rheinlandes zu räumen, standen hier sogar insofern unter Zugzwang, als sie Stresemann entgegenkommen mussten, wollten sie nicht riskieren, dass der deutsche Außenminister dem Druck der nationalen Opposition zum Opfer fiel. Ende November 1925 begann nach einigem Zögern die Räumung der Kölner Zone.

Vor allem aber stellte sich in Paris die naheliegende Frage, worauf die politischen Energien Deutschlands in Zukunft gerichtet sein würden. Würde sich Berlin, im Westen entlastet, nicht bald auf Polen, vielleicht auch auf Österreich, wenn nicht gar auf die Tschechoslowakei konzentrieren? Und was würde geschehen, wenn sich ein dadurch – vielleicht mit sowjetischer Hilfe – erstarkendes Reich wieder mit Frankreich beschäftigen könnte? So gingen die Franzosen in die Defensive, gruben sich ein: politisch, mental und militärisch. Die seit 1929 errichtete sogenannte Maginot-Linie, ein Gürtel aus Verteidigungsanlagen und Festungswerken, sollte vor einem deutschen Angriff schützen. Beistandspakte mit Polen und der Tschechoslowakei, schon am 16. Oktober 1925, also am Rande von Locarno geschlossen, sollten sicherstellen, dass sich Deutschland bei Revisionsversuchen im Osten die Zähne ausbiss.

Schließlich hoffte man in Paris mit einem bilateralen Nichtangriffsvertrag, den Außenminister Aristide Briand Anfang

April 1927 seinem amerikanischen Amtskollegen Frank B. Kellogg vorschlug, die Vereinigten Staaten an die eigene Seite zu bringen. Ausgerechnet dieser Schuss ging dann aber insoweit nach hinten los, als am 27. August 1928 – auf amerikanische Anregung und unter erfolgreicher Vermittlungstätigkeit des deutschen Auswärtigen Amtes – in Paris ein allgemeiner Kriegsächtungspakt abgeschlossen wurde, dem vorerst fünfzehn Staaten, unter ihnen das Deutsche Reich, angehörten.

Zu den Besonderheiten dieses auch Briand-Kellogg-Pakt genannten Vertrages gehört, dass ihm die Sowjetunion beitrat, ihn sogar am 9. Februar 1929 gemeinsam mit vier ihrer westlichen Nachbarn, darunter Polen, vorzeitig in Kraft setzte. Das war zum einen Ausdruck einer neuen Politik der kollektiven Sicherheit. Sie verbindet sich vor allem mit dem Namen Maxim Maximowitsch Litwinows, eines bolschewistischen Aktivisten der ersten Stunde und führenden sowjetischen Diplomaten, der es im Sommer 1930 zum Außenminister brachte. Zum anderen lag dieser Schritt ganz in der Logik der sowjetischen Deutschlandpolitik. In Moskau nämlich hatte man die Westwendung des Rapallo-Partners mit einer Mischung aus Erstaunen und Besorgnis verfolgt. Was hatten das Arrangement mit den Westmächten in der Reparationsfrage, der sicherheitspolitische Schulterschluss von Locarno, vor allem aber der deutsche Beitritt zum Völkerbund zu bedeuten?

Gewiss, die Aufnahme Deutschlands in den Völkerbund verzögerte sich, weil vor allem Polen, darin übrigens zunächst hinter den Kulissen von Frankreich unterstützt, einen ständigen Sitz im Völkerbundsrat anstrebte und auch Brasilien und Spanien anfänglich gegen die Aufnahme Deutschlands stimmten. Aber dann konnten diese Hindernisse doch genommen werden, weil die Völkerbundsversammlung unmittelbar nach Aufnahme Deutschlands am 8. September 1926 Polen zum nichtständigen Mitglied des Rates wählte und zugleich erklärte, dass es wiederwählbar sei. Damit war in Genf die Kuh vom Eis. In Moskau hingegen gab es jetzt ein Problem. Nicht nur dass Stresemann in seiner vielgelobten Rede anlässlich der Aufnahme des Reiches in den Völkerbund keinen Zweifel an der bleibenden Absicht Deutschlands ließ, den Versailler Vertrag, jetzt mit Hilfe der Genfer Organisation, zu revidieren. Das Deutsche Reich war nunmehr auch Mitglied eines westlichen, aus sowjetischer Sicht antibolschewistischen Unternehmens und grundsätzlich an dessen Sanktionsmechanismen beteiligt.

Also gingen die Sowjets in die Offensive. Ähnlich wie in vergleichbaren Situationen nach dem Zweiten Weltkrieg versuchten sie, die Deutschen durch attraktive Angebote von einer engeren Bindung an den Westen abzuhalten. In diesem Falle ging Aleksej Iwanowitsch Rykow, seit Anfang Februar 1924 Nachfolger Lenins als Vorsitzender des Rats der Volkskommissare, wenige Wochen nach seinem Amtsantritt sogar soweit, gegenüber Berlin die Möglichkeit eines Militärbündnisses anzudeuten. Und um Stresemann vielleicht doch noch eines Besseren zu belehren, fand sich Außenkommissar Tschitscherin unmittelbar vor dessen Abreise nach Locarno zu einem Blitzbesuch in der deutschen Hauptstadt ein. Dort aber war man begreiflicherweise nicht bereit, die neue Handlungsfreiheit gegenüber West und Ost durch eine enge einseitige Bindung an Moskau sogleich wieder in Frage zu stellen.

Schließlich wurde ein Kompromiss gefunden, mit dem beide Seiten einstweilen leben konnten. Der am 24. April 1926 in Berlin unterzeichnete deutsch-sowjetische Vertrag stellte Neutralität für den Fall in Aussicht, dass einer von beiden von dritter Seite angegriffen werden sollte, und zwar »trotz friedlichen Verhaltens«.[16] Diese Formel hatte man im Auswärtigen Amt erdacht, weil man den Sowjets nicht die ursprünglich gewünschte uneingeschränkte Neutralität zugestehen wollte und diese sich nicht auf die ansonsten übliche Formulierung »unprovoziert« einlassen mochten. Ein sich anschließender Noten- und Telegrammwechsel zwischen Stresemann und Tschitscherin stellte sicher, dass Deutschland einer »einseitig« gegen die UdSSR gerichteten Völkerbundspolitik »entgegenwirken« würde.[17]

Schon mancher Zeitgenosse hat in dem Vertragswerk eine modernisierte Variante von Bismarcks später Rückversicherungspolitik gesehen. Das trifft so nicht zu. Denn zum einen hatte die deutsch-sowjetische Zusammenarbeit der zwanziger Jahre auch eine wirtschaftliche Dimension; bereits Mitte Oktober 1925 war es zum Abschluss eines Handelsvertrages gekommen. Zum anderen hielten sich Moskau wie Berlin mit dem Vertrag die Tür zu einer gemeinsamen Revision des territorialen Status quo offen. Wenn davon auch nicht öffentlich die Rede war, blieb die »Korrektur der Ostgrenzen«, also »die Wiedergewinnung von Danzig, vom polnischen Korridor und eine Korrektur der Grenze in Oberschlesien«,[18] ein Ziel deutscher Revisionspolitik. Das jedenfalls schrieb Stresemann im September 1925 an Kronprinz Wilhelm, den ältesten Sohn des letzten deutschen Kaisers.

Vorerst war daran freilich nicht zu denken, fehlte es doch an der »Macht, die Kriege führen kann«. Ganz im Gegenteil standen Kooperation und friedlicher Ausgleich auf der Tagesordnung. So widerstand man in Berlin zum Beispiel den italienischen Lockungen, sich 1926/27 an der offensiven Albanien- und Jugoslawien-Politik Roms zu beteiligen. Dass Deutschland am 23. September 1927 die sogenannte Fakultativklausel zum Ständigen Internationalen Gerichtshof in Den Haag unterzeichnete und sich damit verpflichtete, alle Streitigkeiten mit einem anderen Unterzeichner dem Urteil des Gerichts zu unterwerfen, war allerdings auch taktisch motiviert. So ließ sich dem polnischen Vorschlag eines Nichtangriffsvertrags der Wind aus den Segeln nehmen.

Demonstrativ blieb die deutsche Außenpolitik in diesen und anderen Fragen an der Seite des Westens, intensivierte sogar die Zusammenarbeit insbesondere mit Frankreich. So wurde von den beiden Ländern, gemeinsam mit Belgien und Luxemburg, Ende September 1926 die sogenannte Internationale Rohstahlgemeinschaft zur Eindämmung von Überkapazitäten ins Leben gerufen, und Mitte August 1927 kam nach dreijährigen Verhandlungen endlich auch der Handelsvertrag unter Dach und Fach. Mehr war nicht drin, obgleich sich Stresemann und Briand am 17. September 1926 in Thoiry schon grundsätzlich auf eine weitgehende Generallösung der offenen Fragen verständigt hatten: Ein vorzeitiger Verkauf der Reichsbahn- und Industrieobligationen und die Abfindung für die Rückgabe der Kohlegruben an der Saar sollten Gelder in die klammen französischen Kassen spülen, der schwer angeschlagenen französischen Wirtschaft auf die Beine helfen und so in Paris die Bereitschaft zur zügigen Revision des Versailler Vertrages stärken.

Aber dann scheiterte der schöne Plan doch an einer Reihe von Umständen, vor allem aber daran, dass Poincaré seit dem 23. Juli 1926 nicht nur erneut Ministerpräsident, sondern jetzt auch Finanzminister war. Unter diesen Umständen rückte das Datum der endgültigen Lösung der Reparationsfrage und mit ihm die Räumung des Rheinlandes näher. Dass dabei beträchtliche Hindernisse zu überwinden waren, hatte zuletzt der überfällige Abzug der Interalliierten Militärkontrollkommission aus Deutschland gezeigt, der schließlich für den 31. Januar 1927 vereinbart wurde. In der Endphase der Verhandlungen hatten britische Zeitungsberichte über die Verbindungen des deutschen Militärs nach Russland für zusätzliche Irritationen gesorgt. Seit dem Sommer 1927 wurde die Tonlage schärfer, weil die Räumung des Rheinlandes nach Einschätzung des deutschen Botschafters in Paris über die Reparationsfrage »indirekt auch mit dem Problem der interalliierten Schulden« verbunden war,[19] und da standen 1929 alleine für die französischen Zahlungen an die USA rund vierhundert Millionen US-Dollar zu Buche.

Das wiederum erklärte das amerikanische Interesse an dem Verhandlungskomplex, und so überraschte es nicht, dass der Sachverständigenausschuss, der im Februar 1929 in Paris zusammentrat, erneut einen Amerikaner zum Vorsitzenden wählte. Der Bankier Owen D. Young, der schon im Dawes-Komitee mitgewirkt hatte, und seine Mitstreiter aus Deutschland,

Belgien, Frankreich, Großbritannien, Italien und Japan benötigten beinahe vier Monate, bis sie am 7. Juni 1929 ihren Plan vorlegten. Weitere neun Monate – geprägt durch internationale Konferenzen und nationale Turbulenzen, darunter ein gescheiterter deutscher Volksentscheid gegen den Plan – gingen ins Land, bis schließlich auch der Reichstag Mitte März 1930 die Young-Gesetze annahm. Zu diesem Zeitpunkt war Europa bereits von den Auswirkungen der großen Wirtschaftskrise erfasst worden.

Der Young-Plan reduzierte die jährlichen deutschen Zahlungen auf zwei Milliarden Mark, nannte die noch offene Summe, nämlich 122 Milliarden Mark, und fixierte damit die Laufzeit: Weitere neunundfünfzig Jahre, also bis 1988, hätte Deutschland Reparationen zahlen und damit für die Verantwortung am Ausbruch des Ersten Weltkrieges einstehen müssen. Eine ungeheure Hypothek auf die Zukunft, die durch eine Reihe alliierter Zugeständnisse zwar erleichtert, aber eben nicht getilgt wurde. Der Vorwurf, »daß das deutsche Volk der Urheber des Krieges sei«, lasse »unser Volk nicht zur Ruhe kommen und stört das Vertrauen unter den Nationen«, hieß es in der Kundgebung des Reichspräsidenten und der Reichsregierung zum zehnten Jahrestag der Unterzeichnung des Versailler Vertrages am 28. Juni 1929.[20]

Zu denen, deren Name unter der Kundgebung stand, gehörte auch Gustav Stresemann. Die für Deutschland positiven Folgewirkungen des Young-Planes, vor allem die vorzeitige Räumung der zweiten und der dritten Zone des Rheinlandes am 30. November 1929 beziehungsweise am 30. Juni 1930, hat der Außenminister allerdings nicht mehr erlebt. Am 3. Oktober 1929 starb der völlig erschöpfte Mann an den Folgen eines Schlaganfalls. Die außenpolitische Bilanz, die er bei seinem frühen Tod hinterließ, war zwiespältig.

Auf der einen Seite war es in mühevoller Kleinarbeit gelungen, eine Reihe von politischen, wirtschaftlichen, auch psychologischen Barrieren aus dem Weg zu räumen. Vor allem hatte das Reich an politischem Gewicht und internationaler

Reputation zugelegt. Die fein austarierte Stellung zwischen Ost und West war ein Pfund, mit dem sich in Maßen wuchern ließ; dabei hatte man wichtige Positionen, wie die Offenhaltung der Grenzfrage im Osten, nicht geräumt.

Auf der anderen Seite war das Reich immer noch um einiges von jenem Status der gleichrangigen Großmacht entfernt, den wiederzuerlangen Gustav Stresemann sich zum Ziel gesetzt hatte. In der Reparationsfrage gab es zwar eine Perspektive, aber die war nicht ermutigend, zumal mit den Zahlungen auch die Kriegsschuldfrage auf Generationen festgeschrieben wurde. Militärisch blieb Deutschland im Vergleich zu den europäischen Groß- und Mittelmächten ein Zwerg, und in Verbindung mit dem Verlust beziehungsweise der Entmilitarisierung strategisch wichtiger Gebiete bedeutete das ein hohes Sicherheitsrisiko.

Kein Wunder, dass die Nachfolger Stresemanns eben hier den Hebel ansetzten. Dass sie damit auf ganzer Linie erfolgreich sein würden, stand zum Jahresende 1929 nicht zu erwarten, weil nicht vorhersehbar war, wie weich die Westmächte auf eine deutlich härtere Gangart der deutschen Außenpolitik reagieren würden. Wie hatte Stresemann um jedes Zugeständnis, um jede Geste des Entgegenkommens ringen müssen – und jetzt das.

Die Nachfolger hatten es auch insofern leichter, als sie sich auf einer anderen innenpolitischen Basis bewegen konnten. Nicht mehr eine ständig fragile Mehrheit im Parlament war jetzt maßgeblich, sondern die Rückendeckung durch den Reichspräsidenten. Am 27. März 1930 hatte das Kabinett unter Führung des sozialdemokratischen Reichskanzlers Hermann Müller geschlossen seinen Rücktritt erklärt und damit die Konsequenz aus der Unfähigkeit von Parlament und politischen Parteien zum Kompromiss gezogen. Der Bau eines Panzerkreuzers und die Sanierung der Arbeitslosenversicherung waren die Anlässe, nicht der Grund für das Scheitern des ersten parlamentarischen Systems in Deutschland. Dem Reichspräsidenten und einer einflussreichen Gruppierung aus Politik, Wirtschaft und Gesellschaft kam der Vorgang durchaus gelegen, konnten sie doch nunmehr einen länger gehegten Plan in die Tat umsetzen und der Politik eine Ausrichtung geben, die ihren Interessen Rechnung trug.

Dass die Verfassung den Strippenziehern im Hintergrund, Hindenburgs Staatssekretär Otto Meißner und vor allem dem starken Mann im Reichswehrministerium, Kurt von Schleicher, die Mittel an die Hand gab, ihr Vorhaben gleichsam legal über die Bühne zu bringen, erleichterte die Einrichtung des Präsidialregimes. Denn ebendarum handelte es sich, seit der Zentrumspolitiker Heinrich Brüning am 30. März 1930 durch Hindenburg zum Reichskanzler ernannt worden war.

Der Junggeselle Brüning, 1885 in Münster in Westfalen geboren, war nicht nur mit vierundvierzig Jahren ein vergleichsweise junger Reichskanzler, sondern galt in einer Zeit weltwirtschaftlicher Verwerfungen auch als der rechte Mann am rechten Platz. Nach der volkswirtschaftlichen Promotion und der Verwendung als Frontoffizier im Ersten Weltkrieg hatte er seine berufliche Karriere 1920 als Geschäftsführer der christlichen Deutschnationalen Gewerkschaften begonnen und sich dann im Reichstag, dem er seit 1924 angehörte, als Haushaltsexperte einen Namen gemacht. Von Beginn seiner Amtszeit als Reichskanzler war Brüning von der Bereitschaft Hindenburgs abhängig, die Instrumente der Verfassungsartikel 48 und 25, also Notverordnungen und Reichstagsauflösung, als Druckmittel gegenüber dem Parlament einzusetzen.

Was für die beiden Kabinette Brüning galt, der Ende Mai 1932 endgültig scheiterte, galt auch für die Regierung seines Nachfolgers Franz von Papen. Wie Brüning Westfale, allerdings sechs Jahre älter als sein Vorgänger, gehörte auch Papen dem Zentrum an, verließ dieses aber einen Tag nach seiner Bestellung zum Reichskanzler am 1. Juni 1932. Zu diesem Zeitpunkt hatte er eine beachtliche Karriere hinter sich – als Generalstabsoffizier, Gutsbesitzer, Vorstandsmitglied mehrerer landwirtschaftlicher Interessenverbände sowie Hauptaktionär des Zentrumsblattes *Germania*.

Dass auch er scheiterte, dass er sich nur fünfeinhalb, sein Nachfolger Kurt von Schleicher nicht einmal zwei Monate im Amt halten konnten, hatte vielfältige Ursachen, nicht zuletzt die desaströse wirtschaftliche und immer stärker auch die tumultuöse politische Entwicklung: Anfang 1932 waren mehr als sechs Millionen Deutsche arbeitslos, fast vierzig Prozent des Volksvermögens waren vernichtet, und auf den Straßen lieferten sich die paramilitärisch organisierten Verbände der Nationalsozialisten und der Kommunisten erbitterte Gefechte. Und dann gab es Intrigen. Vor allem Schleicher war – hinter den Kulissen und in Kontakt mit Hitler – maßgeblich am Sturz Brünings und Papens beteiligt. Letzterer wiederum beglich die offene Rechnung, indem er sich Anfang Januar 1933 mit Hitler zusammentat und Hindenburg davon überzeugte, Schleicher fallen zu lassen und Hitler das Kanzleramt anzutragen.

Das war leichter geplant als durchgesetzt, denn was immer man von dem greisen Reichspräsidenten auch sagen musste, ein Freund Hitlers war er nicht. Der »Führer« der NSDAP, der Nationalsozialistischen Deutschen Arbeiterpartei, war in den beiden Wahlgängen vom März und April 1932 als Kandidat für das Amt des Reichspräsidenten gegen ihn angetreten, wenn auch schließlich mit knapp siebenunddreißig gegen dreiundfünfzig Prozent der Stimmen unterlegen. Am 13. April des Jahres hatte Hindenburg seine Zustimmung zum Verbot von SA und SS, den Kampfverbänden der Nationalsozialisten, gegeben.

Andererseits wusste Adolf Hitler die mit Abstand stärkste Fraktion im Reichstag hinter sich. Gewiss, die NSDAP hatte bei den Wahlen vom 6. November 1932 gegenüber dem Urnengang im Sommer vier Prozent der Stimmen verloren, auch war sie finanziell am Ende, und wir wissen nicht, was ohne Papens konspirative Hilfestellung aus ihr geworden wäre. Aber immerhin stellte sie mit 196 Abgeordneten immer noch 75 mehr als die SPD, die zweitstärkste Partei, und zudem gelang es Papen, den Reichspräsidenten von seinem sogenannten Zähmungskonzept zu überzeugen. Demnach wollte man Hitler in einem konservativ dominierten Kabinett gewissermaßen einrahmen, unter Kontrolle bringen. So sah es dann zunächst auch aus, als die neue Regierung am 30. Januar 1933 vereidigt wurde. Dem Reichskanzler Adolf Hitler und zwei weiteren nationalsozialistischen Kabinettsmitgliedern standen acht konservative Minister gegenüber, darunter der Vizekanzler Franz von Papen.

Schon deshalb wurde der Regierungswechsel von den Zeitgenossen im In- und Ausland nicht als die Zäsur wahrgenommen, als die sie uns heute, in Kenntnis der weiteren Entwicklung, erscheinen muss, zumal das neue Kabinett scheinbar nahtlos an seine Vorgänger anknüpfte. Das gilt gerade auch für die Außenpolitik. Seit Anfang der dreißiger Jahre gab eine neue Riege von Diplomaten hörbar den Ton an. Zu ihr zählten Bernhard Wilhelm von Bülow, der nach einem Intermezzo als Publizist Anfang 1923 wieder in den Auswärtigen Dienst eingetreten war und seit Juni 1930 als Staatssekretär amtierte, und Konstantin Freiherr von Neurath, der nach dem Krieg zunächst Gesandter in Kopenhagen, danach Botschafter in Rom und London gewesen war, bevor er Anfang Juni 1932 zum Außenminister berufen wurde. Eine zusehends wichtige Rolle spielte Ernst Freiherr von Weizsäcker, der in den dreißiger Jahren zunächst in Oslo, dann in Bern als Gesandter wirkte. Seit Mitte August 1936 war er im Amt tätig, ab Mai 1937 als Leiter der Politischen Abteilung, seit Mitte März 1938 dann als Staatssekretär. Sie und andere verband nicht nur die Ablehnung insbesondere des Locarno-Kurses von Gustav Stresemann, sondern auch die Auffassung, dass die immer radikaleren Methoden deutscher Außenpolitik in Ordnung gingen.

Schon in den letzten Wochen des Jahres 1929 konnte man spüren, dass den auswärtigen Beziehungen die moderierende Direktion abhanden gekommen war. Die lautstarke Agitation gegen das Ende Oktober unterzeichnete Liquidationsabkommen mit Polen, mit dem die Übernahme deutschen Eigentums beendet, allerdings auch die Privatforderungen der bereits Liquidierten fallen gelassen wurden, vor allem aber gegen den Young-Plan deutete auf eine Zeitenwende. Zwar scheiterte der Volksentscheid gegen den Reparationsplan kurz vor Weihnachten 1929 kläglich. Aber das Zusammengehen von DNVP, Stahlhelm – dem nach Ende des Ersten Weltkrieges gegründeten »Bund deutscher Frontsoldaten« – und NSDAP verschaffte Letzterer das Entree in die Kreise, die Hitler für den Aufstieg brauchte.

Entscheidender aber war, dass auch die amtliche Außenpolitik zunehmend einen Ton anschlug, der sich kaum mehr von dem der populistischen Agitation der ausgehenden zwanziger Jahre unterschied. Etwa bei der Zurückweisung des sogenannten Europaplans, den Frankreichs Außenminister Briand am 5. September 1929 erstmals dem Völkerbund vortrug und acht Monate darauf in Form eines ausgearbeiteten Entwurfs für eine »Europäische Konferenz« an seine Mitglieder versandte. Die Forderung nach einem »ersten Bande der Solidarität« und die Mischung aus konkreten wirtschaftlichen und allgemeinen politischen wie ethischen Vorschlägen und Maximen[21] stießen nicht nur, aber vor allem in Deutschland auf Vorbehalte und Widerspruch. Auch Stresemann machte am 9. September 1929 in seiner letzten Rede vor dem Völkerbund, einem in jeder Hinsicht bedeutenden Manifest, keinen Hehl aus seiner Skepsis und seiner anhaltenden Kritik an den politischen und wirtschaftlichen Verhältnissen in Europa, die er einmal mehr dem Versailler Vertrag anlastete.

Seine Nachfolger blieben auf Distanz zu Briands inzwischen konkretisierten Plänen und ließen, jedenfalls intern, keinen Zweifel an ihrer reservierten bis ablehnenden Haltung. Staatssekretär Bülow sah in dem Ganzen nur einen Vorwand, »uns neue Fesseln anzulegen«, Kanzler Brüning empfahl, den Franzosen klarzumachen, dass Deutschland in einer neuen europäischen Ordnung vor allem einen »ausreichenden natürlichen Lebensraum« brauche, und Stresemanns Nachfolger Julius

Curtius wollte die deutsche Antwortnote an Briand nicht nur zu einem »Begräbnis erster Klasse«, sondern auch zu einer »Plattform« für die weitere Verfolgung der »politischen und wirtschaftlichen Ziele« der deutschen Außenpolitik machen.[22]

Was ihm dabei vorschwebte, zeigte wenig später das Projekt der deutsch-österreichischen Zollunion. Es war zwar nicht von deutscher Seite, sondern Ende Februar 1930 vom österreichischen Bundeskanzler Johannes Schober ins Gespräch gebracht worden, wurde aber in Berlin sogleich aufgegriffen. Vor allem wurde die Idee von Bülow und Curtius als willkommene Gelegenheit genutzt, weitausgreifende Pläne zu entwickeln: Von einer deutschen Großmachtstellung im Donauraum war jetzt die Rede, aber auch davon, dass sich diese für eine Pressionspolitik gegenüber den größeren Nachbarn in Ost und West nutzen ließe. So könne man Polen, zumal in Kooperation mit den baltischen Staaten, durch Aufbau einer Druckkulisse schrittweise zu einer Revision seiner Westgrenze und Frankreich dahin bringen, »über ähnliche Projekte mit uns zu verhandeln«.[23]

Aus der Sache ist dann zwar nichts geworden, weil die Österreicher angesichts des Zusammenbruchs der Creditanstalt, ihrer ältesten und bedeutendsten Großbank, am 11. Mai 1931 den Plan fallen ließen. Zudem entschied der Haager Gerichtshof – im Nachhinein und mit knapper Mehrheit –, dass die Zollunion ohnehin mit bestehenden vertraglichen Verpflichtungen Wiens nicht vereinbar sei. Aber der Schaden war da, und er war immens. Vor allem für die deutsche Politik. Dass Curtius Anfang Oktober 1931 seinen Hut nehmen musste und Kanzler Brüning auch das Amt des Außenministers übernahm, war noch das geringste Übel. Bedenklich war, dass Berlin innerhalb kürzester Zeit den gesamten Kredit der Stresemann-Jahre verspielt hatte, und wir wissen nicht, wie die Geschichte ausgegangen wäre, hätten nicht die weltwirtschaftlichen Erschütterungen zu einer grundlegend neuen Lage und diese wiederum dazu geführt, dass die deutsche Politik gestärkt aus der Krise hervorging.

Bereits am 20. Juni 1931 hatte der amerikanische Präsident Herbert Hoover ein einjähriges Moratorium für alle internationalen Regierungsschulden und Reparationen vorgeschlagen und damit die Konsequenz aus einer dramatischen Entwicklung gezogen. Am 24. Oktober 1929 waren an der New Yorker Wall Street die Aktienkurse eingebrochen. Bis Mitte November sank der Dow-Jones-Index um fast fünfzig Prozent gegenüber dem Höchststand vom September. Die Folgen für die Weltwirtschaft waren verheerend. Darauf reagierte Präsident Hoover mit seinem Vorschlag zur vorübergehenden Einstellung aller internationalen Zahlungen, der wenige Wochen später umgesetzt wurde.

Mit Deutschland hatte der Vorstoß insofern zu tun, als der Zusammenbruch der österreichischen Creditanstalt auch bei dem großen Nachbarn eine Bankenkrise ausgelöst und damit die dramatische Lage des Landes ins Bewusstsein gerufen hatte. Hinzu kamen Schwierigkeiten der Briten und Franzosen, ihre Kriegsschulden zu begleichen, und andere Begleit- und Folgeerscheinungen der Wirtschaftskrise, angesichts derer die Amerikaner zusehends um ihre Kapitalanlagen in Europa fürchteten.

Diese Situation nutzte die Regierung Brüning, um Anfang Januar 1932 öffentlich in die Offensive zu gehen und indirekt die Streichung der Reparationen zu fordern. Tatsächlich verständigten sich am 9. Juli 1932 Deutschland und vierzehn Empfängerländer nach gut dreiwöchigem Ringen in Lausanne darauf, den Young-Plan außer Kraft zu setzen. Deutschland erklärte sich bereit, frühestens nach drei Jahren eine abschließende Zahlung von drei Milliarden Reichsmark zu leisten. Umstritten blieb die Höhe der insgesamt erbrachten Leistungen. Die Reichsregierung veranschlagte sie mit gut dreiundfünfzig Milliarden Goldmark knapp zweieinhalb Mal so hoch wie die Alliierten. Heute geht man von fünfundzwanzig Milliarden aus, davon gut die Hälfte in bar, zuzüglich vierzehneinhalb Milliarden an besatzungs- und abrüstungsbedingten Kosten. Dem standen übrigens seit 1924, also seit Inkrafttreten des Dawes-Plans, Kredite in Höhe von gut zwanzig Milliarden gegenüber.

So oder so: Lausanne war ein spektakulärer Erfolg für die deutsche Außenpolitik, und er lieferte denen, die ihn so interpretieren wollten, den Beleg, dass die harte, kompromisslose Gangart offenbar in kürzerer Zeit größere Erfolge verbuchen konnte als der auf Ausgleich angelegte Kurs der Ära Stresemann. Allerdings konnte sich Brüning selbst diese Feder nicht mehr an den Hut heften.

Papen wiederum, der in Lausanne die deutsche Unterschrift unter das Dokument gesetzt hatte, war es nicht vergönnt, den wichtigsten außenpolitischen Erfolg seiner eigenen kurzen Kanzlerschaft einzufahren: Am 11. Dezember 1932, knapp vier Wochen nach Papens Sturz, unterzeichnete der seit einem halben Jahr amtierende Außenminister Konstantin Freiherr von Neurath für die Regierung Schleicher in Genf eine Erklärung, in der Großbritannien, Frankreich, Italien sowie indirekt auch die USA dem Deutschen Reich prinzipiell die »Gleichberechtigung« in einem System attestierten, »das allen Nationen Sicherheit bietet«. Gleichzeitig erklärte sich Deutschland bereit, »an der Abrüstungskonferenz wieder teilzunehmen«.[24]

Das nämlich war geschehen: Am 22. Juli 1932 hatte die deutsche Delegation die Anfang Februar zusammengetretene Abrüstungskonferenz in Genf verlassen. Die Argumente, die man dabei mobilisierte, waren an sich nicht schlecht. Wenn die anderen, hochgerüstet wie sie waren, sich nicht zu den Prinzipien von Völkerbund, Kriegsächtungspakt und Abrüstungskonferenz bekannten und nicht ihrerseits zur Entwaffnung schritten, musste man deutscherseits, schon aus Selbstschutz, die Konsequenzen ziehen und auf gleichem Recht zur Verteidigung bestehen.

Irritierend war die geradezu hemmungslose Brachialdiplomatie, die bei der Durchsetzung dieser Forderung zum Einsatz kam. Sie ließ vermuten, dass hinter der vordergründigen Argumentation Berlins weiter gehende außen- und sicherheitspolitische Ziele steckten. Tatsächlich hatte der Vertreter des

Reichswehrministeriums für Abrüstungsfragen, Oberst Otto von Stülpnagel, schon Anfang März 1926 mit Blick auf die Vorbereitenden Abrüstungskommissionen des Völkerbundes klargestellt, es werde für Deutschland »in den nächsten Stadien seiner politischen Entwicklung nur um die Wiedergewinnung seiner europäischen Stellung«, später dann »um das Wiedererkämpfen seiner Weltstellung« gehen.[25]

Daran hatte sich nichts geändert, nur dass diese Auffassung jetzt auch von der Mehrheit in den Reihen des Auswärtigen Amtes vertreten wurde. Man kann die Bedeutung des Rückzugs der deutschen Delegation und die so regelrecht erpresste Genfer Erklärung kaum hoch genug veranschlagen. Einmal zwang sie andere, allen voran Frankreich und die Sowjetunion, zur Reaktion: Der Nichtangriffsvertrag, den sie am 29. November 1932 schlossen, war ihre aufsehenerregende Antwort auf die deutsche Aktion. Nicht nur taten sich hier erneut die alten Allianzpartner gegen Deutschland zusammen, sie holten auch andere ins Boot, vor allem Polen, mit dem die Sowjetunion auf Drängen Frankreichs bereits im Juli 1932 einen solchen Vertrag abgeschlossen hatte. Und dann war die sogenannte Fünfmächteerklärung von Genf eine prächtige Steilvorlage für alle in Deutschland, die auf eine rasche Rückkehr zu alter militärischer Stärke und auf die endgültige Sprengung der Fesseln von Versailles und Locarno setzten, allen voran für den nächsten Reichskanzler.

Adolf Hitlers Karriere als Parteiführer, Reichskanzler, Reichspräsident und Oberbefehlshaber der Wehrmacht und des Heeres war nicht vorgezeichnet, ganz im Gegenteil: Die frühe Biographie des am 20. April 1889 im österreichischen Braunau am Inn Geborenen trug alle Züge des Scheiterns. Ohne höheren Schulabschluss, wiederholt von der Kunstakademie in Wien abgewiesen, seit 1908 in den Obdachlosenasylen und Männerwohnheimen der Stadt zu Hause, meldete er sich nach Kriegsausbruch 1914 in Bayern als Freiwilliger. Im Großen Krieg brachte er es zum Gefreiten und Träger des Eisernen Kreuzes, wurde schließlich wenige Wochen vor Unterzeichnung des Waffenstillstandes durch einen Giftgasangriff verwundet und erblindete vorübergehend.

Nach der Rekonvaleszenz im Lazarett von Pasewalk versuchte sich Hitler in der Politik, trat in die Deutsche Arbeiterpartei ein, die sich unter seiner maßgeblichen Mitwirkung seit Februar 1920 programmatisch neu positionierte und in »Nationalsozialistische Deutsche Arbeiterpartei« umbenannte. Seit Ende Juli 1921 »Führer« der NSDAP, zählte Hitler neben Ludendorff zu den Initiatoren des gescheiterten Münchener Putsches vom 8. und 9. November 1923. Die Festungshaft in Landsberg am Lech war nur von kurzer Dauer. Hitler nutzte sie zur Niederschrift des ersten Bandes seiner autobiographischen Programmschrift *Mein Kampf*. Ende Februar 1925, zwei Monate nach seiner Entlassung, wurde die NSDAP neu gegründet und von ihrem alten und neuen Vorsitzenden nach einer Periode der Stagnation seit den Septemberwahlen 1930 zu spektakulären Erfolgen und schließlich zur Regierungsverantwortung in Deutschland geführt.

Adolf Hitler war Mitte vierzig, als er die Macht in Deutschland übernahm und das Land innen- und außenpolitisch wieder auf Vordermann zu bringen schien. So jedenfalls stellte es sich für die meisten Beobachter dar, vor allem, aber keineswegs nur in Deutschland: »Hitler wirkte auf die Deutschen seiner Zeit nicht abstoßend, sondern anziehend, ja mitreißend. Er war einfach eine Figur viel größeren politischen Formats als alle anderen, die nach dem Tode Stresemanns in der Spätphase der Weimarer Republik auf der politischen Bühne standen ... Hitler war ein sehr böser Mann. Die großen Männer sind oft sehr böse. Und Hitler war auch ... mit all seinen furchtbaren Eigenschaften ein sehr großer Mann, wie sich in der Kühnheit seiner Vision und der Schläue seines Instinkts in den folgenden Jahren immer wieder zeigen sollte.«[26]

Was er vorhatte, dass er die Juden Europas vernichten, die Völker Osteuropas versklaven, einen Kreuzzug gegen den Bolschewismus führen und den Deutschen über diesen Weg den ihnen vermeintlich zustehenden Lebensraum verschaffen wollte, konnte man wissen – wenn man ihn wörtlich nahm. Das tat man nicht, und Hitler tat alles, um die nationale und internationale Öffentlichkeit »über die eigentlichen Ziele Deutschlands im unklaren zu lassen«. Das bestätigte Joseph Goebbels, seit Mitte März 1933 Hitlers Propagandaminister, noch am 5. April 1940 – ein halbes Jahr nach der Niederwerfung Polens und wenige Tage vor dem Beginn des Feldzuges gegen Dänemark und Norwegen – vor einem Kreis geladener Vertreter der deutschen Presse, und er fügte hinzu: »... man hat uns durch die Gefahrenzone hindurchgelassen ... 1933 hätte ein französischer Ministerpräsident sagen müssen (und wäre ich französischer Ministerpräsident gewesen, ich hätte es gesagt): Der Mann ist Reichskanzler geworden, der das Buch ›Mein Kampf‹ geschrieben hat, in dem das und das steht. Der Mann kann nicht in unserer Nachbarschaft geduldet werden. Entweder er verschwindet, oder wir marschieren. Das wäre durchaus logisch gewesen. Man hat darauf verzichtet. Man hat uns gelassen, man hat uns durch die Risikozone ungehindert durchgehen lassen, und wir konnten alle gefährlichen Klippen umschiffen, und als wir fertig waren, gut gerüstet, besser als sie, fingen sie den Krieg an.«[27]

Keine Frage – die Geschichte der Erfolge Hitlers war auch die Geschichte seiner Unterschätzung. Dass er unterschätzt wurde, lag an der Ungeheuerlichkeit seiner Pläne, an die viele auch dann noch nicht glauben wollten, als sie in das Stadium der Realisierung getreten waren. Es lag aber auch daran, dass sich Hitler im Umfeld der Machtübernahme in dieser Hinsicht öffentlich bedeckt hielt, mitunter sogar zurücknahm. Hinter den Kulissen ließ der neue Reichskanzler allerdings keinen Zweifel, wohin die Reise ging. »Wie soll [die] polit[ische] Macht, wenn sie gewonnen ist, gebraucht werden?«, fragte er schon am 3. Februar 1933 hohe Militärs: »Vielleicht Erkämpfung neuer Export-Mögl[ichkeiten], vielleicht – und wohl besser – Eroberung neuen Lebensraums im Osten u[nd] dessen rückhaltlose Germanisierung.«[28] Die Offiziere hörten es sich an und hielten still. So auch die Diplomaten. Hitler brauchte sie, und sie brauchten Hitler. Ohne die Routiniers in der Reichswehrführung und im Auswärtigen Dienst hatte er kaum eine Chance, auf dem internationalen Parkett die ersten, vorbereitenden Schritte mit Erfolg zu tun. Mit den Erfolgen aber wuchsen rasch die Aussichten auf eine Renaissance der Großmacht Deutsches Reich, und hatten nicht seit 1919 alle davon geträumt?

Die Methoden, deren Hitler sich dabei zunächst bediente, waren erstaunlich konventionell. Sie waren vertraut, seit man nach dem Tod Stresemanns in der Wilhelmstraße das Ruder herumgeworfen hatte. Mit Bedacht knüpfte der neue Reichskanzler unmittelbar an die Politik seiner Vorgänger an, als er wie diese Mitte Mai 1933 vor dem Reichstag von den »Mängeln des Friedensvertrages« und davon sprach, dass Deutschland einen »moralisch berechtigten Anspruch« darauf habe, dass »die hochgerüsteten Staaten nunmehr auch ihrerseits die Verpflichtungen, die sich aus dem Vertrag von Versailles« ergaben, erfüllten und abrüsteten. Sollten sie dazu »nicht gewillt« sein, dann müsse Deutschland »zumindest auf der Forderung seiner Gleichberechtigung bestehen«,[29] die man dem Reich ja im Dezember 1932 zugestanden hatte.

Diese Forderung, die Kontinuität signalisierte, konnten alle Fraktionen des Reichstages mittragen, auch die SPD. Das war nicht selbstverständlich, denn innenpolitisch befanden sich die Sozialdemokraten auf Kollisionskurs mit den neuen Machthabern, seit diese vier Wochen nach der Regierungsübernahme den Brand des Reichstagsgebäudes zum Anlass genommen hatten, mit Hilfe einer Notverordnung praktisch den permanenten Ausnahmezustand zu verhängen. Nachdem die KPD zwar nicht förmlich verboten, aber durch eine Reihe von Maßnahmen zum Verstummen gebracht worden war, hatte die SPD am 23. März 1933 als einzige Partei gegen das sogenannte Ermächtigungsgesetz gestimmt, mit dem der Reichstag der Regierung für zunächst vier Jahre das Recht einräumte, Gesetze allein, also ohne Zustimmung des Parlaments, zu erlassen. Welche Motive die übrigen Parteien auch immer zu ihrer Unterstützung dieses »Gesetzes zur Behebung der Not von Volk und Reich« bewogen haben mochten, die SPD zog nicht mit.

Umso bemerkenswerter war ihre grundsätzliche Zustimmung zum außenpolitischen Kurs der neuen Regierung, jedenfalls in der Rüstungsfrage. Offenbar ging es Hitler ja nicht in erster Linie um die Aufrüstung Deutschlands, sondern um die Abrüstung der anderen, und dagegen war nun wirklich nichts einzuwenden. Als diese sich dann aber, wie kaum anders zu erwarten, nicht bewegten, zog Hitler wie vor ihm schon einmal Papen die Konsequenz. Am 14. Oktober 1933 verließ Deutschland nicht nur die Abrüstungskonferenz, sondern trat auch aus dem Völkerbund aus.

Die Reaktionen, auch des Auslandes, fielen ausgesprochen zurückhaltend aus. Man kannte das ja schon. Offensichtlich war es der Reichsregierung darum zu tun, durch Druck Bewegung in die festgefahrene Rüstungsfrage zu bringen. Hitler spielte diese Karte geschickt, trat dem Eindruck nicht grundsätzlich entgegen, und so hofften die Briten noch Jahre später, Deutschland durch weitgehende Konzessionen zur Rückkehr in den Völkerbund und auf die Abrüstungskonferenz bewegen zu können.

Im Übrigen konnte man sich über die ersten Schritte nationalsozialistischer Außenpolitik keineswegs beklagen. Ganz im Gegenteil schien Kanzler Hitler zunächst auf Distanz zum revisionistischen Kurs der Weimarer Jahre zu gehen. Wer hätte gedacht, dass ausgerechnet seine Regierung am 20. Juli 1933 das Konkordat mit dem Vatikan unter Dach und Fach bringen und der katholischen Kirche darin die Ordnung und Verwaltung ihrer Angelegenheiten zugestehen würde? Dass sich die Nationalsozialisten dann nicht daran hielten, konnte man als innere Angelegenheit abtun. Vorderhand war die Aktion der internationalen Reputation Deutschlands und seiner neuen Regierung durchaus zuträglich.

Das gilt erst recht für den Nichtangriffspakt, den Deutschland und Polen am 26. Januar 1934 auf zehn Jahre abschlossen. Die Überraschung war enorm. Hatte sich nicht selbst Stresemann hartnäckig geweigert, ein sogenanntes Ost-Locarno zu unterzeichnen, also die polnische Westgrenze faktisch anzuerkennen? Hatte nicht noch Anfang April 1933 der alte und neue Außenminister von Neurath im Kabinett klargestellt, eine Verständigung mit Polen sei »weder möglich noch erwünscht«?[30] Und jetzt das. Hatte die Reichsregierung Abschied vom überkommenen Revisionismus genommen? War Hitler womöglich ein Hoffnungsträger für den europäischen Frieden? Weit davon entfernt, schätzte dieser lediglich die gegebenen politischen und militärischen Möglichkeiten des Reiches realistisch ein und hielt sich mit dem Überraschungsmanöver den Rücken frei, um sich bei nächster Gelegenheit mit gezielten Schlägen im Westen die notwendige Bewegungsfreiheit für die Operationen im Osten zu verschaffen.

Aber auch ohne diese mittelfristige Perspektive hatte der Nichtangriffsvertrag mit dem weltanschaulich verwandten polnischen Regime des Marschalls Józef Piłsudski revolutionäre Qualitäten. Sein Abschluss kam nämlich der Aufkündigung des Sonderverhältnisses zur Sowjetunion gleich. Zwar war die Verlängerung des Berliner Neutralitätsvertrages vom April 1926 noch am 5. Mai 1933, also nach dem Ermächtigungsgesetz, ratifiziert worden; doch bedeutete die deutsche Verständigung mit Polen, dass dieses jetzt seinerseits den Rücken gegenüber Deutschland frei hatte. Das war für die Sowjets auch deshalb alarmierend, weil sich Polen erkennbar Japan annäherte, das wiederum in der südöstlichen Grenzregion des sowjetischen Riesenreiches auf Expansionskurs gegangen war.

Der deutsch-polnische Nichtangriffsvertrag war eine Sensation, durchaus dem »Erdstoß« vergleichbar, den zwölf Jahre zuvor der deutsch-sowjetische Vertrag von Rapallo für die internationale Politik bedeutet hatte. Wie die Annäherung an Sowjetrussland den Beginn dieses Kapitels deutscher Außenpolitik markiert hatte, so bedeutete die Entfremdung, der Bruch mit Moskau sein Ende. In beiden Fällen erhöhte der

Überraschungscoup die deutsche Bewegungsfreiheit, nur dass diese Folge im Falle des Vertrages mit Polen erst zwei oder drei Jahre später erkennbar wurde.

Vorerst hatte der Pakt mit Polen auch die Funktion, die Lage des Reichskanzlers und seiner Regierung weiter zu stabilisieren. Ein Jahr nach der Übernahme der Macht war diese nämlich weder nach außen noch im Innern unangreifbar. Ganz im Gegenteil sah es im Sommer 1934 sehr danach aus, als könne sie Hitler und seiner Gefolgschaft doch noch entgleiten. Selbst in den eigenen Reihen regte sich der Widerstand, vor allem bei der SA, der »Sturmabteilung«, und ihrem Stabschef Ernst Röhm. Mit äußerster Brutalität und unter einem fadenscheinigen Vorwand ging Hitler daher Ende Juni und Anfang Juli gegen die Kräfte in der Partei vor, die dem sozialistischen Ideal der Bewegung stets die größere Bedeutung beigemessen hatten und die nach der nationalen nunmehr die soziale Revolution forderten. Dem Morden fielen nicht nur eine Reihe früher Weggefährten Hitlers, sondern auch missliebige Offiziere, darunter Kurt von Schleicher, zum Opfer. Die Reichswehr schaute weg, zufrieden mit der Ausschaltung der braunen Konkurrenz und in der Illusion, mit Hitlers aufgewerteter neuer Garde, der von Heinrich Himmler angeführten SS, der »Schutzstaffel«, schon fertigzuwerden.

Die schwere Krise im Innern lag gerade einmal drei Wochen zurück, da eskalierten die Beziehungen des Deutschen Reiches zu Österreich: Am 25. Juli 1934 probten die dort seit gut einem Jahr verbotenen Nationalsozialisten den Aufstand, dem unter anderem der österreichische Bundeskanzler Engelbert Dollfuß zum Opfer fiel. Hitler wusste, warum er umgehend auf Distanz zu den Putschisten ging und das Unternehmen damit scheitern ließ. Österreich hatte nämlich seit Mitte März 1934, seit Unterzeichnung der sogenannten Römischen Protokolle, in Ungarn und Italien potente Partner, denen sehr an der Unabhängigkeit des Landes gelegen war. Gewiss waren sich Adolf Hitler und Benito Mussolini – dessen Faschisten die

Nationalsozialisten, was die totalitäre Inszenierung und Symbolik anging, manches abgeschaut hatten – Mitte Juni 1934 in Venedig begegnet; aber das hieß nicht, dass der Italiener dem Deutschen traute, dass er ihm freie Hand gegeben hätte. Ganz im Gegenteil kollidierte der versuchte Zugriff auf Österreich mit Mussolinis Balkan- und Mittelmeerplänen, und so reagierte er auf den Wiener Tumult mit einem Truppenaufmarsch am Brenner.

Schwer zu sagen, wie sich die Dinge entwickelt hätten, wären Hitler nicht, wie so häufig, günstige Umstände zu Hilfe gekommen: Als am 2. August 1934 der greise Reichspräsident Paul von Hindenburg verstarb, zögerte der Reichskanzler keinen Augenblick, auch dieses Amt in Personalunion zu übernehmen und noch am gleichen Tag die Reichswehr auf seine Person vereidigen zu lassen. Auf diese »Wehrmacht«, wie sie jetzt hieß, konnte sich Hitler umso sicherer verlassen, je erfolgreicher er seinen zusehends expansiven außenpolitischen Kurs steuerte. Und er hatte große Erfolge.

Der erste war freilich nicht ein Ergebnis seiner Politik, sondern ausgerechnet eine Spätfolge des heftig attackierten Versailler Vertrages: Am 13. Januar 1935 stimmten die Saarländer, wie im Vertrag vorgesehen, über ihre Zukunft ab, und als sich mehr als neunzig Prozent für die Rückkehr in den Reichsverband entschieden, wusste Hitler dieses Ergebnis auf sein Konto zu verbuchen. Solchermaßen im Innern gestärkt, ging Hitler wenig später außenpolitisch in die Offensive. Fortan standen die Zeichen auf Angriff. Einen Rückzieher wie im Sommer 1934 würde es nicht mehr geben.

ANGRIFF

Die Revision der Geschichte
1935–1941

Am 16. März 1935 spielte Adolf Hitler Vabanque – zum ersten Mal und noch nicht mit vollem Risiko. Gut zwei Jahre, nachdem er die Reichskanzlei bezogen hatte, gab er die Wiedereinführung der allgemeinen Wehrpflicht bekannt, kündigte den Aufbau von immerhin sechsunddreißig Divisionen mit 550000 Mann an, und machte den bislang verdeckt betriebenen Aufbau der deutschen Luftwaffe öffentlich.

Die internationale Reaktion auf diesen flagranten Bruch des Versailler Vertrages klang entschieden, war es aber keineswegs. Gewiss, es gab Proteste Frankreichs, Großbritanniens und Italiens, also jener drei Großmächte, mit denen sich Deutschland ursprünglich, am 15. Juli 1933, im sogenannten Viererpakt zum Zwecke des Friedenserhalts zusammengeschlossen hatte; allerdings war der Pakt wegen Deutschlands Austritt aus dem Völkerbund nicht ratifiziert worden. Auch bekundeten Vertreter dieser drei gewichtigsten europäischen Großmächte nach einer dreitägigen Konferenz im italienischen Stresa am 14. April 1935 ihre Absicht, »sich mit allen geeigneten Mitteln jeder einseitigen Aufkündigung von Verträgen zu widersetzen«.[1] Tatsächlich war diese sogenannte Stresa-Front aber von Anfang an zum Scheitern verurteilt, weil die partikularen Interessen ihrer Mitglieder stärker waren als die gemeinsame Raison.

Konsequent auf die deutsche Aktion reagierte lediglich Frankreich, das jetzt einen weiteren, entscheidenden Schritt auf die Sowjetunion zu tat. In Moskau war man über die Wiedereinführung der allgemeinen Wehrpflicht im Reich genauso irritiert wie über die Nicht-Einladung nach Stresa. Immerhin setzte die sowjetische Diplomatie seit geraumer Zeit auf die Politik kollektiver Sicherheit – schon weil die innere Schwäche des Landes seine äußere Handlungsfreiheit arg beschnitt. Nicht nur hatte die Sowjetunion den Vorbereitenden Abrüstungskommissionen und der Abrüstungskonferenz in Genf eine Reihe von Vorschlägen unterbreitet, sie war Mitte September 1934 sogar dem Völkerbund beigetreten. Am 2. Mai 1935 intensivierten Moskau und Paris ihre im November 1932 wieder aufgenommene Zusammenarbeit und sicherten sich gegenseitig den Beistand für den Fall eines nicht provozierten Angriffs durch einen europäischen Staat zu.

Die Versicherung klang gut, warf allerdings vorderhand mehr Probleme auf, als sie klärte. Vor allem war die Frage offen geblieben, wie die militärische Kooperation konkret aussehen sollte. Wie sollten beispielsweise sowjetische Truppen einem bedrohten Frankreich zu Hilfe eilen? Etwa durch Polen oder Rumänien, also zwei Staaten, deren Territorien zu großen Teilen aus vormals russischen Gebieten bestanden? Diese Frage stellte sich auch im Falle des zwei Wochen später, am 16. Mai 1935, geschlossenen Beistandspaktes zwischen der Sowjetunion und der Tschechoslowakei, zumal ihm ein Zusatzprotokoll beigegeben war: Danach waren die beiden zur Unterstützung nur dann verpflichtet, wenn dem Angegriffenen, also der Sowjetunion oder der Tschechoslowakei, auch Beistand seitens Frankreich gewährt wurde. Tatsächlich sollten alle diese Fragen und Probleme innerhalb der kommenden vier Jahre zu belastenden Testfällen für die französische Politik werden.

Immerhin hatte Paris reagiert, hatte Konsequenzen aus der im März 1935 auch offiziell annoncierten deutschen Aufrüstung gezogen. Ähnliches galt für London und Rom, nur dass man dort die Reaktionen auf die beginnende Hochrüstung in erster Linie an den eigenen Problemen orientierte und – weil diese beträchtlich waren – auf einen Kurs der Beschwichtigung beziehungsweise Toleranz gegenüber Berlin einschwenkte. Im Falle der britischen Deutschlandpolitik hatte sich gegenüber den voraufgegangenen Jahrzehnten insofern nichts geändert, als ihr Dreh- und Angelpunkt die Erhaltung des Empire war und blieb. Weil dieses infolge des Ersten Weltkrieges jetzt seine größte Ausdehnung erreicht und weil damit geradezu zwangsläufig die Überdehnung eingesetzt hatte, blieb für Deutschland und Europa nur die Reaktion.

So konnten Hitler beziehungsweise sein »Botschafter zur besonderen Verwendung« in London, Joachim von Ribbentrop, am 18. Juni 1935 ein Flottenabkommen mit Großbritannien abschließen, an dem beide Seiten Gefallen fanden, besonders aber der deutsche Diktator. Dass die Flottenstärken auf ein Verhältnis von einhundert zu fünfunddreißig, bei den U-Booten auf einhundert zu fünfundvierzig zu Englands Gunsten festgeschrieben wurden, gab den Briten einstweilen die Sicherheit, sich nicht, wie nach der Jahrhundertwende, erneut einem ruinösen Rüstungswettlauf zur See ausgesetzt zu sehen. Auch Hitler hatte mehr erreicht, als er zunächst erhoffen konnte. Nicht nur hatte er jetzt, schwarz auf weiß, ausgerechnet die britische Genehmigung zum Aufbau einer deutschen Seemacht, vielmehr war auch die Stresa-Front fortan bloß noch ein Papiertiger. Und wenn er den Tag des Flottenabkommens als den »glücklichsten seines Lebens«[2] bezeichnete, dann wegen der nicht unbegründeten Hoffnung, dem angestrebten Bündnis mit Großbritannien ein gutes Stück näher gekommen zu sein.

Kurzfristig vielleicht noch wertvoller war der Kurswechsel der italienischen Deutschlandpolitik. Zur Jahreswende 1935/36 konnte es daran keinen Zweifel mehr geben. Anlass war der seit den achtziger Jahren des 19. Jahrhunderts dritte Versuch Italiens, Abessinien zu erobern. Würde der im Oktober 1935 begonnene Krieg erneut in einer schweren Niederlage Roms enden? Guter Rat war teuer, gute Freunde waren es erst recht. Als ein solcher profilierte sich Hitler, gehörte er doch zu den wenigen, die den isolierten Italienern nicht öffentlich in die Parade fuhren, sie sogar durch kriegswichtige Lieferungen unterstützten. Ähnlich hielt er es – verdeckt und in deutlich geringerem Umfang – allerdings auch mit den Äthiopiern. Denn natürlich hatte Deutschland ein großes Interesse daran, den Konflikt offen und die Aufmerksamkeit der Weltöffentlichkeit auf das Horn von Afrika fixiert zu halten.

Mussolini wusste Hitler die Unterstützung zu danken. Nicht nur erklärte er Anfang Januar 1936 dem überraschten deutschen Botschafter in Rom, Ulrich von Hassell, in Zukunft keine Einwände mehr zu haben, falls Österreich »praktisch ein Satellit Deutschlands« werde – solange dessen Selbständigkeit »formell unbedingt« bestehen bleibe.[3] Vielmehr signalisierte der Duce dem Botschafter sieben Wochen später, am 22. Februar 1936, dass Italien »sich an einer Aktion Englands und Frankreichs gegen Deutschland, die einen angeblichen Bruch des Locarno-Vertrags durch Deutschland zum Anlaß nähme, nicht beteiligen« werde. Das hieß im Klartext, dass sich Italien nicht gegen den Einmarsch deutscher Truppen in die entmilitarisierten Zonen des Rheinlandes stellen würde, den Hitler wenige Tage zuvor beschlossen hatte und den Hassell in Rom diplomatisch vorbereiten und absichern sollte – übrigens mit dem Argument, dass der französisch-sowjetische Beistandspakt beziehungsweise seine bevorstehende Ratifizierung im französischen Senat die eigentliche »Verletzung von Locarno« sei, auf die Deutschland reagieren müsse.[4]

Am 7. März 1936 marschierten deutsche Truppen, von der Bevölkerung mit Jubel begrüßt, in das Rheinland ein und brachen damit die Verträge von Versailles und Locarno. Das Risiko war hoch, und doch wieder nicht. Einerseits, so hat Hitler im Rückblick immer wieder gesagt, seien die achtundvierzig Stunden nach dem Coup »die aufregendste Zeitspanne« in seinem Leben gewesen: »Wären die Franzosen damals ins Rheinland eingerückt, hätten wir uns mit Schimpf und Schande wieder zurückziehen müssen, denn die militärischen Kräfte, über die wir verfügten, hätten keineswegs auch nur zu einem mäßigen Widerstand ausgereicht.«[5] Aber dazu kam es gerade nicht. Denn die Franzosen blieben da, wo sie sich seit den ausgehenden zwanziger Jahren mental, politisch und militärisch hinbegeben hatten: in der Deckung. Erstmals war deutlich geworden, dass Frankreich selbst in einer vitalen Frage nicht ohne England handeln würde.

Allerdings tat Hitler einiges, um die Westmächte in ihrer passiven Haltung zu bestärken – mit Erklärungen, Versicherungen und Versprechungen. Von einer modifizierten Neuauflage der Locarno-Verträge über Nichtangriffspakte und eine Rückkehr Deutschlands in den Völkerbund bis hin zu einem dem Flottenabkommen vergleichbaren sogenannten Luftpakt hatte er alles im Angebot, was Franzosen, Engländer, aber auch die zeitweilig irritierten Italiener bei Laune halten konnte. Im Übrigen stärkte der Coup nicht nur seine internationale, sondern vor allem auch seine nationale Stellung. Das galt für die ob des Erfolgs begeisterte Öffentlichkeit; und es galt für die Bedenkenträger in den Reihen des Militärs und des Auswärtigen Dienstes. Erstmals hatte Hitler ihnen gezeigt, was mit einer rechten Mischung aus Instinkt und Wagemut ins Werk zu setzen war. Kein Wunder, dass er jetzt, am 14. März 1936, auch öffentlich versicherte, »mit traumwandlerischer Sicherheit den Weg« gehen zu wollen, »den mich die Vorsehung gehen heißt«.[6]

Natürlich war das nicht im Alleingang zu schaffen, wurden Partner benötigt, die bereit waren, Deutschland auf diesem Weg ein gutes Stück zu begleiten, weil sie sich ihrerseits davon einiges erhofften. Hitlers Wunschpartner war und blieb bis in den Sommer 1941 hinein Großbritannien. So wenig der Diktator auch sonst mit den Protagonisten und Repräsentanten des kaiserlichen Deutschland gemein hatte, in diesem Punkt gab es eine ungebrochene Tradition. Auch Hitler wusste, dass er seine Ziele nur sehr schwer anvisieren und erreichen konnte, wenn Großbritannien auf der Gegenseite stand, und so schickte er im August 1936, nach dem Tod von Botschafter Hoesch, Ribbentrop mit der Anweisung auf den Londoner Posten: »… bringen Sie mir das englische Bündnis!«[7]

Ebendas konnte der rheinische Kaufmann ohne außenpolitisches Profil ihm nicht bringen. So entgegenkommend sich die britische Diplomatie dieser Jahre, die als Appeasement in die Geschichte eingegangen ist, im Übrigen auch verhielt, das ersehnte Bündnis bekam Hitler nicht. Im Frieden nicht, und im Krieg auch nicht. Ribbentrop hat das frühzeitig erkannt und auf ein Gegenmodell, eine Alternative zur Allianz mit London gesetzt, die er Anfang Januar 1938 ziemlich selbstbewusst als »Dreieck Berlin-Rom-Tokio« bezeichnete.[8] Zu diesem Zeitpunkt war das Vorhaben schon recht weit gediehen, weil Hitler sich bei seinen jeweils nächsten außenpolitischen Schritten selbst unter immer größeren Zeitdruck setzte und deshalb kurzfristig nach geeigneten Partnern Ausschau hielt. Dass er sie in Italien und Japan fand, konnte nicht überraschen, waren doch auch diese beiden Länder gerade mit einer großräumigen Expansionspolitik beschäftigt – die Italiener im Mittelmeerraum, die Japaner in Ostasien.

Dass Italien ein Wunschpartner Hitlers gewesen wäre, konnte man nicht sagen. Aber wie die Dinge lagen, kam er bei den nächsten Etappen, insbesondere beim Griff nach Wien, nicht an Mussolini vorbei. Also hielt Hitler ihn bei der Stange und intervenierte, auch deshalb, an Italiens Seite im Spanischen Bürgerkrieg. Natürlich hatte er weitere, auch gewichtigere Gründe, als er den Aufständischen unter Führung des Generals Francisco Franco Bahamonde – unmittelbar nach Beginn ihres Putsches gegen die Republik Ende Juli 1936 und gegen den Rat seiner Diplomaten und Militärs – Unterstützung zusagte. Aber allein mit der Sorge vor einem Sieg des Bolschewismus in Spanien oder der Möglichkeit, der Wehrmacht und vor allem der Luftwaffe Kampferfahrungen zu verschaffen, lässt sich sein Entschluss auch nicht erklären. So gesehen war die deutsch-italienische Verständigung auf eine politische Zusammenarbeit eine konsequente Fortsetzung der gemeinsamen Spanien-Politik. Am 25. Oktober 1936 wurde die Kooperation in Berlin besiegelt und von Mussolini wenige Tage später mit dem euphemistischen Titel »Achse Berlin–Rom« versehen.

Nur vier Wochen darauf wurden Deutschland und Japan

handelseinig. Wie Berlin hatte auch Tokio Anfang der dreißiger Jahre den allgemeinen Schwächezustand des internationalen Systems genutzt und Mitte September 1931 mit der Eroberung der Mandschurei begonnen. Mit großer Entschlossenheit holten sich die Japaner während der kommenden Jahre zurück, was sie schon einmal, während des Ersten Weltkrieges, erobert, dann aber Anfang der zwanziger Jahre am Washingtoner Verhandlungstisch wieder verloren hatten. Im Februar 1932 wurde ein Staat namens »Mandschukuo« aus der Taufe gehoben, wenig später der letzte Kaiser von China an dessen Spitze installiert, und Anfang 1933 gliederten die Japaner ihrem Marionettenstaat unter anderem die chinesische Provinz Jehol ein.

Die weitere Entwicklung war geradezu programmiert. Das galt für Japans Krieg gegen China, der Anfang Juli 1937 eröffnet wurde, und es galt für den Konflikt mit den Sowjets. Die konnten natürlich der japanischen Expansion nicht tatenlos zusehen und schlossen unter anderem Mitte März 1936 einen Beistandspakt mit der von ihr abhängigen Mongolischen Volksrepublik und Ende August 1937 einen Nichtangriffsvertrag mit China.

Hitler kam die antisowjetische Stoßrichtung der japanischen Expansionspolitik sehr gelegen, und so fanden Deutschland und Japan am 25. November 1936 im sogenannten Antikominternpakt zusammen. Dass dieser sich direkt oder indirekt auch gegen China und England richtete, wurde zwar im Auswärtigen Amt mit einiger Besorgnis registriert, hielt aber Hitler und Ribbentrop, den Drahtzieher, nicht vom Abschluss des Paktes ab. Abgesehen von gemeinsamer Agitation gegen die Kommunistische Internationale sagten sich Tokio und Berlin in einem geheimen Zusatz unter anderem zu, keine Verträge mit Moskau zu schließen, die nicht mit dem Geist ihres Abkommens vereinbar wären. Es war bezeichnend für das Misstrauen, das von Anfang an zwischen diesen Partnern herrschte, dass der geheime Zusatz nicht davon handelte, was man gemeinsam zu tun gedachte, sondern dass er Vereinbarungen über das enthielt, was man unterlassen wollte.

Vorerst hinterließ die beiderseitige Reserve keine Spuren, auch nicht für die deutsche Politik. Ganz im Gegenteil schien der Antikominternpakt einige Anziehungskraft auf Dritte auszuüben. Ein Jahr später, am 6. November 1937, trat ihm »als ursprünglicher Unterzeichner«[9] Italien bei. Für Hitler bedeuteten die Absprachen mit Italien und Japan seit dem Herbst 1936 zwar keinen vollwertigen Ersatz für das englische Bündnis, aber doch allemal ein solides Fundament für die nächsten Etappen seiner Expansionspolitik.

Denn auf die bereitete er das Reich auch in anderer Hinsicht konsequent vor. Für den Krieg, den Hitler schon vor langer Zeit ins Auge gefasst hatte, benötigte er nicht nur die volle Einsatzfähigkeit der Armee, sondern auch die totale Mobilisierung von Wirtschaft und Gesellschaft. Im September 1936 wurde auf dem achten Reichsparteitag der NSDAP der Startschuss gegeben. Offiziell ging es bei dem in Nürnberg verkündeten »Vierjahresplan« um die Sicherung der wirtschaftlichen Autarkie. Die eigentlichen Ziele aber waren in einer streng geheimen Denkschrift formuliert: »I. Die deutsche Armee muß in 4 Jahren einsatzfähig sein. II. Die deutsche Wirtschaft muß in 4 Jahren kriegsfähig sein.«[10]

Die Kosten waren hoch, gingen die Planungen doch unter anderem zu Lasten des Lebensstandards der Bevölkerung, und das wiederum erhöhte den Druck, rasch und »gewaltsam« zu handeln, wie Hitler am 5. November 1937 in einem seiner berüchtigten Monologe ausführte.[11] Dessen Verlauf und Ergebnisse wurden von Friedrich Hoßbach, Hitlers Wehrmachtsadjutant, fünf Tage später zu Papier gebracht. Der Zuhörerkreis, vor dem Hitler einen Blick in die Zukunft warf, war klein und exklusiv. Neben Reichsaußenminister Konstantin Freiherr von Neurath und Reichskriegsminister Werner von Blomberg hatten sich die Oberbefehlshaber von Heer, Marine und Luftwaffe, Werner Freiherr von Fritsch, Erich Raeder und Hermann Göring, anzuhören, welche Ziele Hitler wann und mit welchen Mitteln zu erreichen gedachte.

Dreh- und Angelpunkt war das »Problem des Raumes«, genauer gesagt die »Raumnot« des deutschen Volkes, eine Beobachtung, die seit dem Zeitalter des Imperialismus weiten Kreisen, nicht nur in Deutschland, vertraut und während des Ersten Weltkrieges bestätigt worden war. Das galt für die Probleme, welche die geostrategische Lage Deutschlands etwa für die Versorgung, aber auch für die Sicherung des überseeischen Besitzes hervorrufen konnte; und es galt für die Chancen, die sich durch einen erfolgreichen Feldzug im Osten Europas eröffnen ließen. So gesehen rannte Hitler bei seinen Zuhörern offene Türen ein, als er die wirtschaftliche »Autarkie« oder eine »gesteigerte Beteiligung an der Weltwirtschaft« als »zukunftsreiche« Lösungen der deutschen Lage verwarf und die »Gewinnung eines größeren Lebensraumes« als »einzige, uns vielleicht traumhaft erscheinende Abhilfe« beschrieb.

Da der »Führer und Reichskanzler« keinen Zweifel ließ, dass es zur »Lösung der deutschen Frage ... nur den Weg der Gewalt« geben könne, der »niemals risikolos« sei, blieb lediglich die »Beantwortung der Fragen ›wann‹ und ›wie‹«. Und so gab Hitler in diesen frühen Novembertagen des Jahres 1937 seinen »unabänderlichen Entschluß« bekannt, »spätestens 1943/45 die deutsche Raumfrage zu lösen«. Dann sei der Höhepunkt von Deutschlands militärischer Machstellung erreicht; danach seien nur noch Veränderungen zu Deutschlands Ungunsten zu erwarten.

Als die nächsten Schritte fasste er die Ausschaltung Österreichs und der Tschechoslowakei ins Auge, und er ließ auch keinen Zweifel, was er davon erwartete – nicht etwa, jedenfalls nicht in erster Linie, die Integration aller Deutschen in das Reich, sondern »Nahrungsmittel für 5–6 Millionen Menschen«, »militär-politisch eine wesentliche Entlastung infolge kürzerer, besserer Grenzziehung« und die »Möglichkeit der Neuaufstellung von Truppen bis in Höhe von etwa 12 Divisionen«. Hitler zeigte sich entschlossen, diese Schritte unter bestimmten Voraussetzungen »bereits im Jahre 1938« durchzuführen. Der Widerspruch des Auditoriums hielt sich in engen

Grenzen, bezog sich auf die Methoden und den Zeitpunkt der geplanten Aktionen, nicht aber auf die von Hitler genannten Ziele. Allerdings hatte er diese nicht vollständig namhaft gemacht: Von dem rassenideologischen Vernichtungskrieg, den er im Zuge der anvisierten Eroberung von Lebensraum führen wollte, war im November 1937 keine Rede.

Ausführlich beschäftigte sich Hitler hingegen mit der zu erwartenden Reaktion der Mächte, und dieser Teil seiner Ausführungen ließ klar erkennen, warum er in den voraufgegangenen und den vor ihm liegenden Jahren so erfolgreich operierte: In einer brisanten Mischung aus Instinkt, Skrupellosigkeit und sicherem Urteil schätzte er ihre Haltung zur Zerschlagung Österreichs und der Tschechoslowakei geradezu beängstigend genau ein. Die USA erwähnte er nicht einmal, auch nicht die Ansprache ihres Präsidenten vom 5. Oktober des Jahres, die als »Quarantänerede« in die Geschichte eingegangen ist. Gewiss, Franklin D. Roosevelt hatte dort eine Warnung an die Rechtsbrecher gerichtet; aber zum einen bezog sich diese offenkundig in erster Linie auf die japanischen Aggressoren in China, und zum anderen konnte man davon ausgehen, dass der Präsident auf absehbare Zeit mit der isolationistischen Grundhaltung seiner Landsleute zu kämpfen haben würde.

Die Sowjetunion, die sich innenpolitisch in schwerem Fahrwasser befand und überdies durch Japan gebunden wurde, glaubte Hitler durch schnelles Handeln von einem Eingreifen in einen Konflikt um Österreich und die Tschechoslowakei abhalten zu können. Was Italien anging, erwartete er im Falle eines Zugriffs auf die Tschechoslowakei keine Einwände; Roms »Haltung in der österreichischen Frage« vermochte er nicht zu beurteilen. Frankreich schließlich schätzte Hitler wegen der inneren Spannungen, vor allem aber deshalb als nur bedingt handlungsfähig ein, weil es sich ohne »die englische Unterstützung« kaum auf einen Krieg mit Deutschland einlassen werde.

Blieb England. Auf den Punkt gebracht, ging Hitler zwar davon aus, dass Großbritannien grundsätzlich »eine weitere deutsche Erstarkung« ablehnte, hielt aber die Schwierigkeiten, die London mit dem Empire hatte, für so beträchtlich, dass England »die Tschechei bereits im Stillen abgeschrieben« habe. Vierzehn Tage später, am 19. November 1937, hatte er Gelegenheit, sein Urteil zu überprüfen. Ein knappes halbes Jahr, nachdem Neville Chamberlain, Sohn des vormaligen Kolonialministers Joseph und Halbbruder des langjährigen Außenministers Austen Chamberlain, sein Kabinett gebildet und die britische Politik endgültig auf Appeasement-Kurs gebracht hatte, kam sein Lord President, Edward Wood Halifax, zu Hitler auf den Obersalzberg unweit von Berchtesgaden.

Was der offiziell zum Besuch einer Jagdausstellung nach Deutschland gereiste britische Emissär dem deutschen Kanzler anzubieten hatte, war weit mehr, als dieser in seinen kühnsten Träumen zu erwarten gewagt hätte: In London glaubte man nämlich nicht, dass der Status quo »unter allen Umständen« aufrechterhalten werden müsse, solange es dabei nicht zum Krieg kam. Zu den möglichen Änderungen auf der Karte Europas zählte Halifax ausdrücklich »Danzig und Österreich und die Tschechoslowakei«.[12] Als Nahziel seiner Bemühungen, gewissermaßen als eine nicht ausdrücklich formulierte Bedingung für das britische Stillhalten, nannte er Deutschlands Rückkehr in den Völkerbund und auf die Abrüstungskonferenz.

Wie konnte man so falsch liegen? Wie war es möglich, in Hitler den vorerst letzten Repräsentanten einer von Bismarck begründeten Tradition zu sehen? Hatte man *Mein Kampf* nicht studiert, Hitlers Reden nicht gehört? Glaubte man allen Ernstes, Hitler sei vordringlich an der Lösung kolonialer Fragen interessiert? Denn eben diesen Schluss zogen sie jetzt im Foreign Office. Gewiss, führende Repräsentanten der deutschen Politik, wie der Reichsbankpräsident und Reichswirtschaftsminister Hjalmar Schacht, aber auch Hitler selbst, hatten gelegentlich öffentlich den deutschen Anspruch auf Kolonien angemeldet; auch hatte Hitler gegenüber Halifax diese Frage als die »schwerste« bezeichnet. Tatsächlich lag dem Kanzler aber kaum etwas ferner, als nunmehr die Kolonialfrage in Angriff zu nehmen.

In London hingegen, im eigentlichen Machtzentrum der europäischen Politik, konzentrierte man sich nunmehr in einer grotesk anmutenden Verkennung von Hitlers eigentlichen Zielen auf die Kolonialfrage, formulierte und unterbreitete entsprechende Vorschläge und ignorierte oder übersah schlicht die Entschlossenheit des Diktators, so rasch wie möglich die Kontrolle über Österreich und die Tschechoslowakei zu erlangen, um von dieser erweiterten Machtbasis aus der Realisierung seiner eigentlichen Ziele ein gutes Stück näher zu kommen. Er glaube nicht, schrieb der britische Botschafter in Berlin, Nevile Henderson, am 5. März 1938 an den inzwischen zum Außenminister avancierten Halifax, dass Hitler zu diesem Zeitpunkt an »Anschluß oder Annexion« denke.[13] Eine Woche später marschierten deutsche Truppen nach Österreich ein.

Politisch war die Aktion gut vorbereitet, militärisch schrammte Deutschland knapp an einem Debakel vorbei. Zu den vorbereitenden Maßnahmen gehörte auch das Revirement an den Spitzen von Wehrmacht und Auswärtigem Dienst, also die endgültige Gleichschaltung von Militär und Diplomatie. Dabei hatten ihre Repräsentanten abgewartet, hatten mit einer Mischung aus Argwohn, Erstaunen und schließlich auch Respekt für Hitlers Erfolge die Augen verschlossen – vor den Willkür- und Verfolgungsmaßnahmen im Innern, auch gegenüber Leuten aus ihren eigenen Reihen, und vor einem außenpolitischen Kurs, der zwar im Mäntelchen der Revision daherkam, diese Bahn aber erklärtermaßen längst verlassen hatte. Nur zwei von ihnen, die Botschafter in Washington und Moskau, Friedrich von Prittwitz und Gaffron und Rudolf Nadolny, quittierten 1933/34 den Dienst; der langjährige Gesandtschafts- beziehungsweise Botschaftsrat in London, Albrecht Graf von Bernstorff, wurde in den Ruhestand versetzt. Mit Ludwig Beck, dem Generalstabschef des Heeres, entschloss sich sogar erst im August 1938 ein führender Militär zum Rücktritt.

Hitler wusste, was er an seinen Diplomaten und Offizieren hatte, warum er sie zunächst an der langen Leine ließ. Er brauchte sie. Er war auf ihre Erfahrung und ihre Verbindungen angewiesen. Nur mit ihrer Hilfe war es möglich, eine schlagkräftige Armee aufzubauen und die außenpolitisch gänzlich unerfahrene nationalsozialistische Regierung durch die weltpolitischen Gefahrenzonen zu führen. Dabei hatte Hitler gerade für die Diplomaten bestenfalls Verachtung übrig. Aber er wusste diese hintanzustellen, verstand es, ihnen ebenso wie seinen Generälen mit jedem weiteren Erfolg das Gefühl zu geben, wieder etwas bewirken, sich für große Ziele einbringen zu können.

Viele der solchermaßen Umworbenen honorierten das, arrangierten sich und drehten weltanschaulich bei, soweit sie nicht ohnehin in der nationalsozialistischen Ideologie, oder doch in Teilen derselben, eine Bestätigung ihres Weltbildes sahen: »Der Kampf um Deutschlands Gleichberechtigung wird … aus der Sphäre machtpolitischer Interessen herausgehoben auf eine ideologische Ebene, in der sich nationalsozialistische Weltanschauung und jüdisch-marxistische Lehre unversöhnlich gegenüberstehen. Das zunächst rein innerdeutsche Judenproblem gewinnt damit die Bedeutung einer außenpolitischen Frage ersten Ranges.« So steht es in einem Runderlass des Auswärtigen Amtes, der Ende Februar 1934 mit Billigung des Ministers an sämtliche Auslandsvertretungen ging.[14] Aufgrund des Gesetzes zur »Wiederherstellung des Berufsbeamtentums« und des »Reichsbürgergesetzes« vom April 1933 beziehungsweise September 1935 wurden mehr als hundertzwanzig Beamte des höheren Auswärtigen Dienstes vorzeitig in den endgültigen Ruhestand versetzt.

Die anderen nahmen das hin – aus Überzeugung, aus Opportunismus oder weil ihnen der Mut fehlte, dessen es ohne Zweifel bedurfte, um sich gegen diese und weitere Maßnahmen oder auch gegen den immer deutlicher zu erkennenden außenpolitischen Kurs des Regimes zu stellen. Sofern hinter solcher Linientreue der Versuch stand, den Apparat intakt zu halten, Standesprivilegien zu bewahren und die eigene Stellung zu sichern, oder auch durch Anpassung und Mitwirkung Schlimmeres zu verhindern, ist er gescheitert. Anfang des Jahres 1938 hatten die alten Eliten ihren Zweck erfüllt. Im Februar wurden der seit 1932 amtierende Außenminister von Neurath sowie unter anderem der Botschafter in Rom, von Hassell, in den Wartestand versetzt. Ribbentrop stand fortan an der Spitze des Auswärtigen Amtes, wo jetzt Schlüsselpositionen zusehends mit sicheren Kantonisten aus Partei und SS besetzt wurden.

Nicht besser erging es der Wehrmachtsführung. Offenbar reichten schon die vorsichtigen Bedenken, die einige zum Beispiel am 5. November 1937 nicht gegenüber den Zielen, sondern gegenüber dem Tempo anmeldeten, mit dem Hitler diese erreichen wollte, um sich ihrer zu entledigen. Anfang Februar 1938 wurden Blomberg und Fritsch sowie zwölf weitere ranghohe Generäle unter zum Teil fadenscheinigen Vorwänden entlassen. Hitler selbst übernahm den Oberbefehl über die Wehrmacht.

Zu denen, für die er keine Verwendung mehr hatte, gehörte auch Franz von Papen, Steigbügelhalter Hitlers bei der Machtübernahme und jetzt deutscher Botschafter in Wien. Bis zuletzt hatte er dem Diktator gute Dienste erwiesen, hatte noch einen Besuch des österreichischen Bundeskanzlers und Außenministers Kurt von Schuschnigg in Berchtesgaden vermittelt, der dann auch am 12. Februar 1938, eine Woche nach Papens Entlassung, zustande kam. Ultimativ machte der deutsche dem österreichischen Kanzler deutlich, dass ihm ihre Abmachung vom 11. Juli 1936 nicht mehr reichte. Dabei war Schuschnigg – von Briten und Franzosen im Stich gelassen – Hitler schon damals in einer Reihe von Fragen weit entgegengekommen. Unter anderem hatten sich die Österreicher im Sommer 1936 in einem geheimen Zusatz verpflichtet, ihre äußere Politik »unter Bedachtnahme auf die friedlichen Bestrebungen der Außenpolitik der deutschen Reichsregierung zu führen«.[15]

Jetzt, während der Februar-Besprechung auf dem Obersalzberg, forderte der deutsche Reichskanzler von seinem österreichischen Amtskollegen unter anderem freie Betätigung für die NSDAP in der Alpenrepublik, die Übertragung des Innenministeriums und damit der Polizeigewalt an den Nationalsozialisten Arthur Seyß-Inquart sowie eine koordinierte Außen- und Militärpolitik. Am 9. März 1938 trat Schuschnigg die Flucht nach vorn an und versuchte das am 15. Februar angenommene Berchtesgadener Abkommen doch noch abzuschütteln: Am 13. März sollte die Bevölkerung Österreichs über ihre Zukunft abstimmen und sich dabei für ein »freies und deutsches, unabhängiges und soziales, christliches und einiges Oesterreich« entscheiden.[16]

Das war eine Provokation, die Hitler zur Reaktion zwang. Mängel bei der Vorbereitung des Referendums, vor allem aber die leicht durchschaubare Taktik Schuschniggs, durch ein Heraufsetzen des Wahlalters auf vierundzwanzig Jahre die für den Nationalsozialismus stark eingenommene Jugend von den Urnen fern zu halten, lieferten den Vorwand. Unter massivem Druck aus Berlin gab Schuschnigg sein Vorhaben auf, trat dann auch am 11. März zurück. Aber weder diese Kapitulation noch der Entschluss des österreichischen Bundespräsidenten Wilhelm Miklas, Seyß-Inquart zum neuen Bundeskanzler zu berufen, oder die Ablehnung einer Intervention durch Seyß-Inquart selbst vermochten an der Entschlossenheit der deutschen Führung, und dort vor allem des drängenden Göring, etwas zu ändern.

Nach einem fingierten Hilferuf begann am frühen Morgen des 12. März 1938 der von zahlreichen technischen und taktischen Pannen begleitete Einmarsch deutscher Truppen nach Österreich. Der dortige Empfang durch die jubelnde Bevölkerung überraschte selbst Hitler. Und so unterzeichnete er – entgegen seiner ursprünglichen Absicht – am Abend des folgenden Tages das »Gesetz über eine Wiedervereinigung Österreichs mit dem Deutschen Reich«, »meldete« am 15. März in Wien vor einer unüberschaubaren Menschenmenge den »Eintritt«

seiner Heimat in das Deutsche Reich, ließ den Anschluss am 10. April durch ein Plebiszit bestätigen und konnte so den bislang größten Erfolg seiner Kanzlerschaft einfahren. Das galt für seine nunmehr unangefochtene Popularität im Innern, und es galt für die Bestätigung seiner außenpolitischen Prognosen und Analysen: England und mit ihm Frankreich hatten stillgehalten, und Mussolini stand endgültig auf seiner Seite. Als dieser am Vorabend des Einmarsches sein Einverständnis mit der Aktion signalisierte, ließ Hitler ihm ausrichten, er »werde ihm das nie vergessen … Nie, nie, nie, es kann sein, was sein will.«[17]

Kein Wunder, dass sich Hitler unter dem Eindruck dieser Entwicklung bereits Ende März 1938 entschieden zeigte, das nächste Ziel ins Auge zu fassen und die sogenannte tschechoslowakische Frage »in nicht allzu langer Zeit zu lösen«.[18] Das signalisierte er jedenfalls Konrad Henlein, dem Führer der Sudetendeutschen Partei dieses Vielvölkerstaates, der Ende 1918 aus der Konkursmasse Österreich-Ungarns hervorgegangen war. Henlein trat dann auch am 24. April mit dem sogenannten Karlsbader Programm an die Öffentlichkeit. Die zentralen Forderungen, darunter »[v]olle Freiheit des Bekenntnisses zum deutschen Volkstum«,[19] waren natürlich für die Prager Regierung nicht akzeptabel. Deshalb ließ Hitler sie erheben. An sich war ihm das Schicksal der Deutschen in der Tschechoslowakei, die immerhin knapp dreißig Prozent der Gesamtbevölkerung stellten, ziemlich gleichgültig. Er brauchte sie für die Umsetzung seiner Pläne, instrumentalisierte ihre außer Frage stehende Diskriminierung für die schon Anfang November 1937 angekündigte Zerschlagung der Tschechoslowakei.

Am 30. Mai 1938 gab Adolf Hitler der Wehrmacht seinen »unabänderliche[n] Beschluß« bekannt, »die Tschechoslowakei in absehbarer Zeit durch eine militärische Aktion zu zerschlagen«. Bis zum 1. Oktober des Jahres sollte die Wehrmacht in die Lage versetzt sein, »Böhmen und Mähren rasch in Besitz zu nehmen« und dann »in das Herz der Tschechoslowakei vorzustoßen«.[20] So geschah es. Und je intensiver die Vorbereitungen für die Umsetzung von »Plan Grün«, so der Deckname des Unternehmens, liefen, umso größer wurden die Bedenken in den Reihen derer, die ihn militärisch zu realisieren beziehungsweise seine Umsetzung diplomatisch zu flankieren hatten.

Der Widerstand, der sich jetzt in den Reihen des Militärs und des Auswärtigen Amtes zu regen, in ersten Anfängen auch zu formieren begann, entzündete sich nicht an den Zielen Hitlers oder dem, was man dafür hielt. Welche Einwände hätte man auch gegen die Wiedereinführung der allgemeinen Wehrpflicht, die Wiederbesetzung der entmilitarisierten Zonen des Rheinlandes oder gegen den Anschluss Österreichs vorbringen sollen? Waren diese Aktionen nicht sämtlich auch Schritte auf dem Weg zur Wiederherstellung der deutschen Großmacht? Waren sie nicht Ausdruck der lange vorenthaltenen Gleichrangigkeit des Reiches im Kreise der Mächte? Erhöhten sie nicht auch die Sicherheit Deutschlands in seiner geostrategisch gefährlichen mitteleuropäischen Lage? Und galt das alles nicht auch für den von Hitler anvisierten nächsten Schritt, die Zerschlagung der Tschechoslowakei?

Nein, gegen das Ziel gab es keine Einwände, jedenfalls keine grundsätzlichen. Und was die Methoden anging, so schlossen die allermeisten Vertreter der Wehrmacht und des Auswärtigen Amtes den Krieg als äußerstes Mittel zur Durchsetzung vitaler Interessen nicht aus – wenn denn alle anderen ausgeschöpft sein oder versagt haben sollten. In keiner dieser Fragen gab es also Differenzen, schon gar keine schwerwiegenden. Was allerdings einige irritierte, waren Hitlers Ungeduld und damit der Zeitpunkt der geplanten Aktion, mit der sich Deutschland während einer Phase in einem großen Krieg wiederfinden konnte, in der es gerade erst dabei war, sich für ihn zu rüsten. Es war und blieb jedoch eine Minderheit, die solche Überlegungen anstellte und bereit war, Konsequenzen zu ziehen, zu denen äußerstenfalls auch der Staatsstreich gegen Hitler gehörte.

In den Reihen der Militärs zählten dazu vor allem der Generalstabschef des Heeres, Ludwig Beck, der am 18. August 1938 seinen Abschied nahm, und sein Nachfolger Franz Halder, außerdem der Chef der Abwehr, Wilhelm Canaris, und sein Mitarbeiter Hans Oster. Im Auswärtigen Dienst war Staatssekretär Ernst Freiherr von Weizsäcker darum bemüht, einen großen europäischen Krieg zu verhindern, wenn er auch Hitlers Expansionspläne mit Blick auf die Tschechoslowakei weitgehend unterstützte; und der Chef des Ministerbüros, Erich Kordt, sowie sein Bruder Theodor, Botschaftsrat in London, sondierten in Großbritannien die Möglichkeit eines koordinierten Vorgehens der britischen Diplomatie mit der deutschen Opposition gegen Hitler.

So oder so hing also alles von London ab, und im Mai 1938 hatte es tatsächlich für einige Tage so ausgesehen, als würde Hitler einen Rückzieher machen, wenn eine entschlossen auftretende Tschechoslowakei die Rückendeckung Frankreichs, Großbritanniens und im Hintergrund auch der Sowjetunion finden würde. Aber dann kam alles ganz anders, nämlich so, wie Hitler es vermutet hatte. Die Sowjetunion hielt sich bedeckt – wegen ihrer enormen inneren Schwierigkeiten, aber auch deshalb, weil ihre Beistandsverpflichtung für Prag an die Beistandsbereitschaft Frankreichs gebunden war; Frankreich aber begab sich in der aufziehenden Krise einmal mehr in vollständige Abhängigkeit von Großbritannien; und Großbritanniens Interesse an der Tschechoslowakei war so groß wie sein Interesse an einem europäischen Krieg, also nicht vorhanden: Um ihre vielfältigen überseeischen Aufgaben wahrnehmen zu können, tat die britische Regierung alles für den Erhalt des fragilen europäischen Friedens.

Das erklärt, warum nicht etwa Hitler, der Fordernde, zum britischen Premierminister, sondern Chamberlain, der Gebende, zum deutschen Reichskanzler reiste – und das gleich dreimal innerhalb von vierzehn Tagen. Erstmals kam er am 15. September 1938 nach Deutschland, um auf dem Obersalzberg Hitlers Bedingungen für die Lösung der tschechoslowakischen Krise, allen voran die Forderung nach Selbstbestimmung für die Sudetendeutschen, in Empfang zu nehmen. Eine Woche später, vom 22. bis zum 24. September, hielt sich der britische Premier erneut in Deutschland auf, dieses Mal im rheinischen Bad Godesberg. Im Gepäck hatte er nicht weniger als die Zustimmung der völlig isolierten Prager Regierung zu einem britisch-französischen »Vorschlag« vom 19. September, der faktisch auf eine Autonomie der sudetendeutschen Gebiete der Tschechoslowakei hinauslief. Hitler erwiderte das Entgegenkommen mit einer Serie weiterer Forderungen, darunter die nach einem Einmarsch deutscher Truppen in die fraglichen Gebiete.

Das war hoch gepokert. Würde es zum Krieg kommen? Jedenfalls sah es für einige Tage danach aus: Mobilisierung der tschechoslowakischen Armee, Einberufung der französischen Reservisten, Kriegsvorbereitung der englischen Flotte, ein Friedensappell des Präsidenten der USA im »Namen von 130 Millionen Amerikanern«,[21] und eine unverhohlene Drohung Hitlers, der seinen deutschen »Volksgenossen und -genossinnen« erklärte, dass »nunmehr die deutsche Geduld endlich doch ein Ende« habe[22] – die Zeichen standen auf Sturm, und Chamberlain reiste zum dritten Mal nach Deutschland.

Am 29. September traf er mit Hitler in München zusammen. Mit von der Partie waren diesmal die Ministerpräsidenten Frankreichs und Italiens, Edouard Daladier und Benito Mussolini. Der Duce hatte die Konferenz auf Bitten Chamberlains vermittelt und legte dort einen Vorschlag auf den Tisch, der wiederum im Auswärtigen Amt erarbeitet worden war. Es überrascht daher nicht, dass Hitler die Konferenz als schwere Niederlage empfand: Ausgerechnet Mussolini, auf dessen Unterstützung er nach wie vor angewiesen war, hatte ihn an den Verhandlungstisch und damit um die Chance gebracht, im Herbst 1938 mit einem begrenzten und begrenzbaren Krieg vollendete Tatsachen zu schaffen. Noch im Februar 1945, als die Rote Armee auf Berlin vorrückte, hat Hitler dieser verpassten Gelegenheit nachgetrauert.

Das sogenannte Münchener Abkommen sah unter anderem die Modalitäten der Abtretung der sudetendeutschen Gebiete vor, insbesondere deren Besetzung in Etappen. Außerdem wurden eine baldige Regelung der Frage der ungarischen und polnischen Minderheiten und eine internationale Garantie der neuen Grenzen der Tschechoslowakei gegen einen unprovozierten Angriff vereinbart, die es aber seitens Deutschland nie gegeben hat. Die Bedeutung des Abkommens ist kaum hoch genug zu veranschlagen. Nicht zuletzt erreichte Hitlers Popularitätskurve einen weiteren Höhepunkt, und das wiederum machte die ersten Staatsstreichpläne des Widerstandes zu Makulatur: Zwar war der Putsch so weit vorbereitet, dass man hätte losschlagen können. Wie aber hätte man der Bevölkerung den Sturz eines Staatsmannes erklären sollen, der innerhalb kürzester Zeit solche außenpolitischen Erfolge verbuchen konnte, ohne dass auch nur ein Schuss gefallen wäre? Und so gingen beinahe fünf Jahre ins Land, bis ein Umsturzversuch unternommen wurde.

Allerdings hatte Hitler potente Helfer, allen voran die Westmächte, die ihn nicht nur auf seinem ungebremsten Expansionskurs gewähren ließen, sondern ihm die Beute seines jüngsten Raubzuges sogar mundgerecht auf dem Silbertablett serviert und damit zu weiteren Unternehmungen dieser Art geradezu eingeladen hatten. Das galt für Italien, es galt für England, und es galt auch für Frankreich, das immerhin seit Oktober 1925 die Garantiemacht der Tschechoslowakei war und jetzt, unter der Regie seines Außenministers Georges Bonnet, kurzzeitig die britische Appeasement-Politik noch zu überbieten schien. Kein Wunder, dass Hitler damals zu dem Schluss kam, die Westmächte würden nicht den Mut haben anzugreifen. Kein Wunder auch, dass er am 21. Oktober 1938, kaum dass die Tinte unter dem Münchener Abkommen getrocknet war, den Befehl gab, die Zerschlagung der »Rest-Tschechei« vorzubereiten,[23] und am 17. Dezember ihre »Erledigung« anordnete – vorausgesetzt, »daß kein nennenswerter Widerstand zu erwarten« sei.[24]

Hitler wurde von einer Woge des Erfolgs getragen, ging davon aus, auch seine nächsten Schritte ohne größeres Risiko tun zu können. Das erklärt, warum er Anfang 1939, mitten in den Vorbereitungen für den Schlag gegen die Tschechoslowakei, bereits den Blick über Mitteleuropa hinaus richtete und mit den Planungen für die Errichtung einer deutschen Weltherrschaft begann. Wie konkret seine Vorstellungen im Einzelnen waren, sei dahingestellt. Jedenfalls befahl er Ende Januar 1939, den Bau einer großen Überseeflotte zu beschleunigen, und wenige Wochen später wurden die zuständigen Stellen angewiesen, die Planungen für die Wiedererrichtung eines deutschen Kolonialreiches in Afrika zu forcieren.

Die weitere Entwicklung in Europa schien es zu rechtfertigen, ferner liegende Ziele ins Auge zu fassen. Denn die Zerschlagung der Tschechoslowakei war eine Sache von wenigen Tagen und Stunden. Am 13. März 1939 rief der deutsche Reichskanzler Adolf Hitler den slowakischen Ministerpräsidenten Jozef Tiso, der gerade vom tschechoslowakischen Staatspräsidenten Emil Hácha abgesetzt worden war, nach Berlin und zwang ihn unter massivem Druck zur Loslösung des Landes von der Tschechoslowakei: Am folgenden Tag proklamierte der Landtag die Unabhängigkeit des slowakischen Staates.

Zu diesem Zeitpunkt hielten sich Hácha und der tschechoslowakische Außenminister František Chvalkovský bereits in Berlin auf. Dort erfuhren sie, dass der deutsche Einmarsch am folgenden Morgen, sechs Uhr, beginnen werde, und legten folglich – mangels Alternativen und international völlig isoliert – »das Schicksal des tschechischen Volkes und Landes vertrauensvoll in die Hände des Führers des Deutschen Reiches«.[25] Hitler selbst degradierte am 16. März auf der Prager Burg Böhmen und Mähren zu einem »Protektorat« des Deutschen Reiches und stellte fest: »Die Tschecho-Slowakei hat damit aufgehört zu existieren.«[26]

Tatsächlich war der Vielvölkerstaat zwanzig Jahre nach seiner Gründung vollständig zerschlagen: Der größte Teil, die sudetendeutschen Gebiete sowie Böhmen und Mähren, gehörte fortan zum Deutschen Reich beziehungsweise wurde von ihm verwaltet. Die Slowakei war ein formal unabhängiger Staat und stand seit dem 23. März 1939 vertraglich in einem »Schutzverhältnis« zum Deutschen Reich.[27] Ungarn hatte sich schon im November 1938 mit deutscher und italienischer Unterstützung die sogenannten oberungarischen Gebiete der Tschechoslowakei gesichert und verleibte sich am 14. März 1939 die vorübergehend unabhängige Karpato-Ukraine ein. Und auch Polen gehörte zu den Gewinnern dieses von Deutschland angeführten internationalen Beutezuges: Unmittelbar nach Unterzeichnung des Münchener Abkommens rückten polnische Truppen in das oberschlesische Teschener Gebiet ein und holten sich so unter anderem zurück, was Polen 1920 im Krieg gegen Sowjetrussland an die Tschechoslowakei hatte abtreten müssen.

Wenn der Höhepunkt einer Entwicklung zugleich ihr Scheitelpunkt ist, so hatte die deutsche Außenpolitik ihn mit der Zerschlagung der Tschechoslowakei insofern erreicht, als sie zum letzten Mal einen spektakulären Erfolg verbuchen konnte, ohne dass es zum Krieg gekommen wäre. Der Wirkung dieses Erfolges konnten sich auch jene Offiziere und Diplomaten nicht entziehen, die sich inzwischen in Opposition zu Hitlers Kurs befanden: Die »Aktion gegen die Tschechei«, fand Ulrich von Hassell, sei »glänzend durchgeführt, zur völligen Überraschung der Welt, die entsetzt den Mund aufsperrt. Ein äußerer Erfolg ohnegleichen.« Allerdings wurde dem vormaligen Botschafter zugleich »angst und bange dabei. Es ist der erste Fall offenbarer Hybris, das Überschreiten aller Grenzen, zugleich jedes Anstands.«[28]

Genau so wurde das Unternehmen dann auch außerhalb Deutschlands aufgenommen, und die Welt ließ es erstmals nicht mehr dabei, »entsetzt den Mund aufzusperren«. Zum Beispiel Italien. Mussolini war über die unabgesprochenen Aktionen des Partners wenig amüsiert, nutzte die turbulente internationale Situation, ließ – ohne vorherige Konsultation

Hitlers – am 7. April 1939 Albanien besetzen und erfüllte damit eine alte Forderung des italienischen Imperialismus. Die Quittung, nämlich eine Garantie für Griechenland und Rumänien, die Großbritannien und Frankreich sechs Tage später ausstellten, kam nicht ganz aus heiterem Himmel. Ähnlich hatte die britische Regierung nämlich schon zugunsten Polens Position bezogen und am 31. März durch den Premierminister vor dem Unterhaus klargestellt, dass »im Falle irgendeiner Aktion, die klarerweise die polnische Unabhängigkeit bedrohte, ... Seiner Majestät Regierung sich verpflichtet fühlen würde, der polnischen Regierung alle in ihrer Macht stehende Hilfe sofort zu gewähren«.[29]

Natürlich war nicht zu übersehen, dass Chamberlain unter wachsendem Druck der eigenen Öffentlichkeit agierte; auch war nicht zu überhören, dass man in London zwar die »Unabhängigkeit« Polens garantiert hatte, nicht aber seine Grenzen. Das ließ auch in Zukunft Raum für Manöver. Dennoch hatte die britische Regierung erstmals überhaupt auf eine Art reagiert, die erkennen ließ, dass Hitlers Spielraum Grenzen gesetzt waren. Dass die Briten das zu diesem Zeitpunkt und im Falle Polens taten, war kein Zufall. Rechnete man nämlich eins und eins zusammen, musste einem klar werden, dass dieses Land als nächstes an der Reihe war.

Darauf deuteten nicht nur Hitlers Schläge gegen die Tschechoslowakei, sondern auch andere Aktivitäten dieser Wochen und Monate hin. Zum Beispiel die Beitritte Ungarns und Spaniens zum Antikominternpakt am 24. Februar beziehungsweise 27. März 1939, wobei insbesondere die immer intensivere Annäherung des strategisch wichtigen Ungarn an die Seite Deutschlands aufschlussreich war. Ähnliches galt für die Verträge, die das Reich am 22. beziehungsweise 23. März mit Litauen und Rumänien schloss. Der Gewaltverzichtsvertrag mit Litauen sah zugleich die Wiedereingliederung des gerade durch deutsche Truppen besetzten Memelgebiets vor; der Wirtschaftsvertrag mit Rumänien sicherte Deutschland die für die Kriegführung wichtigen Ölvorkommen des Landes.

Blieb Polen. Im Winter 1938/39 war sein Schicksal noch keineswegs entschieden. Dass in Hitlers Lebensraum-Planungen kein Weg an einer Vernichtung des Landes vorbeiführte, ist gewiss. Andererseits hatte Hitler Polen von der Zerschlagung der Tschechoslowakei profitieren lassen. Auch ließ der Kanzler seit Ende Oktober 1938 über seinen Außenminister die Möglichkeit einer deutsch-polnischen Kooperation prüfen, lotete aus, ob nicht ein Zusammengehen mit Polen gegen die Sowjetunion für beide Seiten eine interessante Option sein könnte. Allerdings war der Preis, den er dafür verlangte, nämlich unter anderem die Rückkehr Danzigs zum Reich, für Warschau eindeutig zu hoch. Am 26. März 1939 ließ der seit 1932 amtierende Außenminister Józef Beck, der nach dem Tode Piłsudskis immer stärker die Zügel in die Hand genommen hatte, durch seinen Botschafter in Berlin, Józef Lipski, Hitlers Vorschlägen und Forderungen definitiv eine Abfuhr erteilen.

Der reagierte auf seine Weise – umgehend und kompromisslos: Am 3. April wies Hitler das Oberkommando der Wehrmacht an, die Kriegsvorbereitungen gegen Polen bis zum 1. September 1939 abzuschließen, und einige Wochen später, am 23. Mai, erläuterte er den führenden Militärs, welche Ziele er dabei verfolgte: »Danzig ist nicht das Objekt, um das es geht. Es handelt sich um die Erweiterung des Lebensraumes im Osten und Sicherstellung der Ernährung, sowie der Lösung des Baltikum-Problems.«[30] Seine Ausführungen ließen erkennen, dass sich Hitler erstmals nicht wirklich sicher war, wie der Rest der Welt auf diese Aktion reagieren würde. Das galt jetzt auch für die USA.

Zwar spielten die Vereinigten Staaten in dieser Ansprache keine Rolle, doch hatte ihr Präsident wenige Wochen zuvor Hitler zur Stellungnahme gezwungen. Franklin D. Roosevelt, der 1882 geborene zweiunddreißigste Präsident der Vereinigten Staaten, hatte sein Amt Anfang März 1933 – also wenige Wochen nach Hitlers Machtübernahme – angetreten. Als er Mitte April 1945, zwei Wochen bevor sich Hitler im Bunker der Reichskanzlei das Leben nahm, nach einem Gehirnschlag starb, wusste er, dass der deutsche Diktator so gut wie zur Strecke gebracht war. Ohne Zweifel gehörte dieser willensstarke, nach einer Kinderlähmung auf den Rollstuhl angewiesene Mann zu den entschiedensten Widersachern Hitlers.

Als Roosevelt Mitte April 1939 rhetorisch in die Offensive ging, reagierte er unter anderem auf die Radikalisierung des Antisemitismus in Deutschland. Am 9. November 1938 hatten die Gewalttaten und Exzesse der sogenannten Reichskristallnacht erkennen lassen, dass Hitler offenbar meinte, was er sagte, und am 31. Januar 1939 sagte er vor dem Reichstag, was er meinte: »Wenn es dem internationalen Finanzjudentum in und außerhalb Europas gelingen sollte, die Völker noch einmal in einen Weltkrieg zu stürzen, dann wird das Ergebnis nicht die Bolschewisierung der Erde und damit der Sieg des Judentums sein, sondern die Vernichtung der jüdischen Rasse in Europa.«[31]

Es waren diese Radikalisierung des Antisemitismus und das außenpolitische Vorgehen Deutschlands im Frühjahr 1939, die Roosevelt aus der Reserve lockten. Am 14. April forderte er Hitler in einem gleichzeitig veröffentlichten Telegramm auf, in den kommenden Jahren von Aggressionen gegen etwa dreißig namentlich genannte Staaten Europas und des Nahen Ostens abzusehen. Vierzehn Tage später antwortete ihm Hitler mit einer seiner längsten Reden vor dem Reichstag, die er mit dem »demütigen Dank« an die Adresse der »Vorsehung« eröffnete und in der er seinen Willen bekräftigte, das »deutsche Volk aus seiner Niederlage zu erheben und es aus den Fesseln des schandvollsten Diktats aller Zeiten zu lösen«.[32] Mit beißender Polemik wies er Roosevelts Ausführungen Punkt für Punkt zurück, machte unter anderem darauf aufmerksam, dass einige der vom Präsidenten aufgeführten, vermeintlich von Deutschland bedrohten Länder – wie Syrien, Irland oder Palästina – zur Zeit unter britischer Kontrolle standen, und gab bei dieser Gelegenheit die Kündigung sowohl des Flottenabkommens mit Großbritannien als auch des Nichtangriffspaktes mit Polen bekannt.

Keine Frage, die Zeichen standen auf Sturm. Hitler wollte den Krieg gegen Polen. Um ihn schnell und erfolgreich führen zu können, musste unter allen Umständen eine Zweifrontensituation verhindert werden. So gesehen hatte sich an Deutschlands Lage seit den Tagen der Reichsgründung nichts geändert. Da man nach der britischen Kurskorrektur vom 31. März 1939 nicht mehr ohne weiteres davon ausgehen konnte, dass die Westmächte bei einem deutschen Angriff auf Polen stillhalten würden, rückte jetzt zwangsläufig die Sowjetunion ins Zentrum des Kalküls. Nicht ohne Grund ging Hitler in der Besprechung mit seinen Militärs am 23. Mai 1939 davon aus, dass »Rußland sich an der Zertrümmerung Polens desinteressiert«[33] zeigen könnte: Wochen zuvor hatte nämlich der Kreml seinerseits bemerkenswerte Signale nach Berlin gesandt.

Dort hatte seit Mitte der zwanziger Jahre Josef Stalin das Sagen. Der 1879 geborene Georgier hat das Gesicht der Sowjetunion und den Verlauf der Weltpolitik für beinahe dreißig Jahre geprägt wie kein Zweiter. Einer wechselvollen Laufbahn als relegierter Theologiestudent, Berufsrevolutionär, Deportierter und Verbannter folgte seit 1912, seit seiner Berufung in das Zentralkomitee der bolschewistischen Partei, die Politkarriere. Im ersten Rat der Volkskommissare leitete Stalin das Ressort für Nationalitätenangelegenheiten. Hier ließ er erstmals jene Verbindung aus skrupelloser Brutalität und beachtlicher taktischer Beweglichkeit erkennen, mit der er sich innerhalb kurzer Zeit die Schlüsselrolle in Partei und Staat sicherte und an der letztlich alle seine Gegner, auch Hitler, gescheitert sind. Noch bevor der schwer kranke Lenin im Januar 1924 starb, hatte Stalin die Spitze erreicht.

Als Hitler und Deutschland zum Siegeszug durch Europa antraten, waren Stalin und die Sowjetunion kaum handlungsfähig: Zwischen 1926 und 1939 dürfte die Bevölkerung des Landes um beinahe neunzehn Millionen zurückgegangen sein. Zunächst kostete die große Hungersnot, die der Missernte von 1931 folgte, Millionen das Leben. Dann forderte Stalins

Vernichtungsfeldzug gegen tatsächliche und vor allem gegen vermeintliche Gegner ein Millionenheer von Opfern, nicht zuletzt in den Reihen der Roten Armee. Dabei galt: je höher der Dienstgrad, umso geringer die Überlebenschance. Damit waren die Streitkräfte des Landes praktisch ohne Führung und kaum einsatzbereit, jedenfalls nicht in einem großen Krieg.

Angesichts dieser Lage gewannen die Entwicklungen in Mitteleuropa für Stalin geradezu existentielle Bedeutung. Das galt für das Vorrücken Hitlers nach Osten, und es galt für das entsprechende Zurückweichen der Westmächte. Was den sowjetischen Diktator besonders irritierte, war deren Münchener Umarmungsstrategie. Warum wurde das Deutsche Reich von Briten und Franzosen regelrecht umworben? Warum wurde die Sowjetunion systematisch isoliert, von der Lösung der tschechoslowakischen Krise ausgeschlossen, nicht nach München eingeladen, obgleich sie eine der Beistandsmächte Prags war? Man musste nicht einmal Stalins paranoiden Verfolgungswahn besitzen, um zu einer naheliegenden Erklärung zu kommen: Ging man der Sache auf den Grund, dann versuchte allen voran die traditionell antibolschewistisch eingestellte britische Regierung, die natürlichen Gegner der Sowjets gegen Moskau in Stellung zu bringen. Nicht nur die Deutschen, sondern auch die Japaner. Als sich die Engländer mit diesen Ende Juli 1939 im Konflikt um Tientsin verständigten, kam das einer Hinnahme der japanischen Expansion in China gleich. Damit konnte sich Japan, an dieser Front entlastet, ganz auf die Sowjetunion konzentrieren.

Die Politik kollektiver Sicherheit war gescheitert, so viel stand für Stalin fest. Also musste Außenminister Litwinow Anfang Mai 1939 seinen Hut nehmen. Da er Jude war, ließ sich seine Entlassung und Ersetzung durch Wjatscheslaw Michailowitsch Molotow auch als ein Hinweis an die Adresse Hitlers verstehen. Ein weiteres Signal waren die seit Ende 1938 zwischen Moskau und Berlin geführten Gespräche über Wirtschaftsfragen. Hitler war gewiss nicht Stalins erste Wahl. Aber wenn die andere Option, ein Zusammengehen mit England und Frankreich gegen Deutschland, nicht realisierbar war, blieb keine als diese.

Es lag also an den Westmächten, und die ließen sich Zeit. Dabei waren es Franzosen und Briten gewesen, die seit Mitte April 1939 bei den Sowjets ein Bündnis angeregt und damit entsprechende Verhandlungen in Gang gesetzt hatten. Sie führten auch zunächst zum Erfolg. Am 24. Juli vereinbarten die drei eine Beistandsverpflichtung, die in einem nicht veröffentlichten Zusatz auf zehn weitere Länder, darunter Belgien, die baltischen Staaten, Polen und Rumänien, ausgedehnt wurde. Allerdings konnte sie erst in Kraft treten, nachdem eine ergänzende Militärkonvention geschlossen war, und zu der ist es nie gekommen. Gewiss, Stalins Forderungen, wie zum Beispiel das Durchmarschrecht durch Polen und Rumänien, waren für seine Partner nur schwer, wenn überhaupt zu akzeptieren. Aber dass sich die britische Delegation Zeit ließ, dass sie zunächst auf dem Seeweg an- und dann mit der Bahn weiterreiste, so dass die Verhandlungen erst am 12. August beginnen konnten, war schon deshalb irritierend, weil der britische Premierminister seinerzeit nicht schnell und oft genug hatte reisen können, als er zu Hitler wollte.

Anders die Deutschen. Seit Ende Juli sandten sie auf verschiedenen Ebenen – direkt und indirekt, formell und informell – deutliche Signale an die Sowjets, dass man über einen Neutralitätsvertrag sprechen könne und dass es von der Ostsee bis zum Schwarzen Meer kein Problem gebe, das sich »nicht zur beiderseitigen Zufriedenheit« lösen ließe. So äußerte sich zum Beispiel Ribbentrop Anfang August 1939 gegenüber dem Geschäftsträger an der sowjetischen Botschaft in Berlin.[34] Drei Wochen später war Stalin das Taktieren der Westmächte satt und stellte das Verhandlungssignal in Richtung Berlin auf Grün. Ribbentrop fackelte nicht lange, stieg ins Flugzeug und setzte – noch in der Nacht nach der Ankunft und im Beisein Stalins – seine Unterschrift unter zwei Abkommen, die er mit Molotow ausgehandelt hatte und die als »Hitler-Stalin-Pakt« in die Geschichte eingegangen sind.

Der eigentliche Vertrag, ein auf den 23. August datierter Neutralitäts- und Nichtangriffspakt, bezog sich zwar ausdrücklich auf den Berliner Vertrag vom April 1926, aber das war Augenwischerei. Als sich die Zeitgenossen am nächsten Morgen ob der Nachricht überrascht die Augen rieben, war klar, dass die Bedingung, unter der sich Deutsche und Sowjets seinerzeit die Neutralität zugesagt hatten, nämlich ein Angriff durch einen Dritten »trotz friedlichen Verhaltens«, jetzt fehlte. Damit war einem Angriff des einen, des anderen oder beider auf einen dritten Tür und Tor geöffnet.

Das konnte man sehen, ohne den geheimen Zusatz zu kennen, dessen Existenz die Sowjets bis 1989, also bis in die Dämmerstunden ihrer Herrschaft hinein, geleugnet haben. Sie wussten warum. Denn mit diesen geheimen Absprachen ließen sie sich durch die Deutschen eine Reihe jener Gebiete wieder zusichern, die Russland im Verlauf des Ersten Weltkrieges nicht zuletzt als Folge der deutschen Kriegführung verloren hatte. Das galt für Finnland, Estland, Lettland, Bessarabien, also den östlichen Teil Rumäniens, sowie Polen östlich einer Linie, die grob durch die Flüsse Narew, Weichsel und San markiert wurde. Polen westlich dieser Linie und Litauen fielen in die deutsche Interessensphäre. Die rasche Einigung auch in diesen delikaten territorialen Angelegenheiten wurde möglich, weil sich beide Seiten in höchstem Maße kompromiss- und konzessionsbereit zeigten. Natürlich wollten sie mehr, aber sie gingen davon aus, dass ihnen ohnehin über kurz oder lang alles zufallen werde.

In der gegebenen Situation zogen beide aus dieser Regelung Vorteile. Für den Moment reichte ihnen das; was danach kam, würde man sehen. Er und Stalin, hatte Hitler einen Tag vor Vertragsunterzeichnung gesagt, seien »die Einzigen, die nur die Zukunft sehen«.[35] Dass die beiden in ihren Absprachen keine Dauerlösung sahen, lag auf der Hand. Für Hitler war der Pakt mit dem, den er früher oder später angreifen und vernichten wollte, ein Zwischenschritt, den er, so wie die Dinge nun einmal lagen, wohl oder übel tun musste, um seinem eigentlichen Ziel, dem rassenideologisch motivierten Vernichtungskrieg, näher zu kommen. Bei Stalin sah es, was die Lageanalyse angeht, nicht wesentlich anders aus. Beide rückten ja ein gutes Stück an ihren gefährlichsten Gegner heran.

Vorderhand aber konnten der eine wie der andere davon ausgehen, sich nicht in einem Zweifrontenkrieg wiederzufinden, wenn sie sich an die Aufteilung der Beute und zugleich an die Vorbereitung des nächsten Zuges machten. Das galt für Hitler; und es galt für Stalin. Denn zum Zeitpunkt des Vertragsabschlusses befand sich die Sowjetunion in einem nicht erklärten, aber auf beiden Seiten mit hohem Einsatz geführten Krieg gegen Japan. Auf diese Auseinandersetzung im mandschurisch-mongolischen Grenzgebiet, die nach Japans Überfall auf die Mongolische Volksrepublik am 11. Mai 1939 aufgebrochen war, konnte sich Stalin nunmehr ganz konzentrieren. Aber das war nicht der einzige Vorteil, den ihm die Annäherung an Hitler bot. Vielmehr ging er, Pakt hin oder her, davon aus, dass England einem deutschen Angriff auf Polen nicht tatenlos zusehen, dass die britische und in ihrem Gefolge auch die französische Regierung vielmehr jetzt die Notbremse ziehen und Deutschland den Krieg erklären würden – aus sowjetischer Sicht eine ideale Konstellation: die kapitalistischen Mächte im Kampf miteinander.

Hitler sah das anders, hoffte, dass der spektakuläre Zuschlag für Stalin die Briten davon abhalten werde, ausgerechnet wegen Polen einen Krieg gegen Deutschland anzufangen: Für Danzig, für Polen sterben? Das war damals eine in Frankreich und England oft und offen gestellte Frage. Weil Hitler sich seiner Sache aber nicht wirklich sicher war, weil er außerdem, genau wie Stalin, lieber mit London ins Geschäft gekommen wäre, sondierte er im Vorfeld sowohl des Vertragsabschlusses mit der Sowjetunion als auch des Überfalls auf Polen noch einmal die Möglichkeiten einer Verständigung, nahm sogar am Abend des 25. August 1939 den bereits gegebenen Angriffsbefehl zunächst wieder zurück. An diesem Tag war nämlich zwischen England und Polen ein regulärer Beistandspakt unterzeichnet worden. Außerdem hatte Mussolini signalisiert, sich aus einem Krieg gegen Polen heraushalten zu wollen, und auch auf deutscher Seite gab es erhebliche Bedenken, zum Beispiel bei Hermann Göring, der immerhin Oberbefehlshaber der Luftwaffe war.

Aber Hitlers Manöver waren vorübergehende, taktisch motivierte Rochaden, auch Hinweise an die Adresse des eigenen Volkes, dass er bis zuletzt versuchte, den Frieden zu erhalten. Tatsächlich wollte Hitler den Krieg. »Er hat beschlossen«, notierte Italiens Außenminister Galeazzo Ciano, Schwiegersohn Mussolinis, nach einem Treffen mit dem »Führer« Mitte August, »zuzuschlagen, und er wird zuschlagen.«[36]

In den frühen Morgenstunden des 1. September 1939 schlug Hitler zu. Unter einem Vorwand begann um 4.45 Uhr der deutsche Überfall auf Polen. Gegen die mit massiver Luftunterstützung vorrückenden motorisierten Verbände der Wehrmacht hatten die zum Teil noch mit Kavallerieformationen kämpfenden Polen kaum eine Chance, zumal am 17. September auch die Rote Armee von Osten her den Angriff eröffnete. Der Zeitpunkt war kein Zufall.

Zwei Tage zuvor hatte Japan in Ostasien nach verlustreichen Kämpfen einen Waffenstillstand unterzeichnet. Damit hatte Stalin den Rücken frei. Für die Japaner bedeutete das im Übrigen einen erheblichen Gesichtsverlust, der umso schwerer wog, als er, jedenfalls indirekt, auf Kosten der Deutschen ging. Sein Pakt mit Hitler hatte nämlich Stalin die Möglichkeit gegeben, sich seit Ende August ganz auf den Krieg mit Japan zu konzentrieren. Dort vergaß man den Vorfall nicht, und der Preis, den die Deutschen dafür zahlen sollten, war hoch: Japan griff 1941 nicht in ihren Krieg gegen die Sowjetunion ein.

Unter dem konzentrierten Feuer der beiden angreifenden Armeen kapitulierten die polnische Hauptstadt am 27. September und die letzten Feldtruppen zehn Tage darauf. In den Stunden des Falls von Warschau machte sich der deutsche Außenminister erneut auf den Weg nach Moskau, und schon am folgenden Tag, also am 28. September 1939, waren sich Ribbentrop und Molotow einmal mehr einig: Ein Grenz- und Freundschaftsvertrag bestätigte die Zusammenarbeit und regelte den Verlauf der gemeinsamen Grenze in Polen, der in einem von drei vertraulichen beziehungsweise geheimen Zusätzen näher beschrieben wurde. Danach fiel »das Gebiet des litauischen Staates in die Interessensphäre der UdSSR«,[37] Zentralpolen hingegen ging an Deutschland, das hieß: die Rote Armee zog sich von der Weichsel an den Bug zurück.

Näheres wurde auf einer Karte festgehalten, die als eines der wenigen Originaldokumente der deutschen Seite erhalten und in mehrfacher Hinsicht aufschlussreich ist: Zum einen trägt sie die Unterschriften beider Seiten – für die deutsche diejenige Ribbentrops; für die sowjetische nicht etwa diejenige Molotows, sondern die Stalins. Obgleich er im Spätsommer 1939 lediglich Generalsekretär der KPdSU war, also kein Staatsamt innehatte, nahm der sowjetische Diktator immer wieder an den Verhandlungen teil und quittierte dann auch deren Ergebnis mit seiner Unterschrift. Damit bestätigte Stalin unter anderem zwei bemerkenswerte territoriale Details: Einmal überließen die Sowjets den Deutschen den polnischen Suwalki-Zipfel, ein strategisch wichtiges Gebiet im Knick der Memel, von dem aus in den Morgenstunden des 22. Juni 1941 die Neunte Deutsche Armee zum Angriff auf die Sowjetunion antrat. Zum anderen blieb das nördlich davon gelegene litauische Gebiet von Mariampol, der sogenannte Litauenzipfel, bei Deutschland – jedenfalls vorerst: Stalin hat es seinerseits, mit Blick auf den Krieg, freilich nie aufgegeben und schließlich, im Januar 1941, für einen hohen Preis auch bekommen. Siebeneinhalb Millionen Golddollar – die 1867 für den Verkauf Alaskas eingenommene Summe, zu verrechnen in Buntmetallen beziehungsweise mit sowjetischen Warenlieferungen – war dem Kreml der bereits durch die Rote Armee besetzte Gebietsstreifen wert.[38]

Stalins Unterschrift auf der Karte vom 28. September 1939 ist beinahe sechzig Zentimeter lang, und nicht ohne Grund kann man darin den Ausdruck eines Triumphes lesen. Dass die Sowjetunion bei dem Handel mehr Fläche gewann, als sie an Deutschland abtreten musste, war nicht einmal entscheidend. Das ganze war ohnehin nur eine Übergangslösung: Auch jetzt gingen Stalin wie Hitler davon aus, dass ihnen über kurz oder lang die ganze Beute gehören werde. Entscheidend war, dass Stalin Hitler in Polen einstweilen genau jene Gebiete überließ, in denen die Identität des Landes und seines Volkes wurzelten. Wenn es einen Aufstand gegen die Besatzer geben würde, dann hier. Nicht zuletzt aber handelte es sich bei der Ende September 1939 zwischen Ribbentrop und Molotow vereinbarten Grenze – mit wenigen Ausnahmen – um eine bekannte Linie. Sie war Sowjets und Polen Ende 1919 durch den Obersten Rat der Entente als gemeinsame Grenze vorgeschlagen worden, um den drohenden Ausbruch eines Krieges zwischen beiden Ländern zu verhindern, und firmierte seit 1920 als »Curzon-Linie«, benannt nach dem britischen Außenminister.

Nach wie vor galt, was 1920 als ein Argument für diese Grenze genannt worden war: Östlich von ihr lebten vor allem Weißrussen und Ukrainer. Also rückten Stalins Armeen jetzt mit der Begründung ein, sie würden diese Völker von der polnischen Zwangsherrschaft befreien. Ein zynischer Vorwand, der auch für die Art und Weise herhalten musste, mit der die sowjetischen Besatzer gegen die polnische Bevölkerung vorgingen: Deportationen und Hinrichtungen waren an der Tagesordnung. Darin unterschied sich das sowjetische Vorgehen kaum von dem der Deutschen in deren »Interessensphäre«.

Denn mit dem Überfall auf Polen begann auch, Schritt für Schritt, der von Hitler immer gewollte rassenideologisch begründete Vernichtungs- und Vertreibungsfeldzug. Nach Auflösung der Militärverwaltung wurde am 12. Oktober 1939 in dem von Deutschland besetzten Teil Polens ein Generalgouvernement eingerichtet, an dessen Spitze Hans Frank stand. Nachdem einige Gebiete, insbesondere die vormals zu

Deutschland gehörenden Territorien einschließlich Danzigs, dem Reich ein- beziehungsweise wiedereingegliedert worden waren, wurden bis zum Sommer 1941 eine Million Polen von dort ins Generalgouvernement umgesiedelt, soweit sie nicht, wie die Angehörigen der polnischen Intelligenz, bereits umgebracht worden waren.

Im Generalgouvernement hatte inzwischen jene »Ordnung und Regelung des jüdischen Problems« begonnen, die Hitler am 6. Oktober 1939 vor dem Reichstag angekündigt hatte.[39] Dahinter verbargen sich zum einen die Verbannung und Einpferchung der jüdischen Bevölkerung in Großghettos, zum anderen aber, so der zuständige Gouverneur, Maßnahmen, durch die Polen »entjudet« werden sollte.[40] Dafür zuständig waren vor allem die SS, die Sicherheitspolizei und der Sicherheitsdienst. Die Wehrmacht war vorerst nicht, jedenfalls nicht direkt, in diese Maßnahmen involviert.

So waren schon in der ersten Etappe alle Elemente erkennbar, die für diesen Krieg charakteristisch werden sollten. Das galt für die Motive, die Ziele und die Methoden der deutschen Kriegführung, wenn sie auch noch nicht ihre radikalste Ausformung gefunden hatten. Es galt für den Hintergrund der europäischen Auseinandersetzung, den Konflikt in Ostasien. Und es galt für die Haltung der Westmächte, allen voran Englands. Wie von Stalin prognostiziert, hatten Großbritannien und Frankreich, nach Ablauf eines Ultimatums, Deutschland am 3. September 1939 den Krieg erklärt. Allerdings stand hinter dem völkerrechtlichen Akt keineswegs der politische und militärische Wille, den Krieg auch zu führen.

So sahen London und Paris davon ab, nach dem 17. September 1939 auch der Sowjetunion den Krieg zu erklären. Abgesehen davon, dass Großbritannien aufgrund eines geheimen Zusatzes zu seinem Beistandspakt mit Polen dazu nicht verpflichtet war, zog man sich auf das Argument zurück, das auch Stalin beim Einmarsch der Roten Armee mobilisiert hatte: Der polnische Staat habe aufgehört zu existieren. Und was den

Krieg gegen Deutschland anging, beließ man es bei symbolischen Aktionen. Es gibt sogar gute Gründe für die Annahme, dass sich die Regierung Chamberlain mit den geschaffenen Tatsachen abgefunden hätte, wären die deutschen Truppen auf die Reichsgrenze von 1914 zurückgenommen worden. Diesen Vorschlag hatten jedenfalls Vertreter der konservativen Opposition gegen Hitler nach London signalisiert, ihn allerdings mit der Zusage verbunden, in diesem Fall das Hitler-Regime zu stürzen und den Krieg zu beenden.

Spätestens mit der Bildung der ersten Koalitionsregierung unter Winston S. Churchill am 10. Mai 1940 war es mit dieser Chance, so sie denn je bestanden hat, vorbei. Hitler selbst hatte schon am 27. September 1939 seinen Entschluss kundgetan, »Frankreich zu zerschlagen«. Er brauchte die Ruhe an dieser Front, um sich auf sein eigentliches Ziel, die Sowjetunion, konzentrieren und England »auf die Knie ... zwingen« zu können.[41] Dass der Angriff auf Frankreich insgesamt 29-mal verschoben wurde, ließ allerdings auch erkennen, wie unzureichend die Wehrmacht zu diesem Zeitpunkt auf den großen europäischen Krieg vorbereitet war.

Ohne die Fähigkeit und den Willen zur Improvisation, ohne Hitlers Bereitschaft, aufs Ganze zu gehen, Vabanque zu spielen, hätte sich Deutschland mit dem Polen-Feldzug in eine ausgesprochen schwierige Lage manövriert: im Westen der Kriegszustand mit den dortigen Großmächten; im Osten eine gemeinsame Grenze mit der Sowjetunion, dem eigentlichen Gegner; im Süden ein abwartender italienischer, in Fernost ein düpierter japanischer Partner. So aber ergriff Hitler einmal mehr die Initiative und ließ am 9. April 1940 den Angriff auf Dänemark und Norwegen eröffnen.

Neben der Sicherung der Rohstoffzufuhr, vor allem der schwedischen Erzlieferungen, und der Verbesserung der Ausgangslage für die Kriegführung auf dem Atlantik spielten England und die Sowjetunion in Hitlers Kalkül eine wichtige Rolle: Den Briten, denen die Deutschen um wenige Stunden zuvorkamen, sollte der Zugang nach Skandinavien versperrt werden, und auch den Sowjets wollte Hitler ein Signal senden. Denn am 30. November 1939 hatte Stalin den sogenannten Winterkrieg gegen Finnland eröffnet. Zwar offenbarte er erhebliche Schwächen der Roten Armee – die Finnen konnten ihre Unabhängigkeit behaupten, und die Sowjets mussten sich am 12. März 1940 im Frieden von Moskau mit einigen Gebietsgewinnen begnügen. Aber insgesamt lief der Beutezug doch auf eine relative Stärkung der Sowjetunion hinaus.

Der deutsche Nordfeldzug war unter militärischen Gesichtspunkten ein wesentlich größerer Erfolg. Zwar leisteten die norwegischen Truppen hartnäckigen Widerstand und kapitulierten erst am 10. Juni 1940; auch waren die deutschen Verluste, etwa nach der alliierten Besetzung Narviks, nicht unbeträchtlich. Aber die Ziele wurden erreicht, schon weil die letzten Truppen der Westmächte zum Zeitpunkt der norwegischen Kapitulation den Norden des Landes wieder geräumt hatten – aus gutem Grund: In den Morgenstunden des 10. Mai hatte der deutsche Angriff auf Belgien, die Niederlande, Luxemburg und Frankreich begonnen. In nicht einmal sechs Wochen schaffte Hitlers Wehrmacht, was den Armeen des Kaisers in mehr als vier Jahren nicht gelungen war. Nach der frühen Kapitulation der niederländischen, dann der belgischen Streitkräfte unterzeichneten die Franzosen am 22. Juni 1940 den Waffenstillstand – selbstredend im Wald von Compiègne, in jenem Eisenbahnwaggon, in dem seinerzeit die Vertreter Deutschlands die Niederlage im Ersten Weltkrieg hatten besiegeln müssen.

Zwei Drittel Frankreichs, vor allem der Norden mit Paris und die Atlantikküste bis zur spanischen Grenze, wurden besetzt; der Rest stand vorerst unter der Kontrolle einer französischen Regierung mit Henri Philippe Pétain an der Spitze. Sie residierte in Vichy und blieb von den meisten Staaten, die sich nicht im Kriegszustand mit Deutschland befanden, anerkannt, unter ihnen die USA und die Sowjetunion. Dass es einen einsamen Rufer gab, dass Charles de Gaulle Mitte Juni 1940 von London aus seine Landsleute beschwor, den Kampf an der

Seite des britischen Weltreiches fortzusetzen, interessierte in diesem Moment kaum jemanden.

Schon gar nicht Hitler, denn der war jetzt auf dem Gipfel seiner Popularität angelangt. Und weil nichts erfolgreicher ist als der Erfolg, verstummten seine letzten Kritiker im In- und Ausland gleichsam über Nacht. Von wenigen Ausnahmen abgesehen, standen jetzt die Spitzen von Wehrmacht und Auswärtigem Amt wie ein Mann hinter ihm, und auch seine Partner im europäischen und außereuropäischen Ausland suchten wieder seine Nähe. Das galt selbst für Japan. Es galt ohnehin für Spanien und Italien, das am 10. Juni seine Reserve aufgab und in den Krieg gegen Frankreich eintrat.

Dabei wurde ein Motiv erkennbar, das Hitler bald zu schaffen machte. Es waren nämlich nicht zuletzt seine Partner – Italien, aber auch die Sowjetunion –, welche die deutschen Erfolge mit zunehmender Irritation quittierten und ihrerseits zur Tat schritten. Ende Juni 1940 begann die sowjetische Besetzung Bessarabiens sowie, über die Vereinbarungen des Hitler-Stalin-Paktes hinausgehend, auch der Nordbukowina, und am 21. Juli wurden Estland, Lettland und Litauen endgültig in Sowjetrepubliken umgewandelt.

Blieb England. Obgleich fast vollständig isoliert, fasste die neue britische Regierung, fasste namentlich Winston S. Churchill den einsamen Entschluss durchzuhalten. 1874 geboren, hatte er bereits eine bewegte Karriere als Soldat, Kriegsberichterstatter, Historiker, Parlamentsabgeordneter für die Konservativen, zwischenzeitlich auch für die Liberalen, sowie als Minister diverser Ressorts hinter sich, als er antrat, Hitler die Stirn zu bieten.

Dabei konnte man in London vorerst kaum mit effektiver Unterstützung durch die USA rechnen. Zum Glück, womöglich auch aus Kalkül, hatten Gerd von Rundstedt, der Oberbefehlshaber der Heeresgruppe A, und Hitler während des Westfeldzuges die Panzerspitzen vor Dünkirchen anhalten lassen und damit dem britischen Expeditionskorps, immerhin

225 000 Mann, seit dem 24. Mai die Evakuierung ermöglicht. Aber natürlich war damit kein Krieg zu gewinnen. Dennoch gingen die Briten in eine begrenzte Offensive. So versenkten sie zum Beispiel Anfang Juli das bei Oran in Algerien liegende französische Flottengeschwader, um es einem eventuellen deutschen Zugriff zu entziehen, und führten schon seit der Nacht vom 15. auf den 16. Mai 1940 in begrenztem Umfang auch den strategischen Luftkrieg gegen Deutschland.

Spätestens seit die britische Regierung am 22. Juli seinen öffentlichen Friedensappell zurückgewiesen hatte, wusste Hitler, dass ihm nur der Weg der Gewalt blieb: entweder der direkte des militärischen Zwangs oder der indirekte der politischen Erpressung. In der zweiten Jahreshälfte 1940 beschritt er beide Wege, auf beiden ist er schließlich gescheitert. Das galt auch für den Luftkrieg gegen England, der einerseits eine Landungsoperation auf den britischen Inseln vorbereiten und andererseits die Bevölkerung demoralisieren sollte. Die Lufthoheit über England konnte nicht errungen werden; zwischen August 1940 und März 1941 gingen mehr als 2800 deutsche Maschinen verloren. Und auch der Bombenkrieg gegen zivile Ziele, darunter ein wochenlanges pausenloses Bombardement Londons, führte nicht zur Kapitulation der Bevölkerung. Ganz im Gegenteil.

Blieb der indirekte Weg, nämlich England durch eine Neutralisierung der Sowjetunion, also seines einzigen potentiellen Partners in Europa so zu isolieren, dass es einknickte. Dem diente unter anderem die Reaktivierung des »weltpolitischen Dreiecks« Berlin-Rom-Tokio. Nicht dass Hitler sich jetzt auf Ribbentrops Linie eingelassen hätte. Da es aber im Spätsommer keine realisierbaren Alternativen mehr gab, wurde am 27. September 1940 in Berlin von den Vertretern Deutschlands, Italiens und Japans der sogenannte Dreimächtepakt unterzeichnet. Er hatte zwar keine direkte Spitze gegen die Sowjetunion, zielte vielmehr gegen die USA; auch wurde – was man freilich in Moskau, selbst in Berlin nicht wusste – die Verpflichtung, sich im Falle eines Angriffs gegenseitig zu unterstützen, in einem geheimen Notenwechsel zwischen dem deutschen Botschafter in Tokio, Eugen Ott, und dem japanischen Außenminister Yosuke Matsuoka dahingehend relativiert, dass zuvor eine »Beratung« über den Angriffsfall stattgefunden haben sollte.[42]

Aber natürlich konnte es Stalin nicht unberührt lassen, wenn sich sein westlicher und sein östlicher Nachbar über die Aufteilung der Welt in Interessensphären und über gemeinsame Verteidigung unterhielten. Also nahmen die Sowjets eine Einladung der Reichsregierung zum Gedankenaustausch an. Am 12. und 13. November 1940 war Molotow gewissermaßen auf Gegenbesuch in Berlin und sprach mit seinem alten Verhandlungspartner Ribbentrop, aber auch mit Hitler. Während der sowjetische Außenminister – übrigens wegen britischer Bombenangriffe zeitweilig im Luftschutzkeller der Reichskanzlei – Probleme im bilateralen Verhältnis ansprach, konkrete Forderungen und Wünsche anmeldete und in diesem Zusammenhang über den Balkan, Skandinavien, Polen, die Ostseeausgänge und die türkischen Meerengen reflektierte, ergingen sich der Reichskanzler und sein Außenminister in weiträumigen Planungen: Unter Hinweis auf Südasien mit Indien luden sie die Sowjets ein, dem Dreimächtepakt beizutreten. Dass Hitler und Ribbentrop mit dieser Umarmungsstrategie keine langfristigen Ziele verfolgten, vielmehr die Briten taktisch unter Druck setzen wollten, war kaum zu übersehen.

Als die Sowjets daher dankend abwinkten, hatte Adolf Hitler keine Optionen mehr. Am 18. Dezember 1941 erließ er die »Weisung Nr. 21«: »Die Deutsche Wehrmacht«, heißt es da, »muß darauf vorbereitet sein, auch vor Beendigung des Krieges gegen England Sowjetrußland in einem schnellen Feldzug niederzuwerfen.«[43] »Barbarossa«, so das Codewort für das Unternehmen, diente also einem doppelten Zweck. Er sollte England seine Isolierung vor Augen führen, und er sollte, vor allem anderen, Hitlers Vernichtungs- und Eroberungspläne ein entscheidendes Stück voranbringen. Alles wurde fortan diesem Ziel untergeordnet, auf dieses Ziel hin geplant und durchgeführt.

Auch die Feldzüge in Nordafrika und auf dem Balkan. Beide waren Reaktionen auf unvorhergesehene Entwicklungen, insbesondere auf nicht abgesprochene Aktionen Mussolinis. Mitte September 1940 hatten italienische Verbände von Libyen aus die Briten in Ägypten angegriffen, und Ende Oktober begann der italienische Feldzug gegen Griechenland. Beide Operationen liefen sich schnell fest. Als dann noch Ende März 1941 ein Staatsstreich in Jugoslawien das Land von der Seite Deutschlands an die der Sowjetunion zu bringen drohte, schlug Hitler zu. Während das schon seit Februar operierende Deutsche Afrika-Korps in einen langwierigen Wüstenkrieg gegen die Briten, später auch die Amerikaner verwickelt wurde, führte der am 6. April begonnene »Blitzkrieg« gegen Jugoslawien und Griechenland innerhalb von fünfzehn Tagen zur Kapitulation beider Staaten.

Damit war jene Flankensicherung gegeben, die Hitler brauchte, um den Feldzug gegen die Sowjetunion zu eröffnen. Nicht nur er, auch seine Militärs waren davon überzeugt, dass man »in 3 Wochen in Petersburg« sein werde.[44] So gesehen bedeutete der Balkanfeldzug, einer späteren Legende zum Trotz, keine Verzögerung für das Unternehmen »Barbarossa«. Dass dennoch Eile geboten war, lag an den Rahmenbedingungen, die sich sozusagen täglich verschlechterten: Dass die Japaner mit den Sowjets am 13. April 1941 einen Neutralitätspakt schlossen, war zwar als politische Geste nicht gerade ermutigend, aber unter militärischen Gesichtspunkten noch nicht beunruhigend.

Das galt schon eher für den erkennbaren Kurswechsel der USA. Zwar wusste man in Berlin nicht, dass sich die amerikanischen und britischen Generalstäbe Ende März darauf verständigt hatten, im Falle eines Krieges gegen Deutschland und Japan zuerst das Reich in die Knie zu zwingen. Aber es war nicht mehr zu übersehen, dass Roosevelt alle Hebel in Bewegung setzte, um sein Land in den Krieg zu bringen, dass er insbesondere die Briten unterstützte, wo es ging: Schon Anfang November 1939 hatte man das Waffenembargo aufgehoben, und Anfang September 1940 waren den Briten für die Zusage von Militärbasen von Neufundland bis Britisch-Guyana fünfzig Zerstörer überlassen worden. Gut möglich, dass Hitler vor diesem Hintergrund den England-Flug seines Stellvertreters Rudolf Heß, mit dem dieser die Briten am 10. Mai 1941 doch noch umstimmen wollte, wenn nicht initiiert, so doch toleriert hat. Keine Frage, Hitler stand unter Zugzwang. Und er ging aufs Ganze.

Als er die deutschen Armeen am Morgen des 22. Juni 1941 den Bug überqueren ließ, »begann er, ein großes Reich zu zerstören: aber nicht das russische, sondern das deutsche«.[45] Hundertzweiundfünfzig deutsche Divisionen, also mehr als drei Millionen Mann, unterstützt von fast viertausend Flugzeugen, setzten an diesem Morgen, um 3.15 Uhr, zum Angriff auf die Sowjetunion an. Damit war es Hitler, der 1941 das apokalyptische Kräftemessen mit seinem eigentlichen Gegner begann. Denn der deutsche Diktator kam dem sowjetischen Despoten zuvor.

Einen Tag bevor er am 6. Mai den Vorsitz im Rat der Volkskommissare übernahm und damit die Regierungsgeschäfte förmlich an sich zog, hatte Stalin in einer Rede vor den Absolventen der sechzehn sowjetischen Militärakademien über die Unvermeidbarkeit eines Krieges mit Deutschland und auch davon gesprochen, gegebenenfalls selbst die Initiative zu ergreifen. In diesem Sinne legten der sowjetische Verteidigungsminister, Semjon K. Timoschenko, und der Chef des Generalstabes der Roten Armee, Georgij K. Schukow, wenige Tage später Stalin »Erwägungen für den strategischen Aufmarschplan der Streitkräfte der Sowjetunion für den Fall eines Krieges mit Deutschland und seinen Verbündeten« vor. Danach hielten es die führenden sowjetischen Militärs für »notwendig, dem deutschen Kommando unter keinen Umständen die Initiative zu überlassen, dem Gegner beim Aufmarsch *zuvorzukom-*

men und das deutsche Heer dann anzugreifen, wenn es sich im Aufmarschstadium befindet«.[46]

Dass sich Stalin auf den Krieg gegen Deutschland vorbereitet, dass er dabei an einen Präventivschlag – womöglich schon für den Spätsommer 1941 – gedacht hat, ist sicher. Das heißt allerdings nicht, dass es sich bei dem deutschen Angriff auf die Sowjetunion seinerseits um eine vorbeugende Maßnahme gehandelt hat, wenn auch der alte Präventivkriegsgedanke noch in den Köpfen einiger Militärs gespukt haben mag. Nein, mit dem deutschen Überfall auf die Sowjetunion begann ein Vernichtungs-, Vertreibungs- und Eroberungsfeldzug, wie ihn die Geschichte, jedenfalls die Geschichte der sich für zivilisiert haltenden Welt, bis dahin nicht gesehen hatte. Und er war als solcher geplant. Von Anfang an.

So wurde das Rad der Geschichte zurückgedreht – in einen archaischen, vorzivilisatorischen Zustand. Das war durchaus gewollt. Für Hitler war das kein Selbstzweck. Es war die unvermeidliche Begleiterscheinung einer welthistorischen Epochenwende, als deren Vollstrecker er sich sah und die in der Schaffung eines »neuen Menschen« gipfeln sollte: Mit ihr – so Hitler – wurde die Geschichte der Menschheit auf eine neue, abschließende Stufe gehoben, und auch in diesem Ende der Geschichte lag zugleich ihre Revision. Das eine, die Vernichtung des nicht Lebenswerten, war vom anderen, der Schöpfung des Überlebensfähigen, nicht zu trennen. Absurde, perverse Gedanken, gewiss. Zumal für die Repräsentanten jener traditionsreichen preußisch-deutschen Führungsschicht, der die meisten Offiziere entstammten. Indem sie aber den Vernichtungsfeldzug führten, trugen sie – wenn auch in der Regel ungewollt und indirekt – zur Realisierung dieser Ideen bei. Und sie führten ihn.

Am 30. März 1941 stellte Hitler vor zweihundert höheren Offizieren klar, dass es sich bei dem Feldzug gegen die Sowjetunion um einen »Vernichtungskampf« handeln werde;[47] am 28. April vereinbarten das Oberkommando der Wehrmacht und das für die Vernichtungsaktionen zuständige Reichssicherheitshauptamt, dass dieses zwar seine Aufgaben »in eigener Verantwortlichkeit« erfüllen solle, aber hinsichtlich »Marsch, Versorgung und Unterbringung« den Armeen unterstellt sei.[48] Am 13. Mai legitimierte ein sogenannter Führererlass faktisch Vergehen von Wehrmachtsangehörigen an der sowjetischen Zivilbevölkerung. Und am 6. Juni legten die »Richtlinien für die Behandlung politischer Kommissare« der Roten Armee fest, dass diese, »wenn im Kampf oder Widerstand ergriffen, grundsätzlich sofort mit der Waffe zu erledigen« seien.[49]

Das alles wurde im unmittelbaren Vorfeld des Feldzuges festgelegt; es betraf, direkt oder indirekt, die Wehrmacht. Wenn sich auch einige Kommandeure geweigert haben, den einen oder anderen Befehl an die Truppe weiterzugeben, kann es keinen Zweifel geben, dass die Wehrmachtsführung von Anfang an in die verbrecherischen Dimensionen des Unternehmens »Barbarossa« eingeweiht war, dass sie sich dem Verfolgungs- und Vernichtungsprogramm nicht in den Weg stellte, sondern es unter anderem mit der gewaltigen Logistik des Militärapparats unterstützte.

Das Programm selbst lag allerdings in der Verantwortung des Ende September 1939 gegründeten Reichssicherheitshauptamtes unter seinem Leiter Reinhard Heydrich und der SS unter dem Reichsführer Heinrich Himmler. Dieser gab schon zwei Tage nach Beginn des Feldzuges den sogenannten Generalplan Ost in Auftrag, der in seiner ein Jahr später akzeptierten Fassung unter anderem die Umsiedlung von einunddreißig Millionen Bewohnern Ost- und Ostmitteleuropas nach Westsibirien vorsah. Im Zentrum aller Überlegungen aber stand die Vernichtung des europäischen Judentums. Nachdem vorübergehend eine Deportation nach Madagaskar erwogen und der entsprechende Plan zunächst im Auswärtigen Amt, dann im Reichssicherheitshauptamt ausgearbeitet worden war, trat mit Beginn des Russlandfeldzuges die physische Ausrottung der Juden Europas in den Vordergrund der Planungen.

Im Juni 1941 beauftragte Himmler – unter Berufung auf Hitler – den Kommandanten des Konzentrationslagers von

Auschwitz, Rudolf Höß, mit der Bereitstellung von Vergasungsanlagen. Am 31. Juli forderte Göring, ebenfalls im Namen Hitlers und in diesem Falle schriftlich, Heydrich auf, »alle erforderlichen Vorbereitungen in organisatorischer, sachlicher und materieller Hinsicht zu treffen für eine Gesamtlösung der Judenfrage im deutschen Einflußgebiet in Europa«.[50] Und am 20. Januar 1942 wies Heydrich die in einer Villa am Berliner Wannsee versammelten führenden Vertreter der Ministerien in die Modalitäten der »praktischen Durchführung« der »Endlösung der Judenfrage« ein, sprach davon, dass ein großer Teil »entsprechend« zu »behandel[n]« sei und dass Europa für diesen Zweck »von Westen nach Osten durchgekämmt« werden müsse.[51]

Was das hieß, erläuterte Himmler Anfang Oktober 1943 einer Versammlung von SS-Gruppenführern im Klartext: »Ich bitte Sie, das, was ich Ihnen in diesem Kreise sage, wirklich nur zu hören und nie darüber zu sprechen. Es trat an uns die Frage heran: Wie ist es mit den Frauen und Kindern? Ich habe mich entschlossen, auch hier eine ganz klare Lösung zu finden. Ich hielt mich nämlich nicht für berechtigt, die Männer auszurotten – sprich also, umzubringen oder umbringen zu lassen – und die Rächer in Gestalt der Kinder für unsere Söhne und Enkel groß werden zu lassen. Es mußte der schwere Entschluß gefaßt werden, dieses Volk von der Erde verschwinden zu lassen.«[52] Bis zu sechs Millionen Juden, davon drei Prozent deutscher Abstammung, sind dem Morden zum Opfer gefallen, vor allem in den sechs großen, speziell dafür eingerichteten Vernichtungslagern auf polnischem Territorium.

Der deutsche Ausrottungsfeldzug gegen das europäische Judentum und der Krieg gegen die Sowjetunion fielen nicht zufällig zusammen. Das »Unternehmen Barbarossa« mit seinen großräumigen Eroberungen schuf in den Augen seiner Initiatoren die Voraussetzung für den Vernichtungsfeldzug. So war es kein Zufall, dass dieser erst eingestellt wurde, als aus dem Angriffskrieg gegen die Sowjetunion längst eine Abwehrschlacht gegen die alliierte Koalition geworden war.

Anfänglich hatte es nicht nach einer solchen Wendung ausgesehen, ganz im Gegenteil: Der deutsche Überfall traf Stalin zu diesem Zeitpunkt unvorbereitet. Gewiss, er hielt den Krieg gegen Deutschland für unvermeidlich; auch hatte er zahlreiche präzise Hinweise auf den bevorstehenden Angriff erhalten. Dennoch unternahm er nichts, hielt sich vielmehr peinlich genau an die Absprachen mit Hitler. Noch in der Nacht des deutschen Überfalls rollte ein sowjetischer Warentransport nach Westen.

Welche Motive auch immer Stalin bewogen haben, die Warnungen in den Wind zu schlagen, den deutschen Angreifern verschafften sie einen zusätzlichen Vorteil. Drei Wochen nach Beginn des Feldzuges zeigte sich Hitler gegenüber dem japanischen Botschafter, Hiroshi Oshima, überzeugt, damit in sechs Wochen »so ziemlich fertig« zu sein.[53] Tatsächlich war die Bilanz aus deutscher Sicht spektakulär: »Die Zahl der Gefangenen ist nunmehr auf rund 2,5 Millionen Sowjetrussen gewachsen. Die Zahl der erbeuteten oder vernichteten ... Geschütze beträgt rund 22 000. Die Zahl der vernichteten oder erbeuteten ... Panzer beträgt über 18 000. Die Zahl der vernichteten ... Flugzeuge über 14½ tausend.«[54] Das sagte Hitler zur Eröffnung des Kriegswinterhilfswerkes. Da schrieb man allerdings schon den 3. Oktober 1941.

Einen Tag zuvor hatte die Heeresgruppe Mitte zum Angriff auf Moskau angesetzt. Er führte nie zum Ziel. Sicher, zwei Wochen später verließen außer Stalin die gesamte Sowjetregierung und das diplomatische Korps die Hauptstadt, und Anfang Dezember konnte man in Moskau das Donnern der deutschen Geschütze hören. Tatsächlich aber war Hitler schon Mitte November zu der Erkenntnis gelangt, »daß die beiden Feindgruppen sich gegenseitig nicht vernichten« konnten.[55] Am 5. Dezember begann die sowjetische Großoffensive gegen die erschöpften, auf den Winterkrieg nicht eingestellten deutschen Verbände.

Sechs Tage später, am 11. Dezember, befanden sich auch die Vereinigten Staaten von Amerika offiziell im Krieg gegen

Deutschland. Es war Hitler gewesen, der ihnen den Krieg erklärt und damit seinerseits auf den japanischen Überfall auf den amerikanischen Marinestützpunkt Pearl Harbor vom 7. Dezember 1941 reagiert hatte. Zu diesem Zeitpunkt war der deutsche Angriff im russischen Winter stecken geblieben. Damit die Truppen wieder die Initiative ergreifen konnten, war es wichtig, dass die Sowjets im Osten ihres Imperiums, in Asien, gebunden würden. Das konnte nur durch die Japaner geschehen, und die befanden sich seit wenigen Tagen im Krieg gegen die USA.

Weil Hitler aber den Japanern militärisch nicht viel zutraute, weil er davon ausging, dass sie über kurz oder lang von den Amerikanern ausgeschaltet würden, erklärte er seinerseits den USA den Krieg. Das sollte die Amerikaner in Europa binden, sie von den Japanern ablenken und diese damit entlasten: Japan musste jedenfalls so lange im Krieg bleiben, bis Deutschland sein rassenideologisches Vernichtungsprogramm abgeschlossen hatte. Deshalb hatte Hitler dem japanischen Außenminister schon im April 1941 gesagt, im Fall eines japanisch-amerikanischen Konfliktes »sofort die Konsequenzen« zu ziehen.[56]

Tatsächlich führten die USA längst Krieg gegen Deutschland – politisch und militärisch: Anfang Juli 1941 war Island wie schon einige Wochen zuvor Grönland von amerikanischen und kanadischen Truppen besetzt worden, am 14. August hatten Roosevelt und Churchill in der sogenannten Atlantik-Charta unter anderem die »endgültige Zerstörung der Nazityrannei« als gemeinsames Ziel proklamiert, und seit dem 17. September 1941 sicherte die amerikanische Flotte britische Konvois im Atlantik und führte damit einen begrenzten, nicht erklärten Seekrieg gegen Deutschland. Bis zum Jahresende 1941 war mithin geschehen, was Hitler ursprünglich unter allen Umständen hatte vermeiden wollen: der Eintritt der Vereinigten Staaten in den Krieg, bevor der Feldzug gegen die Sowjetunion beendet war. Das Unternehmen »Barbarossa« war gescheitert. Der deutsche Rückzug hatte begonnen.

RÜCKZUG

Von Großdeutschland zur Rheinprovinz 1941–1952

Am Ende standen sie nicht mehr vor Moskau, sondern am Rhein. Dabei hatte es zunächst noch einmal so ausgesehen, als könnten die Deutschen ihre Ziele erreichen, zumindest aber das Eroberte halten. Erst im Herbst 1942 wurde klar, dass dies eine Illusion war. Mit dem Beginn der englischen Offensive bei El Alamein ging Ende Oktober die Initiative in Nordafrika auf die Briten über, und als die Rote Armee am 19. November 1942 zum Gegenangriff bei Stalingrad antrat, waren die deutschen Armeen endgültig auf dem Rückzug. Diese Entwicklung hatte Hitler persönlich zu verantworten. Nach dem Rücktritt von Generalfeldmarschall Walther von Brauchitsch hatte er Mitte Dezember 1941 selbst den Oberbefehl über das Heer übernommen und Anfang April 1942 in seiner berühmt-berüchtigten »Weisung Nr. 41« angeordnet, »bei Verhalten der Heeresmitte, im *Norden* Leningrad zu Fall zu bringen …, auf dem *Südflügel* der Heeresfront aber den Durchbruch in den Kaukasus-Raum zu erzwingen«,[1] also Stalingrad zu nehmen.

Die darin angelegte totale Überdehnung der Front war insgesamt typisch für den Zugang, den Hitler zum Kriegsgeschehen suchte. Seine Neigung, impulsiv zu handeln und überstürzt zu improvisieren, nahm im Lauf des Krieges weiter zu. In Verbindung mit seinem ausgeprägten Misstrauen gegenüber den alten, aber eben auch erfahrenen Eliten in den Reihen der Militärs und der Bürokratie verschärften diese Eigenarten die Gegensätze und erhöhten damit die Reibungsverluste in allen Bereichen der Kriegführung.

Je schwieriger die Lage auf den Schlachtfeldern, umso großzügiger die strategischen und politischen Visionen. Das spiegelte sich auch in den Vereinbarungen mit Italien und Japan, in denen die drei Mächte Mitte Januar 1942 ihr offenkundiges gegenseitiges Misstrauen durch großräumige Planungen zu überspielen suchten. In Südasien, entlang des Indus, sollten sich dereinst der japanische und der deutsche Einflussbereich berühren. Dahin ist es nie gekommen, schon weil die Japaner seit der See-Luftschlacht bei den Midway-Inseln, bei der sie Anfang Juni 1942 das Rückgrat ihrer Flotte verloren, zusehends in die Defensive gedrängt wurden.

Nicht anders erging es den Deutschen im Winter 1942/43. Mit der Kapitulation der Sechsten Armee in Stalingrad wurde Ende Januar beziehungsweise Anfang Februar 1943 die sowjetische Gegenoffensive erfolgreich zu Ende gebracht. Die Verluste beider Seiten waren enorm: Von den eingeschlossenen rund 195 000 deutschen Soldaten konnten nur 25 000, meist Verwundete, ausgeflogen werden. 60 000 starben im Kessel von Stalingrad, 110 000 deutsche Soldaten gerieten in sowjetische Kriegsgefangenschaft, gerade einmal 5000 von ihnen kehrten 1955 nach Deutschland zurück. Und das war bei weitem noch nicht die größte Katastrophe des deutschen Ostheeres, aber es war ein Fanal, stand fortan für Niederlage und Bedrohung.

Was jetzt, wo sich der Kriegsverlauf gegen Deutschland wandte, zu erwarten war, ahnte man seit dem Frühjahr 1942, seit die Alliierten zum Flächenbombardement deutscher Städte übergegangen waren. Ende Mai hatten sie den ersten sogenannten Tausendbomberangriff auf Köln geflogen. Bis Kriegsende wurden mehr als tausend Ortschaften, darunter zahlreiche Großstädte, dem Erdboden gleichgemacht. Nahezu eine Million Tonnen Bomben forderten mehr als fünfhunderttausend Tote, von der Zerstörung der historischen Bausubstanz gar nicht zu reden.

Weil aber die Bedrohung die Bedrohten, jedenfalls zeitweilig, auch zusammenschweißen kann, suchte die deutsche Propaganda, suchte allen voran Joseph Goebbels sich die Stimmung zunutze zu machen. Wenn er am 18. Februar 1943 seine

Zuhörer im Berliner Sportpalast stellvertretend für alle Deutschen mit der rhetorischen Frage konfrontierte, ob sie, »wenn nötig«, einen Krieg wollten, »totaler und radikaler, als wir ihn uns heute überhaupt erst vorstellen können«,[2] dann zielte er auf die Mobilisierung aller Kräfte für den Abwehrkampf, in dem sich Deutschland inzwischen befand.

Und zwar an allen Fronten. Auch zur See, wo Ende Mai 1943 nach anhaltenden schweren Verlusten die Bekämpfung alliierter Geleitzüge durch deutsche U-Boote eingestellt werden musste. Damit stand dem amerikanischen Nachschub für Europa kaum mehr ein Hindernis im Weg, und als am 10. Juli 1943 die alliierte Landung auf Sizilien begann, befanden sich die Amerikaner mit ihrer Siebenten Armee auch auf dem europäischen Kontinent im direkten Kampf gegen die Achsenmächte. Hitler wusste, was das bedeutete, und auch deshalb brach er drei Tage später die mit großen Erwartungen begonnene Offensive »Zitadelle« gegen die Sowjets ab.

Entschieden war damit der Krieg im Osten noch lange nicht. Ganz im Gegenteil wurde er jetzt umso brutaler und verlustreicher geführt, je mehr sich der Frontverlauf nach Westen verschob. Das betraf vor allem auch die Rote Armee, und so überrascht es nicht, dass Stalin noch entschiedener als ohnehin schon seit Juli 1941 eine echte zweite Front, also die alliierte Landung in Frankreich, forderte. Der verbissene Kampf auf sowjetischem Territorium hatte überdies zur Folge, dass der deutsche Vernichtungsfeldzug, insbesondere gegen das europäische Judentum, gewissermaßen im Rücken der deutschen Linien nicht nur fortgesetzt, sondern vorübergehend sogar noch intensiviert werden konnte. Denn unter anderem als Folge des Kriegsverlaufs wurden jetzt auch verbündete Staaten direkt von deutschen Truppen besetzt. So Mitte März 1944 Ungarn, das sich bislang geweigert hatte, seine jüdische Bevölkerung der deutschen Vernichtungsmaschinerie auszuliefern.

Eine entscheidende Wende erfuhr der Kriegsverlauf am 6. Juni 1944. Als um 6.30 Uhr die alliierte Landung begann, als sechsundachtzig Divisionen mit mehr als zwölfhundert Schiffen – darunter sieben Schlachtschiffen und über einhundert Zerstörern –, mehr als viertausend Landungsbooten und über dreizehntausend Flugzeugen von der Normandie aus zum Sturm auf die Festung Deutschland ansetzten, wusste Hitler, was die Stunde geschlagen hatte. »Gelingt dem Feind hier«, hatte er Anfang November 1943 prognostiziert, »ein Einbruch in unsere Verteidigung auf breiter Front, so sind die Folgen in kurzer Zeit unabsehbar.«[3] Er sollte Recht behalten. Nichts konnte die Alliierten wirklich aufhalten – weder der sogenannte Atlantikwall, für den man dreizehn Millionen Kubikmeter Beton verbaut hatte, noch Tausende auf England abgeschossene Raketen, sogenannte Vergeltungswaffen der Typen V1 und V2, oder eine Mitte Dezember 1944 in den Ardennen begonnene, nach vier Tagen gescheiterte Offensive. Der versuchte Staatsstreich des deutschen Widerstandes schon gar nicht.

Denn der Attentatsversuch des 20. Juli 1944, der an einer Reihe von Umständen und Zufällen scheiterte, stand in einem unmittelbaren Zusammenhang mit der alliierten Landung in der Normandie. Die Verschwörer wollten nicht abwarten, bis Deutschland vom Gegner besetzt und dadurch von der Nazi-Herrschaft befreit würde; sie wollten unter Beweis stellen, dass die Deutschen, oder doch einige von ihnen, willens waren, sich der Diktatur und des Diktators zu entledigen und einen Waffenstillstand zu erwirken. Das Attentat, sagte Henning von Tresckow, zuletzt Chef des Generalstabes der Zweiten Armee, müsse erfolgen, koste es was es wolle. »Sollte es nicht gelingen, so muß trotzdem in Berlin gehandelt werden. Denn es kommt nicht mehr auf den praktischen Zweck an, sondern darauf, daß die deutsche Widerstandsbewegung vor der Welt und vor der Geschichte den entscheidenden Wurf gewagt hat. Alles andere ist daneben gleichgültig.«[4]

Aber der Widerstand hatte zu viele Gegner, zunächst und allen voran Hitlers Erfolge, aber auch die zum Teil nie überwundenen politischen und weltanschaulichen Gegensätze in den eigenen Reihen. Von wenigen Ausnahmen wie dem sogenannten Kreisauer Kreis abgesehen, gab es nicht einmal einen mehr oder weniger kontinuierlichen, gruppenübergreifenden Gedankenaustausch, und das lag nicht nur an der konspirativen Natur des Widerstandes. Vor allem aber hatten die allermeisten Angehörigen des Militärs und des Auswärtigen Dienstes, aus deren Reihen sich eine schlagkräftige Opposition hätte entwickeln können, Hitler gedient, bis es zu spät war.

Dafür gab es Gründe, so die Nähe der außenpolitischen Vorstellungen. Vieles von dem, was Hitler erreichte, entsprach ihrem Konzept. Das galt noch für die Wiedereingliederung der vormals deutschen Gebiete Polens; und es galt auch für die antibolschewistische Grundausrichtung der Politik, die der konservative Widerstand nicht nur mit Hitler, sondern beispielsweise auch mit der politischen Elite Großbritanniens teilte. Dass sich einige seiner Vertreter schließlich auch mit Stalin einlassen wollten, um die Chancen für den Staatsstreich zu verbessern, zeigt nur, wie verzweifelt ihre Lage war.

Dieses Ansinnen war übrigens keineswegs abwegig, und es gibt Hinweise darauf, dass Stalin, nach wie vor misstrauisch gegenüber der Strategie und den wahren Absichten der Westmächte, im Falle eines gelungenen Umsturzes zu einer Geste des Stillhaltens an die Adresse der Verschwörer bereit gewesen wäre. Wie er überhaupt einem Sonderfrieden nicht grundsätzlich ablehnend gegenüberstand. Allerdings wies Hitler alle Initiativen dieser Art, von welcher und nach welcher Seite auch immer, weit von sich. So musste Stalin alles auf die Karte eines vollständigen Sieges setzen. Mit Sinn für Symbolik ließ er am 22. Juni 1944, am dritten Jahrestag des deutschen Überfalls, die große Sommeroffensive gegen die Heeresgruppe Mitte eröffnen. Als diese gut zwei Wochen später den Widerstand gegen die bis zu zwanzigfach überlegenen Verbände der Roten Armee einstellte, war die größte Schlacht der Weltgeschichte beendet und die schwerste Niederlage in der deutschen Geschichte besiegelt. Achtundzwanzig Divisionen der Wehrmacht waren vernichtet, vierhunderttausend Soldaten getötet, verwundet oder in Gefangenschaft geraten. Und die Verluste blieben weiterhin so hoch. Zwischen Juli 1944 und Mai 1945 kamen ebenso viele deutsche Soldaten ums Leben wie in den gesamten vorausgegangenen viereinhalb Kriegsjahren.

Die Verluste auf sowjetischer Seite waren zeitweilig sogar ungleich höher. Bis zu achthunderttausend Tote, Verwundete und Vermisste kostete allein die Sommeroffensive 1944. Immerhin rückte die Rote Armee jetzt unaufhaltsam auf Berlin vor. Lediglich vom 1. August bis zum 2. Oktober 1944 ließ Stalin in Polen, östlich der Weichsel, die Front anhalten. Dort wartete er ab, bis die SS in Warschau den Aufstand der nationalpolnischen Heimatarmee blutig niedergeschlagen, damit einen potentiellen Gegner der sowjetischen Expansion ausgeschaltet und so dieses Geschäft für ihn erledigt hatte. Dann setzte er auch hier den Vorstoß fort. Am 25. April 1945 trafen sowjetische und amerikanische Verbände, die am 7. März erstmals den Rhein überquert hatten, bei Torgau an der Elbe zusammen.

Zu diesem Zeitpunkt hatte sich Adolf Hitler, über Nacht gealtert und in sich zusammengefallen, längst in seinen Bunker unter der Reichskanzlei zurückgezogen. Dort arbeitete er bis zuletzt an seinem Vermächtnis. Dazu gehörte, wenn man so will, auch sein Befehl »Verbrannte Erde«, der sogenannte Nero-Befehl vom 19. März, der allerdings größtenteils nicht ausgeführt wurde: Alles, was »sich der Feind für die Fortsetzung seines Kampfes irgendwie sofort oder in absehbarer Zeit nutzbar machen« könne, sei zu zerstören.[5] Dazu gehörte aber auch sein Politisches Testament, in dem er am 29. April seine Nachfolger »zur peinlichen Einhaltung der Rassegesetze und zum unbarmherzigen Widerstand gegen den Weltvergifter aller Völker, das internationale Judentum«, verpflichtete.[6] Einen Tag später nahm sich der Reichskanzler, Reichspräsident, Oberbefehlshaber der Wehrmacht und des Heeres das Leben.

Am 7. Mai wurde im französischen Reims und in der Nacht vom 8. auf den 9. Mai dann noch einmal in Berlin-Karlshorst die militärische Gesamtkapitulation unterzeichnet. Eine geschäftsführende Regierung unter Karl Dönitz, dem noch von Hitler testamentarisch eingesetzten Reichspräsidenten, und Johann Ludwig Graf Schwerin von Krosigk, der als »Leitender Minister« und Außenminister amtierte, löste sich am 23. Mai in ihrem Amtssitz, der Marine-Sportschule in Flensburg-Mürwik, auf. Knapp zwei Wochen später, am 5. Juni 1945, übernahmen die Alliierten die Oberste Regierungsgewalt in Deutschland, das zu diesem Zeitpunkt komplett von fremden Truppen besetzt war. Deutschland war nur noch ein geographischer Begriff.

Das Schicksal des Landes und des Volkes lag fortan vollständig in den Händen der Siegermächte, und die hatten schon während des Krieges einige weitreichende Entscheidungen getroffen. Als sich die führenden Repräsentanten der Sowjetunion, der USA und Großbritanniens, die sogenannten Großen Drei, im Sommer 1945 zum dritten Mal begegneten – jetzt im besiegten Deutschland –, bestätigten sie im Wesentlichen die Ergebnisse ihrer letzten Konferenz, die ein halbes Jahr zuvor in Jalta stattgefunden hatte. Allerdings war, was die ursprüngliche Besetzung anging, am Ende des Potsdamer Treffens nur noch Stalin mit von der Partie. An Stelle des Mitte April 1945 verstorbenen amerikanischen Präsidenten Roosevelt nahm dessen Nachfolger, Vizepräsident Harry S. Truman, und für den während der Konferenz zu Hause abgewählten Churchill der neue britische Premierminister Clement Attlee teil. Der französische Ministerpräsident Charles de Gaulle saß nicht einmal mit am Verhandlungstisch, obgleich man sich bereits in Jalta auf Frankreich als vierte Besatzungsmacht verständigt hatte.

In Potsdam ging es nicht nur um Deutschland. Das unter anderem erklärt die beträchtliche Konzessionsbereitschaft von Stalins Verhandlungspartnern, war doch vor allem Truman nach wie vor an einem Kriegseintritt der Sowjets gegen Japan gelegen, der dann auch wenige Tage später erfolgte. Und dann gab es die Macht des Faktischen: Als die Rote Armee im Januar 1944 die alte polnische Grenze überschritt, hatte noch kein einziger alliierter Soldat seinen Fuß auf französischen Boden gesetzt. Zum Zeitpunkt der deutschen Kapitulation hielten sowjetische Truppen nicht nur einen großen Teil des Deutschen Reiches einschließlich der Hauptstadt Berlin besetzt, sondern auch Polen, Rumänien, Ungarn, Bulgarien, Teile der Tschechoslowakei einschließlich Prags und das östliche Österreich. Der Nordosten Jugoslawiens mit Belgrad wurde aufgrund eines Abkommens mit Tito bereits wieder geräumt. Das also waren die Fakten. An ihnen kamen Truman und Attlee nicht vorbei.

Sie spiegelten sich auch in den Antworten, die das Potsdamer Kommuniqué vom 2. August 1945 auf die polnische und auf die deutsche Frage gab. In beiden Fällen ging es um die innere Ordnung und um die äußeren Grenzen. Was die inneren Verhältnisse Polens anging, hatte Stalin schon in Jalta die Anerkennung des von ihm installierten sogenannten Lubliner Komitees durchgesetzt. Auch wenn einige Vertreter der Londoner Exilregierung aufgenommen werden mussten, blieb es ein Marionettenregime. Im Übrigen erhielt der sowjetische Diktator von seinen westlichen Verhandlungspartnern die Grenzziehung, die schon Hitler im Grenz- und Freundschaftsvertrag vom 28. September 1939 als deutsch-sowjetische Demarkationslinie akzeptiert hatte. Dass Roosevelt über eine Quelle an der deutschen Botschaft in Moskau schon seit Ende August 1939 Kenntnis von den geheimen territorialen Absprachen Stalins mit Hitler hatte, machte das Zugeständnis noch brisanter.

Im Unterschied zu den sowjetisch-deutschen wurde allerdings in den alliierten Absprachen das polnische Kerngebiet Białystok Polen zugeschlagen, das zudem den südlichen Teil des vormals deutschen Ostpreußen erhielt. Im Gegenzug sicherten sich die Sowjets das nördliche Ostpreußen mit dem wichtigen Hafen Königsberg, dem heutigen Kaliningrad. Die Westmächte stimmten einer Verschiebung der alten polnisch-sowjetischen Grenze nach Westen nur unter der Bedingung zu, dass der polnische Staat eine entsprechende territoriale

Kompensation erhielt. Das war nur auf Kosten des Kriegsverursachers Deutschland denkbar.

Es gehört zu den nur schwer begreifbaren Ergebnissen alliierter Politik in der Endphase des Zweiten Weltkrieges, dass der Täter Deutschland und das Opfer Polen nicht nur ähnlich behandelt, sondern dass die Schicksale beider Staaten über die Grenzfrage aufs engste miteinander verknüpft und die beiden Völker so über Jahrzehnte in einem Zustand latenter Spannung gehalten wurden. Die Potsdamer Konferenz bestimmte, »daß bis zur endgültigen Festlegung der Westgrenze Polens die früher deutschen Gebiete östlich der Linie, die von der Ostsee unmittelbar westlich von Swinemünde und von dort die Oder entlang bis zur Einmündung der westlichen Neiße und die westliche Neiße entlang bis zur tschechoslowakischen Grenze verläuft ..., in dieser Hinsicht nicht als Teil der sowjetischen Besatzungszone in Deutschland betrachtet werden sollen«[7]. In Potsdam verschob man also die polnisch-deutsche Grenze der Zwischenkriegszeit deutlich nach Westen und bezeichnete diese Lösung zudem als provisorisch. Auf diese Weise trugen die Sieger des Krieges einiges dazu bei, dass sich der deutsche Revisionismus der Nachkriegszeit auf Polen fixierte.

Kein Wunder, dass die Polen immer wieder auf einer definitiven Anerkennung der Oder-Neiße-Linie durch die Deutschen bestanden. Tatsächlich ist diese mehrfach ausgesprochen worden – durch die DDR bereits im Juli 1950, durch die Bundesrepublik im Dezember 1970, durch beide deutschen Teilstaaten faktisch erneut auf der Konferenz über Sicherheit und Zusammenarbeit in Europa im August 1975 und schließlich noch einmal im deutsch-polnischen Grenzvertrag vom November 1990 durch das vereinigte Deutschland. Für die Sowjets stand im Übrigen nie außer Frage, dass es sich bei der Oder-Neiße-Linie um eine endgültige Grenze handelte.

Wenig befriedigend waren auch jene Lösungen, die während des Krieges als Antwort auf die deutsche Frage gefunden werden konnten. Sie hatten eben durchweg Kompromisscharakter. Als sicher galt nur, dass Deutschland nach der bedingungslosen Kapitulation vollständig besetzt werden sollte und dass zu diesem Zweck Besatzungszonen einzurichten waren. Über diese beziehungsweise die Grenzen zwischen ihnen machte sich in London eine Beratende Europäische Kommission Gedanken, die im Oktober 1943 bei einem Treffen der drei Außenminister in Moskau eingesetzt worden war.

In dieser Kommission wurde im Januar 1944 auch der wichtigste und zugleich folgenreichste Vorschlag erdacht, nämlich die Demarkationslinie zwischen der östlichen, sprich sowjetischen, und den zwei beziehungsweise drei westlichen Besatzungszonen entlang einer Linie Lübeck-Helmstedt-Eisenach-Hof verlaufen zu lassen. Das war eine britische Idee, der Stalin rasch zustimmte. Als der Vorschlag auf den Tisch kam, war man ja noch fast ein halbes Jahr von der alliierten Invasion in Frankreich entfernt, während die Rote Armee bereits in Polen vorrückte, und in den Reihen der westlichen Generalstäbe galt es als wahrscheinlich, dass die Sowjets bei Kriegsende am Rhein stehen würden.

Im September und November 1944 legten zwei Zonen- und ein Kontrollabkommen das Weitere fest, vor allem die Aufteilung der westlichen in eine britische und eine amerikanische Besatzungszone. Aus diesen beiden wurde später die französische Zone herausgeschnitten. Außerdem sollte »Groß-Berlin« einen besonderen Status erhalten und nicht als Teil der sowjetischen Besatzungszone gelten. Was die Kontrolle in diesem Deutschland westlich von Oder und Neiße sowie in Groß-Berlin anging, so sollte die oberste Gewalt von jedem in seiner Besatzungszone und zugleich in einem Alliierten Kontrollrat gemeinsam durch alle ausgeübt werden. Wie hatte man sich das vorzustellen?

Das Ganze war ein Kompromiss. Wie ja auch die Koalition, die ihn erdacht hatte, von Anfang an ein Kompromiss gewesen war. Was hatte denn schon die Sowjetunion, was hatte die Stalin-Diktatur mit den westlichen Demokratien gemein, wenn nicht die bedrohliche Lage, in die sie allesamt durch Hitlers Politik und Kriegführung gebracht worden waren? Was verband sie außer dem im Übrigen alternativlosen Entschluss, Deutschland bis zu dessen totaler Niederlage zu bekämpfen? Tatsächlich trennte die Mitglieder dieser Anti-Hitler-Koalition mehr als sie verband – nicht nur, aber auch in der deutschen Frage. Für die Deutschen waren das trübe Aussichten, zumal sie den Spielraum, der sich aus diesen Interessengegensätzen ergab, nicht nutzen konnten. Sie waren Figuren auf einem Schachbrett, und die Züge der Spieler hingen von allen möglichen Erwägungen und Interessen ab. Zu allerletzt von denen der Deutschen.

Drei Themen haben die weitere Entwicklung Deutschlands bestimmt: der harte Winter 1946/47, das Vorgehen der Sowjets in ihrem europäischen Machtbereich und die Entwicklungen in Ostasien. Das galt für den Korea-Krieg, ohne den die Bewaffnung der jungen Bundesrepublik zu diesem Zeitpunkt nicht vorstellbar gewesen wäre; es galt für den ersten Vietnam-Krieg, dessen Ausgang einigen Einfluss darauf hatte, dass der westdeutsche Teilstaat nicht in eine europäische, sondern in die atlantische Verteidigungsgemeinschaft integriert wurde; und es galt auch schon für den chinesischen Bürgerkrieg, der seit 1945 geschwelt hatte und im Juni 1946 offen ausgebrochen war.

Sein Verlauf und absehbares Ergebnis bestärkten die Amerikaner darin, einer ähnlichen Entwicklung in anderen Teilen der Welt, auch in Deutschland, gegenzusteuern. Zwar wurden die von dem Generalissimus Chiang Kai-shek geführten nationalchinesischen Verbände bis zu ihrer endgültigen Niederlage durch amerikanische Rüstungslieferungen und andere Maßnahmen unterstützt, direkt eingreifen in den Konflikt wollten die USA aber nicht. Nachdem Mao Tse-tung, die Führungsfigur der chinesischen Kommunisten, am 1. Oktober 1949 die Gründung der Volksrepublik China proklamiert hatte, verließ der unterlegene Chiang Kai-shek im Dezember das Festland und wich mit dem Staatsschatz, anderthalb Millionen Getreuen sowie dem Parlament nach Taiwan aus.

In Deutschland stellte sich die Lage für die Amerikaner insoweit anders dar, als sie hier Besatzungsmacht und für das Schicksal des Besetzten verantwortlich waren. Dabei ging es zunächst ums nackte Überleben. Der sogenannte Jahrhundertwinter 1946/47, dessen grimmige Kälte sogar die Flüsse und Ströme zufrieren ließ und die Versorgungslage zusätzlich erschwerte, war ein letzter Anstoß, um hier durch organisatorische und administrative Maßnahmen Abhilfe zu schaffen. Hinter dem Zusammenschluss der britischen und der amerikanischen Zone zum Vereinigten Wirtschaftsgebiet, der sogenannten Bizone, stand also am 1. Januar 1947 ursprünglich keine politische Absicht, jedenfalls keine, die auf eine wie auch immer geartete Staatlichkeit Westdeutschlands zielte.

Das galt auch für den nach Amerikas Außenminister George C. Marshall benannten Plan, der europäischen und mit ihr der Weltwirtschaft durch ein umfassendes Hilfsangebot unter die Arme zu greifen. Im Frühsommer 1947 angeregt, war der Plan als Hilfe zur Selbsthilfe gedacht. Die Leistungen bestanden in der Lieferung von Waren, insbesondere Lebensmitteln und Rohstoffen, aber auch in der Vergabe von Krediten und in der Weitergabe von Know-how. Bis zum 31. Dezember 1952 wurden etwa vierzehn Milliarden US-Dollar im Rahmen dieses *European Recovery Program* zur Verfügung gestellt. Den größten Anteil erhielt nicht zufällig Großbritannien; die westlichen Besatzungszonen in Deutschland und später dann die Bundesrepublik lagen mit drei Milliarden Dollar an vierter Stelle.

Aber natürlich hatte das Unternehmen von Anfang an auch eine politische Dimension. Kritiker und Gegner behaupteten sogar, die Einladung an die Sowjetunion und ihre jungen Satelliten, sich an dem Programm zu beteiligen, sei aus rein taktischen Erwägungen erfolgt. Denn prompt geschah, was absehbar war: Stalin ließ seinen Außenminister, das war nach wie vor Molotow, abwinken. Spätestens mit der Errichtung der für die Hilfsmaßnahmen zuständigen OEEC, der *Organization for European Economic Cooperation*, war die zunehmend politische Stoßrichtung des Projekts nicht mehr zu übersehen.

Denn einen Monat zuvor, am 17. März 1948, war in Brüssel durch die Benelux-Staaten, Frankreich und Großbritannien ein Pakt, die sogenannte Westunion, aus der Taufe gehoben worden, der wie das politisch-militärische Pendant zur OEEC aussah. Gewiss, erklärtermaßen richtete sich dieser Pakt gegen ein »Wiederaufleben der deutschen Aggressionspolitik«;[8] aber jedes Kind konnte sehen, dass die sowjetische Expansion bei der Gründung Pate gestanden hatte. Kein Wunder, dass der amerikanische Präsident noch am Tag der Unterzeichnung öffentlich versicherte, »daß der Entschlossenheit der freien Staaten Europas, sich selbst zu schützen, unsere Entschlossenheit, ihnen zu helfen, nicht nachstehen wird«.[9]

Und so nahm der amerikanische Senat am 11. Juni 1948 mit großer Mehrheit eine Resolution an, die durch den republikanischen Senator Arthur H. Vandenberg eingebracht worden war. Darin wurde die Regierung aufgefordert, an »regionale und andere« Abkommen Anschluss zu suchen, »die auf wirksamer und fortgesetzter Selbsthilfe und gegenseitiger Hilfe beruhen und die die nationale Sicherheit der Vereinigten Staaten betreffen«.[10] Die Ankündigung kam einer Revolution gleich. Zum ersten Mal in Friedenszeiten zeigte sich Amerika entschlossen, auf einem anderen Erdteil für längere Zeit Flagge zu zeigen. Am 4. April 1949 wurde der Vertrag über die NATO, die *North Atlantic Treaty Organization*, von zwölf Staaten unterzeichnet.

Ohne die Manöver der Sowjets wäre diese strategische Weichenstellung nicht zu verstehen. Wohin man auch schaute, schienen sie sich auf dem Vormarsch zu befinden und dabei anfänglich auch die Grenzen jenes Machtbereichs überschreiten zu wollen, den der Westen ihnen während des Krieges zugestanden hatte. Alarmiert verfolgte man in Washington vor allem die offenkundigen oder doch vermuteten Machenschaften Stalins in der Türkei und Griechenland, auf die Truman schon Mitte März 1947 mit einem Manifest reagiert hatte. In dieser nach ihrem dreiunddreißigsten Präsidenten benannten Doktrin sagten die USA grundsätzlich allen freien Völkern Unterstützung gegen bewaffnete Minderheiten im Innern oder Druck von außen zu und legten zu diesem Zweck ein umfassendes wirtschaftliches und finanzielles Hilfsprogramm auf. Dass sich die Sowjets danach vor allem auf ihren eigenen Machtbereich konzentrierten, machte die Sache nicht besser, weil entweder die dabei angewandten Methoden zum Himmel schrien oder weil sich Stalin und seine Handlanger nicht an gegebene Zusagen hielten.

So vor allem in Polen. Immerhin hatte Stalin – im Gegenzug zu den beträchtlichen Konzessionen Churchills und Roosevelts in den Fragen der Anerkennung des Lubliner Komitees und der Westverschiebung Polens – in Jalta das Zugeständnis gemacht, »so bald wie möglich freie und unbehinderte Wahlen« in Polen durchführen zu lassen.[11] Die aber wurden bis zum 19. Januar 1947 hinausgeschoben, und das Ergebnis sprach Bände: neunzig Prozent für den kommunistisch beherrschten Block. Ohne mit der Wimper zu zucken, hatte Stalin also in Polen das Prinzip durchsetzen lassen, das er im April 1945 Milovan Djilas, dem Stellvertreter des jugoslawischen Partisanenführers und späteren Ministerpräsidenten Josip Tito, so erläutert hatte: »Dieser Krieg ist nicht wie in der Vergangenheit; wer immer ein Gebiet besetzt, erlegt ihm auch sein eigenes gesellschaftliches System auf. Jeder führt sein eigenes System ein, so weit seine Armee vordringen kann.«[12]

Den letzten Anstoß für eine grundlegende Kurskorrektur der amerikanischen Europa-Politik brachten die Vorgänge in der Tschechoslowakei, die zum Jahresende 1945 von amerikanischen und sowjetischen Truppen geräumt worden war. Nachdem die Kommunisten in ersten freien Wahlen Ende Mai 1946 zwar landesweit knapp siebenunddreißig Prozent, aber eben nicht die Mehrheit der Stimmen auf sich hatten vereinigen können, setzten sie auf andere Mittel und Methoden, um ihre Machtbasis zu erweitern. Am 25. Februar 1948 warf Staatspräsident Eduard Benesch das Handtuch und stimmte unter dem Druck eines Generalstreiks, von Massendemonstrationen und anderen Aktionen einer Regierung der Erneuerten Nationalen Front zu, die praktisch nur noch aus Kommunisten bestand.

Diese Ereignisse, aber auch die Vorgänge in der sowjetisch besetzten Zone in Deutschland vor Augen, fiel in Washington, alsbald auch in London und selbst in Paris, die Entscheidung zur Gründung eines westdeutschen Teilstaates. Wie immer er aussehen würde, als ausgeschlossen galt jedenfalls eine Entwicklung wie in der Sowjetischen Besatzungszone, wo es schon im April 1947 zum erzwungenen Zusammenschluss der Kommunistischen und der Sozialdemokratischen Partei zur SED, der Sozialistischen Einheitspartei Deutschlands, gekommen war. Die Weichen wurden in London gestellt, wo Vertreter des Brüsseler Paktes sowie der USA seit Februar 1948 über die Gründung eines deutschen Weststaates, also gewissermaßen den Ausbau der Bizone, berieten und am 7. Juni einen entsprechenden Beschluss in Form von Empfehlungen veröffentlichten. Daraus ergab sich für die elf Ministerpräsidenten der drei westlichen Besatzungszonen der Auftrag zur Ausarbeitung einer Verfassung nach vorgegebenen Kriterien. Nach vorbereitenden Maßnahmen machte sich am 1. September 1948 ein Parlamentarischer Rat an die Arbeit.

Gleichsam über Nacht war die Sowjetunion für den Westen an die Stelle des gefährlichsten Gegners gerückt, hatte Stalin die Funktion Hitlers übernommen. Einer, der das früh erkannte und auch kein Blatt vor den Mund nahm, war Winston S. Churchill, vormals Stalins Partner in der Anti-Hitler-Koalition und jetzt britischer Oppositionsführer. Das ließ ihn freier sprechen. Mitten durch Europa, so befand er schon Anfang März 1946 und benutzte dabei ein Bild, das Hitlers Propagandaminister Joseph Goebbels geprägt hatte, senke sich ein »Eiserner Vorhang«, der den befreiten Teil des Kontinents von einer immer stärker dem »sowjetrussischen Einfluß« ausgesetzten Sphäre trenne.[13] In Deutschland verlief diese Linie zwischen dem sowjetisch kontrollierten Bereich und den von den drei Westmächten besetzten Zonen. Gewiss, schwere Krisen gab es auch in Griechenland und in der Türkei, in Polen und der Tschechoslowakei, zudem im Iran und in Finnland; doch nirgends in Europa oder an seinen Rändern prallten die Gegensätze zwischen den Sowjets und den Westmächten so unmittelbar und so heftig aufeinander wie auf dem Territorium des vormaligen gemeinsamen Gegners.

Hier lagen die eigentlichen Ursprünge des Kalten Krieges. Welche der Siegermächte dafür die entscheidende Verantwortung zu tragen hatte, war auch eine Frage der Perspektive. Für Stalin war die Sache klar: Seine früheren Partner im Kampf gegen Hitler gingen gegen die Sowjetunion in Stellung. Darauf musste er reagieren, und er tat es umgehend. Die Gründung der Westunion quittierte er am 20. März 1948 mit der Abberufung des sowjetischen Vertreters im Alliierten Kontrollrat, also mit dem Boykott der gemeinsamen Verwaltung Deutschlands. Der Abschluss der Londoner Konferenz wurde postwendend, am 16. Juni 1948, mit dem Auszug des sowjetischen Vertreters aus der Alliierten Kommandantur für Berlin beantwortet. Und auf die Währungsreform in den westlichen Besatzungszonen, welche die drei Mächte dort am 21. Juni in einer Nacht- und Nebelaktion über die Bühne gebracht hatten, reagierte Stalin zunächst mit einer entsprechenden Reform in seiner eigenen Zone sowie in ganz Berlin und dann mit einer totalen Blockade der Stadt.

Sämtliche Land- und Wasserverbindungen in die ehemalige Reichshauptstadt wurden gekappt. Es lag an den Westmächten, nachzugeben oder den Sowjets die Stirn zu bieten. Sie entschieden sich für Letzteres, und das konnte nur heißen: die Bevölkerung Berlins aus der Luft zu versorgen. So flogen täglich neunhundert Maschinen bis zu dreizehntausend Tonnen Nahrung, Brennstoffe und Medikamente in die geschundene Metropole. Diskrete Verhandlungen, unter anderem am Rande der Vereinten Nationen, zogen sich in die Länge. Erst als Stalin die Aussichtslosigkeit seiner Blockade eingesehen hatte, lenkte er ein. Am 12. Mai 1949 hoben die Sowjets die Abriegelung auf, und die Westmächte hatten einen neuen Verbündeten – ihren vormaligen Kriegsgegner.

Nicht nur rückten West-Berliner und Westdeutsche sowie Westalliierte auf Dauer eng zusammen, vielmehr half die Luftbrücke den Deutschen auch, sich relativ rasch mit dem Gedanken einer Teilstaatsgründung abzufinden, wenn auch unter dem Vorbehalt, ein Provisorium zu errichten. Das nämlich bestimmte die Verfassung, die deshalb bloß »Grundgesetz« genannt wurde. Nachdem sie am 24. Mai 1949 in Kraft getreten war, versammelte sich am 7. September der am 14. August gewählte Deutsche Bundestag zu seiner ersten Sitzung. Eine Woche später, am 15. September, wurde Konrad Adenauer durch die Abgeordneten des Parlaments mit einer Stimme Mehrheit, seiner eigenen, zum Bundeskanzler gewählt.

Das war ein Glücksfall. Gewiss, der Mann hatte zu diesem Zeitpunkt bereits die Schwelle zum Greisenalter erreicht, war dreiundsiebzig Jahre alt. Aber das musste, eine gute körperliche Konstitution vorausgesetzt, kein Nachteil sein. Ganz im Gegenteil brachte der gebürtige Kölner nicht nur eine lange persönliche, sondern gewissermaßen auch die Lebenserfahrung des schließlich gescheiterten Deutschen Reiches ein, in das er 1876 hineingeboren worden war. Noch in der Kaiserzeit lernte er die Spielregeln der Politik kennen. Denn die Anwaltskarriere, die Konrad Adenauer nach dem Studium der Rechtswissenschaften und der Tätigkeit als Gerichtsassessor bei der Kölner Staatsanwaltschaft 1903 zunächst eingeschlagen hatte, ging bald in eine politische Laufbahn über.

Seit 1908 war er Beigeordneter in Köln, seit 1917 Oberbürgermeister der Stadt. Seine Partei war das katholische, schichtenübergreifende Zentrum, und vielleicht hatte Adenauer ebendeshalb nie Berührungsängste gegenüber den Vertretern der Arbeiterschaft, vor allem der deutschen Sozialdemokratie, wenn es auch 1926 wegen ihrer Agitation im Stadtrat vorerst zum Bruch mit der SPD kam. Das Kölner Amt brachte ihn immer wieder auch mit den auswärtigen Angelegenheiten des Deutschen Reiches in direkte Berührung, so als Präsident des Preußischen Staatsrates. Das Amt war eher dekorativer Natur, führte ihn aber ins Zentrum der Macht, wo Adenauer auch als Kanzlerkandidat ins Gespräch kam. Kurz nach dem Machtantritt der Nationalsozialisten wurde er als Oberbürgermeister abgesetzt, musste sich seither wiederholt verstecken, wurde mehrfach festgenommen und saß schließlich nach dem gescheiterten Staatsstreich des 20. Juli bis November 1944 in Gestapohaft.

Nach dem Krieg und anfänglicher Zurückhaltung schloss sich Adenauer dann doch der neu gegründeten CDU an, der überkonfessionellen Christlich-Demokratischen Union, wurde schon im Januar 1946 zum Vorsitzenden der Partei in der britischen Zone, später dann zu ihrem ersten Bundesvorsitzenden gewählt. Dass die junge Republik ihre Zelte provisorisch am Rhein aufschlug, dass sie die Provinzstadt Bonn zu ihrer Hauptstadt machte, ging wesentlich auf den ersten Kanzler zurück, der sich übrigens auf der gegenüberliegenden Rheinseite, in Rhöndorf, mit Abfindungsgeldern der Stadt Köln und seinen Pensionsbezügen schon Ende der dreißiger Jahre ein Haus gebaut hatte.

Dort also wohnte und arbeitete Konrad Adenauer. Rheinischer Herkunft und katholisch, insoweit antipreußisch, war er der typische und zugleich ideale Repräsentant des neuen Teilstaates. Lag einst das Zentrum des Reiches zwischen Elbe und Weichsel, so befand sich das der neuen Republik zwischen Elbe und Rhein. War der Blick von Berlin aus gerne nach Osten, nach Russland oder auch nach Polen, geschweift, so blickte man von Rhöndorf beziehungsweise von Bonn aus seit jeher nach Westen. Die Nachbarschaft Frankreichs und die wiederholte Besetzung durch die Franzosen hatten hier ihre Spuren hinterlassen – bis hinein in die Sprache: Man spazierte nicht auf dem Bürgersteig, man flanierte auf dem Trottoir. Man war provinziell, aber man gab sich weltläufig.

Die Orientierung nach Westen war aber auch hilfreich, wenn

es darum ging, ein Verhältnis zu den USA zu finden, der entscheidenden Besatzungsmacht. Das war leichter gesagt als getan. Den meisten Deutschen war der amerikanische Kontinent, waren Kultur, Lebens- und Denkweise der Amerikaner fremd und fern. Nicht nur das unterschied die Vereinigten Staaten von Frankreich. Die transatlantische Orientierung war schon deshalb bis 1946/47 keine wirkliche Option deutscher Politik gewesen, weil die USA eine solche Bindung nie gesucht hatten, im Gegenteil: Bis 1945 hatte sich das amerikanisch-deutsche Verhältnis weitgehend in zwei Waffengängen erschöpft. Das lässt erahnen, vor welcher Herausforderung Bonner Politiker standen, als sie sich daranmachten, eine Beziehung zu den Vereinigten Staaten aufzubauen. Da die Sozialdemokraten vorerst in Fundamentalopposition zur politischen Westbindung der Bundesrepublik verharrten, lag es an den Christdemokraten, die transatlantische Öffnung des westdeutschen Provisoriums ins Werk zu setzen.

Für den im Jahrzehnt der Reichsgründung geborenen Konrad Adenauer war das keine Selbstverständlichkeit. Nicht nur war er ein typischer Vertreter jener Generation, die eigentlich zu Amerika kein Verhältnis hatte. Vielmehr gehörte zu den Nahzielen seiner Außenpolitik – so man in dieser Zeit überhaupt von einer solchen sprechen konnte – neben der Integration der jungen Republik in den Westen und der Herstellung äußerer Sicherheit ein geradezu klassisches Postulat der Deutschen: die Gleichberechtigung. Diese Forderung war so alt wie der deutsche Nationalstaat – und ebendeshalb auf alliierter Seite verdächtig. Ambitiös war sie allemal, schon bezogen auf die europäischen Nachbarn, von den USA gar nicht zu reden. Außerdem gab es gerade einmal ein staatliches Gebilde, aber noch keine wirkliche Handlungsfreiheit, nach innen nicht, und nach außen erst recht nicht. Die Rechtsgrundlage der Beziehungen zwischen dem neuen Staat und den alten Besatzungsmächten, die jetzt nicht mehr durch Militärgouverneure, sondern durch Hohe Kommissare vertreten waren, bildete vorläufig ein Besatzungsstatut. Es trat am 21. September 1949 in Kraft.

Mit seinem früh gefassten Entschluss, die Republik fest in die westliche Staatenwelt zu integrieren, verband Adenauer nicht zuletzt die Absicht, die Deutschen vor sich selbst zu schützen. Die Einbindung sollte verhindern, dass sie noch einmal auf die schiefe Bahn gerieten. Das erforderte unter anderem eine klare Absage an jegliches Lavieren zwischen West und Ost, also an das außenpolitische Modell der Weimarer Republik. Gustav Stresemann und andere waren damals, während der zwanziger Jahre, versucht gewesen, durch Annäherung an die isolierte Sowjetunion einen gewissen Druck auf die westlichen Nachbarn Deutschlands auszuüben. Den Westmächten, an deren Seite die Bonner Republik jetzt Schritt für Schritt rückte, war das noch in schlechter Erinnerung.

Es ist bemerkenswert, wie sorgfältig deutsche Politiker bis zum Ende des Kalten Krieges darauf bedacht gewesen sind, alles zu unterlassen, was solchem Misstrauen hätte Nahrung geben können. Selbstverständlich verband schon das politische Personal der ersten Stunde damit und mit seiner Zustimmung zu einer weitestgehenden Integration der Bundesrepublik in die westliche Staatengemeinschaft auch Erwartungen. Allen voran die Erlangung politischer Gleichberechtigung für den jungen Staat und eine Garantie seiner äußeren Sicherheit. Die Geschichte wollte es, dass die äußeren Umstände sich seit Kriegsende in einer Weise änderten, welche die westlichen Siegermächte nur wenige Jahre nach der Katastrophe zum Umdenken und zum Eingehen auf deutsche Wünsche und Forderungen zwangen. Wie nach dem Ende des Ersten Weltkrieges war die sowjetische Herausforderung auch jetzt der eigentliche Anstoß: Die Deutschen wurden zunehmend gebraucht – als Partner und Verbündete. Darin lagen Chancen. Man musste sie nur sehen und dann rasch nutzen.

Aber natürlich stellten sich auch Fragen, kamen Zweifel auf: Kollidierte die feste Verankerung des Teilstaates im Westen nicht mit dem Gebot der Wiedervereinigung Deutschlands, dem obersten Ziel deutscher Politik seit 1949? Würden die Sowjets nicht jedes Interesse an einer Wiedervereinigung, so sie es denn ernsthaft hegten, verlieren, wenn sie davon ausgehen mussten, dass ein vereintes Deutschland seine weltpolitische Heimat im gegnerischen Lager finden würde? Spätestens am 7. Oktober 1949 hatten auch die Optimisten zur Kenntnis zu nehmen, dass die staatliche Teilung im Grunde schon mit der Geburtsurkunde der Bonner Republik besiegelt worden war. Denn der auf dem Gebiet der Sowjetischen Besatzungszone gegründete zweite Teilstaat, der sich »Deutsche Demokratische Republik« nannte, war ja erklärtermaßen ein Gegenmodell zur Bundesrepublik.

Gleichwohl hielten Adenauer und seine Mitstreiter nicht nur unverdrossen am Gebot der Wiedervereinigung fest, sondern sie gingen zunächst ganz selbstverständlich davon aus, dass es sich bei dem wiederzuvereinigenden Deutschland um dasjenige in den Grenzen von 1937 handelte, also um die Bundesrepublik, die DDR und eben auch jene Gebiete östlich von Oder und Neiße, die gemäß den Potsdamer Beschlüssen vom 2. August 1945 unter polnischer beziehungsweise sowjetischer Verwaltung standen. Diese Forderung wurde von allen maßgeblichen politischen Kräften der Republik geteilt, auch und in besonderem Maße von Kurt Schumacher.

Der Vorsitzende der SPD, schwer gezeichnet von den Kämpfen des Ersten Weltkrieges und jahrelanger Haft im Konzentrationslager, war Adenauers großer Gegenspieler. Vehement wandte er sich gegen eine Politik, die eine Wiederherstellung der nationalen Einheit Deutschlands gefährden konnte. 1895 an der Weichsel geboren, war Schumacher zuerst Deutscher, dann Europäer. Bei dem Rheinländer Adenauer war es genau umgekehrt. Schon als Kölner Oberbürgermeister hatte er Ideen, die auf einen von Preußen losgelösten westdeutschen Bundesstaat im Rahmen des Reiches hinausliefen, einiges abgewinnen können.

Es war kein Zufall, dass die Entschließung des Deutschen Bundestages zur nationalen Einheit auf einen Antrag der SPD zurückging. Das Manifest enthielt die drei Kardinalbekenntnisse. Am 14. September 1950 erklärte das Bonner Parlament

»den unerschütterlichen Willen des ganzen deutschen Volkes zu seiner nationalen Einheit«, stellte fest, »daß kein Terror den Freiheitswillen der Menschen in der sowjetischen Besatzungszone« habe »brechen können«, und betonte, dass das deutsche Volk »in der Anerkennung der Oder-Neiße-Linie« ein »Verbrechen an Deutschland« sehe.[14] Noch stand man unter dem unmittelbaren Eindruck der Vertreibung von Millionen von Menschen, noch gab es hunderttausendfach direkte familiäre Bindungen zwischen West- und Ostdeutschland, noch sah man sich politisch wie moralisch in der Pflicht, die Bewohner Ost- und Mitteldeutschlands nicht einfach ihrem Schicksal zu überlassen.

So weit, so gut. In der Forderung bestand Einigkeit quer durch alle Fraktionen und Parteien, wenn man einmal von der erst im August 1956 verbotenen Kommunistischen Partei absah. Blieb die vor allem von den Sozialdemokraten gestellte Frage, ob nicht die konsequente Westintegration der Bundesrepublik, die Festigung ihrer Eigenstaatlichkeit und damit früher oder später zwangsläufig auch die Ausbildung einer eigenen Identität mit dieser Forderung kollidierten. Klarheit konnte nur die Zukunft bringen. Das galt auch für den Status der jungen Republik.

In Bonn war unstrittig, dass sie möglichst bald eine gleichberechtigte Stellung in der westlichen Welt erlangen müsse. Und Adenauer konnte sogar schon am 22. November 1949 einen ersten Schritt auf diesem mühsamen Weg tun, als er auf dem Petersberg bei Bonn, auf dem die Hohen Kommissare ihre Zelte aufgeschlagen hatten, seine Unterschrift unter ein nach diesem Ort benanntes Abkommen setzte. Es enthielt Zugeständnisse beider Seiten. So durfte sich die Bundesrepublik jetzt internationalen Organisationen wie der OEEC anschließen, zudem eigene Handels- und konsularische Beziehungen mit anderen Ländern aufnehmen. Damit war der Weg für erste außenpolitische Gehversuche geebnet. Außerdem sahen die Abmachungen eine deutliche Verringerung, wenn auch noch keineswegs das Ende der Demontagen vor. Im Gegenzug trat die Bundesrepublik dem Militärischen Sicherheitsamt und der Internationalen Ruhrbehörde bei.

Diese alliierten Kontrollinstitutionen waren im April 1949 aus der Taufe gehoben worden und vor allem für Frankreich von Bedeutung. Sie stellten sicher, dass Konzessionen bei den Demontagen nicht einem raschen, unkontrollierten Wiederaufbau der deutschen Schwer- und damit auch Rüstungsindustrie Vorschub leisteten. Dieser Sorge entsprang auch die französische Initiative für die sogenannte Montanunion. Am 9. Mai 1950 machte Frankreichs Außenminister Robert Schuman die Öffentlichkeit mit der maßgeblich von Jean Monnet, einem Wirtschaftsfachmann, entwickelten Idee bekannt, »die Gesamtheit der französisch-deutschen Kohlen- und Stahlproduktion unter eine gemeinsame Oberste Aufsichtsbehörde (Haute Autorité) zu stellen, in einer Organisation, die den anderen europäischen Ländern zum Beitritt offen steht«.[15] Am 20. Juni 1950 begannen die Verhandlungen zwischen Frankreich, der Bundesrepublik, Italien und den drei Benelux-Staaten. Großbritannien, das durch die französische Initiative unter Zugzwang geriet und wohl auch gebracht werden sollte, blieb den Gesprächen mit der Begründung fern, sich nicht vorzeitig auf Prämissen festlegen zu können, deren Auswirkungen auf die britische Politik und insbesondere auf das im Umbruch befindliche Empire nicht absehbar seien.

Der Vertrag über die EGKS, die Europäische Gemeinschaft für Kohle und Stahl, konnte am 18. April 1951 unterzeichnet werden. Er war auf fünfzig Jahre angelegt und schrieb einen wirtschaftlichen Verbund der westeuropäischen Schwerindustrie mit supranationaler Lenkungsbehörde fest. Was auf den ersten Blick wie eine radikale Kehrtwendung der französischen Besatzungspolitik aussah, war eine Flucht nach vorn. Die Gründung eines westdeutschen Staates war in Paris als Katastrophe empfunden und nur unter Zähneknirschen mitgetragen worden. Immerhin hatte Deutschland nur zehn Jahre zuvor die größte Katastrophe der neueren europäischen Geschichte ausgelöst und zum dritten Mal innerhalb von nur sieben Jahrzehnten gegen seinen westlichen Nachbarn Krieg geführt. Und dann hatte es die weltpolitische Entwicklung so gefügt, dass dieses Deutschland, oder doch jedenfalls ein Teil davon, wieder weitgehende Souveränität besaß. Die Montanunion war ein erster Ausgleich. Sie bot Paris nicht nur wirtschaftliche Vorteile, beispielsweise für die auf den Rohstoffimport angewiesene französische Stahlindustrie, sondern auch die Möglichkeit einer zumindest indirekten Kontrolle der deutschen Schwerindustrie.

Auch deshalb stieß dieser erste Europa-Vertrag – ähnlich wie zuvor schon das Petersberger Abkommen – in der Bundesrepublik auf energischen Widerstand. Kurt Schumacher sah darin nichts anderes als »die Fortsetzung der alten Politik französischer Herrschaftsansprüche mit europäischen Worten«.[16] Kaum jemanden überraschte daher der nächste Streit, der über die Aufnahme der Bonner Republik in den Europarat zum 2. Mai 1951 entbrannte. Natürlich war an dem Beitritt zu diesem im Januar 1949 gegründeten Gremium selbst nichts auszusetzen. Allerdings hatte Frankreich daran die Bedingung geknüpft, dass gleichzeitig das Saarland als assoziiertes Mitglied aufgenommen würde. Sicher bedeutete dieser Schritt vorderhand einen Rückschlag für den Kurs der Bundesregierung, denn er ließ die angestrebte Rückkehr der Saar nach Deutschland erst einmal in weite Ferne rücken. Grundlegend zu ändern oder gar aufzuhalten war die Entwicklung aber nicht mehr. Im Gegenteil gewann sie noch an Tempo und Intensität, und dieses Mal ging es um nicht weniger als eine mögliche Bewaffnung der Bundesrepublik.

Einmal mehr kam der Anstoß von außen, aus Asien: Am 25. Juni 1950 überfielen Truppen des kommunistisch geführten Nordkorea den südlichen Teil des Landes, der inzwischen von den amerikanischen Besatzern geräumt worden war. Der Korea-Krieg, der erst am 27. Juli 1953 mit einem Waffenstillstand beendet wurde, zementierte die Blockbildung in Europa, erleichterte die Durchsetzung der westlichen Militärorganisation und besiegelte die Westintegration der Bundesrepublik durch ihre Erweiterung um die militärische Komponente. In der westlichen Welt hatte nämlich kaum jemand einen Zweifel, dass sich Vergleichbares in Europa wiederholen könnte, zumal es in der DDR eine »Volkspolizei« mit etwa sechzigtausend Mann, außerdem sogenannte Betriebskampfgruppen gab. Die Statthalter Moskaus im östlichen Teil Deutschlands verfügten also inzwischen über paramilitärische Streitkräfte. Das schuf Handlungsbedarf, und so gewann die seit 1949 im Westen geführte Diskussion über einen Verteidigungsbeitrag der Bundesrepublik unüberhörbar an Intensität.

Für Adenauer war das ein Geschenk des Himmels. Denn die Frage einer deutschen Beteiligung an der Verteidigung des Westens eröffnete unerwartet Perspektiven, die weit über die Erhöhung der Sicherheit hinausgingen. Der Kanzler war überzeugt, dass die Entwicklung nicht nur zu einer Beschleunigung der Westintegration, sondern auch zu Fortschritten in der Gleichberechtigungsfrage führen könne. Für ihn gingen die Wiederbewaffnung Deutschlands und die Revision beziehungsweise die Ablösung des Besatzungsstatuts Hand in Hand.

Am 17. August 1950 signalisierte Adenauer in einem Gespräch mit den Hohen Kommissaren seine grundsätzliche Zustimmung zu einer europäischen Armee. Die Idee stammte nicht von ihm, sondern war wenige Tage zuvor von Churchill ins Gespräch gebracht worden, der nach wie vor auf seine Rückkehr an die Macht wartete. Im Rahmen einer solchen Europaarmee also konnte sich Adenauer durchaus vorstellen, »eine deutsche Verteidigungsmacht … in Form von freiwilligen Formationen bis zu einer Gesamtstärke von 150 000 Mann« aufzustellen.[17] Knapp zwei Wochen später präzisierte der Kanzler seine Angebote – und seine Forderungen – in zwei Memoranden für den Vorsitzenden der Hohen Alliierten Kommission, den Amerikaner John McCloy. Von dieser folgenreichen Initiative waren weder seine Partei noch das Kabinett noch gar das Parlament unterrichtet.

Zunächst schloss Adenauer »eine Remilitarisierung Deutschlands durch Aufstellung einer eigenen nationalen militärischen Macht« aus[18] – und ließ damit alle anderen Möglichkeiten, etwa die Beteiligung an einer Europaarmee, offen. Und dann nannte er die Bedingung, unter der eine solche Lösung vorstellbar war: »Wenn der deutsche Mensch Opfer jeder Art bringen soll, so muß ihm wie allen anderen westeuropäischen Völkern der Weg zur Freiheit offen sein ... Die Bundesregierung hält es daher für notwendig, daß die Beziehungen Deutschlands zu den Besatzungsmächten auf neue Grundlagen gestellt werden.«[19]

Mit seinen geheimen Vorschlägen rannte der Bundeskanzler bei den Westmächten offene Türen ein – jedenfalls bei Amerikanern und Briten und soweit es um den deutschen Verteidigungsbeitrag ging. In diesem Sinne ließen sich nämlich wenige Tage später die Außenminister der USA, Großbritanniens und Frankreichs in New York vernehmen. Ihr Kommuniqué vom 19. September 1950 enthielt zum einen das für Bonn wichtige Bekenntnis der Westmächte, »jeden Angriff gegen die Bundesrepublik oder Berlin, gleichgültig von welcher Seite« er ausgehe, so behandeln zu wollen, »als wäre es ein Angriff gegen sie selbst«.[20] Im Übrigen hieß es eher vage, ein deutscher Verteidigungsbeitrag sei Gegenstand der Erörterungen gewesen. Das lag an Frankreich: Für Paris kam der Gedanke an eine deutsche Wiederaufrüstung nur fünf Jahre nach Beendigung des Zweiten Weltkrieges einem Alptraum gleich.

Und die mahnenden Stimmen gegen einen deutschen Verteidigungsbeitrag aus Frankreich waren nicht etwa die Ausnahme. Man vernahm sie aus anderen Ländern, aber auch im Inland. Hier kam der Widerstand, abgesehen von der Kommunistischen Partei, nicht nur von der Sozialdemokratie, sondern auch von der evangelischen Kirche, allen voran vom Präses ihrer Synode, Gustav Heinemann: Der spätere Bundespräsident war damals Innenminister im ersten Kabinett Adenauer und reichte über dieser Frage im Oktober 1950 seinen Rücktritt ein. Von den Reaktionen des Auslandes zählten vor allem die der vier Sieger- und Besatzungsmächte. Sie fielen höchst unterschiedlich aus, reichten von strikter Ablehnung im Falle der Sowjetunion über tiefe Skepsis, die erwartungsgemäß in Frankreich weitverbreitet war, bis hin zu positiven Erwartungen, die vor allem in den Vereinigten Staaten an eine Revision des Besatzungsstatuts geknüpft wurden.

In Washington machte man diese von der Bereitschaft der Bundesregierung abhängig, für die deutschen Auslandsschulden einzustehen, und zwar sowohl für die der Nachkriegs- als auch für die der Zwischenkriegszeit. Es ging nicht zuletzt um die Rückzahlung von Krediten, die im Rahmen des Dawes-Planes nach Deutschland geflossen waren, und damit um die Durchsetzung eines Prinzips: Die im Aufbau befindliche neue Weltwirtschaftsordnung sollte allgemein akzeptierten Regeln und Maximen folgen.

Im Februar 1952 begannen in London die Verhandlungen, am 27. Februar des folgenden Jahres konnte das Schuldenabkommen von der Bundesrepublik und achtzehn weiteren Staaten unterzeichnet werden. Demnach waren sechs Milliarden D-Mark für Vor- und sieben Milliarden für Nachkriegsschulden zu zahlen. Das war eine bedeutende Summe, aber gemessen an den ursprünglichen Forderungen ein moderater Betrag. Es gab auch Vorteile: Wenn man für die Schulden des Deutschen Reiches einstand, ließ sich der Anspruch untermauern, in dessen Nachfolge zu stehen, und der wiederum stärkte die Forderung nach einer Wiedervereinigung Deutschlands. Nicht zuletzt aber war mit dem Abkommen ein Hindernis auf dem Weg zur Souveränität der Bundesrepublik aus dem Weg geräumt. Das sorgte nicht überall für Begeisterung, schon gar nicht in Frankreich. Wegen der erheblichen Abhängigkeit von den Vereinigten Staaten blieb Paris aber letztlich keine andere Wahl, als abermals die Flucht nach vorn anzutreten.

Am 24. Oktober 1950 gab der französische Ministerpräsident vor dem Parlament eine Erklärung ab, in der er von der Gefahr eines Wiedererwachens »des deutschen Militarismus« sprach. Das überraschte niemanden. Als René Pleven dann aber über

»eine gemeinsame Verteidigung« reflektierte und »die Schaffung einer europäischen Armee« vorschlug, »die mit den politischen Institutionen des geeinten Europas verbunden« sein und, »soweit dies irgend möglich ist, eine vollständige Verschmelzung der Mannschaften und der Ausrüstung herbeiführen« sollte,[21] da rieb sich doch zunächst mancher die Augen. Bei näherem Hinsehen wurde aber klar, dass Pleven gerade eine Kontrolle der nicht mehr aufzuhaltenden deutschen Wiederaufrüstung durch Frankreich anpeilte und dass sein Plan, weil er von einer vollständigen Verschmelzung der Mannschaften und der Ausrüstung ausging, die deutsche Wiederbewaffnung erheblich verlangsamen musste.

Das wurde schon bald deutlich, als der NATO-Rat am 18. Dezember 1950 einem amerikanischen Vorschlag, dem sogenannten Spofford-Plan, zustimmte, wonach sich parallele Verhandlungen über einen deutschen Beitrag sowohl zur Europaarmee als auch zur NATO nicht ausschließen sollten. Tatsächlich begannen Anfang Januar 1951 erste Gespräche über einen möglichen NATO-Beitritt der Bundesrepublik auf dem Petersberg, während Mitte Februar in Paris die *Conférence pour l'Organisation de l'Armée Européenne* eröffnet wurde. Teilnehmer dieser Konferenz waren neben Frankreich und Deutschland die Benelux-Staaten sowie Italien. Seit Oktober setzte sich die Bezeichnung *Communauté Européenne de Défense* durch. Die Verhandlungen über diese EVG, die Europäische Verteidigungsgemeinschaft, gestalteten sich kompliziert und langwierig. Erst nachdem Großbritannien und die USA den immer wieder zögernden Franzosen zusätzliche Sicherheitsgarantien in Aussicht gestellt hatten, konnte der EVG-Vertrag am 27. Mai 1952 in Paris unterzeichnet werden.

Das lange Warten lohnte sich, jedenfalls für Bonn. Schon während der Verhandlungen über die EVG hatte man ein Entgegenkommen der Besatzungsmächte erkennen können. Im Gegenzug zur formellen Anerkennung der deutschen Auslandsschulden ließen die Alliierten die Zügel des Besatzungsregimes etwas lockerer, revidierten am 6. März 1951 ein erstes

Mal das Besatzungsstatut und gestatteten der Bundesrepublik mehr außenpolitische Handlungsfreiheit: Am 15. März 1951 nahm das Auswärtige Amt als letzte »Oberste Bundesbehörde«[22] seine Arbeit wieder auf.

Das war nicht selbstverständlich. Zwar hatte 1948/49 im dreizehnten der Nürnberger Prozesse – dem sogenannten Wilhelmstraßen-Prozess gegen den ehemaligen Staatssekretär und Botschafter Ernst Freiherr von Weizsäcker und andere – mancher Repräsentant des Auswärtigen Amtes auf der Anklagebank gesessen und war verurteilt worden. Doch wurde die Behörde unter ihrem alten Namen wiedereingerichtet; auch konnte sie fast ihr ganzes Archiv, praktisch unzerstört, von den alliierten Siegern übernehmen. Vor allem aber nahmen – wie in anderen Bundesministerien – auch im Auswärtigen Amt beziehungsweise seiner kurzlebigen Vorläuferin, der am 1. April 1950 im Bundeskanzleramt eingerichteten Dienststelle für Auswärtige Angelegenheiten, zwangsläufig auch solche Beamte die Arbeit wieder auf, die schon der Regierung Hitler ihre Dienste zur Verfügung gestellt hatten. Am 1. Oktober 1952 waren von 576 im Auswärtigen Dienst beschäftigten Personen 158 »ehemalige Mitglieder des Auswärtigen Amtes«.[23]

Das führte schon früh zu erheblicher Irritation. Verursacht wurde sie durch interne und öffentliche Nachfragen Bernhard Reismanns, einem der zehn Abgeordneten, welche die katholische Zentrumspartei im ersten Deutschen Bundestag stellte. Im Zuge der jetzt, insbesondere nach einer Artikelserie in der *Frankfurter Rundschau* vom September 1951, aufbrechenden Diskussion beschloss der Bundestag Ende Oktober auf Antrag der SPD-Fraktion die Einsetzung eines Untersuchungsausschusses. Dieser sollte eventuellen »Mißständen« als Folge der »Personalpolitik« im Auswärtigen Dienst nachgehen. Am 18. Juni 1952 legte der Untersuchungsausschuss Nr. 47, dessen Arbeit im Auswärtigen wie im Kanzleramt mit großer Reserve verfolgt wurde, den abschließenden Bericht und mit ihm seine Empfehlungen vor. Danach sollten von einundzwanzig überprüften Angehörigen des Auswärtigen Dienstes unter anderem drei nicht weiterbeschäftigt werden, drei keine Verwendung in der Personalabteilung finden und drei vorerst nicht im Ausland eingesetzt werden.

Dass trotz solcher offenkundigen Kontinuitäten beim Personal damals kaum jemand auf die Idee kam, bei der Wiedereinrichtung des Auswärtigen Amtes im März 1951 von einer Wiederaufnahme der alten außenpolitischen Tradition zu sprechen, hatte auch mit dem vorgegebenen Rahmen des demokratischen Verfassungsstaates zu tun. Dieser war ja maßgeblich von den Westmächten mitgestaltet worden, und in ihm wusste sich auch der Auswärtige Dienst von Anfang an fest verankert. Gut möglich, dass die Behörde auch deshalb darauf verzichtet hat, ihre Geschichte selbst umfassend aufzuarbeiten. Ein halbes Jahrhundert später – im Zuge der von Außenminister Joschka Fischer geänderten Gedenkpraxis für verstorbene Angehörige des Auswärtigen Dienstes – wurde das Amt dann doch von ihr eingeholt.

Das war im Jahr 2005. Ein halbes Jahrhundert zuvor, nach seiner Wiedereinrichtung, standen andere Fragen im Vordergrund. Zunächst war man ja nicht einmal in der Lage, in vollem Umfang souverän Außenpolitik zu treiben. Allerdings gab es einen neuen Spielraum. Er wurde zielstrebig genutzt, namentlich vom ersten Außenminister der Bundesrepublik. Das war niemand anders als Konrad Adenauer selbst, der die Hohen Kommissare am 15. März 1951 in dürren Worten davon in Kenntnis setzte, »daß ich das Amt des Bundesministers des Auswärtigen übernommen habe«,[24] und der diesen Posten dann auch für sich beanspruchen sollte, bis die Bonner Republik im Mai 1955 ihre Souveränität erlangte.

Gewiss, vorerst durfte man keine diplomatischen Beziehungen aufnehmen, doch ließen sich schon in dieser Vor- und Frühphase deutscher Außenpolitik Schwerpunkte erkennen. Einer lag in der außereuropäischen Welt. Der Bundesrepublik kam dabei zugute, dass Deutschland aufgrund der Bestimmungen des Versailler Vertrages vom Juni 1919 alle Kolonien hatte aufgeben müssen. Da diese fortan als Mandatsgebiete des Völkerbundes von anderen Mächten verwaltet wurden, fiel Deutschland nirgends die Rolle der letzten Kolonialmacht zu. Die Bundesrepublik war folglich auch nicht mit den Phänomenen der Dekolonisierung und Befreiung konfrontiert, die nach 1945 viele Ländern Europas vor gewaltige Probleme stellten. Nicht von ungefähr kamen die ersten Staatsgäste, beginnend mit Kaiser Haile Selassie I. von Äthiopien, aus solchen Ländern.

Aussichtsreich ließen sich zunächst die Kontakte zu den Staaten des Nahen und Mittleren Ostens an. Seit den Tagen Otto von Bismarcks hatte es ja durchweg gute Beziehungen zu dieser Region gegeben – politische, wirtschaftliche, auch militärische, zunächst zum Osmanischen Reich, nach dem Ersten Weltkrieg dann, im Rahmen des Möglichen, zu dessen Nachfolgestaaten. Daran ließ sich jetzt anknüpfen. Bereits seit 1952 wurde mit Ägypten, dem Libanon, Syrien, dem Irak und Jordanien über die Aufnahme diplomatischer Beziehungen verhandelt. Sehr weit kam man damit aber vorerst nicht, weil einige arabische Länder empfindlich auf die Kontakte deutscher Politiker zum Staat Israel reagierten.

Dass es diesen gab und dass sich der Nahe Osten auch deshalb zu einem der explosivsten Krisengebiete der Erde überhaupt entwickelte, war indirekt auch eine Spätfolge der deutschen Politik und Kriegführung bis 1945. Denn ohne die systematische Verfolgung und Ermordung der europäischen Juden, ohne die sechs Millionen Opfer, die sie gefordert hatten, wäre es im Mai 1948 wohl kaum zur Gründung eines unabhängigen Staates Israel in Palästina gekommen. Die Beziehungen beider deutscher Teilstaaten zu Israel mussten daher von Anfang an besonderer Natur sein.

Da sich die DDR nicht als Nachfolgerin des Deutschen Reiches begriff, lehnte sie bis zu einer anderslautenden Entscheidung der Volkskammer vom 12. April 1990 die Übernahme jedweder Verantwortung für das ab, was vor 1945 geschehen war. Die Bundesrepublik hingegen bekannte sich frühzeitig und eindeutig dazu. Seit März 1952 wurde in Den Haag über ein sogenanntes Wiedergutmachungsabkommen verhandelt; am 10. September 1952 konnte es von Adenauer und dem israelischen Außenminister Moshe Sharett in Luxemburg unterzeichnet werden. Darin verpflichtete sich die Bundesrepublik, bis 1965 drei Milliarden D-Mark in Jahresraten an den Staat Israel, vierhundertfünfzig Millionen an jüdische Organisationen und fünfzig Millionen für rassisch Verfolgte nichtjüdischen Glaubens zu zahlen.

Das war ein erster Schritt auf dem langen und schwierigen Weg einer Annäherung zwischen Israel und der Bundesrepublik, und es markierte zugleich den Beginn einer jahrzehntelangen Gratwanderung der deutschen Politik in der Region. Kurzfristig war das Abkommen allerdings auch ein Signal an die Adresse der Westmächte, eine Bestätigung, dass sie mit ihrer Deutschlandpolitik richtig lagen. Immerhin hatten sie soeben den Kriegszustand mit Deutschland beendet und damit ein Zeichen von hoher Symbolwirkung gesetzt. Als erstes Land hatte Indien diesen Schritt zum 1. Januar 1951 getan; von den Besatzungsmächten war Großbritannien am 9. Juli 1951 vorangegangen, Frankreich und die USA folgten am 13. Juli beziehungsweise am 19. Oktober. Damit hatten insgesamt sechsundvierzig Staaten den Kriegszustand aufgehoben.

Das erleichterte allen den nächsten Schritt: Am 26. Mai 1952, einen Tag vor Unterzeichnung des EVG-Vertrages, war in Bonn der »Vertrag über die Beziehungen zwischen der Bundesrepublik Deutschland und den Drei Mächten« unterschrieben worden. So lautete der offizielle Titel des Dokuments, das nach einer Wortschöpfung des Staatssekretärs im Bundeskanzleramt, Otto Lenz, allerdings unter dem populäreren Titel »Deutschland-Vertrag« firmierte.[25] Er wurde ausdrücklich »auf der Grundlage der Gleichberechtigung« abgeschlossen und gestand der Bundesrepublik die »volle Macht« über ihre inneren und äußeren Angelegenheiten zu, allerdings »vorbehaltlich der Bestimmungen dieses Vertrages«.[26] Nur sieben Jahre nach der bedingungslosen Kapitulation des Deutschen Reiches gab es nicht nur wieder einen beziehungsweise zwei

Staaten auf deutschem Boden; zumindest der eine, die Bundesrepublik, war jetzt auch »nicht mehr isoliert«. Seine Vertreter, so empfand es Adenauer nach Unterzeichnung des EVG-Vertrages, saßen jetzt im Kreise »dieser ganzen Nationen am gleichen Tisch«.[27]

Die Deutschen waren angekommen, hatten wieder eine politische Heimat. Der Rückzug, der militärisch im Dezember 1941 vor Moskau begonnen hatte, war jetzt auch politisch abgeschlossen. Der großdeutsche Traum war ausgeträumt, sozusagen zur kleindeutschen Wirklichkeit geschrumpft. Immerhin hatte man sieben Jahre nach der Katastrophe wieder eine eigene Staatlichkeit und eine weitgehende innere und äußere Souveränität. Dafür hatte Bonn die durch den Zweiten Weltkrieg geschaffenen Tatsachen anzuerkennen. Nichts anderes bedeutete die Unterschrift unter den Deutschland-Vertrag. Ein hoher Preis, von dem die allermeisten damals annahmen, dass man ihn nicht bezahlen müsse, jedenfalls nicht in voller Höhe. Denn Anerkennung hin oder her: Maßgeblich blieb die Forderung nach einer Wiedervereinigung Deutschlands – damals noch ganz selbstverständlich bezogen auf die Grenzen von 1937. Jahre sollten ins Land gehen, bis Mauer und Stacheldraht dazu zwangen, den Realitäten nicht nur ins Auge zu sehen, sondern sie Schritt für Schritt auch zu akzeptieren. Ein langer und mühsamer Weg.

OHNMACHT

Trotzig gegen das Schicksal 1952–1969

Kein Weg führte zurück. Anzunehmen, dass es nach der Unterzeichnung des Deutschland- und des EVG-Vertrages, sollten sie erst einmal in Kraft sein, noch die Chance auf eine Wiedervereinigung Deutschlands gebe, war so realistisch wie der Glaube an den Endsieg nach der Wende vor Moskau. Blieb die Hoffnung. Dass die auch nach 1952 nicht starb, vielmehr immer wieder Nahrung erhielt, lag an den Lippenbekenntnissen der Verbündeten – und anfänglich auch an den Angeboten der Gegner. Die nämlich gab es gleich in Serie. Vor Unterzeichnung der Verträge, aber auch noch danach. Das machte die Offerten verdächtig, konnte aber auch als Bestätigung interpretiert werden, dass die Wiedervereinigung, wenn man sie denn im Gespräch hielt, auch für andere eine Thema blieb.

Jedenfalls war der Vorschlag für eine westeuropäische Armee gerade einmal vier Wochen alt, als der Ministerpräsident der DDR zur Feder griff. Am 30. November 1950 schlug Otto Grotewohl dem Bundeskanzler die Bildung eines gesamtdeutschen konstituierenden Rates vor, der die Bildung einer Regierung sowie die Organisation von Wahlen vorbereiten und die vier Siegermächte bei der Ausarbeitung eines Friedensvertrages beraten sollte. Vorbedingung dieser wie aller folgenden Offerten war freilich der Abbruch der EVG-Verhandlungen durch die Bundesregierung.

Sechs Wochen ließ sich Konrad Adenauer Zeit, dann erteilte er dem Vorschlag eine Absage. Er konnte sich dabei auf eine breite Zustimmung nicht nur der Regierungsparteien, sondern in diesem Falle auch der oppositionellen Sozialdemokraten stützen. Zur Überraschung aller ließ Grotewohl aber nicht locker, ging auf Adenauers Gegenvorschläge und Forderungen ein, stimmte Mitte September 1951 freien Wahlen zu einer Nationalversammlung in ganz Deutschland zu und reichte Anfang Januar 1952 sogar noch den Entwurf für ein Wahlgesetz auf der Basis des Reichstagswahlgesetzes der Weimarer Republik nach.

Die Sache schien dringend, so dringend, dass sich einige Wochen später Josef Stalin in der Angelegenheit persönlich zu Wort meldete und am 10. März 1952 den drei Westmächten die Wiederherstellung eines um die Gebiete östlich von Oder und Neiße verkleinerten, im Wesentlichen neutralen, aber zur Selbstverteidigung fähigen deutschen Staates vorschlug. Am 9. April 1952 kam der Oberste aller Sowjets den westlichen Vorstellungen noch einen weiteren Schritt entgegen und stimmte, ähnlich wie zuvor Grotewohl gegenüber seinen deutschen Ansprechpartnern, dem Primat freier Wahlen in Gesamtdeutschland zu.

Was steckte dahinter? Gewiss, Stalin hatte sich immer auch die Möglichkeit eines auf Basis der vier Besatzungszonen geeinten Deutschland offen gehalten, sofern ihm das eine Mitsprache über dessen bündnispolitische Orientierung garantierte. Jetzt allerdings lagen die Dinge anders. Seine Initiative war in erster Linie eine Reaktion auf Ereignisse, die mit Deutschland und Europa nichts oder doch nur wenig zu tun hatten. Mit dem Ausbruch des Korea-Krieges hatte nämlich Japan für die amerikanische Politik und Kriegführung unvermittelt an Bedeutung gewonnen. Die Inseln des Kaiserreichs wurden zu einer unverzichtbaren Nachschubbasis für die in Korea kämpfenden Truppen der Vereinigten Staaten. Dem trugen Anfang September 1951 ihr Friedens- und ihr Sicherheitsvertrag mit Japan Rechnung.

Auf einen Mann wie Stalin, der stets in historischen Dimensionen dachte, musste die feste Verankerung der Bundesrepublik in diesem System und die dauerhafte Präsenz der USA im westlichen Vorfeld der Sowjetunion alarmierend wirken. Es war ja gerade einmal fünfzehn Jahre her, dass Deutschland und Japan die Drohkulisse eines Zweifrontenkrieges aufgebaut hatten. Dass die Gefahr jetzt von einem einzigen Gegner, den Vereinigten Staaten von Amerika, ausging, machte die Sache nicht besser. Im Gegenteil.

Im Westen nahmen sie Stalins Vorschläge mit spitzen Fingern entgegen. Einmal hatte man dort Gefallen an der festen Integration der Bundesrepublik gefunden und damit zwangsläufig deren Kosten, also die Teilung Deutschlands, akzeptiert. Und dann kannte man nicht die wirklichen Motive Stalins und seines deutschen Statthalters: Stand hinter ihren Vorschlägen eine langfristig angelegte Strategie? Sollten die Westmächte aus Deutschland herausgedrängt werden? Wollten die Sowjets das dann schutzlose Land ihrem Machtbereich einverleiben? Sicher vermochte das niemand zu sagen. Also schoben die Westmächte Stalin den schwarzen Peter zu, indem sie – ähnlich wie zuvor schon Bonn gegenüber Ost-Berlin – unter anderem darauf bestanden, dass die Wahlaufsicht von den Vereinten Nationen durchgeführt werden sollte. Das konnte der Kreml nicht akzeptieren, denn die UNO führte in Korea gerade einen Krieg gegen den Kommunismus; außerdem war sie damals von den Amerikanern und ihren Verbündeten dominiert.

So war die Aussicht auf eine Wiedervereinigung erst einmal vom Tisch. An ihre Stelle trat jetzt, auch für Konrad Adenauer, eine »Politik der Stärke« gegenüber »Sowjetrußland«, und die lag ganz im Trend der Zeit. Denn am 20. Januar 1953 bezog ein Mann das Weiße Haus, von dem man eine harte Linie erwarten konnte. Der Republikaner Dwight D. Eisenhower, Jahrgang 1890, war gelernter Soldat. Ausgestattet mit den Weihen der Eliteakademie West Point war er während des Krieges unter anderem Oberbefehlshaber der alliierten Landungsarmee in Europa gewesen, später Stabschef der Armee und schließlich erster Oberkommandierender der NATO. Als er das Amt des Präsidenten der Vereinigten Staaten von Amerika antrat, stand er bei seinen Wählern im Wort, die *Containment*-Politik seines demokratischen Vorgängers Truman durch eine Politik des *Roll back*, des offensiven Zurückdrängens des Kommunismus, zu ersetzen.

Ein Jahr später fand diese Maxime ihre sicherheitspolitische Ergänzung in der Doktrin der *Massive retaliation*, die jedem Aggressor Gegenmaßnahmen bis hin zur nuklearen Vergeltung in Aussicht stellte. Dass sich die amerikanische Führung, wenn es darauf ankam, trotzdem nicht zu einer militärischen Aktion entschloss, vielmehr die direkte Konfrontation mit der Sowjetunion mied, hatte mehrere Gründe. Vor allem wusste der Präsident, was Krieg bedeutete, und tat folglich alles, um ihn zu vermeiden. Dafür sprach schon das sich abzeichnende atomare Patt: Am 20. August 1953 hatten die Sowjets ihre erste Wasserstoffbombe gezündet und damit nach nicht einmal zehn Monaten erneut einen Vorsprung der USA auf dem Gebiet der Kernwaffen eingeholt. Seit die Amerikaner am 6. und 9. August 1945 über Hiroshima und Nagasaki Atombomben abgeworfen und die Japaner mit diesem nuklearen Inferno vier Wochen später zur Kapitulation gezwungen hatten, wussten alle, worum es ging.

Zudem deutete einiges auf den weltweiten Abbau der Spannungen hin. Am 5. März 1953 starb Josef Stalin. Seine Nachfolger hatten die Hoffnung des Westens auf ihrer Seite, dass es nach dem Tod des Diktators nur besser werden könne. Anfänglich sprach auch einiges dafür. Denn der 1894 im Donezbecken geborene Nikita Chruschtschow, der nach einer Karriere in der Partei 1953 an deren Spitze rückte und nach der Entmachtung Nikolaij Bulganins 1958 auch die Staatsgeschäfte übernehmen sollte, rechnete im Februar 1956 auf dem zwanzigsten Parteitag der sowjetischen Kommunisten schonungslos mit den Fehlern und Verbrechen Stalins ab.

Noch bevor Chruschtschow im September 1953 offiziell dessen Nachfolge antrat, konnte am 27. Juli der Waffenstillstand für Korea unterzeichnet werden. Ein knappes Jahr darauf, am 21. Juli 1954, wurde in Genf auch der Waffenstillstand für Vietnam unter Dach und Fach gebracht. Nach ihrer verheerenden militärischen Niederlage bei Dien Bien Phu zogen die Franzosen damit die bittere Konsequenz aus dem gescheiterten Versuch, sich nach dem Zweiten Weltkrieg wieder in ihrer alten Kolonie festzusetzen. Ob es sich, wie damals gemunkelt wurde, bei der Vermittlung des Waffenstillstandes für Vietnam um eine sowjetische Vorleistung gehandelt hatte, die durch das Scheitern der EVG in der französischen Nationalversammlung abgegolten werden musste, sei dahingestellt. Jedenfalls konnte die Europaarmee dort am 30. August 1954 nicht die parlamentarischen Hürden nehmen.

Nicht nur für Adenauer war dieser Tag ein »großes Unglück«, ein »furchtbare[r]« und »entscheidende[r] Rückschlag«.[1] Denn mit der EVG war auch die Europäische Politische Gemeinschaft vom Tisch, ein Projekt, das im EVG-Vertrag ausdrücklich vorgesehen war. Das frühe Scheitern hatte gravierende Konsequenzen – für Europa und für Deutschland. Wie wollte man den Westmächten jetzt noch die Wiedervereinigung schmackhaft machen? Denn die war in Washington, London und Paris, wenn überhaupt, nur im Rahmen einer europäischen Lösung vorstellbar. Außerdem hatte der Kreml längst auf die sich abzeichnende Westintegration der Bundesrepublik reagiert und seinerseits am 25. März 1954 eine Erklärung über die Anerkennung der Souveränität der DDR veröffentlicht.

Das erhöhte in Bonn den Handlungsbedarf. Da der EVG- und damit der Deutschland-Vertrag in seiner alten Fassung nicht hier Schiffbruch erlitten hatten, sondern in Paris, waren die Konditionen nicht schlecht. Zur Debatte stand ein ganzes Paket von Abmachungen. Vom 19. bis zum 23. Oktober 1954 wurden sie in der französischen Hauptstadt mit einer Serie von Konferenzen unter Dach und Fach gebracht. Vereinbart wurden die Neuregelung des Verhältnisses der drei westlichen Siegermächte des Zweiten Weltkrieges zur Bundesrepublik, deren Beitritt zur NATO, die Aufnahme der Bundesrepublik und Italiens in die Westunion, die damit gleichzeitig in »Westeuropäische Union« umbenannt wurde, sowie ein deutsch-französisches Abkommen über ein Saarstatut.

Letzteres ging auf eine Forderung zurück, deren Erfüllung Paris zur Voraussetzung für seine Zustimmung zu den Verträgen erhoben hatte, so dass diese tatsächlich Ende Dezember 1954 nach erregten Auseinandersetzungen das französische Parlament passieren konnten. Demnach sollte das Saarland auch weiterhin durch eine Währungs- und Zollunion mit Frankreich verbunden bleiben. Offensichtlich hatten die Franzosen, als sie im Herbst 1954 auf einem Volksentscheid bestanden, wenig Zweifel, dass die Saarländer die vergleichsweise großzügige Behandlung der letzten Jahre honorieren würden. Das war ein Irrtum. Am 23. Oktober 1955 lehnten mehr als zwei Drittel der Saarbewohner das Statut ab und votierten damit nicht nur, wie schon einmal gut zwanzig Jahre zuvor, für die Rückkehr nach Deutschland, sondern auch für die Teilhabe am sogenannten Wirtschaftswunder. Mitte 1959 war die Wiedereingliederung des Saarlandes abgeschlossen. Die Entwicklung kam zwar nicht überraschend, vorherzusehen war sie aber auch nicht. Daher hatte sich Adenauer zu Hause einmal mehr heftigen Angriffen ausgesetzt gesehen, als er sich zur Unterzeichnung des Saarabkommens bereit fand. Der Erfolg gab ihm Recht.

Im Mittelpunkt der Pariser Vereinbarungen stand, jedenfalls aus Bonner Sicht, der zweite sogenannte Deutschland-Vertrag. Denn mit ihm ging die Besatzungszeit zu Ende. Die Hohen Kommissare wurden durch Botschafter der drei Westmächte ersetzt, die Stationierung ihrer Truppen wurde durch bilaterale Abkommen jeweils neu geregelt. Auch in der geänderten Fassung des Vertrages behielten sich Washington, London und Paris »die bisher von ihnen ausgeübten oder innegehabten Rechte und Verantwortlichkeiten in bezug auf Berlin und auf Deutschland als Ganzes einschließlich der Wiedervereinigung Deutschlands und einer friedensvertraglichen Regelung« vor.[2] Daran sollte sich bis zum Inkrafttreten des sogenannten Zwei-plus-Vier-Vertrages Mitte März 1991 nichts ändern. Hingegen wurde das in Paris fixierte Recht der drei Mächte, die Sicherheit ihrer Truppen in der Bundesrepublik zu gewährleisten, mit der Notstandsgesetzgebung des Jahres 1968 hinfällig. Nicht wieder aufgenommen wurde Artikel 7.3 der ersten Fassung des Vertrages, der auch das wiedervereinigte Deutschland zur umfassenden Westbindung verpflichtet hätte. Das ließ Spielraum für die Illusion, trotz des Vertragswerks auch in Zukunft auf eine Wiedervereinigung setzen oder doch jedenfalls hoffen zu können.

Von einiger Bedeutung, vor allem für Frankreich, waren die Unterschriften unter einem Protokoll zum Vertrag über die WEU, die Westeuropäische Union. Damit besiegelten die Deutschen in Paris ihren Verzicht auf die Herstellung bestimmter Waffen auf eigenem Territorium. Zu ihnen zählten – neben weitreichenden und gelenkten Geschossen, wie den sogenannten V-Raketen des Zweiten Weltkrieges, strategischen Bombern sowie bestimmten Typen von Kriegsschiffen – insbesondere atomare, bakteriologische und chemische Waffen. Das Protokoll schloss folglich nicht aus, dass die Bundesrepublik beispielsweise Atomwaffen besaß und stationierte. Es musste sich nur jemand finden, der diese Waffen zur Verfügung stellte, und das galt im Herbst 1954 als undenkbar.

Am 27. Februar 1955 ratifizierte der Bundestag die Pariser Verträge gegen die Stimmen der SPD. Am 5. Mai 1955 traten sie in Kraft. Damit war die Bundesrepublik Deutschland, von den zitierten Vorbehalten und Einschränkungen abgesehen, souverän. Am 7. Mai fand die konstituierende Sitzung des WEU-Rates statt, und zwei Tage später, am 9. Mai 1955, wurde der Neuling schließlich in die NATO aufgenommen. Auf den Tag genau zehn Jahre nach der bedingungslosen Kapitulation des Deutschen Reiches war ein Teil desselben wieder auf dem Weg zu einer Militärmacht.

Das hatten die Sowjets verhindern wollen und deshalb schon Wochen zuvor, am 15. Januar 1955, eine Erklärung veröffentlicht, in der sich Warnung und Angebot die Waage hielten. Wenn auch, war da zu lesen, die Ratifizierung der Pariser Abkommen »mit der Wiederherstellung Deutschlands als einheitliche[m], friedliebenden Staat nicht zu vereinbaren« sei, gebe es doch »ungenutzte Möglichkeiten zur Erreichung eines Abkommens in der Frage der Wiedervereinigung Deutschlands unter gebührender Berücksichtigung der rechtmäßigen Interessen des deutschen Volkes«. Sogar von einem »einheitlichen Deutschland als Großmacht« und seinem »würdigen Platz unter den anderen Mächten« war die Rede.[3] Zehn Tage später legten die Sowjets noch einmal nach, erklärten – wie zuvor schon die übrigen alliierten Sieger – den Kriegszustand mit ganz Deutschland für beendet und stellten über ihre Nachrichtenagentur TASS eine mögliche Freilassung der letzten deutschen Kriegsgefangenen in Aussicht. An der Entscheidung der Bundesregierung konnte das allerdings nichts mehr ändern.

Damit waren auch für Moskau die Weichen endgültig gestellt. Schon Stalin war im April 1952 zu der Erkenntnis gelangt, dass die westdeutsche Staatsgründung nicht mehr zu verhindern sei, und hatte seine ostdeutschen Statthalter angewiesen: »Ihr müßt auch euren eigenen Staat organisieren. Die Demarkationslinie zwischen West- und Ostdeutschland muß als eine Grenze betrachtet werden.«[4] Unmittelbar nach Inkrafttreten der Pariser Verträge legte sich der Kreml auf die sogenannte Zwei-Staaten-Theorie fest. Daran ließen Nikita Chruschtschow und der gerade zum Vorsitzenden des Ministerrats beförderte Nikolaij Bulganin auf der Genfer Gipfelkonferenz der Alliierten im Juli 1955 – der ersten seit Potsdam und der letzten in der deutschen Frage überhaupt – keinen Zweifel. Die Entscheidung war gefallen. Das Deutsche Reich war Vergangenheit. Stalins Optionen waren Geschichte.

Davon konnte sich der Bundeskanzler bald vor Ort ein eigenes Bild machen. Adenauers Besuch in Moskau ging auf eine Einladung der Sowjets zurück, die nach Inkrafttreten der Pariser Verträge ausgesprochen worden war und damit den neuen Realitäten Rechnung trug. Vom 9. bis zum 13. September 1955 hielt sich der Kanzler in Begleitung einer hochrangigen Delegation in der Höhle des Löwen auf. Was sich die Bonner Emissäre dort anzuhören hatten, war wenig erfreulich. Aber

Adenauer, der persönlich nicht in die Verbrechen der Nazi-Diktatur verwickelt war, ließ sich auch nicht alles bieten. Als ihn ausgerechnet Molotow wiederholt mit Vorwürfen überhäufte, ging dem Kanzler die Frage durch den Kopf: »Wer hat eigentlich das Abkommen mit Hitler abgeschlossen, Sie oder ich?«[5] Jedenfalls meinte er sich später daran zu erinnern. So oder so verstanden die Sowjets die klare Sprache.

Nicht ganz unerwartet erhielt Adenauer von Chruschtschow und Bulganin die Zusage zur Freilassung der noch in der Sowjetunion internierten Deutschen, vor allem der etwa zehntausend Kriegsgefangenen, darunter die letzten Überlebenden von Stalingrad. Ihre Heimkehr im Oktober 1955 wurde Konrad Adenauer nicht ohne Grund als persönliches Verdienst gutgeschrieben und hat einiges zu seiner wachsenden Popularität und zwei Jahre darauf zum überlegenen Sieg der CDU/CSU in den Wahlen zum dritten Deutschen Bundestag beigetragen.

Zu den bemerkenswerten Aspekten der Moskauer Gespräche gehört das hohe Maß an Vertrauen, das der greise Kanzler seinen Verhandlungspartnern entgegenbrachte. Gewiss, er hatte eigens einen Zug vorausfahren lassen, um sich und seinen Mitarbeitern vor Ort die Möglichkeit zu diskreten Unterredungen zu geben, ohne dass Moskaus Spione mithörten. Auch wusste alle Welt, wie misstrauisch Adenauer die Expansionspolitik der Sowjets in der Nachkriegszeit verfolgt hatte und was er ihnen im Allgemeinen zutraute. Dennoch behandelte er seine Gesprächspartner als Real- und Machtpolitiker und verließ sich darauf, dass Chruschtschow und Bulganin die Gefangenen auch ohne schriftliche Zusage freigeben würden.

Schwarz auf weiß wurde hingegen das festgehalten, was die Sowjets als Gegenleistung verlangten: die Aufnahme diplomatischer Beziehungen zwischen Moskau und Bonn. In der deutschen Delegation war man sich der Brisanz dieses Schrittes bewusst. In Moskau selbstverständlich auch. Dort wurde zwei Tage nach Abreise der Bonner Politprominenz demonstrativ eine Delegation der DDR empfangen, und am 20. September

1955 unterzeichneten Bulganin und Grotewohl auf der Basis »völliger Gleichberechtigung« einen Vertrag, wonach die DDR »frei in der Entscheidung über Fragen ihrer Innenpolitik und Außenpolitik« war, »einschließlich der Beziehungen zur Deutschen Bundesrepublik sowie der Entwicklung der Beziehungen zu anderen Staaten«.[6]

Spätestens im September 1955 waren also Tatsachen geschaffen worden: Westlich von Oder und Neiße gab es zwei deutsche Staaten. Diese waren auf der Grundlage der Verträge, die sie mit den jeweiligen Besatzungsmächten geschlossen hatten, in ihren inneren Angelegenheiten vollständig und in den äußeren Angelegenheiten weitgehend souverän. Eingeschränkt wurde die äußere Souveränität in beiden Fällen durch jene Vorbehalte, die sich auf einen künftigen Friedensvertrag, also insbesondere auf Deutschland als Ganzes und auf Berlin bezogen.

Allerdings erkannte der eine Staat, die Bundesrepublik, den anderen, die DDR, nicht an. Auch erhob er für sich den Anspruch, alleine das gesamte deutsche Volk vertreten zu können, da nur die Bundesregierung, nicht aber das SED-Regime demokratisch legitimiert sei. Ebendieser Alleinvertretungsanspruch der Bundesrepublik wurde durch die Aufnahme diplomatischer Beziehungen Bonns zu Moskau gefährdet. Natürlich wurde am Rhein mit gutem Grund argumentiert, der Schritt sei unvermeidlich gewesen, weil es zur Lösung der deutschen Frage nun einmal der sowjetischen Zustimmung bedürfe. Dennoch hatte die Bundesrepublik diplomatische Beziehungen zu einem Land aufgenommen, das seinerseits solche zur DDR unterhielt. Das konnte zum Einfallstor für eine grassierende Anerkennung der DDR werden und damit zur Demontage des Alleinvertretungsanspruchs der Bundesrepublik führen.

Beides galt es zu verhindern. Die Aufnahme diplomatischer Beziehungen Bonns zu Moskau durfte keinesfalls von dritten Staaten als Rechtfertigung benutzt werden, um ihrerseits Botschafter in die DDR zu senden. Also wurde in Bonn eine windungsreiche Maxime entwickelt, die zwar als »Hallstein-Doktrin« Karriere gemacht hat, aber nicht vom damals amtierenden Staatssekretär des Auswärtigen Amtes, Walter Hallstein, sondern vom Leiter der Politischen Abteilung des Ministeriums, Wilhelm Grewe, ersonnen worden ist. Besonders originell war sie übrigens nicht. Auch in anderen Teilen der Welt, vor allem in Ostasien, gab es Länder – Korea, Vietnam und China –, die geteilt waren und auf diese Situation außenpolitisch reagierten. So wurde sowohl von der nationalchinesischen Regierung auf Taiwan als auch von der kommunistischen Volksrepublik jeweils der Anspruch vertreten, für das ganze China zu sprechen. Ausgerechnet die kommunistische Variante, die sogenannte Mao-Doktrin, diente in Bonn insgeheim als Vorbild für die eigene Marschroute.

Demnach betrachtete die Bundesregierung die Aufnahme diplomatischer Beziehungen zur DDR durch Staaten, mit denen sie selbst welche unterhielt, als unfreundlichen Akt. Für diesen Fall drohte sie mit Sanktionen. Als besonders wirksames Mittel zur Verhinderung einer massenhaften Anerkennung der DDR diente die Warnung, den Hahn der Wirtschaftshilfe zu schließen. Sie zeitigte vor allem bei den Staaten der Dritten Welt Wirkung, die für die deutsche Politik umso wichtiger wurden, je größer ihre Zahl mit der Unabhängigkeit seit den sechziger Jahren wurde. Zum äußersten Mittel, dem Abbruch der diplomatischen Beziehungen, griff Bonn nur zweimal. Am 19. Oktober 1957 wurden die diplomatischen Beziehungen zu Jugoslawien, am 14. Januar 1963 diejenigen zu Kuba abgebrochen. Darüber hinaus erkannte Bonn die am 18. Januar 1964 gegründete Volksrepublik Sansibar und Pemba ausdrücklich nicht an.

Dieser letzte Schritt erfolgte zu einem Zeitpunkt, als bereits ein vorsichtiger Rückzug von der Hallstein-Doktrin zu beobachten war. Darin spiegelte sich die weltpolitische Großwetterlage, denn die stand zunehmend im Zeichen der Entspannung. Mit ihr wiederum schwand das westliche Interesse an einer Überwindung der politischen und territorialen Gegebenheiten in Europa, auch und vor allem in Deutschland. Aber nicht nur diese Beobachtung sorgte am Rhein seit Mitte der fünfziger Jahre für zunehmende Irritation.

Wie sollte man zum Beispiel das Taktieren der westlichen Führungsmacht in den großen Krisen des Jahres 1956 verstehen? Jedenfalls war von den Amerikanern nichts zu sehen, als die Sowjets ersten Liberalisierungstendenzen in ihrem Machtbereich den Garaus machten. Die Polen hatten noch Glück, weil sich die Vereinigte Arbeiterpartei des Landes gewissermaßen im Windschatten der dramatischen Verwerfungen in Ungarn und Ägypten behaupten konnte. So blies die nach Warschau gereiste sowjetische Führung mit Chruschtschow an der Spitze nach heftigen Auseinandersetzungen zum Rückzug und beorderte die bereits in Marsch gesetzten sowjetischen Panzer wieder in ihre Kasernen.

Anders erging es den Ungarn. Sie mussten eine Lektion lernen, die den Bewohnern der DDR schon am 17. Juni 1953 erteilt worden war: Gegen die Sowjets und ihre Statthalter vor Ort waren Freiheiten, welcher Art auch immer, nicht zu haben. Am 14. November 1956 walzte die Rote Armee in Budapest endgültig den Volksaufstand nieder, der drei Wochen zuvor mit Studentenunruhen begonnen und zur Bildung einer reformkommunistischen Regierung unter Imre Nagy geführt hatte. Obgleich dieser den Abzug der sowjetischen Streitkräfte forderte und dann die Mitgliedschaft Ungarns im Warschauer Pakt kündigte, dachte man in Washington nicht eine Sekunde daran, in dessen innere Angelegenheiten einzugreifen.

Das wäre angesichts der unabsehbaren Folgen noch verständlich gewesen, hätten die USA nicht zur gleichen Zeit ihre eigenen Verbündeten Großbritannien und Frankreich zum Rückzug gezwungen: Die beiden hatten gerade unter einem Vorwand zur militärischen Intervention in Ägypten angesetzt und damit in den zweiten Nahostkrieg zwischen Israel und seinen arabischen Nachbarn eingegriffen, als sie ihre Aktion am 6. November 1956 abbrechen mussten. Ausschlaggebend für diesen schweren Gesichtsverlust der beiden traditionsreichen

Großmächte war weniger Chruschtschows wilde Androhung eines Raketenangriffs auf London und Paris als vielmehr die Haltung der Amerikaner, die sich noch vor der offiziellen Stellungnahme der Vereinten Nationen für deren Eingreifen ausgesprochen hatten.

Aufmerksame Beobachter wie Adenauer wussten natürlich, was dahinter steckte. »Die großen nuklearen Waffen«, analysierte er im November 1956, »haben eine merkwürdige Eigenschaft mit sich gebracht, sie haben ihre Besitzer … mehr oder weniger neutralisiert.«[7] So gesehen kam dem Kanzler der Start eines sowjetischen Satelliten, des »Sputnik«, in eine Erdumlaufbahn am 4. Oktober 1957 höchst gelegen. Während die westliche Welt vor Schreck erstarrte, dankte der Kanzler Gott, »daß die Russen das gemacht haben«.[8] Denn jetzt bestand Hoffnung auf ein Ende der amerikanischen »Lethargie« beziehungsweise jenes »Dämmerschlafes«,[9] in den die »freie Welt« seiner Meinung nach versunken war. Adenauer sah sich durch den Start des Raumfahrzeugs in seiner Auffassung bestätigt, dass es auf dem Rüstungssektor nur zwei Möglichkeiten gab. Entweder es kam zu einer beiderseitigen, allgemeinen und kontrollierten Abrüstung – in diesem Falle hätten allerdings die Sowjets auf dem Gebiet der konventionellen Bewaffnung erhebliche einseitige Vorleistungen erbringen müssen. Oder die Bundesrepublik setzte konsequent den Weg der Aufrüstung fort. So kam es dann auch.

Bereits Anfang Januar 1956 waren die Konsequenzen aus den Pariser Verträgen gezogen und die ersten Bundeswehreinheiten einberufen worden. Im März 1956 – einundzwanzig Jahre nach Wiedereinführung der allgemeinen Wehrpflicht im Deutschen Reich und elf Jahre nach dessen bedingungsloser Kapitulation – verabschiedete der Bundestag die zweite Wehrergänzung des Grundgesetzes sowie das Soldatengesetz. Allerdings war das ursprünglich aufgestellte Planziel, innerhalb von nur drei Jahren eine Armee aus fast einer halben Million Wehrpflichtiger auf die Beine zu stellen, nie und nimmer zu erreichen. Für die aufzubauenden Streitkräfte gab es weder eine Verwaltung noch eine Infrastruktur. Nicht einmal Uniformen für die Soldaten standen zur Verfügung, von Kasernen oder Waffen gar nicht zu reden. Sperrholzpanzer ersetzten einstweilen richtiges Kriegsgerät. Das Ganze war ein Debakel. Kein Wunder, dass der erste Verteidigungsminister der Republik, Theodor Blank, nach nicht einmal anderthalbjähriger Amtszeit zurücktrat und den Schleudersitz an der Spitze der Behörde Mitte Oktober 1956 dem ambitionierten, robusten Bayern Franz Josef Strauß überließ.

Dass sich die Bundesregierung derart unter Druck setzte, lag an den Verpflichtungen, die sie gegenüber der NATO, also den Vereinigten Staaten eingegangen war. Und ausgerechnet die ließen jetzt offensichtlich ihre deutschen Verbündeten im Regen stehen. Wie sonst waren jene Pläne der amerikanischen Strategen zu verstehen, die im Juli 1956 durch eine Indiskretion in der *New York Times* bekannt geworden waren? Danach schlug der Chef der Vereinigten Generalstäbe, Admiral Arthur W. Radford, der Logik der *Massive retaliation* folgend, bis 1960 eine drastische Reduzierung der in Übersee stationierten Streitkräfte und eine Erhöhung des strategisch-nuklearen Vergeltungspotentials vor.[10] Letzteres sollte zum Einsatz kommen, falls die konventionellen Streitkräfte, das »Schild« der NATO, einem Ansturm der roten Armeen nicht mehr standhielten.

In Bonn warf der Plan mehr Fragen auf, als er beantworten konnte: Bestätigte er nicht die wachsende Bedeutung der nuklearen Waffen auch im Rahmen der NATO-Strategie? Wurden damit nicht die konventionellen Streitkräfte insgesamt abgewertet? Bedeutete das nicht die Entwicklung einer NATO-internen Zweiklassengesellschaft, in der die Nicht-Nuklearstaaten Mächte zweiter Ordnung waren? Bedeutete das nicht für die Bundesrepublik einen schweren Rückschlag auf dem Weg hin zur angestrebten Gleichberechtigung mit den westlichen Verbündeten, insbesondere mit Frankreich und Großbritannien? Musste nicht die geplante Verminderung der amerikanischen Streitkräfte in Europa die Wahrscheinlichkeit eines konventionellen sowjetischen Angriffs erhöhen? Und konnte man wirklich davon ausgehen, dass die USA in diesem Fall mit Atomwaffen reagieren und damit das eigene Land einem entsprechenden sowjetischen Vergeltungsschlag aussetzen würden?

Am 25. März 1958 zog der Bundestag die Konsequenz und beschloss mit der absoluten Mehrheit der CDU/CSU-Stimmen, die Bundeswehr mit Trägersystemen für taktische Nuklearwaffen auszurüsten. Adenauer, neben Strauß der wichtigste Protagonist dieser Entscheidung, wollte damit auch einer Situation vorbeugen, in der »die deutschen Soldaten einen Minderwertigkeitskomplex gegenüber den anderen« bekämen.[11] Denn Atomwaffen galten damals, da erst drei Staaten – die Sowjetunion, die USA und seit 1952 auch Großbritannien – sie besaßen, als das Nonplusultra militärischer Sicherheit und Überlegenheit. Mithin war die »Nuklearmacht« das »entscheidende Merkmal der Souveränität«, wie Franz Josef Strauß erkannte.[12] Die Nichtaufnahme in den Kreis der Nuklearmächte bedeutete Statuseinbuße, wenn nicht Diskriminierung. Die Aufnahme kam dem Ritterschlag gleich, war aber für die Bundesrepublik nicht aus eigener Kraft zu haben. Ohne oder gar gegen Amerika ging eben auch hier nichts, und Druckmittel, welcher Art auch immer, hatte Bonn nicht zur Hand, ganz im Gegenteil. Die Abhängigkeit war einseitig und alternativlos.

Jedenfalls dann, wenn man im Rampenlicht der Weltpolitik tätig war. Anders sah es aus, wenn man in ihrem Schatten operierte. Man musste ja nicht gleich zur Schaukelpolitik der zwanziger Jahre zurückkehren. Jedenfalls hatte sich Adenauer schon im Frühsommer 1956 gefragt, »ob etwa direkte Verhandlungen zwischen den Russen und uns ein Ergebnis bringen könnten«.[13] Immerhin hatten sich die Sowjets an ihre in Moskau gegebene Zusage gehalten und die letzten deutschen Kriegsgefangenen ausreisen lassen. Dieselbe Lösung wurde nun für jene etwa zwanzigtausend Zivilisten angestrebt, die am 22. Juni 1941, dem Tag des Überfalls auf die Sowjetunion, die deutsche Staatsangehörigkeit besessen hatten, interniert worden waren und jetzt in die Bundesrepublik ausreisen wollten. Seit 1957 wurde über ein entsprechendes Abkommen verhandelt, und am 25. April 1958 konnte – zusammen mit einem deutsch-sowjetischen Abkommen über allgemeine Fragen des Handels und der Seeschifffahrt sowie einem deutsch-sowjetischen Konsularvertrag – die Bestätigung einer Vereinbarung über Repatriierungsfragen unterzeichnet werden.

Das war ein schöner Erfolg, aber er reichte nicht, um bei den brisanten Themen weiterzukommen. Deshalb war Adenauer schon einige Wochen zuvor wiederholt mit dem sowjetischen Botschafter in Bonn, Andrej A. Smirnow, zusammengetroffen. Am 19. März 1958 hatte er ihn unvermittelt gefragt, ob seine Regierung bereit sei, »der Sowjetzone den Status Österreichs zu geben«. Dem Kanzler schwebte ein Handel vor. Er forderte das Selbstbestimmungsrecht »für die Bevölkerung in der Sowjetzone«, stellte seine Zustimmung zu deren »militärische[r] Neutralität«[14] in Aussicht – und begrub damit einstweilen jede Hoffnung auf eine Wiedervereinigung.

Adenauers Vorschläge waren Ausdruck der Ernüchterung. Sie sollten Bewegung in die verfahrene Situation bringen, und sie sollten dem schlimmsten Fall vorbeugen: einem Friedensvertrag auf der Basis des Status quo, damit einer Anerkennung der DDR und ihres bestehenden Regimes. Sicher sprach für den Augenblick kaum etwas dafür, dass sich die Westmächte in diese Richtung bewegen könnten. Aber Adenauer war misstrauisch. Hatten die Verbündeten nicht schon erste Positionen in der deutschen Frage geräumt? Und wie würden sie sich verhalten, wenn es wegen Deutschland zu einer ernsthaften Krise kommen sollte?

Die Antwort kam rascher, als es dem Kanzler und seinen Landsleuten lieb sein konnte. Denn am 10. November 1958 forderte Chruschtschow in einer Rede im Moskauer Sportpalast von den Westmächten die Aufgabe der »Überreste des Besatzungsregimes in Berlin«.[15] Anlass für diesen sowjetischen Vorstoß war die Massenabwanderung aus Ost- nach Westdeutschland – die »Abstimmung mit den Füßen«. Seit 1955 machten sich jährlich etwa 250000 Bürger der DDR auf der Suche nach einem höheren Lebensstandard, mitunter auch nach größerer politischer Freiheit auf den Weg. Natürlich war dieser Exodus, der sich ja vor den Augen der Welt abspielte, keine Empfehlung für die ohnehin bescheidene Reputation des Regimes.

Am 27. November 1958 ließ der Kremlherr seiner Forderung ein Ultimatum in Form einer Note an die Westmächte folgen: Sollten diese sich nicht binnen Jahresfrist zum Rückzug aus Berlin bereit erklären, wollten die Sowjets die Rechte über die Zufahrtswege in die geteilte Stadt ihren ostdeutschen Statthaltern übertragen. Die Angesprochenen gaben nach, Schritt für Schritt. Auch die Amerikaner, allen voran ihr Außenminister Christian Herter, der das Amt im April 1959 von seinem schwer erkrankten Vorgänger John Foster Dulles übernahm. Der Rückzug, dann der Tod von Dulles waren ein herber Verlust, namentlich für Adenauer. Die beiden hatte eine vertrauensvolle Arbeitsbeziehung verbunden. Natürlich vertrat Dulles, wenn es darauf ankam, vor allem die Interessen Amerikas. Aber er gehörte doch zu der kleinen Gruppe amerikanischer Politiker, die Gespür und Verständnis für die Anliegen Europas, auch Deutschlands hatten. Seit er als junger Anwalt 1919 an der Pariser Friedenskonferenz teilgenommen und im Versailler Vertrag auch eine erkennbare Spur hinterlassen hatte, interessierte er sich für das, was auf dem alten Kontinent vorging.

Von Herter ließ sich das so nicht sagen. Er brachte nicht annähernd die Erfahrung mit, die Dulles besessen hatte und die in der schweren internationalen Krise um Berlin gefragt war. Deren Management lag anfänglich bei einer Außenministerkonferenz der vier Siegermächte, die mit einer Unterbrechung vom 11. Mai bis zum 5. August 1959 in Genf tagte. Es war übrigens die neunte seit Kriegsende und zugleich bis zum Treffen von Ottawa im Februar 1990, also für mehr als dreißig Jahre, die letzte in dieser Angelegenheit.

Erstmals waren Vertreter beider deutscher Staaten als Berater zugelassen, allerdings platziert an eigenen Beobachter- oder auch »Katzentischen«, also nicht am großen Verhandlungstisch der Vier Mächte. Das war schlimm genug, wurde doch auf diese Weise sowohl der Statusunterschied zwischen der Bundesrepublik und den Westmächten als auch die prinzipielle Gleichrangigkeit der DDR mit der Bundesrepublik deutlich. Aber es kam noch ärger, mussten Bonns Vertreter doch zur Kenntnis nehmen, dass der Westen Schritt für Schritt seine Position räumte und sich schließlich bereit erklärte, das Berlin-Problem und die übrigen Fragen – namentlich die Themen Wiedervereinigung und Abrüstung – getrennt zu behandeln. Dass es sich dabei um ein beträchtliches Zugeständnis handelte, wussten natürlich auch die Sowjets, und weil sie von einer eher zunehmenden Konzessionsbereitschaft des Westens ausgehen konnten, wiesen sie das Angebot kühl zurück und beantworteten es mit der Forderung nach der sofortigen Unterzeichnung eines Friedensvertrages.

Offensichtlich saß man in der Sackgasse, und weil man dort nicht weiterkam, richteten sich die Erwartungen jetzt auf Fortschritte auf höchster Ebene. Der Weg dorthin wurde in der zweiten Septemberhälfte 1959 durch eine spektakuläre Reise Chruschtschows nach Amerika freigemacht. Hier ging der Kremlchef in die Offensive, sprach gleich nach seiner Ankunft von der Möglichkeit einer »friedlichen Koexistenz« von Kapitalismus und Kommunismus, unterbreitete den Vereinten Nationen einen Plan für die vollständige Abrüstung innerhalb von vier Jahren und ebnete schließlich, während seines zweitägigen Besuchs bei Eisenhower, den Weg für den von ihm geforderten Vierergipfel in der Berlin-Frage. Mitte Mai 1960 wollte man sich in Paris treffen.

Es bedurfte keiner großen Phantasie, um sich die Wirkungen dieser Inszenierung am Rhein vorzustellen. Um den Schaden zu begrenzen und, dem äußeren Anschein zum Trotz, Standfestigkeit in der Berlin-Frage zu demonstrieren, hatte sich Eisenhower im unmittelbaren Vorfeld der Chruschtschow-Visite seinerseits auf Europa-Tournee begeben. Nach Berlin zog es ihn bei dieser Gelegenheit zwar nicht, wohl aber Ende August 1959 nach Bonn, wo ihm die Bevölkerung einen triumphalen Empfang bereitete. Immerhin handelte es sich um den ersten Besuch eines amerikanischen Präsidenten, zudem des Mannes, der im Mai 1945 die deutsche Kapitulation entgegengenommen hatte. Wenig später hellte sich am Rhein der Himmel weiter auf, weil nämlich Nikita Chruschtschow Mitte Mai 1960 das geplante Gipfeltreffen mit Charles de Gaulle, Harold Macmillan und Dwight D. Eisenhower in Paris unter einem Vorwand platzen ließ. Offensichtlich wollte man in Moskau zunächst einmal abwarten, wie die bevorstehenden Präsidentschaftswahlen in den USA ausgingen.

Anfang Juni 1961 traf sich Chruschtschow in Wien mit dem neuen Mann. Die Begegnung ging auf einen ausdrücklichen Wunsch John F. Kennedys zurück, der sich mit hauchdünner Mehrheit gegen den Republikaner Richard Nixon durchgesetzt hatte. In Sachen Berlin brachte die Begegnung wenig. Der Oberste aller Sowjets legte seine bekannten Forderungen, Drohungen und Ultimaten auf den Tisch. Der junge amerikanische Präsident – Jahrgang 1917 und der erste Katholik in diesem Amt – war einerseits nicht gerade in einer starken Position: Die im April des Jahres kläglich gescheiterte Landung von Exilkubanern in der Schweinebucht der Karibikinsel war zwar noch von seinem Vorgänger gebilligt worden, das Debakel fiel aber in seine Amtszeit.

Andererseits wandten sich Kennedy und seine junge Mannschaft neuen Horizonten und Herausforderungen zu, und die lagen vor allem auf der südlichen Halbkugel. Deshalb war der Präsident entschlossen, mit den Sowjets in Europa zu einem Ausgleich auf der Basis des Status quo zu kommen. Eine Überwindung der Teilung Deutschlands und Berlins stand endgültig nicht mehr auf der Tagesordnung; die deutsche Frage war im Atomzeitalter zu einer Nebensache geworden. Nichts anderes sagte Kennedy am 25. Juli 1961 in einer berühmt gewordenen Rundfunk- und Fernsehansprache. Hier nämlich stellte er die

»Bedrohung der freien Menschen« in West-Berlin auf eine Stufe mit derjenigen in Vietnam und Kuba, bestand auf der amerikanischen »Anwesenheit« in »West-Berlin«, auf dem Recht »auf Zugang durch Ostdeutschland« sowie auf der Verpflichtung, »mehr als zwei Millionen Menschen die Selbstbestimmung ihrer Zukunft und die freie Wahl ihrer Lebensform zu gewährleisten – und diese Möglichkeit notfalls zu verteidigen«.[16]

Mit diesen »three essentials« hatte der Präsident die Minimalposition der amerikanischen Deutschland- und Berlin-Politik formuliert. Die Botschaft war klar und eindeutig: Wurden die drei wesentlichen Punkte durch den Kreml respektiert, war das Weiße Haus an der Entwicklung im sowjetischen Machtbereich in Deutschland grundsätzlich nicht interessiert. Das Signal wurde verstanden. In der Nacht vom 12. auf den 13. August 1961 begannen Angehörige der Nationalen Volksarmee der DDR mit der Schließung der Ost-West-Sektorengrenze in Berlin und wenige Tage später mit dem Bau einer Mauer quer durch die Stadt. Zu diesen Maßnahmen waren sie durch die Staaten des Warschauer Paktes ermächtigt und durch die Haltung des Westens ermutigt worden.

In den folgenden Wochen, Monaten und Jahren wurde das Territorium der DDR durch Stacheldraht, Betonmauern, Minenfelder, Selbstschussanlagen und schließlich auch durch einen Schießbefehl in ein großes »Konzentrationslager« verwandelt, wie Willy Brandt, der Regierende Bürgermeister von Berlin, bereits in seiner Erklärung vom 13. August 1961 formulierte.[17] Anders als Adenauer, der sich erst zehn Tage später in der geteilten Stadt blicken ließ, empfahl sich Brandt durch sein entschiedenes und zugleich besonnenes Verhalten vor Ort in diesen schwierigen Tagen für größere Aufgaben. An der Haltung der Schutzmächte vermochte allerdings auch er nichts zu ändern.

Dass ausgerechnet John F. Kennedy, die Lichtgestalt nicht nur der Amerikaner, die Hoffnungen der Deutschen auf die Einheit des Landes und der Stadt endgültig zu Grabe getragen hatte, hinterließ einen bitteren Nachgeschmack, der auch nach seinem perfekt inszenierten Berlin-Besuch im Juni 1963 nicht ganz vergehen mochte. Dabei war schon während der dramatischen Stunden im August 1961 klar, dass es keine Alternative gab, dass angesichts der Gefahr eines allgemeinen Krieges an eine Intervention der Amerikaner nicht zu denken war. Immerhin hatte Chruschtschow mehr als einmal damit gedroht, einen über die Berlin-Frage ausbrechenden Krieg nuklear zu führen. Wie ernst diese Drohungen auch immer gewesen sein mögen, ignorieren konnte man sie nicht, und Berlin war gewiss kein Grund, um die Vereinigten Staaten einem sowjetischen Atomschlag auszusetzen.

Daher nahm man in Washington mit Erleichterung zur Kenntnis, dass an den Maßnahmen in der alten Reichshauptstadt keine sowjetischen Soldaten beteiligt waren und dass sich Chruschtschow und Genossen an Kennedys Bedingungen hielten. Die Amerikaner beließen es daher bei demonstrativen Gesten. In der Nacht des Mauerbaus schickten sie einen Militärkonvoi durch die DDR nach West-Berlin, der unbehelligt sein Ziel erreichte, am 19. August 1961 dann ihren Vizepräsidenten Lyndon B. Johnson, der General Lucius D. Clay, den Architekten der Luftbrücke, mitbrachte.

Nach vier Jahren wurde die Berlin-Krise durch den Kreml fast geräuschlos liquidiert, indem einige der durch Chruschtschow vorgetragenen Drohungen in die Tat umgesetzt wurden. Die Auflösung der sowjetischen Stadtkommandantur und die Übertragung ihrer Befugnisse an die entsprechende DDR-Behörde zogen am 23. August 1962 einen vorläufigen Schlussstrich unter eine Entwicklung, die mit dem Auszug des sowjetischen Vertreters aus der Alliierten Kommandantur für Berlin im Juni 1948 begonnen hatte. Zu dem separaten Friedensvertrag zwischen der Sowjetunion und der DDR, den Chruschtschow im März 1959 für den Fall der Nichterfüllung seiner Forderungen ins Gespräch gebracht hatte, kam es aber nicht. Dabei hatte insbesondere Walter Ulbricht, der Erste Sekretär des Zentralkomitees der SED und Staatsratsvorsitzende der

DDR, sehr darauf gedrängt. Auch machten die Westmächte keine Anstalten, Berlin zu räumen. Insofern endete die Berlin-Krise auch für die DDR mit einer Niederlage.

In Bonn interessierte das wenig. Hier machten sich jetzt, stärker noch als zuvor, Ernüchterung und Verbitterung breit. Sie mündeten in eine Vertrauenskrise im deutsch-amerikanischen Verhältnis, die in den folgenden Monaten und Jahren neue Nahrung erhielt. Zum Beispiel in Handelsfragen, aber auch wegen der schwierigen Verhandlungen über ein deutsch-amerikanisches Ausgleichsabkommen. Das erste dieser Art wurde am 24. Oktober 1960 auf zwei Jahre geschlossen, aber das Thema blieb ein Dauerbrenner. Es ging dabei um den Kauf amerikanischer Waffen durch den Bund, und zwar in einem Umfang, der den Aufwendungen für das in der Bundesrepublik stationierte Militär der USA entsprach. Daraus ergab sich eine Vielzahl von Problemen, zum Beispiel die fast vollständige Abhängigkeit der Bonner Republik von amerikanischen Waffensystemen.

Dass einige, wie das Kampfflugzeug F-104 der Firma Lockheed – der Starfighter –, nicht aus den Schlagzeilen kamen, belastete das Thema zusätzlich. Als der letzte Starfighter im Mai 1991, also in den Dämmerstunden des Kalten Krieges, außer Dienst gestellt wurde, waren innerhalb von dreißig Jahren 292 Flugzeuge der Bundesluftwaffe abgestürzt und 108 Piloten dabei ums Leben gekommen, unter ihnen ein Sohn Kai-Uwe von Hassels, des Nachfolgers von Franz Josef Strauß auf der Hardthöhe. Eine beispiellose Skandalgeschichte. Ohne den Hintergrund des Kalten Krieges, ohne die hohe einseitige deutsche Abhängigkeit von der amerikanischen Sicherheitsgarantie und allem, was mit ihr verbunden war, wäre sie kaum vorstellbar gewesen.

Wie hoch sie war, lehrte die Kuba-Krise des Oktobers 1962, in deren Verlauf die Welt näher als je zuvor oder danach am Abgrund einer nuklear geführten Auseinandersetzung stand. Obgleich Chruschtschow dem Ultimatum des amerikanischen

Präsidenten nachgab, die auf Kuba befindlichen sowjetischen Atomraketen abzog und damit den entscheidenden Schritt zur Beilegung der Krise tat beziehungsweise tun musste, rief der Gang der Ereignisse bei den Verbündeten, auch bei der Bundesregierung, ein zwiespältiges Echo hervor. Denn Kennedy hatte keinen Augenblick einen Zweifel daran gelassen, dass die Eskalationsstrategie in dieser Krise eine amerikanische Angelegenheit war. Begleitende, geschweige denn vorherige Konsultationen der Bündnispartner gab es nicht. Die wurden lediglich über bereits getroffene Entscheidungen und eingeleitete Maßnahmen informiert, so zum Beispiel die Botschafter der NATO-Staaten am 22. Oktober 1962, nahezu zeitgleich mit der Weltöffentlichkeit.

Natürlich hatten die europäischen Verbündeten keine Wahl, als sich mehr oder weniger vorbehaltlos hinter die USA zu stellen. Dabei wäre eine militärische Auseinandersetzung mit höchster Wahrscheinlichkeit zuerst in Mitteleuropa ausgetragen worden, wie man auch der neuen amerikanischen Nuklearstrategie entnehmen konnte. Als die Europäer dann Anfang Mai 1962 durch Verteidigungsminister Robert McNamara erstmals zusammenhängend über diese ins Bild gesetzt wurden, verschlug es ihnen die Sprache: Die neue Doktrin stellte das geltende strategische Konzept der NATO auf den Kopf, war doch jetzt von einem »nuklearen Schild« die Rede, der die Sowjets vom Gebrauch atomarer Waffen abhalten sollte. Hingegen wollte man einen sowjetischen Vormarsch mit einem »konventionellen Schwert« zurückschlagen. Viele Europäer, und insbesondere die Deutschen, waren ob der Ankündigung tief beunruhigt. Für sie ließ die neue Doktrin der *Flexible response* nur den Schluss zu, dass ein Krieg zunächst ausschließlich mit konventionellen Waffen, zudem vor allem von den europäischen Verbündeten geführt werden sollte.

Damit hing wie schon zuvor alles von der Bereitschaft der Amerikaner ab, ihre Nuklearwaffen notfalls auch einzusetzen. Ob und unter welchen Umständen das der Fall sein würde, wusste man in Bonn nicht; und wo diese Waffen, soweit es um taktische Systeme ging, in der Bundesrepublik gelagert waren, auch nicht. Das schuf Handlungsbedarf. Das mindeste war eine Mitsprache bei der Nuklearplanung des Bündnisses. Natürlich kannte man diese Ängste auch in Washington und hatte sich daher etwas ausgedacht. Die Zauberformel hieß MLF: *Multilateral Nuclear Force*. Diese multilaterale Atomstreitmacht war schon seit 1957 im Gespräch. Seit Herbst 1962 sahen die Planungen eine Flotte von etwa fünfundzwanzig Überwasserschiffen vor, die mit jeweils acht amerikanischen Polaris-Raketen bestückt und von gemischten Besatzungen der meisten NATO-Staaten betrieben werden sollten. Dahinter steckte, wie Franz Josef Strauß instinktsicher registrierte, nichts anderes als die Absicht der Amerikaner, ihr »militärisches Protektorat über Europa«[18] zu festigen. Der junge Politikwissenschaftler deutscher Herkunft Henry Kissinger sprach damals von »Atomhegemonie«[19].

Dass die multilaterale Atomstreitmacht schließlich scheiterte, lag am mangelnden Interesse oder, wie im Falle Frankreichs, am Widerstand der meisten europäischen NATO-Partner und an einem neuerlichen außenpolitischen Kurswechsel der Vereinigten Staaten. Nach den großen Krisen um Berlin und Kuba waren sie stärker noch als zuvor an einer Verständigung mit Moskau, vor allem an einer Eingrenzung der nuklearen Gefahren interessiert, und damit war ein Projekt wie die MLF schlechterdings nicht vereinbar. Um das Gesicht zu wahren, verhandelte man zwar noch eine Weile offiziell über die Streitmacht, tatsächlich aber war der ganze Plan Ende 1965 vom Tisch. Das Interesse Bonns an einer Mitsprache bei der atomaren Rüstung des Bündnisses hingegen nicht. Ihm wurde später, Mitte Dezember 1966, mit der Einrichtung der Nuklearen Planungsgruppe der NATO Rechnung getragen, der die Bundesrepublik seither als ständiges Mitglied angehört.

Zu diesem Zeitpunkt hatten die amerikanisch-sowjetischen Sondierungen längst zu ersten Ergebnissen geführt. Schon im Sommer 1963 war zwischen Washington und Moskau eine direkte Fernschreiberverbindung, der sogenannte Heiße Draht, eingerichtet worden, über den das Weiße Haus und der Kreml in Krisensituationen unmittelbar – also auch über die Köpfe der Verbündeten hinweg – kommunizieren wollten. Wenig später einigten sich die beiden Supermächte auf einen weitgehenden Atomteststopp. Immerhin waren 1962 weltweit nicht weniger als 143 Atomtests durchgeführt worden. Ein alarmierender Rekord. Das Abkommen war der bis dahin wichtigste Vertrag über die Kontrolle spaltbaren Materials. Es wurde am 5. August 1963 durch die Außenminister der Sowjetunion, der USA und Großbritanniens in Moskau unterzeichnet und verbot fortan Kernwaffenversuche in der Atmosphäre, im Weltraum und unter Wasser. Mehr als hundert Staaten traten ihm bei, unter diesen allerdings nicht Frankreich und China, die seit 1960 beziehungsweise 1964 zu den Atommächten zählten, wohl aber am 19. August 1963 die Nicht-Nuklearmacht Bundesrepublik.

Kaum ein zweiter Schritt in dieser Zeit hat das deutsch-amerikanische Verhältnis derart belastet wie der Beitritt zum Atomteststoppabkommen. Zwar konnte auch in Bonn niemand einen Zweifel haben, dass das Abkommen »in sich gut und zu begrüßen« war. Andererseits lieferte aber der Beitritt vielen Deutschen einen handfesten Beweis, dass sie die eigentlichen »Opfer der amerikanischen Entspannungspolitik« waren.[20] So sah es nicht nur Heinrich Krone, damals Bundesminister für besondere Aufgaben: Weil nämlich einige Tage zuvor auch die DDR das Abkommen unterzeichnet hatte, konnte eine Aufwertung des anderen deutschen Teilstaates und damit eine Gefährdung des bundesdeutschen Alleinvertretungsanspruchs nicht ausgeschlossen werden.

Vor allem aber stießen in Bonn einmal mehr die Methoden der amerikanischen Deutschlandpolitik auf, wie Krone in seinem Tagebuch vermerkte: »Die Bundesregierung ist nicht konsultiert worden, weder der Bundeskanzler noch der Außenminister. Bonn wurde vor eine vollendete Tatsache gestellt. Der Außenminister hat ... im ›Bonner Generalanzeiger‹ über Moskau die erste wichtige Orientierung erhalten.«[21] Das war eine Übertreibung. Immerhin hatte Washingtons Botschafter in Bonn den Bundeskanzler im Auftrag des Präsidenten am 23. Juli 1963 über den bevorstehenden Abschluss des Abkommens und damit über den unvermeidlichen Beitritt der Bundesrepublik informiert, und gut zwei Wochen später kam dann auch der amerikanische Außenminister persönlich zu »Konsultationen« an den Rhein. Aber da war der Vertrag bereits seit fünf Tagen unterzeichnet, und insofern hatte die Bonner Erregung durchaus ihre Berechtigung.

Wie weit würden die Amerikaner noch gehen? Gewiss, man blieb auf sie angewiesen, in Sachen Sicherheit auf Gedeih und Verderb an sie gebunden. Aber gab es nicht Alternativen, zumindest einen Ausgleich, einen Partner, auf den Verlass war, der aber nicht derart kompromisslos auf der deutschen Juniorpartnerrolle beharrte wie die Vereinigten Staaten? Zwangsläufig ging der Blick über den Rhein. Dabei war allen Beteiligten klar, dass man gerade diesen Nachbarn besonders pfleglich behandeln musste, und das war leichter gesagt als getan.

Denn in Paris hatte ein Mann die Zügel der Politik fest im Griff, der nicht nur in den beiden großen Kriegen gegen Deutschland im Feld gestanden hatte, sondern auch eine ebenso eigenwillige wie entschiedene Vorstellung von Frankreichs Rolle in Europa und der Welt besaß. Am 1. Juli 1958 war Charles de Gaulle zum letzten Ministerpräsidenten der Vierten und ein halbes Jahr später, am 21. Dezember 1958, zum ersten Präsidenten der Fünften Französischen Republik gewählt worden, nachdem er deren Verfassung weitgehend nach seinen Vorstellungen hatte formen lassen.

Wenn es ein Ziel gab, das de Gaulle nie aus den Augen verloren hat, dann war es die Renaissance Frankreichs als Großmacht mit weltpolitischem Gewicht. Koste es, was es wolle. Vor allem musste das Land aus der nuklearen Abhängigkeit von den Vereinigten Staaten gelöst werden. Nur als Atommacht war Frankreich für die nicht nuklear gerüsteten Staaten Europas attraktiv. Nur so bestand für den alten Kontinent die

Chance, sich der anglo-amerikanischen Dominanz zu entledigen und unter französischer Führung neben den USA und der Sowjetunion eine eigenständige Rolle in der Weltpolitik zu spielen. Wenn nötig, nahm der General auf dem Weg dorthin auch eine Zusammenarbeit mit den Sowjets in Kauf. Charles de Gaulle, Jahrgang 1890, war in jene Epoche hineingeboren worden, in der Frankreich und Russland wiederholt versucht hatten, ihre Zukunft gemeinsam zu sichern. Gewiss, der Versuch war gescheitert. Aber der Ansatz war nicht abwegig, und Berührungsängste kannte der General nicht, zumal das Ziel – ein von Frankreich geführtes Westeuropa – die Mittel heiligte.

In diesem Konzept spielte der westdeutsche Teilstaat eine entscheidende Rolle, schon weil er inzwischen an Gewicht zugelegt hatte, aber auch weil die nicht vollständig souveräne Bundesrepublik, selbst wenn sie das gewollt hätte, keinen vergleichbaren Führungsanspruch anmelden konnte. Daher überraschte es manchen, dass sich ausgerechnet de Gaulle während der Berlin-Krise für die deutsche Sache ins Zeug legte und Ende März 1959 die Wiedervereinigung als »das normale Schicksal des deutschen Volkes« bezeichnete.[22] Der General wusste, was er tat. Sein Engagement barg kein großes Risiko. Einerseits konnte man seit der Berlin-Krise davon ausgehen, dass die Wiedervereinigung Deutschlands gerade nicht Wirklichkeit werden würde und wenn – wider alles Erwarten – doch, dann in den Grenzen der beiden Teilstaaten westlich von Oder und Neiße. Andererseits konnte sich de Gaulle der deutschen Dankbarkeit gewiss sein.

Überhaupt bot ihm die Unterstützung des zusehends isolierten Nachbarn die Möglichkeit, Bedingungen für seine Hilfestellung zu nennen, nämlich erstens die Anerkennung der Oder-Neiße-Linie durch Bonn und zweitens den Verzicht auf Nuklearwaffen. Kein Wunder, dass der General unmittelbar nach seiner Amtsübernahme jenes Abkommen über die gemeinsame Entwicklung und Produktion von Atomsprengkörpern zu den Akten gelegt hatte, das am 8. April 1958 von den

Verteidigungsministern Frankreichs, Italiens und der Bundesrepublik in Rom paraphiert worden war.

Zur Nagelprobe im deutsch-französischen Verhältnis aber wurde das Thema Europa – schon weil de Gaulle dem alten Kontinent in seinem Konzept eine spezifische, genaugenommen eine Statistenrolle zugedacht hatte. Mit der Integration Europas war das nicht vereinbar. Immerhin hatte es hier seit den Tagen Monnets und Schumans beachtliche Fortschritte gegeben, so vor allem mit der Unterzeichnung der sogenannten Römischen Verträge am 25. März 1957. Mit ihnen wurden die EWG, die Europäische Wirtschaftsgemeinschaft, und EURATOM, die Europäische Atomgemeinschaft, aus der Taufe gehoben, die übrigens in Frankreich ursprünglich auch als ein Instrument indirekter Kontrolle der deutschen zivilen Atomindustrie betrachtet wurde. Das waren beachtliche Erfolge.

Der General sah das anders. Ihn interessierte das Thema Europa nur insoweit, als es für seine Innen- und vor allem Außenpolitik von Nutzen war. Das bekam auch Konrad Adenauer während seiner Begegnung mit Charles de Gaulle Ende Juli 1960 zu spüren. Gewiss, die beiden verstanden sich gut. Dem Mann aus Röhndorf war sogar Mitte September 1958 die ungewöhnliche Ehre eines Empfangs in Colombey-les-Deux-Églises, dem Landsitz de Gaulles, zuteil geworden. Aber zwei Jahre später hat sich der Kanzler in Rambouillet bei Paris wohl doch über den Tisch ziehen lassen. Jedenfalls sind die Originalaufzeichnungen über die Gespräche des ersten Tages auf Anweisung Adenauers vernichtet worden.

Fest steht, dass de Gaulle auf den Einzelstaaten, auf den »Vaterländern«, als den tragenden Säulen einer wie immer weiterentwickelten Gemeinschaft bestand. So mussten die etwa ein Jahr nach dieser Begegnung eingeleiteten Verhandlungen über eine »Europäische Politische Union« ohne greifbares Ergebnis bleiben. De Gaulles Bereitschaft zur Hinnahme weiterer Beschränkungen der nationalen Souveränität Frankreichs ließ während der Verhandlungen in dem Maße nach, in dem sich eine Lösung des Algerien-Konfliktes abzeichnete: Mitte März

1962 konnte in Evian der Waffenstillstand mit der algerischen nationalen Befreiungsfront unterzeichnet werden. Mit ihm endete ein achtjähriger Kampf, der Frankreich zeitweilig an den Rand eines Bürgerkrieges gebracht hatte. Das Abkommen bescherte Algerien die Unabhängigkeit, Frankreich nach Vietnam die zweite schwere Niederlage dieser Art – aber eben auch eine neue Handlungsfreiheit.

De Gaulle nutzte sie umgehend und entschieden, erteilte Kennedys Idee eines *Grand Design* – einer atlantischen Partnerschaft zwischen den USA und einem geeinten, selbstverständlich England einschließenden Europa – eine Abfuhr, schlug den Briten die Eingangstür zur EWG vor der Nase zu und umwarb die Bundesrepublik und ihren Kanzler: Im Sommer 1962 wurde die Idee eines deutsch-französischen Zweibundes, die offensichtlich schon in Rambouillet im Gespräch gewesen war, zu neuem Leben erweckt.

Auf deutscher Seite – im Auswärtigen Amt, aber auch im Kabinett – gab es Bedenken. Denn man ahnte, wohin der General seinen Partner steuern wollte. Das teilte er der Welt dann auch wenig später auf seiner wohl berühmtesten Pressekonferenz mit, die er am 14. Januar 1963 in Anwesenheit des gesamten Kabinetts vor achthundert Journalisten zelebrierte. Im Zentrum seiner Ausführungen stand die definitive Absage Frankreichs an die multilaterale Atomstreitmacht und die indirekte Ankündigung, ein Veto gegen einen EWG-Beitritt Großbritanniens einzulegen, über den seit fast zwei Jahren verhandelt worden war. Damit musste die deutsch-französische Annäherung ins Zwielicht rücken.

Eine Woche nach dem spektakulären Auftritt des Präsidenten wurde am 22. Januar 1963 in Paris der Vertrag über die deutsch-französische Zusammenarbeit von de Gaulle und Adenauer unterzeichnet. Der sogenannte Elysée-Vertrag sah regelmäßige Konsultationen auf den Ebenen der Staats- und Regierungschefs, der Außen- und Verteidigungsminister sowie der Minister für Jugend und Familie vor. Zudem wurde eine entsprechende Kooperation auf den Gebieten der auswärtigen Politik, der Verteidigung sowie insbesondere auch der Erziehungs- und Jugendarbeit festgeschrieben. Aber weder die würdevolle Zeremonie der Vertragsunterzeichnung noch die von kaum jemandem bestrittene epochale Bedeutung dieses Abkommens konnte die Bedenken auf deutscher Seite zerstreuen.

Ganz im Gegenteil wurden die warnenden Stimmen noch lauter, als am 29. Januar 1963 die Verhandlungen über den britischen EWG-Beitritt tatsächlich offiziell abgebrochen wurden. Jetzt ging in Bonn die Sorge um, der Vertrag mit Paris könne so aufgefasst werden, als richte er sich gegen Großbritannien, die USA, die europäische Integration und die NATO. Wie man de Gaulle kennen gelernt hatte, war nicht auszuschließen, dass er die Vereinbarungen in Zukunft genau so interpretieren, also für seine Zwecke instrumentalisieren würde.

Zwar ratifizierte der Bundestag am 16. Mai 1963 den deutsch-französischen Vertrag mit großer Mehrheit, doch war den Ratifikationsgesetzen eine Präambel vorangestellt worden. Sie enthielt ein ausdrückliches und eindeutiges Bekenntnis zur »engen Partnerschaft zwischen Europa und den Vereinigten Staaten von Amerika«, zur »gemeinsamen Verteidigung im Rahmen des nordatlantischen Bündnisses«, zur Einbeziehung Großbritanniens »und anderer zum Beitritt gewillter Staaten« in die europäischen Gemeinschaften, aber auch zum Allgemeinen Zoll- und Handelsabkommen, dem GATT, das Anfang 1948 zur Belebung der Weltwirtschaft eingerichtet worden war und dem die Bundesrepublik seit April 1951 angehörte.[23]

Die Präambel nahm dem Elysée-Vertrag den Charakter der Exklusivität und relativierte damit das Abkommen, jedenfalls in den Augen Charles de Gaulles. Der hat das seinen deutschen Partnern nie wirklich verziehen, hat sie immer wieder unter Druck gesetzt und ihnen nicht die Entlastung verschafft, die sie angesichts einer zusehends kompromisslosen amerikanischen Politik dringend gebraucht hätten. Bonn konnte Paris noch so sehr entgegenkommen und zum Beispiel Ende 1964 de Gaulles dringendem Wunsch nach einer Harmonisierung der Getreidepreise entsprechen. Wenn der Präsident andere Prioritäten setzte oder sich übergangen fühlte, hatten die Deutschen kaum ein Chance. Vor allem dann nicht, wenn es um Europa ging. Diese Erfahrung machte schneller als erwartet Walter Hallstein, seit 1958 Präsident der Kommission der EWG.

Um die Jahreswende 1964/65 ergriff der ehemalige Staatssekretär im Bonner Auswärtigen Amt die Initiative, um eine umfassende Lösung des Finanzproblems der Gemeinschaft herbeizuführen und zugleich die Kommission zu stärken. Der Vorschlag zielte in erster Linie auf ein eigenes Einkommen, und zwar durch eine direkte Überweisung der Stufenzölle der EWG-Staaten in die Brüsseler Kasse. Langfristig wäre die EWG-Kommission dadurch in eine supranationale Autorität mit erheblichen, keineswegs nur wirtschaftlichen Vollmachten umgewandelt worden.

De Gaulles Reaktion ließ für Missverständnisse wenig Raum. Am 6. Juli 1965 zog Frankreich seine Repräsentanten aus dem Ministerrat der EWG zurück und blockierte zugleich die Planungen für ihren weiteren Ausbau. Damit nahm jenes Kapitel französischer Außenpolitik seinen Anfang, das in den Geschichtsbüchern als Politik des »leeren Stuhls« firmiert. Für Frankreichs Rückkehr stellte der General drei Bedingungen, die sich vor allem an das wirtschaftlich stärkste Mitglied der Gemeinschaft, also an die Bundesrepublik, richteten. Abgesehen von der Sicherung der Agrarmarktfinanzierung und dem Verzicht der Kommission auf alle weiteren Versuche, sich als unabhängige Finanzmacht zu etablieren, forderte er Einstimmigkeit bei den Beschlüssen des Ministerrats. Das war nichts anderes als eine Absage an die Mehrheitsentscheidung, die gemäß EWG-Vertrag mit dem Übergang zur nächsten Stufe des Gemeinsamen Agrarmarktes zum 1. Januar 1966 in bestimmten Bereichen hätte eingeführt werden sollen.

Am Ende der Auseinandersetzung stand ein Beschluss, von dem niemand so recht wusste, wie man ihn in die Tat umsetzen sollte, der aber die Entscheidungsfindung in Europa auf Dauer beeinflusst und belastet hat. Im sogenannten Luxemburger Kompromiss, Ergebnis der Ministerratstagung vom 17. und 18. Januar 1966, verzichtete Frankreich formal auf das Vetorecht. Im Gegenzug sagten die Vertreter der Bundesrepublik, Italiens und der drei Benelux-Staaten zu, in Zukunft das Prinzip der Mehrheitsentscheidung vorsichtiger handhaben zu wollen, und erklärten sich bereit, von der Überstimmung eines Mitgliedes dann absehen zu wollen, wenn es um eine aus dessen Sicht vitale Frage ging. Mit der Einführung dieses Konsensprinzips, das in der Praxis ein Vetorecht dauerhaft festschrieb, nahm Frankreich Ende Februar seinen Sitz wieder ein. Damit war die Kuh vom Eis, aber der Schaden, den das Gezerre angerichtet hatte, war groß. Beschädigt war vor allem die deutsche Politik, und hier ihr führender Repräsentant: Ludwig Erhard.

Als Bundeskanzler hatte Ludwig Erhard nie wirklich eine Chance zu reüssieren. Das lag an den inneren und äußeren Umständen, unter denen er antrat. Es lag aber auch an der Persönlichkeit des jovialen Franken, der 1897 in Fürth das Licht der Welt erblickt hatte. Eine schwere Verwundung aus dem Ersten Weltkrieg ließ es nicht zu, dass er das väterliche Weißwarengeschäft übernahm. Also besuchte er die gerade gegründete Hochschule für Wirtschafts- und Sozialwissenschaften in Nürnberg und schlug, nach einigen Zwischenstationen, eine wissenschaftliche Laufbahn ein, die ihn 1933 unter anderem in die Geschäftsführung des »Instituts für Wirtschaftsbeobachtung der deutschen Fertigware« brachte. Da ihm dort die Leitung verwehrt blieb, gründete er im Sommer 1942 sein eigenes Institut für Industrieforschung mit Sitz in Nürnberg und Berlin.

Erhard stand zwar dem Nationalsozialismus nicht in jeder Hinsicht ablehnend gegenüber, trat jedoch der NSDAP nicht bei, hatte vor allem erhebliche Bedenken gegen deren planwirtschaftliche Ideen und Methoden. 1944 entwarf er in einer Denkschrift »Kriegsfinanzierung und Schuldenkonsolidierung« ein alternatives Modell. Ein Exemplar ging auch an Carl Goerdeler, einen der führenden Köpfe des konservativen Widerstandes gegen Hitler, mit dem Erhard seit einigen Jahren in Verbindung stand. So empfahl er sich nach dem Krieg den Besatzungsmächten als geeignete Figur für den wirtschaftlichen Wiederaufbau. Nach verschiedenen, nicht immer von Erfolg gekrönten Zwischenschritten wurde Erhard Anfang März 1948 Direktor der Verwaltung für Wirtschaft der Bizone. Hier begann seine Karriere als Wirtschaftspolitiker und Protagonist der freien, zugleich sozialen Marktwirtschaft.

Obgleich er erst 1963 in die CDU eintrat, kandidierte Erhard von Anfang an für die Partei Adenauers, der ihn dann auch zum Wirtschaftsminister in seinem ersten Kabinett machte. Hier erwarb sich Erhard seinen legendären Ruf als Vater des Wirtschaftswunders und eine Popularität, an der er gemessen wurde, seit er am 15. Oktober 1963 vom Wirtschaftsministerium ins Kanzleramt gewechselt hatte. Diesen Erwartungen konnte er nicht gewachsen sein, schon weil sein Erfolg an den Konrad Adenauers gebunden gewesen war. Als Erhard endlich dessen Nachfolge antrat, tat der Greis mit bösartiger Verbissenheit alles, um ihm das Leben schwer zu machen. Dabei hatte Erhard seinen Vorgänger nicht gestürzt. Der Rücktritt Adenauers zur Mitte der Legislaturperiode war vielmehr schon nach der Bundestagswahl im Herbst 1961 vom erstarkten liberalen Koalitionspartner durchgesetzt worden.

Auch in der Außenpolitik waren schon damals durch einen Wechsel an der Spitze des Ministeriums die Weichen neu gestellt worden. Der Jurist Heinrich von Brentano, Jahrgang 1904, hatte sich immerhin gut sechs Jahre auf diesem Posten halten können. Als er Anfang Juni 1955 als Nachfolger Adenauers die Leitung des Auswärtigen Amtes übernahm, blickte er auf eine Karriere im Bundestag, unter anderem als Vorsitzender der CDU/CSU-Fraktion, und in europäischen Gremien zurück. Nach der Septemberwahl 1961, in der die Unionsparteien ihre absolute Mehrheit im Bundestag verloren und wieder nach einem Koalitionspartner Ausschau halten mussten, machte die FDP die Qualifikation des Außenministers zu einem Thema öffentlicher Auseinandersetzung. Vor allem seine Ostpolitik galt vielen als zu wenig flexibel. Und so nahm Heinrich von Brentano im November 1961 seinen Hut. Mit seinem Namen verbinden sich vor allem Fortschritte bei der Integration Europas. Der deutschen Außenpolitik konnte der unauffällige, zurückhaltende Mann schon deshalb kaum seinen Stempel aufdrücken, weil der Bundeskanzler die Zügel fest in der Hand hielt. Unter dem Nachfolger Brentanos begann sich das zu ändern.

Gerhard Schröder hatte im September 1910 in Saarbrücken das Licht der Welt erblickt und mit Studium und Promotion den Grundstein für eine solide juristische Laufbahn gelegt, als er 1939 eingezogen wurde und sechs Jahre im Krieg verbrachte. Schröder war zwar Mitglied der NSDAP und zeitweilig auch der SA gewesen, gehörte aber zu jener kleinen Gruppe mutiger Zeitgenossen, die auf dem Höhepunkt nationalsozialistischer Machtentfaltung, in diesem Fall im Mai 1941, aus der Partei ausgetreten waren. Als er das Auswärtige Amt bezog, hatte Schröder schon eine beachtliche parlamentarische Karriere als CDU-Abgeordneter, seit 1953 auch als Innenminister hinter sich. Gemeinsam mit dem Juristen und späteren Bundespräsidenten Karl Carstens, der 1954 in den Auswärtigen Dienst eingetreten und seit 1960 Staatssekretär des Auswärtigen Amtes war, entwickelte er alsbald wegweisende Initiativen in der Außen- und vor allem in der Ostpolitik.

Dafür gab es eine Reihe von Gründen, nicht zuletzt den, dass die oppositionellen Sozialdemokraten, auch um sich als potentielle Regierungspartei zu profilieren, öffentlich mit neuen ostpolitischen Denkanstößen hervortraten. Das war ein weiterer Schritt auf dem Weg zu einer grundsätzlichen außenpolitischen Neuorientierung der Partei, und es war kein Zufall, dass schon der erste durch die Berlin-Krise ausgelöst worden war. In einer Rede vor dem Bundestag, die zu seinen berühmt-berüchtigten Alleingängen gehörte, hatte sich der stellvertretende Fraktionsvorsitzende Herbert Wehner am 30. Juni 1960 im Namen der SPD zur Landesverteidigung im Rahmen der NATO und zur Westintegration der Bundesrepublik insgesamt bekannt. Damit war die Opposition endgültig auf den bis dahin bekämpften außenpolitischen Kurs der Regierung Adenauer eingeschwenkt.

Jetzt unternahm sie den zweiten Schritt, der sie vordergründig wieder auf Distanz zur offiziellen Linie brachte. Getan wurde er mit einer Rede Egon Bahrs, der damals Leiter des Presse- und Informationsamtes des Landes Berlin und zugleich ein enger Vertrauter des Regierenden Bürgermeisters der Stadt war. Am 15. Juli 1963 führte Bahr in einer zuvor mit Willy Brandt abgestimmten Rede vor der Evangelischen Akademie in Tutzing unter anderem aus: »Die Zone muß mit Zustimmung der Sowjets transformiert werden. Wenn wir soweit wären, hätten wir einen großen Schritt zur Wiedervereinigung getan ... Wir haben gesagt, daß die Mauer ein Zeichen der Schwäche ist. Man könnte auch sagen, sie war ein Zeichen der Angst und des Selbsterhaltungstriebes des kommunistischen Regimes. Die Frage ist, ob es nicht Möglichkeiten gibt, diese durchaus berechtigten Sorgen dem Regime graduell soweit zu nehmen, daß auch die Auflockerung der Grenzen und der Mauer praktikabel wird, weil das Risiko erträglich ist. Das ist eine Politik, die man auf die Formel bringen könnte: Wandel durch Annäherung.«[24]

Diese Initiative war ein Reflex auf den Mauerbau, also auf die Zementierung der deutschen Teilung, und zugleich Ausdruck der Ernüchterung über die amerikanische Haltung. Das galt auch für die zweite Runde in Konrad Adenauers Geheimdiplomatie, die mit dem Vorschlag der beiden Berliner Sozialdemokraten sehr viel mehr gemeinsam hatte als nur den Zeitpunkt. Beide Initiativen versuchten die Frage zu beantworten, was man unter den gegebenen Umständen für die Menschen in der DDR tun könne. Am 6. Juni 1962 ging der Kanzler erneut auf den sowjetischen Botschafter zu und bat Smirnow, »dem sowjetischen Regierungschef folgenden Gedanken mitzuteilen: Sollte man nicht einmal ernsthaft überlegen, zwischen den beiden Ländern – also der Sowjetunion und der Bundesrepublik Deutschland – für zehn Jahre eine Art Waffenstillstand, natürlich im übertragenen Sinne, zu schließen. Dies würde bedeuten, die Dinge während dieser Zeitspanne so zu lassen, wie sie sich jetzt darböten. Allerdings müsse dafür gesorgt werden, daß die Menschen in der DDR freier leben könnten, als es jetzt der Fall sei.«[25]

Wohl hat es bis in das Frühjahr 1963 hinein immer wieder, auch von sowjetischer Seite, Versuche gegeben, den Faden aufzunehmen und auf die eine oder andere Weise weiterzuspinnen. Aber letztlich mussten die Sondierungen als gescheitert gelten, weil die Sowjets angesichts der guten Fortschritte im Entspannungsdialog mit den Amerikanern das Interesse verloren. Damit kam die offizielle Diplomatie zum Zug. Schröder und Carstens gingen in die Offensive. Zwar wurden am 14. Januar 1963 die diplomatischen Beziehungen zu Kuba abgebrochen, als Fidel Castro die DDR anerkannte, und damit noch einmal die äußerste Maßnahme im Rahmen der Hallstein-Doktrin ergriffen. Aber danach begann Bonn sich aus der ostpolitischen Selbstlähmung zu lösen.

Am 7. März 1963 wurde zwischen der Bundesrepublik und Polen ein Abkommen über den Handels- und Seeschifffahrtsverkehr sowie über die Einrichtung einer Handelsvertretung Bonns in Warschau unterzeichnet, die dann auch Mitte September eröffnet wurde. Am 17. Oktober folgten ähnliche Vereinbarungen mit Rumänien, am 9. November mit Ungarn. Vergleichbares tat sich in Berlin. Hier konnte Mitte Dezember 1963 unter der Regie des Regierenden Bürgermeisters und Kanzlerkandidaten der SPD, Willy Brandt, ein erstes von insgesamt vier Passierscheinabkommen unterzeichnet werden, das West-Berlinern für einige Tage den Besuch im Ostteil der Stadt ermöglichte. All das bedeutete zwar noch keine wirkliche Wende, wohl aber waren es erste Schritte auf dem Weg zur Demontage der hinderlichen Hallstein-Doktrin.

Sie waren erfolgreich, weil sie in das Konzept der Westmächte passten. Sie harmonierten mit deren Entspannungspolitik und sie waren darüber hinaus geeignet, Erosionstendenzen im Ostblock Vorschub zu leisten. Anders sah es aus, wenn die Bundesrepublik Gehversuche unternahm, die mit westlichen Interessen kollidierten. 1962 wurde die Regierung Adenauer durch die NATO derart unter Druck gesetzt, ein bereits geschlossenes Geschäft der Firmen Mannesmann, Hoesch und Phoenix-Rheinrohr mit der Sowjetunion über die Lieferung von Stahlröhren für sibirisches Gas und Öl zu unterbinden, dass Bonn tatsächlich Mitte Dezember ein Exportverbot verhängte und das Geschäft mit Moskau platzen ließ.

Man war also gewarnt und ging entsprechend sensibel vor, als sich Anfang September 1964 ein Besuch Chruschtschows in der Bundesrepublik abzeichnete. Obgleich es mit dem Kremlchef, dessen Sturz der Visite zuvorkam, in der Deutschland- und Berlin-Frage nichts zu verhandeln gab, weil die Bundesregierung gar nicht die zuständige Ansprechpartnerin Chruschtschows sein konnte, fühlte sich Erhard zu der Erklärung gedrängt, »daß jede Deutung falsch wäre, die etwa dahin ginge, als ob Deutschland einen Alleingang, eine zweiseitige Lösung mit Sowjetrußland überhaupt ins Auge fassen würde. Das ist nicht der Fall, und noch weniger, wenn das überhaupt zu sagen notwendig ist, gibt es einen Weg zurück nach Rapallo.«[26]

Die Hürden, die eine aktive deutsche Ostpolitik zu nehmen hatte, waren hoch, und sie waren zahlreich. Wie Mitte der sechziger Jahre das Dilemma der deutschen Nahostpolitik offenbarte, bestanden sie nicht nur aus den Rechten, Pflichten oder auch Ängsten der Westmächte, sondern sie waren nicht zuletzt hausgemacht. Im Zentrum des Lehrstücks standen die deutsch-israelischen Beziehungen, die damals noch weit von einer Normalisierung entfernt waren. Ihre Grundlage bildeten zum einen das Luxemburger Wiedergutmachungsabkommen vom September 1952 und zum anderen Waffenlieferungen der Bundesrepublik an Israel.

Sie waren 1957 nach einem geheimen Treffen zwischen Verteidigungsminister Strauß und dem Generalsekretär im israelischen Verteidigungsministerium, Shimon Peres, aufgenommen und seitdem ständig erweitert worden. Da die Gründung des Staates Israel auch eine Folge des deutschen Vernichtungskrieges gegen die Juden Europas gewesen war, fühlte sich die Bundesregierung verpflichtet, die Sicherheit des Landes durch Waffenlieferungen zu unterstützen. Im Juli 1962 enthielt die Wunschliste der Israelis unter anderem: sechs Schnellboote, drei U-Boote, vierundzwanzig Hubschrauber, vierundfünfzig Flakgeschütze, zwölf Flugzeuge und fünfzehn Panzer – Letztere aus deutscher Produktion.[27]

Mit diesen Lieferungen wurde gewissermaßen die Nicht-Aufnahme diplomatischer Beziehungen zu Israel kompensiert. Bonn wollte diesen Schritt auch wenn irgend möglich vermeiden, um nicht das Verhältnis zu den arabischen Staaten zu belasten. Dieses war nicht nur traditionell vergleichsweise gut, die Bonner Position in der arabischen Welt hatte darüber hinaus indirekt von den Fehlschlägen und Dilettantismen der britischen, französischen sowie der amerikanischen Nahostpolitik in den fünfziger Jahren profitiert. Als im Herbst 1962 bekannt wurde, dass deutsche Raketenexperten in der ägyptischen Rüstungsindustrie tätig waren, sorgte das nicht wirklich für eine Überraschung.

Wohl aber bewirkte die Nachricht einen erhöhten Druck Tel Avivs auf Bonn, auch bei den geheimen Waffengeschäften. Diese erreichten 1964/65 eine neue Qualität. Im Juni wurde Kanzler Erhard vom amerikanischen Präsidenten Lyndon B. Johnson, der nach der Ermordung John F. Kennedys Ende November 1963 dessen Nachfolge angetreten hatte, zu weiteren Lieferungen, unter anderem von Panzern, an Israel gedrängt, die dann auch erfolgten. Die Vereinigten Staaten selbst wollten sich angesichts ihres wachsenden Engagements in Vietnam in der nahöstlichen Krisenregion bedeckt halten, und auch in Washington wusste man selbstverständlich, dass solche Waffengeschäfte das Verhältnis zu den arabischen Staaten belasten, wenn nicht beschädigen mussten. Nicht zum ersten Mal wurde die Bundesrepublik von ihrem großen Verbündeten zu einem verstärkten Einsatz außerhalb Europas, vor allem in der Dritten Welt, gedrängt, wenn sich dieser dort zurückhalten wollte. Noch nie aber waren die Konsequenzen derart unerfreulich gewesen wie in der aufziehenden Nahostkrise.

Auf abenteuerlichen Umwegen und in Einzelteile zerlegt wurden die Panzer nach Israel verschifft. Die Spuren waren so gut verwischt, dass Verteidigungsminister von Hassel am 22. Februar 1965, einem Sonntag, vom Kanzler den Auftrag erhielt, »bis Mittwoch dieser Woche fest[zu]stellen, wo sich die 60 Panzer« eigentlich befanden, die »bereits nach Italien verladen« worden waren.[28] Anlass für diese hektische Suchaktion waren Pressemeldungen, die das delikate Thema am 26. Oktober 1964 erstmals an die Öffentlichkeit gebracht hatten. Die Enthüllung konnte eigentlich niemanden überraschen, weil die deutsch-israelischen Waffengeschäfte zwar offiziell und für die Öffentlichkeit geheim, tatsächlich aber den Bundestagsfraktionen, aber auch den arabischen Regierungen einschlägig bekannt waren. Sie bildeten mithin für Israel wie für seine arabischen Nachbarn ein ideales Druckmittel.

In dieser Situation wurde publik, dass der Vorsitzende des Staatsrates der DDR, Walter Ulbricht, nach Ägypten reisen werde. Obwohl der Staatsbesuch ursprünglich nichts mit dem Waffengeschäft zu tun hatte, drohte Kairo damit, im Falle weiterer Lieferungen Bonns an Tel Aviv die diplomatischen Beziehungen zur Bundesrepublik abzubrechen und solche zur DDR aufzunehmen. Das war auch deshalb eine delikate Situation, weil seit 1952 mit Gamal Abd el-Nasser ein Mann die Zügel der ägyptischen Politik in der Hand hielt, der weit über den arabischen Raum hinaus gerade in den Reihen der jungen Staaten der Dritten Welt einen legendären Ruf besaß. Kein Wunder, dass andere Staaten der Region seinem Beispiel folgten.

Also gab Erhard am 12. Februar 1965 vor der Auslandspresse in Bonn die Einstellung der Waffenlieferungen an Israel und am 17. Februar vor dem Bundestag die Einstellung der Wirtschaftshilfe für Ägypten bekannt. Zu politischen Maßnahmen, die sich die Bundesregierung ausdrücklich »vorbehalten« hatte,[29] kam es nicht, weil Ägypten die DDR während des Ulbricht-Besuchs vom 24. Februar bis zum 2. März nicht formell anerkannte. Nach einem turbulenten diplomatischen Intermezzo wurde am 12. Mai 1965 die Aufnahme voller diplomatischer Beziehungen zwischen Israel und der Bundesrepublik bekannt gegeben. Im Vorfeld hatten die USA ihre Bereitschaft signalisiert, hundertzehn Panzer an Tel Aviv zu liefern. Das wiederum erleichterte Israel seine Zustimmung zu dem Bonner Vorschlag, den Rest der vereinbarten Waffenlieferungen finanziell abzugelten.

Im Übrigen war die Haltung der Bundesrepublik – der Regierung wie der Öffentlichkeit – zum Staat Israel eindeutig. Die Aufnahme diplomatischer Beziehungen und die ihr zwangsläufig folgenden Verwicklungen im Verhältnis zur arabischen Welt waren eine Sache; die Fortsetzung der militärischen Kooperation – übrigens in beide Richtungen – und die Sicherheit Israels waren eine andere. Als Anfang Juni 1967 die Spannungen zwischen dem geographisch exponierten Land und seinen arabischen Nachbarn einmal mehr eskalierten, die israelische Armee mit einem Präventivschlag gegen Ägypten, Syrien und Jordanien vorging und ihnen in nur sechs Tagen eine verheerende Niederlage beibrachte, waren die Sympathien der Bundesbürger eindeutig auf Seiten Israels.

Das stärkte nicht gerade Bonns Position in der arabischen Welt. Schon bevor der erste Botschafter – der kriegsversehrte ehemalige Major der Wehrmacht und Ritterkreuzträger Rolf Friedemann Pauls – dem israelischen Präsidenten sein Beglaubigungsschreiben überreichte, hatten zehn arabische Staaten ihre Beziehungen zur Bundesrepublik abgebrochen. Andererseits wurde die DDR von keinem dieser Länder in vollem Umfang diplomatisch anerkannt, und alle waren mit Blick auf die Bonner Wirtschaftshilfe darauf bedacht, den Konflikt flach zu halten. Zu einer erkennbaren Normalisierung des Verhältnisses zur arabischen Welt kam es allerdings erst in den ausgehenden sechziger Jahren.

Aber nicht nur deshalb war die Bilanz der deutschen Nahostpolitik ernüchternd. Erstmals hatte sich 1965 die Hallstein-Doktrin, die ja mit dem Abbruch der Wirtschaftshilfe für Ägypten noch einmal präventiv eingesetzt worden war, mit voller Wucht gegen die Bundesrepublik selbst gekehrt. Indem sie vor Nassers Drohung kapitulierte und mit der Einstellung der Waffenlieferungen an Israel reagierte, ließ sie erkennen, dass sie für Erpressungen anfällig war. Damit erwies sich die Doktrin endgültig als ein Instrument, das eine aktive Ostpolitik, ja Außenpolitik überhaupt lähmte und blockierte.

Entkommen konnte man dieser Falle nur durch eine politische Offensive, und das hieß durch die Aufgabe des Alleinvertretungsanspruchs und in der Konsequenz durch die faktische Anerkennung der DDR. Zu diesem Schluss kam damals der Berufsdiplomat Georg Ferdinand Duckwitz, der schon in den ausgehenden fünfziger Jahren, während seiner Zeit als Leiter der Ostabteilung des Auswärtigen Amtes, Verfechter einer neuen Ostpolitik gewesen war, sich dann aber, enttäuscht über deren geringe Erfolgsaussichten, als Botschafter nach Neu-Delhi zurückgezogen hatte und Ende 1965 auf eigenen Antrag in den vorzeitigen Ruhestand getreten war. Während des Krieges hatte Duckwitz übrigens dazu beigetragen, dass die meisten der etwa achttausend dänischen Juden gerettet werden konnten.

In einer Aufzeichnung, die er Außenminister Schröder zum Jahresende 1965 zukommen ließ, zog Duckwitz eine schonungslose Bilanz und plädierte dafür, »unsere verkrampfte Außenpolitik von ihrer schwersten Hypothek zu befreien, unser Verhältnis zum Osten auf eine neue Grundlage zu stellen und im übrigen eine auf uns mit Sicherheit zukommende Entwicklung, soweit sie heute übersehbar ist, abzufangen … Defensive auf die Dauer bedeutet Untergang, bedeutet Objektwerden, bedeutet den Verzicht darauf, das Schicksal in die eigene Hand zu nehmen.« Den Realitäten ins Auge zu sehen war also das

Gebot der Stunde: »Wir haben den Krieg vom Zaun gebrochen«, so Duckwitz weiter. »Dafür muß nun einmal bezahlt werden.«[30]

Keine Frage, der Druck auf Bonn nahm zu, und er kam immer stärker auch von der anderen Seite des Atlantiks, wo man das deutsche Taktieren leid war. Denn in den USA schob sich seit Mitte der sechziger Jahre ein Problem in den Vordergrund, das die amerikanischen Energien zusehends band, damit auch die Partner der Vereinigten Staaten in seinen Bannkreis zog und kein Verständnis für Krisen in und um Deutschland zuließ: der Vietnam-Krieg. Seine Anfänge gingen in die Zeit der Eisenhower-Administration zurück. In der Ära Kennedy hatte sich die Zahl der amerikanischen Militärberater in Vietnam von rund neunhundert auf mehr als sechzehntausend erhöht, 1966 standen fast vierhunderttausend amerikanische Soldaten in dem südostasiatischen Küstenland, Anfang 1969 waren es sogar weit über eine halbe Million.

Sie kämpften dort an der Seite des südvietnamesischen Regimes gegen die Truppen Nordvietnams und der Ende 1960 gegründeten Nationalen Befreiungsfront Südvietnams, für die sich rasch der Name der führenden kommunistischen Gruppierung »Vietcong« einbürgerte. Das Argument, dass das Vorgehen des Vietcong und Nordvietnams ein Beispiel für die unaufhaltsame globale Expansion des Kommunismus sei, fand anfänglich in der Bundesrepublik offene Ohren. Denn die vietnamesische war wie die deutsche Frage ein Testfall für die Entschlossenheit des Westens, wenn es um die Behauptung von Freiheit und Unabhängigkeit ging. Schon deshalb hatten die Bundesregierungen der sechziger und frühen siebziger Jahre keine andere Wahl, als die Politik und Kriegführung der Vereinigten Staaten in Vietnam öffentlich zu unterstützen – selbst noch zu einem Zeitpunkt, als der Krieg in der westlichen Welt, auch in der deutschen Öffentlichkeit, äußerst unpopulär geworden war.

Dieser Schulterschluss war umso wichtiger, als andere Partner im westlichen Bündnis ihren Beistand nicht nur verweigerten, sondern, wie de Gaulle, die Politik der USA in Südostasien sogar scharf kritisierten. Mit Ausnahme einer direkten Militärhilfe, wie sie die pazifischen Partner der USA – Australien, Südkorea und Neuseeland – in unterschiedlich starkem Maße leisteten, erhielt Washington von Bonn Unterstützung auf fast allen Gebieten, auch auf solchen, auf denen die Bundesregierung bis an den Rand ihrer Möglichkeiten gehen musste – und gelegentlich darüber hinaus.

Unter solchen Vorzeichen besuchte der Bundeskanzler, ein indirektes Misstrauensvotum des Bundestages im Gepäck, Ende September 1966 die USA. Auf der Tagesordnung der Gespräche mit Präsident Johnson und Verteidigungsminister McNamara standen neben der Frage der nuklearen Mitsprache der Bundesrepublik der Devisenausgleich und die deutschen Waffenkäufe in den USA. Angesichts einer schwierigen Konjunkturlage, mit der sich ausgerechnet der Vater des Wirtschaftswunders konfrontiert sah, brauchte Erhard dringend Entlastung, beispielsweise einen Zahlungsaufschub. Aber weder in diesem noch in einem der anderen Punkte konnte Einigkeit erzielt werden, da die Amerikaner, auch Johnson, hart blieben. Anfang November standen Kongresswahlen an, und da die amerikanische Zahlungsbilanz vor allem wegen des Krieges in Vietnam tief in den roten Zahlen war, fragte der Präsident seinen Gast drohend, ob er »etwa nicht tun könnte, was zu tun er versprochen habe«.[31] So musste der ohnehin angeschlagene Kanzler die Rückreise nach Bonn ohne greifbares Ergebnis antreten.

Das wog besonders schwer, weil es zu dieser Zeit in Europa keine Rückfallposition gab. Nach der Blockadepolitik in der EWG schritt de Gaulle jetzt in der NATO zur Tat. Schon kurz nach seinem Amtsantritt hatte er damit begonnen, Frankreich aus der Allianz zu lösen, und 1959 zunächst die Mittelmeerflotte, 1964 dann die Atlantikflotte dem NATO-Oberbefehl entzogen. Am 7. März 1966 kündigte der General den Rückzug Frankreichs aus der integrierten Kommandostruktur der atlantischen Vertragsgemeinschaft an. Angesichts solcher Eskapaden de Gaulles ließ sich nicht auf die französische Karte setzen. Eine wirkliche Alternative stand Erhard nicht zur Verfügung; das Blatt der deutsch-amerikanischen Kooperation war ausgereizt. Das politische Kapital des einst so populären Mannes war verspielt.

Am 30. November 1966, acht Wochen nach seiner Rückkehr aus Amerika, trat Ludwig Erhard angesichts eines rapiden Autoritätsverlustes zurück. Die kompromisslosen Attitüden der wichtigsten außenpolitischen Partner Johnson und de Gaulle; die Verflachung des Konjunkturverlaufs, die von den historisch traumatisierten Deutschen gleich als schwere Rezession interpretiert wurde; die Heckenschützen in den Reihen der eigenen Partei, allen voran Altbundeskanzler Adenauer; und nicht zuletzt das Taktieren der FDP, die sich Ende Oktober aus der Koalition zurückzog – all das spielte bei Erhards Sturz eine Rolle.

Bereits am 10. November 1966, also drei Wochen vor dessen Auszug aus dem Kanzleramt, hatte die CDU/CSU-Bundestagsfraktion einen Nachfolger erkoren. Kurt Georg Kiesinger, 1904 im schwäbischen Ebingen in bescheidenen Verhältnissen geboren, war nach dem Studium der Philosophie und Geschichte in Tübingen, später der Rechts- und Staatswissenschaften in Berlin 1934 als Rechtsanwalt beim Kammergericht in der Reichshauptstadt zugelassen worden. Der NSDAP trat er bei, kurz nachdem diese die Macht in Deutschland übernommen hatte. 1940 in der Rundfunkabteilung des Auswärtigen Amtes dienstverpflichtet, brachte er es dort schließlich zum stellvertretenden Abteilungsleiter. Das trug ihm nach dem Krieg zunächst eine anderthalbjährige Haft im amerikanischen Internierungslager Ludwigsburg, später dann, vor allem in seiner Zeit als Kanzler der Großen Koalition, die heftige Kritik der politischen Linken in Deutschland ein. Seit 1948 war die CDU Kiesingers politische Heimat. Für sie zog er 1949 in den Bundestag ein, den er 1959 verließ, um dann für zehn Jahre als Ministerpräsident von Baden-Württemberg zu amtieren.

Ins Bundeskanzleramt gelangte Kiesinger auch deshalb, weil eine Reihe alternativer Optionen ausschieden oder sich noch nicht realisieren ließen. Das galt für Neuwahlen, für die Fortsetzung der christlich-liberalen Koalition und nicht zuletzt für eine erste sozial-liberale Koalition auf Bundesebene, deren Zeit nach Auffassung der maßgeblichen sozialdemokratischen Strategen noch nicht gekommen war. So bildeten die beiden großen Volksparteien eine gemeinsame Regierung, und die brachte – etwa bei der Reform der Wirtschafts- und Finanzpolitik oder auch bei der Verabschiedung der Notstandsgesetze – in knapp drei Jahren mehr zustande als manche andere.

Weniger Erfolg war CDU/CSU und SPD auf außenpolitischem Terrain beschieden. Dabei brachte das Personal der Koalition beste Voraussetzungen mit. Kanzler Kiesinger hatte zeitweilig im Bundestag den Ausschuss für Auswärtige Angelegenheiten geleitet, war dann Mitglied in der Beratenden Versammlung des Europarates, später auch Bevollmächtigter der Bundesregierung für kulturelle Angelegenheiten im Rahmen des Elysée-Vertrages gewesen. Und der neue Außenminister, der Sozialdemokrat Willy Brandt, hatte nicht nur viele Jahre seines Lebens im Ausland verbracht, sondern als Regierender Bürgermeister von Berlin auch einen Posten innegehabt, der wie wenige andere in der Republik mit enormen außenpolitischen Herausforderungen verbunden war.

Es lag an den Themen, allen voran an der Ost- und Deutschlandpolitik, dass die Große Koalition auf diesem Felde nicht reüssierte. An Versuchen fehlte es nicht. Noch in der Ära Erhard war ein erster Vorstoß unternommen worden, der auch die Zustimmung der damals noch oppositionellen Sozialdemokraten gefunden hatte: Zu den Schwerpunkten der sogenannten Friedensnote vom 25. März 1966 gehörte neben Rüstungskontrolle und territorialen Fragen der Vorschlag, »auch mit den Regierungen der Sowjetunion, Polens, der Tschechoslowakei und jedes anderen osteuropäischen Staates, der dies wünscht, förmliche Erklärungen auszutauschen, in denen jede Seite gegenüber dem anderen Volk auf die Anwendung von Gewalt zur Regelung internationaler Streitfragen verzichtet«.

Eine nennenswerte Resonanz war dieser Initiative nicht beschieden – aus einem simplen Grund: Weil die Note an der Wiedervereinigung als »größte[r] nationale[r] Aufgabe« festhielt,[32] war die DDR von dem Angebot ausgeschlossen. Dabei glaubten selbst langjährige Vorkämpfer dieser Politik wie der CSU-Vorsitzende Franz Josef Strauß nicht mehr an die »Wiederherstellung eines deutschen Nationalstaates, auch nicht innerhalb der Grenzen der vier Besatzungszonen«.[33] Dieser Erkenntnis schien nun auch die Große Koalition Rechnung tragen zu wollen. Jedenfalls kündigte Kanzler Kiesinger in seiner ersten Regierungserklärung am 13. Dezember 1966 an, die Bundesregierung werde »die menschlichen, wirtschaftlichen und geistigen Beziehungen« mit den Menschen »im anderen Teil Deutschlands mit allen Kräften fördern«.[34]

Aber wie sollte man das anstellen? Mit wem wollte man darüber verhandeln, wenn es den »anderen Teil Deutschlands« auch nach Auffassung dieser Bundesregierung gar nicht gab, jedenfalls nicht als staatliche Institution? Eine groteske, eine dringend klärungsbedürftige Situation. Das wusste auch der Bundeskanzler, als er Anfang Februar 1967 in einem Gespräch mit Semjon K. Zarapkin, dem sowjetischen Botschafter in Bonn, »einmal ein unverbindliches Gedankenspiel« anstellte und dabei »von der Annahme« ausging, »daß die Bundesregierung trotz Wahrung ihres Rechtsstandpunkts (Alleinvertretungsrecht) versuchte, dem Faktum Rechnung zu tragen, daß im anderen Teil Deutschlands eine … politische Organisation bestehe, mit einer Regierung und allem, was zu den Charakteristika eines Staates gehöre«.[35]

Dahin war man also in »unverbindlichen Gedankenspielen« schon gekommen. Was ausstand, war ihre Überführung in die politische Wirklichkeit, also die Anerkennung besagter »Organisation« – und zwar »im Rechtssinne als souveräne[r] Staat«.[36] Der direkte Weg dorthin war nicht gangbar. Aber es gab einen Umweg, und den hatte die Bundesregierung gerade eingeschlagen: Am 31. Januar 1967 war anlässlich eines Besuchs des rumänischen Außenministers Corneliu Manescu in Bonn die Aufnahme diplomatischer Beziehungen zwischen der Bundesrepublik und Rumänien vereinbart worden. Um aber dem Fehlschluss vorzubeugen, damit sei der Alleinvertretungsanspruch endgültig zu den Akten gelegt, ersannen die rheinischen Politstrategen die sogenannte Geburtsfehlertheorie, wonach Rumänien als sowjetischer Satellit ja von Anfang an keine andere Wahl gehabt habe, als die DDR anzuerkennen. So blieb der Bonner Koalition einerseits eine Zerreißprobe erspart. Andererseits war ein entscheidender Schritt auf dem Weg zur endgültigen Demontage der Hallstein-Doktrin getan – nicht mehr, aber eben auch nicht weniger.

Und die Reaktionen waren verblüffend. In dem Maße, in dem die Bonner Außenpolitik »elastischer«[37] wurde und an Handlungsfreiheit gewann, geriet das SED-Regime unter Handlungszwang. Im Februar ging Ost-Berlin in die Offensive und kehrte die Hallstein-Doktrin mit einer eigenen, der Ulbricht-Doktrin, ins Gegenteil: Die anderen Mitglieder des Warschauer Paktes sollten so lange von einer Normalisierung ihrer Beziehungen zur Bundesrepublik absehen, bis man selbst diesen Schritt getan hatte. Und um den nicht tun zu müssen, oder aber, sollte er sich nicht mehr vermeiden lassen, für ihn gerüstet zu sein, versuchten Ulbricht und Genossen durch eine ganze Serie von Maßnahmen die Eigenstaatlichkeit der DDR irreversibel zu machen und ihre schwach ausgebildete Identität zu stabilisieren. Das begann mit der Einführung der DDR-Staatsbürgerschaft im Februar 1967, ging über die zweite Verfassung, durch die sich die DDR seit April 1968 als »sozialistischer Staat deutscher Nation« begriff, und endete vorläufig, im Juni desselben Jahres, mit der Einführung der Pass- und Visapflicht auf den Transitwegen nach West-Berlin.

Sechs Jahre nach dem Mauerbau noch übersehen zu wollen, dass es einen zweiten deutschen Staat gab, kam also einer bedenklichen Realitätsverweigerung gleich. Und so »drängte« sich Mitte September 1968 Egon Bahr, jetzt Leiter des Planungsstabes im Auswärtigen Amt, die Überlegung auf, ob es nicht »der eigenen Mentalhygiene und der Glaubwürdigkeit« der Republik dienlich sei, wenn diese, »20 Jahre nach ihrem Bestehen ohnehin mehr als ein Provisorium, zu dem Ergebnis kommen muß, für sich alle Rechte zu verlangen, die jeder andere Staat, auch der kleinste in Afrika, besitzt«. Dies führe »zum Friedensvertrag für zwei deutsche Staaten«[38] – also auch zur Anerkennung des jeweils anderen.

Wollte man aber solche »Mentalhygiene« mit Erfolg betreiben, führte kein Weg an Moskau vorbei. Schon seit Februar 1967 stand man mit den Sowjets in einem vertraulichen Dialog, unter anderem über den Gewaltverzicht. Allerdings wurde dieser Austausch Mitte Juli 1968 durch eine Indiskretion des Kreml abrupt beendet. Offenkundig stand der Sabotageakt in einem unmittelbaren Zusammenhang mit dem »Prager Frühling«, den die reformkommunistische Regierung unter Ministerpräsident Alexander Dubček ausgelöst hatte. In Moskau machte man die Bonner Entspannungspolitik für die Prager Reform- und Öffnungsbestrebungen mitverantwortlich, obgleich die Bundesregierung erkennbar jede Einmischung in die inneren Angelegenheiten der Tschechoslowakei vermieden hatte. In der Nacht vom 20. auf den 21. August 1968 setzten die Truppen des Warschauer Paktes dem Prager Experiment gewaltsam ein Ende.

Der Schlag gegen die tschechoslowakischen Reformer war brutal, aber er sorgte auch für Klarheit: Fortan konnte niemand mehr daran zweifeln, dass eine Anerkennung nicht nur des territorialen, sondern auch des politischen Status quo in Europa die Grundvoraussetzung der Bonner Ostpolitik war. Auch am Rhein hatte man die sogenannte Breschnew-Doktrin in Rechnung zu stellen, die der Kreml im Umfeld des Einmarsches in die Tschechoslowakei entwickelt hatte und die besagte, dass die Zugehörigkeit zum Warschauer Pakt gleichbedeutend mit einer Einschränkung der nationalen Souveränität seiner Mitglieder sei.

Leonid Iljitsch Breschnew, der Namensgeber jener Doktrin, hatte Mitte Oktober 1964 die Nachfolge des gestürzten Chruschtschow angetreten. 1906 geboren, gehörte er jener Generation sowjetischer Politiker an, die zutiefst durch die Erfahrungen des Zweiten Weltkrieges geprägt waren. Die Sicherung des sowjetischen Machtbereichs – mit welchen Mitteln auch immer – gehörte zu ihren obersten Maximen. Und im Falle der Tschechoslowakei ging es um diese Sicherung, um den Versuch, ein Abdriften des Landes zu verhindern. Bei den Sowjets waren, so gesehen, auch defensive Erwägungen im Spiel.

Im Westen sah man das natürlich ganz anders, zumal unter anderem achtzigtausend sowjetische Soldaten, außerdem Nuklearwaffen, in der Tschechoslowakei stationiert blieben. Damit hatte der Warschauer Pakt »eine militärische Gewichtsverschiebung … nach Westen« vorgenommen,[39] und davon war nach Einschätzung nicht nur des deutschen Außenministers die Bundesrepublik »geographisch am stärksten betroffen«.[40] Sie wäre im Falle eines konventionell geführten Krieges zum Hauptschlachtfeld geworden. Daher hatte die Militäraktion der Sowjets den gewiss nicht gewollten Nebeneffekt, die Bundesrepublik wieder stärker an die Seite ihrer Verbündeten zu bringen.

Anders als erwartet, hatte sich nämlich die Atmosphäre mit dem Bonner Regierungswechsel nicht grundlegend gebessert. Das galt für das Verhältnis zu Frankreich, und es galt für die Beziehungen zu den Vereinigten Staaten. Schon im Februar 1967 hatte der Bundeskanzler öffentlich bedeutet, dass es so »nicht weitergehen« könne: »Wir reden ja überhaupt nur noch über Streitfragen miteinander. Wir reden ja gar nicht mehr über gemeinsame Politik … Es gibt manchmal Deutsche, die glauben, es gäbe da so eine Freundschaft oder Freundschaftsdienste. Das gibt dann hinterher immer sehr böse Enttäuschungen. In der Politik herrschen Interessen zwischen den Völkern … Aufgabe ist es, festzustellen, inwieweit die amerikanischen Interessen mit den unseren, den deutschen und den europäischen, übereinstimmen und inwieweit nicht oder nicht mehr.«[41] So weit ist vor und nach ihm kein zweiter Kanzler gegangen – jedenfalls öffentlich und in der Zeit des Ost-West-Konflikts. Allerdings hatte auch kein anderer Kanzler eine derart breite Koalition hinter sich wie Kiesinger.

Vor allem aber ließ auch er seinen deutlichen Worten keine Taten folgen, die ein ernsthaftes Zerwürfnis mit den USA riskiert hätten, von einem Bruch gar nicht zu reden. Im Gegensatz zu den meisten europäischen Verbündeten verzichtete die Bundesregierung auf eine mehr oder weniger offen geübte Kritik an der amerikanischen Kriegführung in Vietnam. Ähnliches galt für den Bereich der Wirtschafts- und Währungspolitik, wo die enormen Ausgaben für diesen Krieg ihren Tribut forderten – neben einem beträchtlichen Zahlungs- und Handelsbilanzdefizit der USA einen zunehmenden Verfall der amerikanischen Währung. Die Bundesregierung tat, was sie konnte, um Washington zu helfen, verzichtete zum Beispiel auf den Umtausch amerikanischer Devisen in Gold und kaufte – um die Währung zu stabilisieren und solange das irgend ging – Dollarbestände auf: Gute Beziehungen zu den Vereinigten Staaten, bilanzierte Egon Bahr Ende Juni 1969, »sind die Grundlage unserer Sicherheits- und Deutschlandpolitik«.[42]

Es musste daher triftige Gründe geben, dass sich die Bundesregierung einstweilen weigerte, einem dringenden amerikanischen Interesse zu entsprechen und dem sogenannten Nichtverbreitungs- oder auch Atomwaffensperrvertrag beizutreten, der am 1. Juli 1969 von den USA, der Sowjetunion und Großbritannien unterzeichnet wurde. Die Weigerung hatte im weitesten Sinne innenpolitische Gründe: Die christlich-soziale Koalition war zu einem geschlossenen Votum nicht in der Lage. Vor allem in den Reihen des größeren Koalitionspartners CDU/CSU ging die Sorge um, der Vertrag könne die zivile Nutzung der Atomenergie beeinträchtigen, der man damals noch eine große Zukunft gab.

Mit der Weigerung, den Nichtverbreitungsvertrag zu unterschreiben, drohte sich Bonn in eine bedenkliche Isolation zu manövrieren. Denn nicht nur Sowjets und Amerikaner, auch de Gaulle drängte auf einen deutschen Beitritt, obgleich er seine eigene Unterschrift strikt verweigerte. Auch sonst blieb der General ein schwieriger Partner, etwa in der Europa-Politik. Fortschritte gab es dort, wo sie de Gaulle innenpolitisch von Nutzen waren oder doch zumindest nicht schadeten. Daher konnten am 1. Juli 1967 die EG, die Europäischen Gemeinschaften, wie sie sich fortan nannten, faktisch in Kraft gesetzt werden, wenige Tage später nahmen der Gemeinsame Rat und die Gemeinsame Kommission ihre Arbeit auf, und am 1. Juli 1968, anderthalb Jahre früher als in den Römischen Verträgen vorgesehen, wurde die Zollunion der Gemeinschaft für gewerbliche wie für Agrarprodukte vollendet.

Natürlich gab es auch Kollateralschäden. So hatten die gemeinsame Preispolitik bei Agrarprodukten und die Anreize zur Intensivierung der Landwirtschaft unter anderem eine gigantische Überproduktion zur Folge, die der Gemeinschaft eine ganze Reihe von Krisen bescherte und sie wiederholt an den Rand des Ruins brachte. Außerdem ließ sich der Gegensatz zwischen Frankreich und England nicht nur nicht überwinden, vielmehr scheiterte am 19. Dezember 1967 auch der zweite Versuch Großbritanniens zu einem raschen EG-Beitritt.

Allerdings hatte Charles de Gaulle, bevor er am 28. April 1969 im Gefolge einer schweren inneren Krise zurücktreten musste, noch damit begonnen, die französische Außenpolitik vorsichtig auf einen neuen Kurs zu bringen und eine gewisse Annäherung an Großbritannien und die USA zu suchen. Diese Linie wurde von seinem Nachfolger Georges Pompidou, einem tief in der gaullistischen Tradition verwurzelten Staatsmann, weiterverfolgt. Die Neuorientierung der französischen Außenpolitik hatte ihren Grund im zunehmenden ökonomischen Gewicht der Bundesrepublik und dem stabilen Selbstbewusstsein, mit dem die Große Koalition auf die schwierige Situation der Weltwirtschaft seit Ende des Jahres 1968 reagierte.

In krassem Gegensatz dazu stand die Selbstblockade der

Bundesregierung in der Ost- und Deutschlandpolitik. Als am 8. Mai 1969 Kambodscha die naheliegende Konsequenz aus den seit zwanzig Jahren bestehenden Gegebenheiten zog und als erstes nichtkommunistisches Land die DDR diplomatisch anerkannte, war in Bonn noch einmal der Teufel los. Am 4. Juni berief die Bundesregierung – nach heftigen Diskussionen im Kabinett – ihren Botschafter aus Phnom Penh ab, brach allerdings die Verbindung nicht ganz ab, sondern blieb ohne diesen in Kambodscha präsent. Dieser diplomatische Eiertanz – Folge eines außen- wie innenpolitischen Kompromisses – hat als »Kambodschieren« zweifelhafte Berühmtheit erlangt.

Er hat einiges dazu beigetragen, dem nun schon über Jahre andauernden Prozess vertieften Grübelns über den Umgang mit dem, was nicht mehr zu übersehen war und sich »DDR« nannte, die entscheidende Wendung zu geben. Das hieß nicht weniger, als der Wirklichkeit ins Auge zu sehen – also die durch Deutschland unter Führung Hitlers bewirkten Gegebenheiten in Europa anzuerkennen und die Hoffnung auf eine Wiedervereinigung des Landes auf nicht absehbare Zeit zu den Akten zu legen. Die Frage war nur, wer den Abschied von dieser Lebenslüge wagen würde.

ABSCHIED

Der Verzicht auf die Lebenslüge 1969–1983

Lügen haben kurze Beine. Sagt der Volksmund, aber der irrt mitunter. In Bonn brauchte man jedenfalls Jahrzehnte, bis man offiziell und öffentlich zur Kenntnis nahm, dass die Wiedervereinigung nicht mehr auf der Tagesordnung stand. Kaum jemand wusste das besser als Willy Brandt, wenn er auch erst in den achtziger Jahren, sozusagen im Rückblick, von der »spezifischen Lebenslüge der zweiten deutschen Republik« sprach.[1] Immerhin konnte er über lange Zeit hinweg vor Ort beobachten, wie die Hoffnung auf eine Vereinigung der beiden deutschen Teilstaaten zerrann. Beinahe zwanzig Jahre hatte Brandt in Berlin, also im Zentrum des geteilten Deutschland, gelebt und gearbeitet, bevor er 1966 nach Bonn ging und dort maßgeblich daran mitwirkte, die Deutschen auf diese Wirklichkeit einzustimmen.

Gut möglich, dass ihm dabei seine Lebenserfahrung half: Immer wieder hatte sich Willy Brandt mit den Umständen einer neuen, nicht selten ungastlichen Realität arrangieren müssen. Das Licht der Welt hatte er Mitte Dezember 1913 in Lübeck erblickt – unter dem Namen Herbert Ernst Karl Frahm und als uneheliches Kind. Mit vierzehn Jahren erhielt er eine Freistelle am angesehenen Lübecker Johanneum-Reformgymnasium; 1932 legte er dort sein Abitur ab. Das Berufsziel stand schon vorher fest: Journalist. Bereits als Gymnasiast hatte er sich der sozialistischen Jugendbewegung angeschlossen, wechselte aber 1931 zur linksoppositionellen SAP, der Sozialistischen Arbeiterpartei, da ihm die SPD zu staatstragend war. Im April 1933 floh Willy Brandt, wie er sich jetzt nannte, vor den nationalsozialistischen Häschern zunächst nach Norwegen, von dort 1940 nach Schweden. Die Wiedereinbürgerung in Deutschland 1948 und nicht zuletzt die Fürsprache des SPD-Vorsitzenden Kurt Schumacher schufen Voraussetzungen für eine politische Karriere – in der Partei und in der geteilten ehemaligen Reichshauptstadt, wo sich Brandt bis auf weiteres einrichtete.

Im Oktober 1957 zum Regierenden Bürgermeister Berlins gewählt, rückte Willy Brandt mit dem Ausbruch der großen Berlin-Krise ins Blickfeld der Weltöffentlichkeit. Seine Kanzlerkandidaturen bei den Bundestagswahlen von 1961 und 1965 blieben zwar ohne Erfolg, markierten aber einen Anspruch, der in die Zukunft wies. Am 16. Februar 1964 trat Brandt die Nachfolge Erich Ollenhauers an der Spitze der SPD an. Unzweideutig der führende Repräsentant seiner Partei, nahm er am 1. Dezember 1966 als Außenminister und Vizekanzler neben Kurt Georg Kiesinger am Bonner Kabinettstisch Platz. Gewiss, Willy Brandt hatte ursprünglich eine sozial-liberale Koalition favorisiert. Weil diese aber nur über eine dünne Mehrheit verfügt hätte und weil Herbert Wehner – einer der Stellvertreter Brandts im Parteivorsitz, Strippenzieher im Hintergrund und eigentlicher Architekt der Großen Koalition – erst einmal die Regierungsfähigkeit der Sozialdemokraten auf Bundesebene unter Beweis stellen wollte, musste sich Brandt einstweilen in Geduld üben.

Am 21. Oktober 1969 war es dann soweit. Erstmals wählte der Deutsche Bundestag mit Willy Brandt einen Sozialdemokraten zum Bundeskanzler, bestätigte damit zugleich eine Koalition aus SPD und FDP und verwies die CDU, die aus den Bundestagswahlen vom 28. September einmal mehr als stärkste Partei hervorgegangen war, nach zwanzig Jahren an der Regierung auf die Oppositionsbänke. Sieben Tage später gab der neue Bundeskanzler in seiner ersten Regierungserklärung, in einem Nebensatz versteckt, bekannt, was er vorhatte, worauf die Politik seiner Regierung letztlich hinauslaufen musste. »Eine völkerrechtliche Anerkennung der DDR durch die Bundesregierung«, so Willy Brandt am 28. Oktober 1969, »kann nicht in Betracht kommen. Auch wenn zwei Staaten in

Deutschland existieren, sind sie doch füreinander nicht Ausland; ihre Beziehungen zueinander können nur von besonderer Art sein.«[2]

Das kam einer Revolution gleich. Erstmals in der zwanzigjährigen Geschichte des geteilten Deutschland und zum ersten Mal seit dem Bau der Mauer, also seit 1961, hatte ein Bundeskanzler ausgesprochen, dass es einen zweiten deutschen Staat gab und dass er dieser Tatsache Rechnung tragen wolle. Denn nichts anderes stand im Zentrum der sogenannten neuen Ostpolitik der sozial-liberalen Koalition als die faktische Anerkennung der DDR. Kein Wunder, dass die Gegner dieser Politik alles versuchten, sie zu hintertreiben. Ihr Vorwurf lautete, wie Brandt im Juni 1973 bilanzierte: »Du hast dich für lange Zeit mit der Spaltung Deutschlands abgefunden.« Sie konnten oder wollten nicht sehen, dass für den Kanzler – der ja »nicht zu den überbegeisterten Anhängern von Hitler gehört« hatte – die Anerkennung der durch Hitlers Politik und Kriegführung bewirkten Gegebenheiten die Voraussetzung war, um den »jungen Menschen« in Deutschland sagen zu können: Die »Nazizeit ... ist abgeschlossen«.[3]

Die Bonner Koalitionäre machten sich unverzüglich ans Werk, und offensichtlich konnte es ihnen gar nicht schnell genug gehen. Im Grunde eröffneten sie mit ihrer »neuen« Ostpolitik eine weitere, die vierte Runde jenes Gewaltverzichtsdialogs, der mit der »Friedensnote« der Regierung Erhard am 25. März 1966 begonnen hatte. Auf diese Weise gaben sie zu erkennen, dass sie – ähnlich wie der französische Außenminister Michel Debré – die sowjetische Intervention in Prag als »geschichtlichen Verkehrsunfall«[4] betrachteten, der einer Wiederaufnahme der Entspannungspolitik nicht im Wege stehen sollte. Schon der zuvor heftig umstrittene Beitritt der Bundesrepublik zum Nichtverbreitungs- beziehungsweise Atomwaffensperrvertrag, den eben auch die Sowjets dringend wünschten und der am 28. November 1969 erfolgte, war in diesem Sinne zu verstehen.

Für die Verhandlungen über einen Gewaltverzicht zuständig war das Auswärtige Amt, war der neue Außenminister Walter Scheel. Der gebürtige Solinger mit rheinischem Gemüt und guten Verbindungen zur Wirtschaft, Jahrgang 1919, gehörte seit 1953 dem Bundestag an, war von 1961 bis 1966 Bundesminister für wirtschaftliche Zusammenarbeit gewesen und hatte seit Januar 1968 als FDP-Vorsitzender nicht ohne Erfolg versucht, die auseinanderdriftenden Flügel seiner Partei durch neue außenpolitische Zielsetzungen auf eine gemeinsame Linie zu verpflichten.

Viel auszurichten vermochten er und sein Amt in den Moskauer Verhandlungen allerdings nicht. Das lag am Kanzler, und es lag an den Sowjets. Zwar sprach der deutsche Botschafter in Moskau, Helmut Allardt, seit Dezember 1969 mit Außenminister Andrej Gromyko über die anstehenden Themen, zu greifbaren Ergebnissen kam es aber nicht. Die Sowjets saßen am längeren Hebel, schon weil sie den selbst erzeugten Erfolgsdruck der neuen Regierung erkannten und die Sache verschleppten. Dem Bundeskanzler ging ohnehin alles zu langsam.

Also riss Willy Brandt die Sache an sich und trug so einiges dazu bei, dass das Kanzleramt zum eigentlichen Zentrum deutscher Außenpolitik ausgebaut wurde. Wie vor ihm Konrad Adenauer der Republik von hier aus den Weg in die westlichen Gemeinschaften gewiesen hatte und nach ihm Helmut Kohl und Gerhard Schröder 1989/90 beziehungsweise 2002/03 der deutschen Außenpolitik die entscheidende Ausrichtung geben sollten, stellte jetzt, in den frühen siebziger Jahren, Willy Brandt die Weichen im Kanzleramt. Das Auswärtige Amt war an den Verhandlungen nicht maßgeblich beteiligt. Der Außenminister konnte kurz vor Vertragsabschluss in Moskau lediglich einige kosmetische Zusätze erwirken; der deutsche Botschafter vor Ort war auf eine Statistenrolle reduziert.

Um die Verhandlungen in die Hand nehmen zu können, hatte Brandt bei seinem Auszug aus dem Auswärtigen Amt kurzerhand dessen personellen Sachverstand mitgenommen:

Das ganze Kanzleramt, klagte Walter Scheel im April 1970 gegenüber Parteifreunden, »besteht von A bis Z, den Kanzler eingeschlossen, aus Leuten des Auswärtigen Amts: Kanzler, Staatssekretär, alle Mitarbeiter, persönliche Referenten … Er hat alle ohne Ausnahme mitgenommen. Diese Leute haben genau das, was sie immer hatten: Sie haben ihren vollkommenen Kontakt zum Auswärtigen Amt und reden immer noch mit ihren alten Freunden …«[5] Zu denen gehörte vor allem Georg Ferdinand Duckwitz, der schon vom Außenminister Brandt aus dem Ruhestand geholt worden war und seit Oktober 1967 als Staatssekretär amtierte. Erst als dieser zum 1. Juni 1970 erneut und endgültig aufs Altenteil geschickt und durch Paul Frank ersetzt wurde, ließ die Einflussnahme des Kanzleramtes auf die Geschäfte des Außenministeriums nach, wenn auch die Leitung der Verhandlungen mit Polen noch bei Duckwitz blieb.

Schon seit Ende Januar 1970 sondierte ein Emissär des Kanzlers in Moskau die Möglichkeiten für einen deutsch-sowjetischen Gewaltverzicht und damit zusammenhängende Fragen: Egon Bahr genoss seit der gemeinsamen Berliner Zeit das besondere Vertrauen Willy Brandts, war von diesem als Leiter des Planungsstabes ins Auswärtige Amt geholt worden und wechselte mit ihm ins Kanzleramt. Dort amtierte Bahr als Staatssekretär, und in dieser Funktion führte er seine Gespräche mit dem sowjetischen Außenminister Gromyko. Im Sommer 1970 kamen die Ergebnisse dieser Sondierungen, das sogenannte Bahr-Papier, durch eine gezielte Indiskretion in der deutschen Presse an die Öffentlichkeit. Das Zehn-Punkte-Programm war als Grundlage für die weiteren Verhandlungen Bonns sowohl mit Moskau als eben auch mit Warschau, Prag und Ost-Berlin gedacht, erhielt aber mit der Veröffentlichung eine definitive Qualität. Jede Änderung zugunsten der Bonner Position hätte für die Sowjets einen Gesichtsverlust bedeutet.

Die Kritiker der neuen Politik liefen Sturm. Denn Bahr hatte in Moskau nicht nur den Status quo in Europa anerkannt. Er hatte sich auch indirekt auf den Boden der Breschnew-Doktrin gestellt, hatte für die Bundesrepublik akzeptiert, dass ein zwischen ihr und Moskau zu schließender Vertrag und entsprechende Abkommen mit Polen, der ČSSR sowie der DDR »ein einheitliches Ganzes bilden«[6] sollten. Man mochte darüber streiten, ob es taktisch klug war, die sowjetische Hegemonie in Ostmittel- und Südosteuropa durch die Bestätigung der bestehenden Grenzen anzuerkennen, ehe man mit den Regierungen der betroffenen Staaten gesprochen hatte. Eine realisierbare Alternative gab es nicht.

Jedenfalls war jetzt – in Bahrs Papier und dann auch im Moskauer Vertrag – schwarz auf weiß nachlesbar, was ohnehin jeder wusste, aber beileibe nicht alle wahrhaben mochten: In Zukunft wollte man nicht nur auf die Anwendung und Androhung von Gewalt verzichten; das verstand sich von selbst. Man wollte sich auch auf den harten Boden der Realität stellen, das heißt die Ergebnisse des Zweiten Weltkrieges, also die bestehenden »Grenzen aller Staaten in Europa als unverletzlich«[7] anerkennen. Um das ein für alle Mal zu besiegeln, reisten Willy Brandt und Walter Scheel am 12. August 1970 mit großem Gefolge in die sowjetische Hauptstadt. Es sprach für die innenpolitische Brisanz des Besuchs, dass die Maschine der Bundesluftwaffe wegen einer Bombendrohung erst verspätet abheben konnte. Das unterschied diese Moskau-Mission von der Konrad Adenauers fünfzehn Jahre zuvor. In der Sache aber war jetzt wie damals vor allem ein Punkt besonders problematisch.

Denn wie schon nach der Aufnahme diplomatischer Beziehungen zwischen Bonn und Moskau sah sich die Bundesregierung auch jetzt zu der Feststellung veranlasst, dass der Vertrag nicht im Widerspruch zu dem »politischen Ziel« der Bundesrepublik stehe, »auf einen Zustand des Friedens in Europa hinzuwirken, in dem das deutsche Volk in freier Selbstbestimmung seine Einheit wiedererlangt«.[8] Allerdings stand das lediglich in einem Brief, und ob die sowjetische Seite mit seiner Entgegennahme auch den Inhalt offiziell zur Kenntnis genommen oder gar akzeptiert hatte, war umstritten.

Wie überhaupt manche Ergebnisse der neuen Ostpolitik unklar blieben. So auch im deutsch-polnischen Verhältnis. In diesem Fall ging es um eine »Information« der polnischen Regierung über die Familienzusammenführung und die Übersiedlung deutschstämmiger Polen in die Bundesrepublik. Diese Mitteilung stand im Zusammenhang mit dem Warschauer Vertrag, war aber nicht Teil desselben. Der wurde am 7. Dezember 1970 in Warschau unterschrieben, deutscherseits erneut vom Bundeskanzler und seinem Außenminister. Dass Willy Brandt – der als Emigrant keine Schuld an den Verbrechen des Dritten Reiches trug, vielmehr »selbst zu den Gegnern Hitlers gehört hatte«[9] – nach der Zeremonie spontan vor dem Mahnmal für die Opfer des Warschauer Ghettos niederkniete, war eine ungewöhnliche Geste, die zur Versöhnung, aber auch zu Beruhigung der Lage beitragen sollte.

In Polen hatte man »äußerst empfindlich«[10] registriert, dass Bonn der Breschnew-Doktrin Rechnung trug und mit Warschau erst in Verhandlungen trat, nachdem man sich in Moskau bereits über alles Wesentliche, vor allem auch über die Oder-Neiße-Linie verständigt hatte. Immerhin hielt der Vertrag dann fest, dass Polen das »erste Opfer« des Zweiten Weltkrieges gewesen sei, und anders als im Moskauer Vertrag rangierte die Grenzfeststellung vor dem Gewaltverzicht. Die Vereinbarung bestätigte ausdrücklich die Grenzlinie der Potsdamer Konferenz und bekräftigte die »Unverletzlichkeit« der »bestehenden Grenzen jetzt und in der Zukunft«.[11] Damit hatte auch die Bonner Republik die Oder-Neiße-Linie als polnische Westgrenze anerkannt, und das war nicht nur für die Sowjets von Bedeutung – für die Polen ohnehin –, sondern auch für die Westmächte, allen voran die USA.

Denn die Amerikaner brauchten Ruhe an allen politischen Fronten, wenn der Rückzug aus Vietnam gelingen sollte. Den hatte der Republikaner Richard Nixon schon während des Wahlkampfes in Aussicht gestellt. Nachdem er im Januar 1969 das Weiße Haus bezogen hatte, stand er bei seinen Anhängern im Wort. Daher kam Nixon der Wahlsieg Willy Brandts, dem es nicht anders ging, durchaus gelegen. Gewiss, auf den ersten Blick schien den ehemaligen Kommunistenjäger Nixon wenig mit dem vormaligen Linkssozialisten Brandt zu verbinden. Aber im Laufe der Jahre kamen die beiden doch gut miteinander aus. Sie gehörten demselben Jahrgang an, teilten die Erfahrung des Aufsteigers und hatten im Übrigen auch keine Alternative zum Schulterschluss, wenn Nixon die Amerikaner aus Vietnam und Brandt die Deutschen auf den Boden der Realität führen wollte. Dass sie beide, und zwar im Abstand von nur wenigen Wochen, aus innenpolitischen Gründen von ihren Ämtern zurücktraten, ändert nichts an ihren beachtlichen außenpolitischen Bilanzen.

Zwar traf der Kanzler, als er sich ans Werk machte, in Washington zunächst auf »erhebliche Vorbehalte«.[12] Vor allem Henry Kissinger, Nixons Sicherheitsberater und späterer Außenminister, wurde von der Sorge umgetrieben, dass es sich bei der Ostpolitik der neuen Bundesregierung, allem Anschein zum Trotz, um eine Art modernisierte und besonders effektive Variante der alten Wiedervereinigungspolitik handeln und die deutsch-deutsche Annäherung dereinst als »Grundlage eines nationalistischen und neutralistischen Programms« dienen könnte.[13]

Insgesamt wurde die neue deutsche Außenpolitik in Washington aber als das begrüßt, was sie tatsächlich war: eine willkommene Flankierung des eigenen Entspannungskurses. Für die weltpolitischen Aktivitäten des amerikanischen Präsidenten, insbesondere für den Rückzug aus Vietnam, war es ausgesprochen nützlich, dass der neue Bundeskanzler bereit war, die durch den Zweiten Weltkrieg geschaffenen Tatsachen, also auch die Teilung Deutschlands, faktisch anzuerkennen und ihm damit in Europa den Rücken freizuhalten. So gesehen trat ein, was Henry Kissinger Mitte Oktober 1969 zu Egon Bahr gesagt hatte: »Ihr Erfolg wird unser Erfolg sein.«[14]

Wie die Amerikaner den Abzug von den Schlachtfeldern Südostasiens bewerkstelligen wollten, war beim Amtsantritt

Nixons noch unklar. Dann aber ließ Verteidigungsminister Melvin Laird im März 1969 die Katze aus dem Sack und kündigte die »Vietnamisierung« des Krieges an. Demnach sollte Südvietnam parallel zum amerikanischen Rückzug in die Lage versetzt werden, sich aus eigener Kraft politisch, wirtschaftlich, insbesondere aber natürlich militärisch gegen Nordvietnam und den Vietcong zu behaupten und seine Unabhängigkeit zu wahren. Der Abmarsch der amerikanischen Verbände begann umgehend. Ende 1970 befanden sich noch 280 000 US-Soldaten in Südostasien. Damit hatte sich ihre Zahl seit der Amtsübernahme Nixons fast halbiert.

Gleichzeitig wurden die militärischen Maßnahmen gegen Nordvietnam erheblich verschärft, wurde unter anderem im Dezember 1972 das Bombardement Hanois und anderer Städte wieder aufgenommen. Mit diesen brutalen Operationen wollten Nixon und Kissinger die nordvietnamesische Führung zu einem Waffenstillstand zwingen, der dann auch am 27. Januar 1973 unterzeichnet wurde. Acht Wochen später verließen die letzten amerikanischen Soldaten Vietnam. Das war möglich, weil sich sowohl die Volksrepublik China als auch die Sowjetunion, die beiden wichtigsten Verbündeten Nordvietnams, beim Abzug der Amerikaner aus Südostasien in Zurückhaltung übten, also nicht versuchten, die Schwäche der westlichen Führungsmacht für sich auszunutzen.

Dafür gab es einen handfesten Grund: Maos Volksrepublik und Breschnews Union Sozialistischer Sowjetrepubliken hielten sich gegenseitig in Schach, standen sich am gemeinsamen Grenzfluss Ussuri bis an die Zähne bewaffnet gegenüber. Im März 1969 eskalierte dort der seit Jahren und auf verschiedenen Ebenen schwelende Konflikt in einer direkten militärischen Konfrontation. Darin erkannten Nixon und Kissinger die Chance, mit beiden Mächten ins Reine zu kommen, soweit das unter den gegebenen Umständen möglich war, und so den Rückzug aus Vietnam politisch zu flankieren. In beiden Fällen reiste der Präsident persönlich an, um die Ergebnisse der teils geheimen Verhandlungen mit seiner Unterschrift zu besiegeln.

Anders als sein Besuch in Peking hatte Nixons Visite in Moskau auch eine enorme symbolische Bedeutung, weil es sich – die Kriegskonferenz von Jalta nicht mitgerechnet – um den ersten offiziellen Besuch eines amerikanischen Präsidenten in der Sowjetunion handelte, seit es diese gab, und weil Nixon am 26. Mai 1972 seine Unterschrift nicht nur unter ein militärisches, sondern auch unter ein politisches Abkommen setzte. Damit attestierten die Amerikaner den Sowjets, was diese immer angestrebt hatten: die Gleichrangigkeit als zweite Welt- beziehungsweise Supermacht neben den USA.

Dafür ließ sich der Kreml auf einen Vertrag ein, der dem Präsidenten innenpolitisch sehr gelegen kam: Das erste amerikanisch-sowjetische Abkommen über eine Begrenzung der strategischen Atomwaffen, SALT I, sah zwar noch keinen Abbau der monströsen Raketen mit einer Reichweite von mindestens 5500 Kilometern und ihrer nuklearen Last vor, wohl aber innerhalb der kommenden fünf Jahre den kontrollierten, verlangsamten Aufbau bis zu einer bestimmten Obergrenze. Keiner zeitlichen Begrenzung unterlag der zweite Teil dieser Absprachen, der ABM-Vertrag über die Abwehr der besagten Raketen. Er stellte sicher, dass beide Supermächte ihre Zweitschlagsfähigkeit behielten, dass also weder die eine noch die andere Seite in die Versuchung kommen konnte, als erste nuklear loszuschlagen, um den Gegner auszuschalten.

Die Sowjets hatten ihre Gründe, sich auf den Raketenvertrag einzulassen – neben dem genannten auch den, dass ihre Bereitschaft wiederum die Neigung der Amerikaner förderte, sich ihrerseits in einer Frage zu bewegen, die mit Atomwaffen nichts zu tun hatte, jedenfalls nicht unmittelbar: Schon am 3. September 1971 war im »früher vom Alliierten Kontrollrat in Berlin benutzten Gebäude« ein Abkommen unterzeichnet worden, mit dem die vier Siegermächte des Zweiten Weltkrieges einen Dauerbrenner des Kalten Krieges, die Berlin-Frage, ruhig zu stellen gedachten. Diese Festschreibung der gegebenen Lage entsprach einer alten sowjetischen Forderung.

Das »Quadripartite-Agreement«, das in Bonn als »Viermächteabkommen« firmierte, weil es in der DDR korrekterweise als »Vierseitiges Abkommen« bezeichnet wurde, war ein Geschäft auf Gegenseitigkeit. Auf der einen Seite erklärte die Regierung der UdSSR ausdrücklich, dass der Transitverkehr zwischen West-Berlin und dem Bundesgebiet in Zukunft »ohne Behinderungen« und »in der einfachsten und schnellsten Weise« vor sich gehen werde. Im Gegenzug bestätigten die Westmächte der Sowjetunion, dass die West-Sektoren Berlins »wie bisher kein Bestandteil (konstitutiver Teil) der Bundesrepublik Deutschland« sein und »auch weiterhin nicht von ihr regiert werden« würden.[15] Das war zwar aus bundesdeutscher Sicht nicht erfreulich, aber etwas anderes hatte man ohnehin nicht erwarten können. Außerdem wogen die praktischen Vorteile, die das Abkommen den Bewohnern beider deutscher Teilstaaten sowie Berlins bot, seine politischen Nachteile auf. Das galt vor allem für die Besuchsmöglichkeiten.

In Bonn wussten sie, dass diese Fortschritte ohne oder gar gegen die Vereinigten Staaten nicht zu haben gewesen wären. So gesehen profitierten tatsächlich beide Seiten von dem 1969 eingeschlagenen Weg. Leicht gemacht haben der amerikanische Präsident und namentlich sein Sicherheitsberater dem deutschen Kanzler das Leben allerdings nicht, im Gegenteil. Das lag weniger an ihrer Deutschland- als vor allem an der Europa-Politik, und die wiederum wurde für alle Bundesregierungen umso wichtiger, je weiter die Integration voranschritt.

Und sie schritt voran. Schon im Juni 1970 hatte erstmals wieder seit Februar 1969 der französische Vertreter seinen Stuhl im Ministerrat der WEU eingenommen, und auch sonst gab Frankreich nach dem Rücktritt de Gaulles seine Blockadepolitik in Europa auf: Seit dem 1. Januar 1973 waren Dänemark, Irland und vor allem auch Großbritannien Mitglieder der Europäischen Gemeinschaft. Die Verstärkung war willkommen, denn im Verhältnis Europas zu Amerika spitzten sich die Dinge zu. Eine entscheidende Ursache der transatlantischen Irritationen lag im Zahlungs- und Handelsbilanzdefizit der USA, und dafür waren vor allem die hohen Kosten des Vietnam-Krieges verantwortlich. Der Verfall des Dollars führte zu einer Flucht in fremde Währungen, insbesondere in die D-Mark, und das wiederum veranlasste die Regierung Brandt schon drei Tage nach der Amtseinführung zu einer weiteren Aufwertung der deutschen Währung, der dritten innerhalb von zweieinhalb Jahren.

Einen vorläufigen Tiefpunkt erreichte das Ganze am 15. August 1971, als der amerikanische Präsident einseitig zwei weitreichende Maßnahmen bekannt gab: Eine Importsteuer von zehn Prozent wurde eingeführt, die Umtauschverpflichtung von Dollar in Gold wurde außer Kraft gesetzt. Diese Maßnahme, die als »Nixon-Schock« in die Geschichte eingegangen ist, bedeutete nichts anderes als das endgültige Aus für das Währungssystem von Bretton Woods. Dort, im amerikanischen Bundesstaat New Hampshire, hatten sich im Juli 1944 Vertreter von insgesamt vierundvierzig Nationen nicht nur auf die Einrichtung einer Internationalen Bank für Wiederaufbau und Entwicklung, der »Weltbank«, und eines Internationalen Währungsfonds, des IWF, verständigt, sondern auch den Wert ihrer nationalen Währungen in den Reservemedien Gold beziehungsweise US-Dollar festgelegt und sich auf feste, gegenüber dem Gold oder dem US-Dollar fixierte Wechselkurse geeinigt.

Gewiss, das Ende von Bretton Woods lag seit geraumer Zeit in der Luft, hatten doch die westlichen Industriestaaten die Wechselkurse immer wieder angepasst. Auch waren im August 1971 die rund fünfzig Milliarden Dollar des Auslands nur noch zu etwa zwanzig Prozent durch amerikanische Goldreserven gedeckt. Was in den europäischen Metropolen einmal mehr für Verärgerung sorgte, war der imperiale Stil der amerikanischen Außen-, Sicherheits- und eben auch Wirtschaftspolitik: So wurde die Bundesregierung »am gleichen Tag«[16] wie die Weltöffentlichkeit von dieser einschneidenden Maßnahme unterrichtet, wie der Kanzler pikiert dem Präsidenten schrieb. Es kam noch ärger.

Am 23. April 1973 ließ Henry Kissinger Europa eine Nachricht zukommen. Darin setzte Nixons Sicherheitsberater, unter diskretem Hinweis auf die unverzichtbare Schutzfunktion der USA, die regionalen Interessen der Europäer von den globalen der Amerikaner ab und empfahl ihnen, sich in das amerikanische Weltmachtkonzept einzufügen. Immerhin sagte Kissinger den Europäern in seiner bald so genannten Osterbotschaft zu, Amerika werde »niemals wissentlich die Interessen anderer opfern« beziehungsweise »verletzen«.[17] Da war nicht nur eine Spur Zynismus im Spiel, sondern auch die Gewissheit, dass Europa über kurz oder lang zur Raison finden und sich den amerikanischen Spielregeln fügen werde.

So kam es dann auch. Schneller als erwartet. Zwar trugen die »Washingtoner Zumutungen«, von denen Willy Brandt später einmal sprach, langfristig zur fortschreitenden »Europäisierung Europas« bei.[18] Kurzfristig jedoch war der Versuch der Europäer, »mit *einer* Stimme zu sprechen«[19] und die Ende Oktober 1970 beschlossene EPZ, die Europäische Politische Zusammenarbeit, in die Tat umzusetzen, zum Scheitern verurteilt. Denn eine schwere Nahostkrise rückte die Dinge rasch wieder zurecht. Sie eskalierte am 6. Oktober 1973, dem jüdischen Feiertag Jom Kippur, als ägyptische und syrische Verbände Israel überraschend angriffen. Dieser vierte Nahostkrieg, der nach drei Wochen durch eine Waffenruhe beendet werden konnte, hatte beträchtliche Folgen. Zu ihnen zählten die Hinwendung Ägyptens unter seinem Präsidenten Anwar al-Sadat zum Westen und der Ausgleich seines Landes mit Israel, aber auch eine Klarstellung im Verhältnis der Vereinigten Staaten zu Europa – und dort vor allem zur Bundesrepublik.

Wie selbstverständlich benutzten die USA ihre Militärdepots und ihre Basen in der Bundesrepublik, zum Beispiel in Bremerhaven, als Drehscheibe für den Nachschub zur Unterstützung der israelischen Kriegführung. Das blieb der Öffentlichkeit nicht verborgen und zwang die Bundesregierung zu förmlichen Protesten. Überdies setzten die Amerikaner Ende Oktober 1973 ihre Streitkräfte weltweit in Alarmbereitschaft, ohne ihre Verbündeten vorher zu konsultieren oder auch nur zu informieren. Ihre Antwort auf deutsche Bedenken und Vorbehalte war klar: Aus Sicht der Vereinigten Staaten, so wurde dem Kanzler bedeutet, verfüge die Bundesrepublik »nur über beschränkte Souveränität«. Washington behalte »sich das Recht vor, Maßnahmen zu ergreifen, die im Interesse der internationalen Sicherheit als angemessen und notwendig« erschienen.[20] Das ließ keinen Spielraum für Missverständnisse.

Die schwere Öl- und Energiekrise, die sich an den Oktober-Krieg anschloss, tat ein Übriges. Ausgelöst wurde sie im Herbst 1973 durch eine Serie drastischer Maßnahmen der erdölexportierenden Länder des Nahen Ostens, darunter ein Lieferboykott gegen westliche Staaten. Geschwindigkeitsbegrenzungen für Autofahrer und andere Restriktionen auf beiden Seiten des Atlantiks waren die Folge. So gesehen saßen Europäer und Amerikaner zwar in einem Boot, doch konnte es nach dieser Krise keinen Zweifel mehr geben, wer dieses steuerte. Wenn es um die Sicherheit Europas in einem umfassenden Sinne, wenn es beispielsweise um die Sicherung der Rohstoffzufuhr ging, führte kein Weg an Amerika vorbei. Die Abhängigkeit in diesem Bereich schuf zwangsläufig Abhängigkeiten in allen übrigen. Nixon hatte kein Problem damit, das öffentlich klarzustellen: »Nun können *die Europäer*«, sagte er Mitte März 1974 in Chicago, »*nicht* beides haben. Sie können nicht *an der Sicherheitsfront die Beteiligung* und Kooperation *der USA* haben und an der *wirtschaftlichen und politischen Front eine Konfrontation* oder gar Feindschaft.«[21]

Das galt insbesondere für die Bundesrepublik, nicht nur weil kein zweiter europäischer Partner der USA von deren Sicherheitsgarantien derart abhängig war wie sie. Vielmehr hatte gerade das Viermächteabkommen die hohe Bedeutung Amerikas auch für die Ost- und Deutschlandpolitik der Bonner Koalitionäre unter Beweis gestellt. Das Abkommen war einer der ganz wenigen Pluspunkte, der sich gegen die Opposition im Innern ins Feld führen ließ. Als am 17. Mai 1972 im Bundestag die entscheidende Abstimmung stattfand, votierten siebzehn Abgeordnete gegen den Warschauer und zehn gegen den Moskauer Vertrag. Die große Mehrheit der CDU/CSU-Fraktion enthielt sich der Stimme, ließ die Verträge passieren und machte damit auch den Weg für das Inkrafttreten des Viermächteabkommens frei. Die Sowjets hatten dieses nämlich von der Ratifizierung der Bonner Ostverträge abhängig gemacht. Am 3. Juni 1972 traten alle drei Vereinbarungen in Kraft, und mit ihnen eine Reihe deutsch-deutscher Ausfüllungsvereinbarungen zum Berlin-Abkommen.

Letztere – ein Postprotokoll, ein Transitabkommen, eine Besuchs- sowie eine Gebietsaustauschvereinbarung – entsprangen notwendigen Folgeverhandlungen zum Viermächteabkommen, und sie waren zugleich Ergebnisse der Kontakte, Gespräche, Verhandlungen und schließlich Vereinbarungen zwischen Bonn und Ost-Berlin. Ein mühseliges, langwieriges Geschäft, zu dem unter anderem am 19. März 1970 mit Willy Brandts Visite in Erfurt der erste Besuch eines Bundeskanzlers in der DDR gehörte. Ein Verkehrsvertrag war der erste souverän ausgehandelte Staatsvertrag zwischen Bonn und Ost-Berlin. Von Egon Bahr und Michael Kohl, Staatssekretär beim Ministerrat der DDR, seit Januar 1972 sondiert, konnte er Ende Mai unterzeichnet und am 17. Oktober 1972 in Kraft gesetzt werden.

Im Bundestag war er mit überwältigender Mehrheit angenommen worden. Auch die Opposition hatte mit wenigen Ausnahmen zugestimmt, da Bundestagswahlen vor der Tür standen: Zwar war am 27. April ihr konstruktives Misstrauensvotum gegen Brandt gescheitert, allerdings nur mit der denkbar knappen Mehrheit von zwei Stimmen. Als dann aber einen Tag später der Kanzlerhaushalt bei Stimmengleichheit abgelehnt wurde, entschloss sich Willy Brandt, am 22. September 1972 seinerseits die Vertrauensfrage zu stellen, um so den Weg für Neuwahlen freizumachen und seiner Ost- und Deutschlandpolitik neuen Rückenwind zu verschaffen.

Im unmittelbaren Vorfeld des Wahltages, am 8. November,

wurde der sogenannte Grundlagenvertrag paraphiert, über den Bahr und Kohl seit Mitte Juni 1972 im Gespräch gewesen waren und seit Mitte August offiziell verhandelt hatten. Am 21. Dezember konnte er in Ost-Berlin unterzeichnet werden, allerdings für Bonn nicht, wie die Ostverträge, durch Brandt und Scheel, sondern durch Bahr. Im Kern hielt der Vertrag fest, was bereits im »Bahr-Papier« und im Moskauer Vertrag nachzulesen war. Indem er ausdrücklich »auf der Grundlage der Gleichberechtigung« geschlossen wurde,[22] brachte er der DDR nach mehr als zwei Jahrzehnten die faktische Anerkennung durch die Bundesrepublik und damit den internationalen Durchbruch.

Noch im Dezember 1972, dem Monat der Unterzeichnung, kam es zur Herstellung diplomatischer Beziehungen mit einundzwanzig Staaten, unter ihnen Schweden, die Schweiz und Österreich. Allein 1973 schickten insgesamt siebenundvierzig Staaten ihren Botschafter in die DDR, darunter Großbritannien und Frankreich, und natürlich bildete die Aufnahme diplomatischer Beziehungen zwischen Ost-Berlin und Washington im September 1974 einen vorläufigen Höhepunkt dieses Siegeslaufs. Bis 1978 hatten 123 Staaten die DDR völkerrechtlich anerkannt, 1980 wurde sie sogar für zwei Jahre nichtständiges Mitglied des Sicherheitsrates der Vereinten Nationen, in die beide deutsche Staaten am 18. September 1973 aufgenommen worden waren.

Es lag in der Logik der Entwicklung, dass sich die Machthaber der DDR durch die breite völkerrechtliche Anerkennung, vor allem aber durch die ersehnte Gleichberechtigung mit dem westlichen Nachbarn und die damit verbundene Aufwertung des SED-Regimes, in der Auffassung bestätigt sahen, dass ihr politischer Kurs nicht korrekturbedürftig sei. Die Folge der allgemeinen Annäherung war daher keine Öffnung der DDR nach außen, sondern das gerade Gegenteil. Das war natürlich nicht die Absicht der Bonner Politik, aber es war ihr Ergebnis, wenn auch keine Bundesregierung die DDR völkerrechtlich anerkannt hat. So wurden in Ost-Berlin und Bonn keine Botschaften eingerichtet, sondern »Ständige Vertretungen«. Im Laufe der Jahre reduzierte sich dieser Statusunterschied allerdings auf einen symbolischen Sachverhalt, denn die Beziehungen wurden in der Praxis nach den Regeln des Völkerrechts abgewickelt, das heißt: Deutschlandpolitik war endgültig Außenpolitik, wenn sie auch nach wie vor nicht in der Verantwortung des Auswärtigen Amtes lag; Alleinvertretungsanspruch und Wiedervereinigungspostulat standen ihr nicht mehr im Weg.

Kein Wunder, dass der Grundlagenvertrag der Regierung Brandt wie kaum ein zweites Abkommen heftigen Widerspruch eingebracht hat. Die Kritiker waren der Ansicht, dass er mit dem nach wie vor verbindlichen Wiedervereinigungsgebot des Grundgesetzes nicht vereinbar sei. Das von Bayern mit einer Normenkontrollklage angerufene Bundesverfassungsgericht gelangte in seinem Urteil vom 31. Juli 1973 zu einer bemerkenswerten Interpretation der historisch-politischen Wirklichkeit. Danach war die Bundesrepublik Deutschland nicht »Rechtsnachfolger« des Deutschen Reiches, sondern sie war »als Staat identisch mit dem Staat ›Deutsches Reich‹, – in bezug auf seine räumliche Ausdehnung allerdings ›teilidentisch‹«. Folglich »gehörte« die DDR »zu Deutschland« und konnte »im Verhältnis zur Bundesrepublik Deutschland« nicht als Ausland angesehen werden.[23]

Darin konnte die sozial-liberale Regierung durchaus eine Bestätigung ihrer Auffassung lesen, und so hatte sie, was die Ost- und Deutschlandpolitik angeht, am Jahresende 1972 eine ordentliche Erfolgsbilanz vorzuweisen. Diese war nicht zuletzt das persönliche Verdienst des Kanzlers, dem dafür am 20. Oktober 1971 der Friedensnobelpreis zugesprochen worden war – als drittem Deutschen nach Gustav Stresemann und Carl von Ossietzky. Aber der außenpolitische Parforceritt und die innenpolitischen Hindernisse, die dabei zu nehmen waren, hatten an den Kräften der Koalitionäre, insbesondere an denen Brandts gezehrt, zumal am Ende dieser Etappe ein aufreibender Wahlkampf, allerdings am 19. November 1972 auch ein schöner Wahlerfolg standen. Fortan verlor insbesondere die so hochgelobte, aber eben auch mit beträchtlichen Erwartungen befrachtete Ostpolitik erheblich an Schwung.

Der schleppende Gang der Verhandlungen über einen Vertrag, der den Schlussstein dieser Runde Bonner Ostpolitik bilden sollte, war symptomatisch: Die Sondierungen mit der Tschechoslowakei hatten bereits Mitte Oktober 1970 begonnen, kamen aber erst nach mehr als drei Jahren, am 11. Dezember 1973, mit der Unterzeichnung des Vertrages durch Brandt und Scheel zum Abschluss. Das überraschte, denn die Ausgangslage war für die Bundesregierung vergleichsweise günstig. Während ihrem Verhandlungspartner nach wie vor die Niederschlagung des »Prager Frühlings« anhing, hatte sie selbst mit jedem ost- und deutschlandpolitischen Schritt an internationaler Reputation gewonnen.

Aber das Problem lag nicht nur in der Verhandlungsführung; es lag vor allem in der Sache, im sogenannten Münchener Abkommen vom 29. September 1938, das unter anderem die Modalitäten der Abtretung der sudetendeutschen Gebiete der Tschechoslowakei an das Deutsche Reich geregelt hatte. In den frühen siebziger Jahren ging es um die Frage, ob dieses Abkommen »von Anfang an« ungültig sei, wie die Prager Regierung und ihre Verbündeten behaupteten. Die Bundesregierung sah das anders, schon weil das Münchener Abkommen ein Gemeinschaftswerk und das Deutsche Reich neben Großbritannien, Frankreich und Italien lediglich eine von vier Vertragsparteien gewesen war.

Außerdem hatte die Tschechoslowakei ihrerseits am 21. September 1938 im Vorhinein der Abtretung der sudetendeutschen Gebiete zugestimmt. Das Argument, diese Abtretung sei unter Androhung von Gewalt erfolgt, wurde am Rhein dahingehend relativiert, dass nach »damals geltende[m] Völkerrecht« Druck als Mittel der Politik noch nicht ausdrücklich ausgeschlossen war.[24] Vor allem aber hatte man in Bonn erhebliche Bedenken hinsichtlich der Rechtsfolgen einer Ungültigkeitserklärung im Prager Sinne. Hätte man der Auffassung zugestimmt, wonach das Münchener Abkommen »von Anfang an« ungültig gewesen sei, wäre damit womöglich im Nachhinein die Vertreibung der Sudetendeutschen aus ihrer angestammten Heimat mit allen ihren Begleiterscheinungen und Folgen legitimiert worden.

Der Prager Vertrag war folglich ein Kompromiss. Zwar stellte er fest, dass das Münchener Abkommen der Tschechoslowakischen Republik »unter Androhung von Gewalt aufgezwungen« worden sei, allerdings, wie es ausdrücklich hieß, »durch das nationalsozialistische Regime«, also nicht durch das Deutsche Reich. Beide Seiten betrachteten es »im Hinblick auf ihre gegenseitigen Beziehungen nach Maßgabe dieses Vertrages als nichtig«.[25] Im Übrigen rangierte im Prager ähnlich wie im Moskauer und anders als im Warschauer Vertrag der Gewaltverzicht vor der Feststellung der Unverletzlichkeit der Grenzen.

Das Abkommen war der vorläufige Schlussstein der Ostpolitik. Aber die Schwierigkeiten waren damit nicht aus der Welt. Ganz im Gegenteil kamen einige erst jetzt, sozusagen im täglichen Umgang, ans Licht. So auch im Verhältnis zur Sowjetunion. Zwar besuchte im Mai 1973 mit Leonid Breschnew erstmals überhaupt ein Generalsekretär der KPdSU die Bundesrepublik; auch war die Atmosphäre insgesamt gut. Doch zeigte die Visite zugleich die Grenzen der Zusammenarbeit: Erst knapp ein Jahr später, im März 1974, unterzeichnete ein deutsches Firmenkonsortium in Moskau einen Vertrag über die Errichtung eines Stahlwerkkomplexes bei Kursk, und ein halbes Jahr darauf, Ende Oktober 1974, kam es zu einem weiteren deutsch-sowjetischen »Erdgas-Röhren-Geschäft«. Wie schon beim ersten, im Februar 1970 geschlossenen sollten deutsche Firmen Großröhren zum Bau einer Erdgasleitung von Sibirien nach West- und Mitteleuropa und die Sowjets im Gegenzug über einen bestimmten Zeitraum Erdgas in die Bundesrepublik liefern. Das war ein beachtlicher wirtschaftlicher und politischer Erfolg. Ein Durchbruch in den Beziehungen war es nicht.

Auch im Verhältnis zu Polen und zur DDR liefen die Dinge keineswegs so reibungslos, wie man das nach Abschluss der Verträge gehofft hatte. Die DDR setzte den Hebel in der alten Reichshauptstadt an. So kam es im Juli 1974 zu Behinderungen auf den Transitwegen nach Berlin, mit denen das SED-Regime gegen die Errichtung des Umweltbundesamtes in der Stadt protestierte. Und Warschau spielte jetzt unter anderem den Trumpf der deutschstämmigen Übersiedler aus: Anders als nach Ende des Kalten Krieges mit seiner allgemeinen Grenzöffnung hatten diese damals keine Möglichkeit, in die Bundesrepublik auszureisen, es sei denn, die Bundesregierung zahlte im Gegenzug den wirtschaftlichen oder auch politischen Preis, den die Heimatländer der Ausreisewilligen – vor allem Polen und die Sowjetunion – verlangten. Kein Wunder, dass die Übersiedler ein Kapital waren, mit dem sich am Rhein im Falle des Erfolges innenpolitisch wuchern ließ, mit dem Bonn aber ebendeshalb außenpolitisch unter Druck gesetzt werden konnte. So auch durch die polnische Regierung, die sich nach Auffassung der Bundesregierung nicht an ihre »Information« über die Familienzusammenführung und die Übersiedlung deutschstämmiger Polen von 1970 hielt, so dass 1975 nachverhandelt werden musste.

Angesichts solcher Irritationen nahm man kaum mehr zur Kenntnis, dass die Normalisierung des Verhältnisses zwischen der Bundesrepublik und einigen neutralen beziehungsweise kommunistischen Staaten durchaus beachtliche Fortschritte machte. So wurden zum Beispiel zwischen Oktober 1972 und Januar 1974, beginnend mit der Volksrepublik China und vorläufig endend mit der Mongolischen Volksrepublik, zu einer Reihe von Staaten diplomatische Beziehungen aufgenommen, darunter 1973 zu Finnland, Bulgarien und Ungarn. Allen Schwierigkeiten im Verhältnis zur Sowjetunion, Polen, der Tschechoslowakei und der DDR zum Trotz hatte sich die Lage der Bundesrepublik innerhalb weniger Jahre grundlegend gewandelt: Die Anerkennung der Gegebenheiten in Europa hatte ihren Handlungsspielraum merklich erweitert.

Sie half auch, den Weg hin zu jener KSZE, der Konferenz über Sicherheit und Zusammenarbeit in Europa, zu ebnen, die Anfang Juli 1973 ihre Arbeit aufnahm. Nicht dass sie ein Wunschkind des Westens, gar der Bundesrepublik, gewesen wäre. Ganz im Gegenteil hatten sich die meisten westeuropäischen Staaten erst zur Teilnahme entschlossen, als klar war, dass auch die außereuropäischen NATO-Mitglieder, also Kanada und vor allem die Vereinigten Staaten, am Verhandlungstisch vertreten sein würden. Die Skepsis der Europäer wie übrigens auch der Amerikaner erklärte sich aus der Geschichte des KSZE-Gedankens. Die Initiative hatte nämlich ursprünglich bei den Sowjets gelegen.

Schon in den dreißiger Jahren, in der Ära ihres Außenministers Litwinow, waren sie wiederholt mit entsprechenden Vorschlägen hervorgetreten. 1954 war es einmal mehr der sowjetische Außenminister gewesen, der seinen alliierten Kollegen auf der Berliner Außenministerkonferenz den Gedanken eines »Gesamteuropäischen Vertrages über die kollektive Sicherheit in Europa« präsentiert hatte. Dass es sich dabei um jenen Wjatscheslaw Molotow handelte, der 1939 im Namen Stalins mit Hitlers Außenminister Ribbentrop die Aufteilung Ostmitteleuropas vereinbart hatte, machte die Sache nicht besser, wenn es auch jetzt, Mitte der fünfziger Jahre, die Sowjets waren, die den Status quo in Europa festgeschrieben wissen wollten. Allerdings ging es bei dieser Bestätigung der Ergebnisse des Zweiten Weltkrieges auch um eine weitere, in diesem Falle gesamteuropäische Sanktionierung einiger Absprachen Stalins mit Hitler, so der polnischen Ostgrenze oder der sowjetischen Besitzansprüche auf die baltischen Staaten, die Karpato-Ukraine und Bessarabien.

Und es ging um Deutschland, um die Bestätigung der Teilung. Immerhin sollten auch die Vertreter der beiden deutschen Staaten ihre Unterschriften unter die KSZE-Schlussakte setzen. Dass sie das am 1. August 1975 tatsächlich taten, dass auch der Bundeskanzler die »Unverletzlichkeit« der bestehenden Grenzen in Europa und damit die deutsche Teilung faktisch attestierte, war allerdings zu diesem Zeitpunkt keine Überraschung mehr. Zum einen hatten sich die Schutzmächte USA, Großbritannien und Frankreich ja schon seit den fünfziger Jahren in diese Richtung bewegt und die Zementierung der gegebenen Verhältnisse im August 1961 konsequent akzeptiert. Vor allem aber hatte die sozial-liberale Koalition mit ihrer Ost- und Deutschlandpolitik förmlich zur Kenntnis genommen, dass es die DDR gab. So gesehen musste sie auf der Konferenz keine Position mehr räumen, hatte sie auf der KSZE nichts mehr zu verlieren, allenfalls noch etwas zu gewinnen.

So in der Frage der Grundfreiheiten und der Menschenrechte. Gewiss, die Sowjets konnten nach zweijährigen Verhandlungen, an denen außer Albanien alle Staaten Europas sowie die USA und Kanada teilgenommen hatten, beachtliche Erfolge verbuchen. Die am 1. August 1975 von den Staats- und Regierungschefs unterzeichnete, in sechs Sprachen, darunter der deutschen, abgefasste Charta – übrigens ein Regierungsabkommen, kein völkerrechtlicher Vertrag – verpflichtete alle Teilnehmer zur »Unverletzlichkeit« der Grenzen, zur Beachtung der territorialen Integrität der Staaten sowie zum Prinzip der Nichteinmischung in die inneren Angelegenheiten der anderen Unterzeichner des Abkommens. Insofern legitimierte die KSZE-Schlussakte die Sowjetunion in ihrer »Vormachtstellung in Osteuropa«, wie Helmut Schmidt, der das Dokument für die Bundesrepublik unterzeichnete, im Rückblick festgestellt hat.[26]

Andererseits mussten die Sowjets und ihre Verbündeten in einigen Fragen die weiter gehenden Vorstellungen des Westens, aber auch der meisten blockfreien und neutralen Staaten, akzeptieren. So vor allem die »Achtung der Menschenrechte und Grundfreiheiten, einschließlich der Gedanken-, Gewissens-, Religions- oder Überzeugungsfreiheit«, aber auch die Verpflichtung zur Erleichterung »menschlicher Kontakte« sowie zur »Verbesserung der Verbreitung von, des Zugangs zu und des Austausches von Informationen«.[27] Diese Rechtstitel gaben, vom Kreml damals unterschätzt, dem Westen Mittel in die Hand, um sich gleichsam legal in die inneren Angelegenheiten der Staaten Osteuropas einzumischen, ohne das zitierte Prinzip zu verletzen. Das galt auch für das Selbstbestimmungsrecht der Völker, das traditionell gerade für die Bundesrepublik von besonderer Bedeutung war und in der Schlussakte ausdrücklich festgeschrieben wurde. Darauf haben sich alle Bundesregierungen bis zum Ende des Kalten Krieges immer wieder berufen, auch die von der CDU/CSU gestellten, obgleich die deutschen Christdemokraten – neben den albanischen Kommunisten und den italienischen Faschisten – die einzigen Parteien in Europa waren, die 1975 die Schlussakte ablehnten.

Mit ihrer Teilnahme an der KSZE verband die Bundesregierung allerdings eine weitere konkrete Erwartung: Die parallel zwischen der NATO und dem Warschauer Pakt aufgenommenen Verhandlungen über *Mutual Balanced Force Reductions*, über eine beiderseitige ausgewogene Truppenreduzierung in Europa, sollten alsbald zum Erfolg führen. Die Initiative zu diesen MBFR-Gesprächen war von der NATO ausgegangen, die dem Warschauer Pakt schon am 25. Juni 1968 vom isländischen Reykjavik aus den Vorschlag für eine »gegenseitige ausgewogene Truppenverminderung« unterbreitet hatte. Die Sowjets ließen sich schließlich darauf ein, weil sie nur so zu ihrer Sicherheitskonferenz kamen. Das Ganze war also ein Geschäft auf Gegenseitigkeit.

Keine Frage, dass Bonn damals wie jetzt ein besonderes Interesse an den MBFR-Verhandlungen hatte: Wenn es tatsächlich gelang, die drastische Überlegenheit des Warschauer Paktes, vor allem bei der Panzerwaffe, auf dem Verhandlungsweg zu reduzieren, sank nicht nur die Gefahr eines konventionell geführten Krieges in Europa, dessen Hauptschlachtfeld Deutschland gewesen wäre. Auch die Abhängigkeit von den USA und ihrer Sicherheitsgarantie musste sich vermindern; der ständige Druck, der von der Möglichkeit eines Truppenabbaus oder gar -rückzugs ausging, würde nachlassen. Falls die

MBFR-Verhandlungen erfolgreich waren. Sie waren es nicht. Von Ende Oktober 1973 bis Anfang Februar 1989 fanden etwa fünfhundert Plenarsitzungen statt, ohne dass es zu konkreten Ergebnissen gekommen wäre. Das Hauptproblem lag in der Bestimmung der tatsächlichen Truppenstärken. Moskau weigerte sich hartnäckig, den westlichen Zahlen und damit einer asymmetrischen Verringerung der Streitkräfte des Warschauer Paktes zuzustimmen sowie die Bezeichnung »MBFR«, genauer gesagt die Vorgabe »balanced«, »ausgewogen«, zu akzeptieren.

Damit blieb es für die Bundesrepublik nicht nur grundsätzlich bei der alten Bedrohungslage und bei der mehr oder weniger einseitigen Abhängigkeit von den USA. Ganz im Gegenteil spitzte sich die Lage in der einen wie in der anderen Hinsicht in der zweiten Hälfte der siebziger Jahre noch zu, weil die Sowjets, aus welchen Gründen auch immer, weltweit in die Offensive gingen. Das ließ der deutschen Politik keine Wahl, als sich sicherheitspolitisch selbst dann an die Vorgaben der transatlantischen Führungsmacht zu halten, wenn man deren Zweckmäßigkeit in Frage stellte.

Immerhin war es ein Glücksfall, dass jetzt ein Bundeskanzler das Ruder in der Hand hielt, der sich in der Sicherheitspolitik auskannte wie kaum ein zweiter. Zwar hatte Willy Brandt im Sommer 1973 festgestellt, noch »eine Reihe von Jahren« als Bundeskanzler wirken zu wollen – »wenn auch nicht so lange wie … Adenauer«.[28] Aber dann kam doch alles anders. Als er – vordergründig wegen einer »professionell stümperhaften«[29] Spionageaffäre, tatsächlich aber erschöpft von einem biographischen Marathon, zermürbt von innenpolitischen Problemen und zu diesem Zeitpunkt mit dem Amt wohl auch überfordert – am 6. Mai 1974 zurücktrat, hegte kaum jemand einen Zweifel, wer die Nachfolge antreten würde.

Am Jahresende 1918 in Hamburg geboren und durch eine reformpädagogische Schulausbildung geprägt, gehörte Helmut Schmidt zu jener Generation, die einige der besten Jahre ihres Lebens durch Arbeits-, Wehr- und Kriegsdienst verloren hatte. Dass Schmidt es in der Wehrmacht rasch zum Offizier brachte, änderte daran nichts. Wohl aber trugen die Erfahrungen von Krieg und Diktatur einiges dazu bei, dass er sich im Mai 1946, aus britischer Gefangenschaft zurückgekehrt, der SPD anschloss. Sobald das Studium der Volkswirtschaft hinter ihm lag, machte er dort rasch Karriere. Erste administrative Erfahrungen sammelte Schmidt in seiner Heimatstadt – zunächst, seit 1952, als Verkehrsdezernent, danach, von 1961 bis 1965, als Innensenator und in dieser Funktion als Retter aus der Not der großen Flutkatastrophe des Februar 1962. 1965 kehrte er in den Bundestag zurück, dem er seit 1953 schon einmal für fast zehn Jahre angehört hatte, und übernahm dort im Februar 1967, also in der Zeit der Großen Koalition, den Vorsitz der SPD-Fraktion.

Mit dem Amtsantritt der ersten sozial-liberalen Regierung wurde Schmidt im Oktober 1969 Verteidigungsminister, 1972 kurzzeitig »Superminister« für Wirtschaft und Finanzen, bevor er dann, von Dezember 1972 bis zum Rücktritt Willy Brandts im Mai 1974, das Finanzressort leitete. So gesehen war der Hamburger der ideale Nachfolger seines gescheiterten Vorgängers, der allerdings den Parteivorsitz behielt und in dieser Funktion nichts unternahm, um im Oktober 1982 den Sturz des Bundeskanzlers Helmut Schmidt zu verhindern. Für dieses vorzeitige Ende einer großen Karriere waren drei Faktoren verantwortlich: erstens der außen- und sicherheitspolitische Kurs des Kanzlers, zweitens die sich vor allem daraus speisende Opposition seiner eigenen Partei und drittens der Machtwille der FDP, namentlich ihres Vorsitzenden.

Hans-Dietrich Genscher, Ende März 1927 in Reideburg an der Saale geboren, blieb die Möglichkeit des Studiums zunächst versagt, allerdings auch der lange Kriegsdienst erspart. 1943 wurde der Hitler-Junge als Flakhelfer, dann zum Reichsarbeitsdienst, schließlich kurz vor Kriegsende noch zur Wehrmacht eingezogen. Nach englischer und amerikanischer Gefangenschaft folgten Abitur, Jura-Studium und Referendartätigkeit in Leipzig. Im August 1952 ging Genscher in die Bundesrepublik, legte sein zweites Staatsexamen ab und arbeitete dann als Anwalt in Bremen.

Seine politische Heimat war die FDP. Erste Schritte in seiner Parteikarriere machte Genscher in Bremen, bevor er 1956 nach Bonn ging. Hier sammelte der umtriebige Sachse in der Bundestagsfraktion und in der Zentrale seiner Partei wertvolle Erfahrungen als Geschäftsführer der FDP-Fraktion, seit 1965 auch als Mitglied des Bundestages. Den beiden Regierungen Willy Brandts gehörte Hans-Dietrich Genscher als Innenminister an, und mit der Wahl Walter Scheels zum Bundespräsidenten wechselte er Mitte Mai 1974 an die Spitze des Außenministeriums und übernahm zugleich den Bundesvorsitz der FDP.

Die Felder, die Genscher in seiner achtzehnjährigen Amtszeit mit einigem Erfolg beackerte, waren Europas Strukturen, allen voran EG und KSZE. Bleibende Spuren in der deutschen Außenpolitik zu hinterlassen, war ihm nicht vergönnt. Das lag zum einen am Amtsverständnis der Bundeskanzler: Sowohl Helmut Schmidt als auch dessen Nachfolger Helmut Kohl haben die Außen-, vor allem aber die Sicherheitspolitik als Chefsache betrachtet und in entscheidenden Angelegenheiten die Zügel in der Hand behalten. Das galt zunächst für die Raketenfrage und dann für die Herstellung der Einheit Deutschlands. Zum anderen waren die außenpolitischen Weichen gestellt, als Genscher das Amt bezog: Die Westintegration war längst solides Fundament deutscher Außenpolitik; die Ostverträge waren unter Dach und Fach; und die Weltwirtschaft war nicht sein Terrain. Wohl aber das des Bundeskanzlers.

Die krisenhaften Entwicklungen seit Anfang der siebziger Jahre erforderten Schmidts ganzen Einsatz. Der Zufall wollte es, dass wenige Tage nach seiner Amtsübernahme mit Valéry Giscard d'Estaing ein Mann zum französischen Staatspräsidenten gewählt wurde, der von 1962 bis 1966 und erneut von 1969 bis 1974 Minister für Wirtschaft und Finanzen gewesen war und sich, auch deshalb, vorzüglich mit Schmidt verstand. Gemeinsam gaben die beiden maßgebliche Anstöße für neue Formen des internationalen ökonomischen Krisenmanagements. So auf dem ersten Weltwirtschaftsgipfel, der Mitte November 1975 auf Schloss Rambouillet abgehalten wurde. Teilnehmer waren neben dem Gastgeber Frankreich und dem Mitinitiator Bundesrepublik die USA, Großbritannien, Italien und Japan. Der Achtungserfolg dieser Begegnung trug dazu bei, dass sich die Gipfel als jährliche Treffen einbürgerten. Seit 1976 nahm auch Kanada daran teil.

Den Europäern unter ihnen wurde dabei klar, dass es zu einer Intensivierung ihrer Zusammenarbeit keine Alternative gab. Gefordert war sie vor allem in der Währungspolitik. Zwar hatten die vom Zusammenbruch des alten Systems von Bretton Woods überraschten Europäer im März 1972 mit der Installierung einer »Währungsschlange« reagiert, die das Verhältnis der Währungen zueinander innerhalb eines definierten Spielraums festlegte. Weil aber wichtige Partner ausgeschert waren, musste eine neue Regelung her, zumal der US-Dollar im Frühjahr 1977 ein weiteres Mal auf Talfahrt und im März 1978 sogar unter die magische Zwei-D-Mark-Grenze geriet. Daher war es konsequent, dass der deutsche Bundeskanzler – in enger Absprache mit dem französischen Staatspräsidenten – die Initiative ergriff.

Am 5. Dezember 1978 verabschiedeten die Staats- und Regierungschefs der EG das Europäische Währungssystem. Das EWS trat am 13. März des darauffolgenden Jahres in Kraft und entwickelte die Idee der Währungsschlange weiter. Vereinbart wurden feste Wechselkurse mit einer definierten Schwankungsbreite sowie die Einführung einer europäischen Währungseinheit, des *European Currency Unit*. Bei diesem ECU handelte es sich vorerst um eine bloße Recheneinheit, um einen »Cocktail«, in den die Währungen der Teilnehmer »mit verschiedenem Gewicht eingemischt« wurden, wie Schmidt dem Bundestag erläuterte.[30]

Vom Ergebnis her betrachtet, war das der Anfang einer

Erfolgsgeschichte und die Einführung des Euro ein knappes Vierteljahrhundert später ihr krönender Abschluss. Danach hatte es allerdings lange Jahre nicht ausgesehen, denn Europa blieb eine Baustelle. Gewiss wurden 1981 Griechenland sowie 1986 Portugal und Spanien in die EG aufgenommen, im Juni 1979 auch die ersten direkten und allgemeinen Wahlen zum Europäischen Parlament abgehalten. Aber natürlich war die Einrichtung einer Wirtschafts- und Währungsunion von ganz anderem Kaliber. Ob sie ohne den Druck, den die Vereinigung Deutschlands auf dessen Nachbarn ausübte, überhaupt zustande gekommen wäre, steht in den Sternen.

In den siebziger und achtziger Jahren war an das eine wie das andere jedenfalls nicht zu denken. So blieb die Ost- und Deutschlandpolitik eines der undankbarsten Geschäfte der Bundesregierung, zumal sie, wenn auch vielleicht ungewollt, das Ihre zur Stabilisierung der Systeme in Ost- und Mitteleuropa beitrug. Das galt in besonderem Maße für das SED-Regime. Selbst Rudolf Augstein, eine der gewichtigsten publizistischen Stützen sozial-liberaler Politik, wurde nach dem Kalten Krieg nachdenklich: »Wir haben das alle falsch eingeschätzt. Wir haben diesen Staat, die DDR, am Leben gehalten … Wir haben dem gesamten Ostblock … eine Lebenszeit zugetraut, die über die unsrige weit hinausgehen würde.«[31]

Die ungeschriebenen Regeln der deutsch-deutschen Beziehungen blieben dieselben: Bonn ging es um menschliche Erleichterungen für die Bewohner der DDR; Ost-Berlin ging es um Devisen und um die Anerkennung auf möglichst vielen politischen Ebenen. Damit verfolgten die Genossen das unschwer erkennbare Ziel, durch eine Intensivierung der Zusammenarbeit die Abgrenzung zu fördern und so das Profil der DDR als eigenständigem, souveränem und gleichrangigem Akteur auf der internationalen Bühne zu schärfen. An der Spitze des SED-Staates stand inzwischen Erich Honecker, der seinen Ziehvater Walter Ulbricht Anfang Mai 1971 endgültig ausgebootet und als Erster Sekretär des Zentralkomitees der Partei abgelöst hatte.

Fortschritte im deutsch-deutschen Eiertanz wurden vor allem dort erzielt, wo die DDR auf sie angewiesen war, also bei Wirtschafts-, Handels- und Kreditfragen. So war der 1980 begonnene Bau einer Autobahn von Berlin nach Hamburg aus Bundesmitteln eine Sache, deren Benutzung eine andere. Für Bonn waren diese Geschäftsbeziehungen also ausgesprochen kostspielig und im Grunde eine politische Erpressung, aber letztlich nicht zu ändern, solange man erstens West-Berlin halten, zweitens menschliche Erleichterungen für die Bewohner der DDR erwirken und drittens am Prinzip des »Wandels durch Annäherung« festhalten wollte. So kam es, dass der im Übrigen in jeder Hinsicht stärkere Teil Deutschlands sich mit den Launen des in jeder Hinsicht – außer eben dieser einen – schwächeren Teils auseinanderzusetzen hatte.

Nun mochten die beiden deutschen Teilstaaten über Autobahnen, Kredite, Mindestumtausch für DDR-Reisende und anderes mehr verhandeln – wenn es an die politische Substanz, gar um ihren völkerrechtlichen Status ging, hatten sie nichts zu vermelden. Schon deshalb führte für Bonn kein Weg an den beiden Supermächten vorbei. Im Verhältnis zur Sowjetunion standen in den siebziger Jahren wirtschaftliche Fragen im Vordergrund, auch beim Besuch Breschnews in Bonn Anfang Mai 1978. Das bei dieser Gelegenheit unter anderem unterzeichnete Wirtschafts- und Industrieabkommen ergänzte die Verträge – darunter das dritte Erdgas-Röhren-Abkommen –, die Schmidt Ende Oktober 1974 in Moskau unter Dach und Fach gebracht hatte.

Zeitweilig sah es sogar so aus, als seien die deutsch-sowjetischen Beziehungen besser als die deutsch-amerikanischen, und bezogen auf das persönliche Verhältnis des Bundeskanzlers zum Obersten aller Sowjets beziehungsweise zum amerikanischen Präsidenten stimmte das zuletzt auch. Zunächst war die Welt durchaus noch in Ordnung. Am 9. August 1974 war Richard Nixon als erster Präsident in der Geschichte der Vereinigten Staaten von seinem Amt zurückgetreten. Damit kam er einer Amtsenthebung zuvor, die ihm wegen seiner dubiosen Rolle im sogenannten Watergate-Skandal bevorstand. Sein Nachfolger, der integre, mit dieser Aufgabe jedoch überforderte Gerald Ford und der krisenerprobte Helmut Schmidt kamen gut miteinander zurecht.

Bei dem Demokraten Jimmy Carter – Erdnussfarmer, zuletzt Gouverneur von Georgia und ohne nennenswerte außenpolitische Erfahrung –, der im Januar 1977 nach einem knappen Wahlsieg über Ford das Weiße Haus bezog, lagen die Dinge anders. Schon vor seinem Amtsantritt hatte Carter seinen künftigen Partnern in Bonn signalisiert, dass er die bereits vereinbarte Lieferung deutscher Kernkraftwerke an Brasilien unterbinden wolle, was dann freilich nicht gelang; erst im November 2004 wurde die deutsch-brasilianische Zusammenarbeit auf diesem Gebiet beendet. Am Ende seiner Amtszeit waren die Beziehungen des amerikanischen Präsidenten zum deutschen Bundeskanzler regelrecht zerrüttet. Sich »Schulter an Schulter mit Jimmy Carter zu zeigen« wurde für manchen europäischen Regierungschef, und jedenfalls für Helmut Schmidt, zu einem »innenpolitischen Risiko«.[32]

Das hatte vor allem mit der unberechenbaren Nuklearstrategie der neuen Administration zu tun. Hatten sich die Amerikaner bislang äußerst reserviert verhalten, wenn es um eine wie auch immer geartete Mitsprache der Deutschen bei den nuklearen Planungen ging, so wurde jetzt das Ruder in Washington umgelegt, allerdings so radikal, dass sie am Rhein in ähnliche Schwierigkeiten gerieten wie während der beiden voraufgegangenen Jahrzehnte. Jetzt nämlich sollten sie im Voraus ausdrücklich der Stationierung neuer amerikanischer Atombomben auf dem Territorium der Bundesrepublik zustimmen: Bei diesen sogenannten Neutronenwaffen handelte es sich um Systeme mit erhöhter Strahlenwirksamkeit. Sie sollten vor allem die Überlegenheit der Panzerwaffe des Warschauer Paktes neutralisieren: die Panzerbesatzungen würden getötet, das Gerät selbst bliebe unzerstört.

Die heftige öffentliche Kritik, nicht zuletzt aus den Reihen seiner eigenen Partei, machte es dem Bundeskanzler nicht gerade leicht, der Aufforderung des amerikanischen Präsidenten an die Verbündeten der USA nachzukommen und einen Beschluss über die Lagerung und, im Ernstfall, den Einsatz der Waffe in ihren Ländern durchzusetzen. Doch genau das tat Helmut Schmidt im Frühjahr 1978 mit beträchtlichem persönlichen Einsatz. Allerdings musste er auf dem Höhepunkt seiner Kampagne für das neue Waffensystem zur Kenntnis nehmen, dass sich die Regierung Carter inzwischen ohne Konsultation ihrer Verbündeten entschlossen hatte, die Entscheidung über die Produktion zu vertagen.

Die Folgen waren katastrophal – für die Bundesregierung, für die SPD und für den Kanzler persönlich. Die deutsche Öffentlichkeit wurde nämlich durch die Affäre um die Neutronenbombe derart emotionalisiert, dass eine sachliche Auseinandersetzung mit solchen Fragen seither kaum mehr möglich war. Dabei wäre sie dringend nötig gewesen, denn seit Mitte der siebziger Jahre eröffneten die Sowjets offenbar eine neue Runde ihrer weltpolitischen Offensive, und zwar auf mehreren Gebieten gleichzeitig.

Das Engagement in Angola und im äthiopisch-somalischen Konflikt war schon deswegen alarmierend, weil hier mit Unterstützung des Kreml kubanische Einheiten direkt in die Konflikte eingriffen: Im angolanischen Bürgerkrieg kämpften bis zu fünfzigtausend Soldaten Castros auf Seiten der kommunistischen MPLA, die sich ursprünglich als Befreiungsbewegung gegen die portugiesische Kolonialherrschaft formiert hatte; und in Äthiopien waren zehntausend kubanische Soldaten daran beteiligt, das kommunistisch orientierte Regime des Landes gegen einen somalischen Zugriffsversuch auf die umstrittene Ogadenregion zu unterstützen. In beiden Fällen leisteten die Sowjets den Kubanern logistische Hilfe, und in Äthiopien waren auch eintausendfünfhundert Militärberater des Kreml direkt tätig.

Dramatisch wurde die Lage, als sich die Rote Armee selbst

in Bewegung setzte: Seit dem 24. Dezember 1979 stießen sowjetische Verbände nach Afghanistan vor. Welche Motive und Erwägungen mochten den Kreml zu dieser Aktion bewogen haben? In den westlichen Metropolen stand man vor einem schwer lösbaren Rätsel. Dass es dem Kreml nicht, wie von ihm vorgegeben, in erster Linie um die Wiederherstellung der Ordnung in dem von einem Bürgerkrieg erschütterten Vielvölkerstaat des Mittleren Ostens ging, schien klar. Erst später wurde deutlich, dass sich die sowjetische Führung noch im Frühjahr 1979 gegen eine solche Intervention ausgesprochen hatte und sich schließlich dennoch dafür entschied, weil sie vor dem Hintergrund der iranischen Wirren im militanten Islam eine zunehmende regionale Herausforderung sah.

Im Januar desselben Jahres hatte nämlich der Schah von Persien – Resa Pahlewi, einer der engsten Verbündeten Amerikas – sein Land verlassen und damit der radikalen religiös-politischen Bewegung des Ayatollah Khomeini das Feld geräumt. Was das bedeutete, erfuhr die Welt am 4. November 1979, als ein »Revolutionskomitee« die amerikanische Botschaft in Teheran stürmte und fast siebzig Geiseln nahm. Die sowjetische Intervention in Afghanistan musste die amerikanische Position weiter schwächen. Auf einem anderen Blatt stand, dass die Vereinigten Staaten ihrerseits in anderen Gegenden der Dritten Welt eine nicht minder fragwürdige Politik betrieben. So verurteilten sie einerseits die vietnamesische Intervention in Kambodscha, die um die Jahreswende 1978/79 immerhin zum Sturz des Terrorregimes der Roten Khmer führte; andererseits hielten sich die Amerikaner beim chinesischen Angriff auf Vietnam, damals ein enger Verbündeter der Sowjets, wenige Wochen später betont zurück.

Ganz entschieden reagierten sie hingegen auf den Einfall der Roten Armee nach Afghanistan. Die Maßnahmen reichten von einem Weizenembargo bis zum Boykott der Olympischen Spiele in Moskau, und natürlich ging man in Washington davon aus, dass die Verbündeten mitzogen, auch die Bundesrepublik. Gefragt war in erster Linie die Unterstützung der durch die Iran-Afghanistan-Krise direkt oder indirekt betroffenen Staaten, allen voran Pakistan. Als Nachbar Afghanistans hatte das Land nicht nur einen enormen Flüchtlingsstrom zu bewältigen, sondern es diente auch als Ausgangsbasis für die Mudschaheddin, die afghanischen Freiheitskämpfer gegen die sowjetischen Besatzer.

In Bonn waren diese Maßnahmen, zu denen auch die verstärkte Rüstungshilfe für den NATO-Partner Türkei zählte, umstritten. Aber man hatte keine Wahl, war vielmehr in dieser Zeit mehr denn je auf die NATO und damit auf die Vereinigten Staaten angewiesen. Das lag an den amerikanisch-sowjetischen Vereinbarungen über die strategischen Nuklearwaffen. Am 18. Juni 1979 hatten Carter und Breschnew in Wien das zweite SALT-Abkommen unterzeichnet. Zwar war es – auch das eine Reaktion auf den Afghanistan-Einmarsch – im amerikanischen Senat nicht ratifiziert worden und folglich nicht in Kraft getreten, doch hielten sich beide Seiten an die Absprachen.

Für die Europäer war das einerseits eine gute Nachricht, andererseits aber auch nicht. Weil SALT II die amerikanische Überlegenheit bei den strategischen Nuklearwaffen weiter relativierte, also ihren Ersteinsatz noch unwahrscheinlicher machte als ohnedies, gewannen alle Waffensysteme unterhalb dieser Ebene zwangsläufig an Bedeutung. Jedenfalls in Europa. Das galt sowohl für den konventionellen als auch für den sogenannten eurostrategischen Bereich, also für Mittelstreckenraketen aller Reichweiten. Und auf beiden Gebieten besaß die Sowjetunion nach westlicher Auffassung bereits eine eindeutige Überlegenheit oder war im Begriff, diese zu erreichen. Was also konnte man tun? Die Frage stellte sich besonders drängend in Bonn, hatte sich doch an der sicherheitspolitischen Lage der Bundesrepublik seit ihrer Gründung und den Anfängen des Kalten Krieges nichts geändert. Sie war ein Frontstaat. Zunächst und hauptsächlich auf ihrem Territorium wäre ein konventionell geführter Krieg ausgetragen worden.

Aus dieser Konstellation folgte für den Bundeskanzler eine

klare Strategie. Zur grundsätzlichen Befürwortung des SALT-Prozesses gab es keine Alternative. Das stand fest. Also blieb den Westeuropäern und insbesondere den Deutschen nichts anderes übrig, als ihre prinzipielle Unterstützung mit der Forderung zu verbinden, »die eurostrategischen Nuklearwaffen und ebenso die konventionellen Streitkräfte in Europa in die von beiden Supermächten angestrebte Rüstungsbegrenzung von SALT II einzubeziehen«.[33] Das warf erhebliche Probleme auf. Mehr und mehr stellte sich nämlich heraus, dass die westliche Antwort auf die sowjetische Überlegenheit im konventionellen und eurostrategischen Bereich angesichts der strikten Weigerung des Kreml, seinerseits abzurüsten, in einer gezielten Nachrüstung bestehen musste. Wie aber sollte man den Menschen in Westeuropa erklären, dass es nach dem so hochgelobten KSZE-Gipfel, mitten in der Phase allgemeiner Entspannung, notwendig war, erneut an der Rüstungsschraube zu drehen?

Die ganze Situation wurde dadurch noch komplizierter, dass selbst die Fachleute mit der Bezeichnung der einzelnen Systeme, um die es da ging, bisweilen ihre Schwierigkeiten hatten. Klar war immerhin, dass es sich bei den strategischen Systemen, bei den ICBM, den *Intercontinental Ballistic Missiles*, um Raketen handelte, die eine Distanz von mindestens fünftausendfünfhundert Kilometern überbrücken konnten. Nur die Vereinigten Staaten und die Sowjetunion besaßen die entsprechenden Arsenale, und um ebendiese ging es bei den SALT-Verhandlungen.

Die darunter angesiedelten Systeme mit einer geringeren Reichweite wurden seit den ausgehenden siebziger und den beginnenden achtziger Jahren in zwei beziehungsweise drei Kategorien unterteilt. Da waren einmal die sogenannten taktischen Nuklearwaffen, die »Kurzstreckenraketen« oder »Gefechtsfeldwaffen« beziehungsweise *Battlefield Weapons*. Diese hatten eine Reichweite von bis zu fünfhundert Kilometern. Zwischen ihnen und den strategischen Waffen rangierten die Mittelstreckensysteme, die *Intermediate-Range Nuclear Forces*

(INF), die vor allem dadurch gekennzeichnet waren, dass sie von der Sowjetunion beziehungsweise vom Warschauer Pakt aus nicht den amerikanischen Kontinent erreichen konnten. Sie wurden in Mittelstreckenraketen kürzerer und längerer Reichweite, in *Shorter-Range-Intermediate-Range Nuclear Forces* (SRINF) und *Longer-Range-Intermediate-Range Nuclear Forces* (LRINF) unterteilt.

Um diese INF-Systeme ging es seit Mitte der siebziger Jahre. Helmut Schmidt war einer der ersten gewesen, die öffentlich die Konsequenzen aus dem strategischen Patt der Supermächte und der Aufwertung aller übrigen Waffengattungen gezogen hatten. Ende Oktober 1977 hatte der Kanzler am *International Institute for Strategic Studies* in London die Alternativen aufgezeigt: Einmal waren Fortschritte bei den Verhandlungen über eine ausgewogene beiderseitige Truppenreduzierung in Europa, also bei den MBFR-Gesprächen, vorstellbar. Die kamen jedoch wegen der Unvereinbarkeit der Ausgangspositionen nicht zustande. Zum anderen konnten die Westeuropäer darauf drängen, dass die Mittelstreckenraketen direkt in die SALT-Vereinbarungen einbezogen und zum Gegenstand eines dritten SALT-Abkommens gemacht würden. Auch das gelang nicht.

Dabei war der Handlungsbedarf enorm. Seit geraumer Zeit wurde nämlich die Stationierung neuer sowjetischer Mittelstreckenraketen vom Typ SS 20 registriert. Die SS 20 galt im Westen aus drei Gründen als besonders gefährlich: In der zweiten Hälfte der siebziger Jahre wurden bis zu acht dieser Raketen pro Monat in Dienst gestellt; sie konnten von beweglichen Rampen aus abgefeuert werden; überdies trug jede Rakete drei unabhängig voneinander steuerbare Sprengköpfe. 1983 hatten die Sowjets 243 Startgeräte stationiert, vier Jahre später waren es über vierhundert.

Damit bekam der Kreml über kurz oder lang potentielle »Erpressungsinstrumente« in die Hand.[34] Es kann bis heute nicht mit Gewissheit gesagt werden, ob die Sowjets dieses Ziel im Auge hatten. Möglicherweise lagen der SS-20-Stationierung ganz andere Motive zugrunde. Man muss in Rechnung stellen, dass der Einsatzfähigkeit solcher Systeme eine lange Planungs- und Entwicklungszeit vorausgeht. Die Anfänge der SS 20 lagen noch in der Chruschtschow-Ära. Aber natürlich hätte die Entwicklung und Produktion der Waffen nicht zwingend auch ihre Stationierung zur Folge haben müssen. Michail Gorbatschow, mit dessen Namen sich die Verschrottung der SS 20 verbindet, hat diese Stationierung rückblickend als »unverzeihliches Abenteuer« bezeichnet, »begangen unter dem Druck des militärisch-industriellen Komplexes« in der Sowjetunion, das dem weltpolitischen Gegner geradezu in die Hände gespielt habe.[35]

Das waren späte Einsichten. Ende der siebziger Jahre führte kein Weg an der Erkenntnis vorbei, dass die neuen Raketen stationiert und auf Westeuropa ausgerichtet wurden. Dort aber hatte man der sowjetischen Vorrüstung kaum etwas entgegenzusetzen, und was der Westen aufzubieten hatte, war vor allem für die Deutschen nicht unproblematisch: Die französischen Kurzstreckenraketen, auch die in der Entwicklung befindlichen vom Typ *Hades*, konnten kaum über das Territorium der Bundesrepublik hinausgelangen. Damit saß die Bundesregierung, saß namentlich ihr Kanzler in der Falle. Einerseits konnte eine Lösung des Problems nur von den Amerikanern kommen; nur sie konnten die Sowjets, so oder so, zu Verhandlungen über deren gefährliche Raketen zwingen. Andererseits barg jede Zusammenarbeit mit den USA auf diesem Feld seit der Diskussion über die Neutronenwaffen ein hohes innenpolitisches Risiko.

Anfang Januar 1979 trafen sich die Staats- und Regierungschefs der Vereinigten Staaten, Großbritanniens, Frankreichs und der Bundesrepublik auf der französischen Karibikinsel Guadeloupe. Die Idee zu diesem exklusiven Treffen ging auf den deutschen Teilnehmer zurück: Schmidt wollte nicht erneut zu einem Alleingang in dieser sensiblen Frage gezwungen werden und außerdem sicherstellen, dass neue amerikanische Raketen, sollte es zu ihnen keine Alternative geben, nicht nur auf deutschem Territorium stationiert würden. Am Ende des Jahres stand die Strategie der NATO fest.

Ihre Entscheidung vom 12. Dezember 1979, die als »NATO-Doppelbeschluß« in die Geschichte eingegangen ist, war eigentlich »politischer, nicht strategischer Natur«.[36] Denn mit ihr wollten die Europäer sicherstellen, dass sich die Vereinigten Staaten in Folge der SALT-Vereinbarungen nicht von ihren westeuropäischen Partnern abkoppelten. In diesem Sinne beschlossen die Außen- und Verteidigungsminister jener Staaten, die an der integrierten Verteidigungsstruktur der NATO beteiligt waren, die Mittelstreckensysteme des Bündnisses »durch die Dislozierung von amerikanischen bodengestützten Systemen in Europa zu modernisieren. Diese Systeme umfassen 108 Abschußvorrichtungen für Pershing II, welche die derzeitigen amerikanischen Pershing IA ersetzen werden, und 464 bodengestützte Marschflugkörper«, sogenannte *Ground-Launched Cruise Missiles* (GLCM). Die Raketen sollten »in ausgewählten Ländern stationiert« werden – in der Bundesrepublik, Großbritannien und Italien sowie gegebenenfalls in Belgien und den Niederlanden.

Der Beschluss zielte auf die Wiederherstellung einer glaubwürdigen Abschreckung durch die Modernisierung bestehender Systeme. Es ging also nicht darum, den sowjetischen Vorsprung einzuholen oder sich gar selbst einen solchen zu verschaffen. Deshalb schlug die NATO Moskau im zweiten Teil ihres Beschlusses auch vor, »so bald wie möglich« Verhandlungen aufzunehmen. Diese sollten Priorität haben und zu einer ausgewogenen Begrenzung der Systeme führen.[37] Da die amerikanischen Raketen vorerst gar nicht zur Verfügung standen, gab es ohnehin keine Alternative.

Dennoch wurde die Bundesrepublik für einige Zeit von einer beispiellosen Protestwelle erfasst, die schließlich Helmut Schmidt die Kanzlerschaft und seine Partei die Regierungsverantwortung kosten sollte. Letztlich führte Schmidt einen aussichtslosen Kampf. Große Teile der Öffentlichkeit und nicht zuletzt der SPD zeigten sich gegenüber rationalen Argumenten immun. Und gegenüber der Wirklichkeit auch. Seien denn, wie der Kanzler am 14. Januar 1982 das Parlament fragte, »vorhandene sowjetische SS-20-Raketen, die auf Ziele auch in Deutschland gerichtet sind, weniger gefährlich ... als amerikanische Raketen«, die es dort »noch gar nicht« gab?[38]

Die Angelegenheit drohte innenpolitisch außer Kontrolle zu geraten, und sie wurde außenpolitisch gefährlich. Denn auf der einen Seite kamen den Verbündeten, allen voran den Amerikanern, angesichts Hunderttausender von Demonstranten in der Bundesrepublik doch erhebliche Zweifel an der Verlässlichkeit eines Partners, der nach wie vor auf die transatlantische Sicherheitsgarantie setzte. Andererseits machten sich Trittbrettfahrer der internationalen Politik Schmidts Nöte zunutze. So Erich Honecker, der für den Fall einer westlichen Nachrüstung mit Konsequenzen für Rentner, Reisende und Regimegegner drohte. Das konnte man nicht ignorieren. Auch deshalb reiste Schmidt vom 11. bis zum 13. Dezember 1981 zu einem deutsch-deutschen Gipfel mit Honecker an den Werbellinsee und den Döllnsee in der Schorfheide.

Die Begegnung auf dem Boden der DDR war nicht unproblematisch, weil sie vor dem Hintergrund der sich zuspitzenden Entwicklung in Polen stattfand: Am 13. Dezember verhängte der starke Mann Polens, General Wojciech Jaruzelski, das Kriegsrecht über das Land. Tausende von Anhängern der *Solidarność*, der ersten unabhängigen Gewerkschaft in einem Staat des Ostblocks, wurden interniert. Es gab auch Tote. Ein Jahr zuvor, am 22. August 1980, hatte Schmidt wegen der Streiks in Polen einen Besuch bei Honecker abgesagt; jetzt blieb er, weil seine Rückkehr nach Bonn ohnehin nichts an den Ereignissen in Polen hätte ändern können.

Und so konnte der Generalsekretär – wenige Stunden nachdem er für den Fall des Falles den Einmarsch der Nationalen Volksarmee nach Polen angeordnet hatte – mit dem Bundeskanzler zusammentreffen und mit diesem in einer Reihe von Gesprächen die Stationen der Weltpolitik abschreiten. Das geschah schon deshalb recht einvernehmlich, weil Schmidt deutlich machte, wie gründlich sich die Bundesrepublik von ihrer Lebenslüge verabschiedet hatte. Keinen Zweifel ließ der Kanzler, »daß die Zeit, zu der an jedem 17. Juni lautstark von Wiedervereinigung gesprochen worden sei, vorbei ist. Er gehe davon aus, daß jedenfalls in diesem Jahrhundert eine Wiedervereinigung nicht mehr zustandekommt.«[39]

Anderthalb Jahre später wurde das auf eine Art und Weise bestätigt, die dem notorisch klammen SED-Regime stets besonders willkommen war: Im Juli 1983 ging der erste von zwei Milliardenkrediten an die DDR. Deren Repräsentanten wussten das zu honorieren und begannen Ende September 1983 mit dem Abbau der Selbstschussanlagen an der deutsch-deutschen Grenze. Die Kredite waren mit europäischen Geldern finanziert und mit einer Garantie der Bundesregierung versehen worden.

Das war alles andere als selbstverständlich, denn in Bonn amtierte seit dem 1. Oktober 1982 eine Koalition aus CDU/CSU und FDP, und die Christdemokraten, vor allem aber die Christsozialen unter Franz Josef Strauß, hatten jahrelang gegen die Deutschlandpolitik Front gemacht, waren sogar gegen den Grundlagenvertrag vor Gericht gezogen. Kaum an der Macht, stellten sie sich allerdings auf den Boden der durch die sozial-liberale Regierung förmlich anerkannten Realitäten: Die Teilung Deutschlands war das Fundament bundesdeutscher Außenpolitik; ihre zunehmende Bewegungsfreiheit war der Gewinn, den man daraus bezog; die Stabilisierung der DDR war der Preis, den man dafür zu entrichten hatte.

Den unmittelbaren Anlass für den Bruch der alten, der sozialliberalen Koalition bildeten wachsende Meinungsverschiedenheiten über die Wirtschafts-, Finanz- und Sozialpolitik. Der eigentliche Grund lag jedoch – jedenfalls nach Darstellung Genschers, der seit Sommer 1981 einen Koalitionswechsel betrieb – in der Haltung der SPD zur Stationierung der amerikanischen Mittelstreckenwaffen auf deutschem Boden.[40] Das war nicht ohne bittere Ironie. Denn als Helmut Kohl nach einem erfolgreichen Misstrauensvotum im Bundestag das Kanzleramt bezog, trat er die Nachfolge jenes Mannes an, der den NATO-Doppelbeschluss angeregt hatte.

Dass Helmut Schmidt ihn nicht mehr durchsetzen konnte, lag an seiner eigenen Partei. Die SPD ließ ihn im Stich. Erschöpft nicht zuletzt von der kräftezehrenden Aufgabe, die Deutschen auf den Boden der weltpolitischen Realitäten zu führen, sahen sich die Sozialdemokraten zu dem neuerlichen Kraftakt außerstande. Immerhin ging es um nicht weniger, als den Schulterschluss mit Amerika zu üben und die Sowjetunion in ihre Grenzen zu weisen. 1983 beschlossen Bundesregierung und Bundestag die Stationierung neuer Atomraketen.

ÜBERRASCHUNG

Die Kapitulation der Geschichte 1983–1991

Es war eine Kampfansage. Der Westen zeigte Flagge. Am 14. November 1983 begann die NATO mit der Stationierung amerikanischer Marschflugkörper in Großbritannien; eine Woche später, am 22. November, stellte der Deutsche Bundestag fest, am Doppelbeschluss und damit an der Aufstellung neuer Raketen vom Typ Pershing II festhalten zu wollen. Eingeläutet hatte dieses Kräftemessen der amerikanische Präsident. Seit dem 20. Januar 1981 im Amt, war der Republikaner Ronald Reagan im Frühjahr 1983 in die Offensive gegangen: Die Sowjetunion, so erklärte er am 8. März der Weltöffentlichkeit, sei das »Reich des Bösen«.[1] Zwei Wochen später ließ er seinen Worten Taten folgen. Am 23. März 1983 kündigte Reagan großangelegte Forschungs- und Entwicklungsarbeiten auf dem Gebiet der Raketenabwehr an.

Hatte der Präsident zunächst ziemlich nahtlos an die Politik seines demokratischen Vorgängers Carter angeknüpft, wurde jetzt erkennbar, dass seine Rüstungsprogramme auf die Wiederherstellung der militärischen Überlegenheit der USA zielten. Das war nicht nur Kraftmeierei. Vielmehr wollte Ronald Reagan, der nach einer langen beruflichen Karriere als Schauspieler, Lobbyist und zuletzt Gouverneur von Kalifornien erst mit siebzig das Weiße Haus bezogen hatte, den Amerikanern jenes Selbstvertrauen zurückgeben, das sie auf den Schlachtfeldern Südostasiens verloren hatten.

Andererseits kamen seine Pläne einer Aufkündigung der militärisch-politischen Parität gleich, wie sie beispielsweise durch die SALT-Verträge festgeschrieben worden war. Das galt vor allem für SDI, Reagans *Strategic Defense Initiative*, mit der es eines Tages gelingen sollte, feindliche Nuklearraketen schon während des Anflugs auszuschalten. In diesem Fall hätte SDI die sowjetische Zweitschlagfähigkeit bedrohen, damit die gesamte Abschreckungslogik des Kalten Krieges gefährden und die nukleare strategische Balance zwischen den Supermächten zugunsten der USA außer Kraft setzen können. So jedenfalls sah man die Sache im Kreml.

Das war die eine Seite. Es gab aber noch eine andere: Am 18. November 1981 hatte Reagan in einer Rede vor dem *National Press Club* bekannt gegeben, dass er dem sowjetischen Generalsekretär Breschnew eine substantielle Verringerung der strategischen Waffen vorgeschlagen habe. Die Gespräche darüber sollten als START, als *Strategic Arms Reduction Talks*, geführt werden. Gleichzeitig schlug Reagan eine »Null-Lösung« im Bereich der nuklearen Mittelstreckenraketen in Europa vor.[2] Tatsächlich nahmen Sowjets und Amerikaner am 30. November 1981 in Genf Verhandlungen über die Mittelstreckenraketen auf, am 29. Juni 1982 auch über die strategischen Atomwaffen.

Als die Genfer Gespräche auf der Stelle traten, hatten die Gegner der Nachrüstung einen Beweis, ihre Befürworter keine Alternative. Die Gegner, vor allem in den Reihen der Friedensbewegung, hatten immer schon behauptet, dass Reagans Verhandlungsvorschläge nichts als großangelegte Täuschungsmanöver gewesen seien. Die Befürworter der Nachrüstung schritten zur Tat – vorneweg die Bonner Koalition. Der Regierungswechsel vom Oktober 1982 hatte den Weg dafür frei gemacht.

Helmut Kohl, Anfang April 1930 in der Nähe von Ludwigshafen am Rhein geboren, war zu jung, um noch in den Krieg ziehen zu müssen. Gleichwohl blieb auch er von den Erfahrungen der Katastrophe geprägt – weil er seinen älteren Bruder im Krieg verlor, und weil ihn der Anblick seiner in Trümmern liegenden Heimat zeitlebens nicht losgelassen hat. Auch deshalb engagierte sich Kohl schon in der Gymnasialzeit und während des Studiums der Geschichte und der Rechts- und Staatswissenschaften, das er 1958 mit der Promotion abschloss, in der Politik.

Seit 1947 war er in der Jungen Union aktiv, 1953 rückte er in den Vorstand der pfälzischen CDU, zwei Jahre später in den Landesvorstand von Rheinland-Pfalz auf. Von dort aus eroberte Kohl in zwei Jahrzehnten die christdemokratische Partei und baute sie systematisch zu seiner Machtbasis aus. 1959 saß er als jüngster Abgeordneter im Mainzer Landtag, 1963 wurde der Dreiunddreißigjährige dort Chef der Fraktion. Drei Jahre später übernahm Helmut Kohl den Landesvorsitz der CDU, 1969 war er Ministerpräsident von Rheinland-Pfalz. Eine Bilderbuchkarriere, wenn auch vorerst eine regionale. Der erste Anlauf zur Eroberung des CDU-Vorsitzes scheiterte 1971, doch zwei Jahre später war er am Ziel: Seit 1973 führte Helmut Kohl die Bundespartei. In der Bundestagswahl 1976 verfehlte er gegen Helmut Schmidt knapp die absolute Mehrheit. Der Pfälzer blieb jedoch in Bonn, leitete fortan auch im Bundestag die Fraktion von CDU/CSU. Erst jetzt sammelte Kohl auch im engeren Sinne Erfahrungen auf dem Gebiet der Außen- und Sicherheitspolitik. Dass er hier ein Fachmann gewesen wäre, ließ sich nicht sagen, als er Anfang Oktober 1982 das Bundeskanzleramt bezog.

Das änderte sich rasch, weil die anstehende Umsetzung des NATO-Doppelbeschlusses, die Kohl an die Macht gebracht hatte, eine klare Position gegenüber Partnern wie Gegnern in der Welt und einen langen Atem gegenüber der massiven Opposition im Innern verlangte. Die Entscheidung vom November 1983, am Doppelbeschluss festhalten zu wollen, fiel gegen die Stimmen der SPD und der Grünen, die mit den Wahlen vom 6. März 1983 erstmals in den Bundestag gekommen waren. Tatsächlich schien die weitere Entwicklung den Gegnern der Nachrüstungspolitik Recht zu geben: Am 23. November 1983, nur einen Tag, nachdem der Bundestag der Stationierung neuer amerikanischer Mittelstreckenraketen in der Bundesrepublik zugestimmt hatte, unterbrach die Sowjetunion die Genfer INF-Verhandlungen. Wenige Monate später, im Frühjahr 1984, begann der Kreml mit den angekündigten Gegenmaßnahmen, unter anderem mit der Verlegung von Mittelstreckenraketen kürzerer Reichweite, insbesondere des Typs SS 12/22, nach Mitteleuropa. Konnte es sein, dass sich der Westen verrechnet und die Sowjetunion genügend Reserven hatte, um die Herausforderung anzunehmen und eine neuerliche Runde im Rüstungswettlauf durchzustehen?

Das war auch deshalb eine schwierige Lage, weil sich der Westen Anfang der achtziger Jahre nicht wirklich einig war, weil nicht einmal die Mitglieder der Europäischen Gemeinschaft an einem Strang zogen. Das galt nicht nur für die Raketenfrage, sondern zum Beispiel auch für die gefährliche Dauerkrise im Nahen Osten. Hier erleichterte Israel den Europäern mit diversen Aktionen – wie der Bombardierung des im Bau befindlichen irakischen Atomreaktors Osirak im Juni 1981 oder der Invasion des Südlibanon ein Jahr darauf – eine Kurskorrektur hin zu den arabischen Staaten und damit nicht zuletzt zur Sicherung der Ölzufuhr. Wenig geschlossen zeigte sich der Westen auch während des militärisch ausgetragenen Konflikts zwischen England und Argentinien um die Falklandinseln, der Mitte Juni 1982 mit der Kapitulation der argentinischen Invasoren auf der seit fast hundertfünfzig Jahren von London beanspruchten Inselgruppe endete.

Von einer gemeinsamen europäischen Außenpolitik konnte bei alledem kaum die Rede sein. Ein deutsch-italienischer Vorstoß vom November 1981 führte nach anderthalbjährigen Verhandlungen im Juni 1983 gerade einmal zu einer »Feierlichen Deklaration«, also in die Sackgasse. Erst mit der Einheitlichen Europäischen Akte, die am 1. Juli 1987 in Kraft trat, gab es einen substantiellen Fortschritt. Sie brachte die erste Reform der Römischen Verträge von 1957 und stellte so etwas wie eine Übergangslösung auf dem Weg zur vorerst nicht erreichbaren Politischen Union dar. Nicht zuletzt wurden mit der Akte sowohl die Europäische Politische Zusammenarbeit als auch der Europäische Rat in das Vertragswerk eingegliedert, also europäischem Recht unterstellt.

Zügiger ging es mit der Weiterentwicklung der deutsch-französischen Beziehungen voran. Helmut Kohl und François Mitterrand setzten die gute Zusammenarbeit ihrer Vorgänger fort. Das war nicht selbstverständlich. Denn auf den ersten Blick hatten der deutsche Christdemokrat und der französische Sozialist, der im Mai 1981 auch mit den Stimmen der Kommunisten zum Staatspräsidenten gewählt worden war, wenig gemeinsam. Aber dann kam man sich doch rasch näher. Was der Händedruck der beiden auf dem Schlachtfeld von Verdun im September 1984 symbolisch zum Ausdruck brachte, wurde in praktische Politik umgesetzt.

Selbst auf dem traditionell besonders sensiblen militärischen Terrain gab es Fortschritte. Ende Februar 1986 erklärte sich der französische Präsident bereit, den Bundeskanzler über den etwaigen Einsatz jener Nuklearwaffen zu konsultieren, deren Reichweite nicht über deutsches Gebiet hinausging. Hinzu kamen gemeinsame Manöver, die Anfänge einer koordinierten Offiziersausbildung, Planungen für einen gemeinsamen Panzerabwehrhubschrauber sowie die Aufstellung einer deutsch-französischen Brigade. Und als Deutsche und Franzosen am 22. Januar 1988 das fünfundzwanzigjährige Jubiläum des Elysée-Vertrages begingen, wurde unter anderem ein gemeinsamer Verteidigungs- und Sicherheitsrat eingerichtet. Zu seinen Aufgaben gehörte immerhin die »Entwicklung und Vertiefung der Rüstungszusammenarbeit unter Berücksichtigung der Notwendigkeit, zur Sicherung der gemeinsamen Verteidigung ein angemessenes industrielles und technologisches Potential in Europa aufrechtzuerhalten und zu stärken«.[3]

Ganz in diesem Sinne beteiligte sich die Bundesrepublik auch an jenem ambitiösen Projekt eines eigenen europäischen Hochtechnologieprogramms, das am 17. Juli 1985 durch siebzehn Staaten aus der Taufe gehoben worden war: EUREKA, die *European Research Coordination Agency*, war eine französische Initiative. Im Kern ging es dabei um den Versuch, ein wissenschaftlich-technologisches Modernisierungsprogramm zu realisieren, damit es Europa in Zukunft mit den bislang haushoch überlegenen Amerikanern aufnehmen konnte. Bei Lichte betrachtet, war EUREKA auch eine Antwort Mitterrands auf Reagans SDI. Wie überhaupt die amerikanische Herausforderung ein Motor der deutsch-französischen Kooperation und der europäischen Integration blieb.

Denn Ronald Reagans Wirtschafts- und Finanzpolitik musste unmittelbare Auswirkungen auf Europa haben. Das galt für die deutliche Erhöhung des Bundeshaushalts, allen voran der Verteidigungsausgaben, und die Hochzinspolitik der Notenbank, die dazu führte, dass sich der Wert eines US-Dollars zwischen 1980 und 1985 auf beinahe 3,50 D-Mark verdoppelte; und es galt insbesondere für die atemberaubende Verschuldung: 1986 hatte das Haushaltsdefizit eine Rekordhöhe von 221 Milliarden US-Dollar erreicht. Über die langfristigen Folgen, die Ronald Reagans Hochzins- und Verschuldungspolitik für Europa haben musste, konnte man einstweilen nur spekulieren.

Klar und eindeutig waren hingegen die Maßnahmen der neuen Administration, die sich unmittelbar auf Europa bezogen. So die im Juni 1982 verhängte Importausgleichsabgabe für europäischen Stahl oder auch der massive Druck, den Washington auf seine europäischen Verbündeten ausübte, um sie zu einer Beteiligung an Wirtschaftssanktionen gegenüber der Sowjetunion zu bewegen. Davon besonders betroffen war die Bundesrepublik. Hier verspürte man wenig Neigung, wegen der Vorgänge in Afghanistan oder Polen von einem geplanten neuen Erdgas-Röhren-Geschäft mit den Sowjets Abstand zu nehmen. Wie schon bei ähnlichen Vereinbarungen in den voraufgegangenen Jahren stand das Projekt zwar unter deutscher Führung, doch beteiligten sich zahlreiche Firmen aus anderen westeuropäischen Ländern. Deshalb schwenkten insbesondere der französische Präsident François Mitterrand, aber auch die britische Premierministerin Margaret Thatcher auf eine Art europäische Einheitsfront ein, um dem amerikanischen Ansinnen wirkungsvoller entgegentreten zu können.

Gewiss, Reagans Vorhaltungen, wonach Westeuropa immer stärker von sowjetischen Erdgaslieferungen abhängig und damit erpressbar werden könne, oder sein Argument, dass durch solche Geschäfte die Deviseneinnahmen der Sowjetunion erhöht und mit diesen wiederum die Stärkung ihres militärischen Potentials bewirkt werde, mochten – isoliert betrachtet – nicht falsch sein. Aber in den Metropolen Westeuropas konnte man sich nicht des Eindrucks erwehren, dass der Präsident die Europäer auf einen Kreuzzug gegen die Sowjetunion verpflichten wollte. Denn Reagan beschränkte seine Kampagne nicht auf die Wirtschaftspolitik, sondern dehnte sie auf andere Bereiche wie den KSZE-Prozess aus, der für die Europäer stets eine größere Bedeutung besessen hatte als für die Amerikaner.

Ohnehin stand es mit der Konferenz über Sicherheit und Zusammenarbeit in Europa nicht zum Besten. Dem zweiten Folgetreffen, das mit einer rund achtmonatigen Unterbrechung von November 1980 bis September 1983 in Madrid abgehalten wurde, drohte gar nach der Verhängung des Kriegsrechtes in Polen der Abbruch. Wieder waren es vor allem die Amerikaner, die auf drastische Maßnahmen gegen die Sowjets und ihre Verbündeten – nun auch im Rahmen des KSZE-Prozesses – drängten; wieder waren es die Europäer, allen voran die Deutschen, die gerade wegen der allgemeinen Klimaverschlechterung nicht auch noch dieses Gesprächsforum gefährden wollten. Denn die Regierung Kohl setzte auch bei der KSZE den bisherigen außenpolitischen Kurs im Wesentlichen fort – ein mühsames, ein zähes Unternehmen.

Greifbare Erfolge zeitigte lediglich die KVAE, die Konferenz für Vertrauens- und Sicherheitsbildende Maßnahmen und Abrüstung in Europa, deren Einberufung in Madrid beschlossen worden war. Als sie nach gut zweieinhalb Jahren am 19. September 1986 ihre Arbeit einstellte, konnte man mit Fug und Recht von einem Durchbruch sprechen. Die Schwerpunkte des KVAE-Schlussdokuments lagen auf dem Gebiet der Ankündigung und Beobachtung von Manövern einschließlich sogenannter Überraschungsinspektionen. Dass Ende März 1987 erstmals zwei Bundeswehroffiziere in Uniform ein Manöver von sowjetischen Soldaten und Angehörigen der Nationalen Volksarmee auf dem Gebiet der DDR beobachteten, war eine Sensation und zugleich Ausdruck einer aufziehenden neuen Epoche.

Im Frühjahr 1989 sah es sogar danach aus, als könne es in absehbarer Zeit zu den vom Westen geforderten Reduzierungen konventioneller Streitkräfte in Europa kommen. Als am 15. Januar in Wien das dritte KSZE-Folgetreffen nach gut zweieinhalb Jahren zu Ende ging, hatten die Teilnehmer den KVAE-Gedanken in Form von Verhandlungen über Vertrauens- und Sicherheitsbildende Maßnahmen (VVSBM) fortgeschrieben. Außerdem erteilte die KSZE den Staaten der NATO und des Warschauer Paktes ein Mandat, Verhandlungen über Konventionelle Streitkräfte in Europa (VKSE) zu führen. Sie sollten die seit 1973 mehr oder weniger stagnierenden und am 2. Februar 1989 ohne Ergebnis eingestellten MBFR-Verhandlungen ablösen, jedoch ausdrücklich »im Rahmen des KSZE-Prozesses«.[4] Am 9. März 1989 fiel der Startschuss sowohl für VVSBM als auch für VKSE. Gemessen an den zähen und durchweg ergebnislosen Verhandlungen der Vergangenheit kam das einer Revolution gleich. Was war geschehen?

Am 11. März 1985 hatte Michail Gorbatschow, ein bis dahin im Westen relativ unbekannter Mann, das Amt des Generalsekretärs der KPdSU übernommen. Er war damit nach Jurij W. Andropow und Konstantin U. Tschernenko bereits der dritte Nachfolger des im November 1982 gestorbenen Breschnew. 1931 geboren, gehörte er zu den Jüngsten in der vergreisten Führungsspitze der Sowjetunion. Nach dem Aufstieg zum Parteisekretär in seiner kaukasischen Heimat war er 1978 als Landwirtschaftssekretär ins Zentralkomitee der KPdSU berufen worden, wo er als Mann mit wirtschaftlichem Sachverstand galt. Seit 1980 gehörte er dem Politbüro als Vollmitglied an. Als Generalsekretär stand Gorbatschow für ein Programm, das seit Januar 1987 als *Perestroika* firmierte und auf die Reform der gesellschaftlichen, wirtschaftlichen und politischen Strukturen der Sowjetunion zielte. Am Ende des Weges sollten eine reformierte Partei und ein erneuertes Staatswesen stehen, die sich im Wettlauf der Systeme gegenüber der westlichen Konkurrenz behaupten und durchsetzen konnten.

Dass sich der Prozess alsbald verselbständigte und die Reise gewissermaßen am falschen Ziel, also mit der Auflösung von Partei, Staat und Imperium endete, darf nicht über Gorbatschows eigentliche Zielsetzung hinwegtäuschen. Auch dieser Generalsekretär war ursprünglich ganz und gar einer Tradition verpflichtet, die für die sowjetische Führung seit den Tagen Lenins verbindlich und seit der Katastrophe des Zweiten Weltkrieges die oberste Richtschnur ihrer Außen- und Sicherheitspolitik war: Die Sowjetunion musste unter allen Umständen ihren Gegnern und Herausforderern gewachsen sein. Koste es, was es wolle. Eine Aufgabe dieser Kardinalmaxime, von der Aufgabe des Systems selbst gar nicht zu reden, wäre einer Kapitulation gleichgekommen. Schon deshalb stand sie außer Frage. Auch für Gorbatschow.

Unter anderem aus diesem Grund war die Außen- und Sicherheitspolitik ursprünglich kein Bestandteil des Reformprozesses. Wohl aber sollte sie einige Voraussetzungen beziehungsweise Rahmenbedingungen für die Umsetzung der *Perestroika* schaffen. Die spürbare Verlangsamung des Rüstungswettlaufs, auf die Gorbatschows zum Teil sensationelle Abrüstungsvorschläge hinausliefen, sollte unter anderem zu einer drastischen Reduzierung der Militärausgaben und diese wiederum zur Erholung der sowjetischen Wirtschaft beitragen. Wie sich die Dinge entwickelt hätten, wenn der Westen Gorbatschow die kalte Schulter gezeigt hätte, wissen wir nicht. Dass eben das nicht geschah, lag auch an der Unterstützung, die er von ganz unerwarteter Seite erhielt.

Ausgerechnet beim amerikanischen Präsidenten, der noch zwei Jahre zuvor die Sowjetunion als das »Reich des Bösen« bezeichnet hatte, fanden die Vorschläge und Initiativen Gorbatschows nachhaltige Resonanz. In erster Linie war es der Druck des Repräsentantenhauses mit seiner demokratischen

Mehrheit, der Ronald Reagan zwang, sich auf den Dialog mit Gorbatschow einzulassen. Hinzu kam die »Iran-Contra-Affäre«, die den Präsidenten in die allergrößte Verlegenheit brachte: Nicht nur unterstützten einige Mitarbeiter des Nationalen Sicherheitsrates die oppositionellen Contras in Nicaragua und unterliefen damit die Verfassung; die Gelder für die verdeckte Operation stammten zudem ausgerechnet aus Waffengeschäften mit den iranischen Mullahs. So unter Druck geraten, machte sich Reagan jetzt an die Umsetzung jener Vorschläge, die er selbst Mitte November 1981 der damals erstaunten Weltöffentlichkeit bekannt gegeben hatte, und verschaffte sich so Luft.

Am 8. Dezember 1987 unterzeichneten Reagan und Gorbatschow, der seinerseits – vor allem seit der Reaktorkatastrophe von Tschernobyl am 26. April 1986 – unter zunehmendem Erfolgsdruck stand, in Washington den INF-Vertrag. Demnach sollten alle landgestützten Mittelstreckenraketen größerer Reichweite, also zwischen tausend und fünftausendfünfhundert Kilometern, innerhalb von drei Jahren und alle landgestützten Mittelstreckenraketen kürzerer Reichweite, also zwischen fünfhundert und tausend Kilometern, innerhalb von anderthalb Jahren nach Inkrafttreten des Vertrages beseitigt sein. Außerdem wurden Inspektionen und andere Maßnahmen festgelegt. Beide Seiten haben sich an den Vertrag gehalten: Im Mai 1991 wurde die letzte SS 20 verschrottet. Erstmals in der Geschichte der Abrüstung und der Rüstungskontrolle hatte ein Staat, die Sowjetunion, in einem zentralen strategischen Bereich auf seine Überlegenheit verzichtet; erstmals wurde ein hochmodernes Waffensystem vollständig zur Vernichtung freigegeben.

Vor allem an einem Ort Europas hätte ob dieser »doppelten Null-Lösung« Feierstimmung herrschen müssen: in Bonn. Gewiss, die Friedensbewegung verbuchte sich die sensationelle Kehrtwendung als Erfolg auf ihr Konto. Anders die Politik, anders die Regierung Kohl. Ausgerechnet mit dem

INF-Vertrag begann in den Dämmerstunden des Kalten Krieges eine weitere Runde deutsch-amerikanischer Irritationen, und einmal mehr ging es dabei um ein altes Thema: Waffen, in diesem Fall um die formal in deutschem Besitz befindlichen Pershing I A. Der Kreml bestand auf der Einbeziehung dieser Mittelstreckenraketen in das Gesamtpaket. Erst Ende August 1987 erklärte sich die Bundesregierung bereit, nach Inkrafttreten des INF-Vertrages auch die deutschen Pershing I A abzubauen. Natürlich gab es keine Alternative: Offiziell handelte es sich zwar um eine autonome deutsche Entscheidung. Da aber die Atomsprengköpfe unter amerikanischer Kontrolle standen, gab es in der Sache letztlich nichts zu entscheiden.

Hinter der anfänglichen deutschen Skepsis gegenüber der doppelten Null-Lösung steckte ein grundsätzliches Problem. Zwar konnte kein vernünftiger Mensch etwas gegen die Vernichtung der gefährlichen Raketen einwenden – nur änderte sie nichts an der sowjetischen Überlegenheit. Denn die Verschrottungsaktion betraf weder die konventionellen Waffen noch die atomaren Kurzstreckenraketen mit einer Reichweite von weniger als fünfhundert Kilometern. Damals verfügte die NATO über achtundachtzig vergleichsweise veraltete Kurzstreckenraketen vom Typ Lance; in den Arsenalen des Warschauer Paktes hingegen lagerten knapp tausendvierhundert zum Teil hochmoderne Systeme.

Damit stand die NATO vor der Alternative, entweder auf dem Gebiet der atomaren Kurzstreckenwaffen ihrerseits nachzurüsten oder aber einen vollständigen Abbau auch dieser Systeme in Europa, also eine dritte Null-Lösung, herbeizuführen. Die Bundesregierung sprach sich anfangs entschieden gegen eine solche Lösung aus und wusste sich damit in vollständiger Übereinstimmung mit ihren wichtigsten Partnern. Das änderte sich im Winter 1988/89. Während Washington und London auf einer Modernisierung der Lance-Raketen bestanden, wollte Bonn jetzt mit Moskau über eine Reduzierung oder sogar den vollständigen Abbau der sowjetischen Raketen verhandeln und bündnisintern nicht vor 1992 über die Einführung eines Nachfolgesystems entscheiden. Zur Begründung erklärte der Bundeskanzler, der sich diese Position allerdings nur zögernd zu Eigen gemacht hatte, am 27. April 1989 vor dem Bundestag, dass die Bundesrepublik angesichts der Reichweite der Kurzstreckensysteme von der Problematik stärker berührt sei als alle anderen NATO-Partner: »Von daher ist es für mich selbstverständlich, daß unsere Freunde für unsere Interessen das gleiche Verständnis haben, wie wir es bei vielen Gelegenheiten ebenso selbstverständlich für sie bewiesen haben.«[5] Das war ein Irrtum.

Der Ton wurde gereizter, die Kritik vor allem der amerikanischen und britischen Presse an der Bündnispolitik der Bonner Regierung wurde lauter. Ganz offensichtlich ging es im Frühjahr 1989 nur noch am Rande um die Raketen beziehungsweise ihre Modernisierung. Vielmehr brachen sich starke Zweifel der Verbündeten an der Zuverlässigkeit des deutschen Partners Bahn. Schon bald kursierten sie in der blumigen Wortschöpfung »Genscherismus«. In dieser Zeit entstand die Skepsis gegenüber dem deutschen Außenminister, die nie mehr ganz ausgeräumt werden konnte. Vielmehr erhielt sie nach dem Mauerfall, vor allem in der Frage der Bündniszugehörigkeit des vereinigten Deutschland, neue Nahrung.

Hinter der vordergründigen Kritik an der Bonner Politik kamen also alte Sorgen und Ängste der Verbündeten zum Vorschein. Immer wieder wurde im Frühjahr 1989 die Vermutung geäußert, dass Deutschland, ohnehin die »dominierende Wirtschaftsmacht in West-Europa«, nach neuer »Macht im Osten« strebe,[6] und dass Bonn erneut gegenüber der Sowjetunion eine »selbstbewußte und unabhängige Politik« betreiben wolle.[7] Aus dieser Perspektive war Gorbatschow gleichsam der Steigbügelhalter der deutschen Ambitionen, und es ging um nichts weniger als Deutschlands künftige Rolle in Europa. Zwar rechnete damals noch niemand mit der Überwindung der deutschen Teilung, schon weil eine Implosion der Sowjetunion unvorstellbar schien. Aber allein die Aussicht, dass die

Bundesrepublik im Windschatten der sowjetischen Turbulenzen eine größere außenpolitische Bewegungsfreiheit erhalten könnte, löste Besorgnis aus.

So gesehen waren die Raketen nur ein Vorwand. Immerhin zögerten nicht nur die Deutschen in der Frage der Modernisierung der Kurzstreckensysteme, sondern auch die Regierungen Belgiens, Dänemarks, Griechenlands, Spaniens und Italiens, ohne dass in diesen Fällen eine vergleichbare Kritik hörbar wurde. Mitterrand unterstützte sogar zeitweilig die deutsche Forderung, die Sache aufzuschieben. So kam es, wohin es kommen musste: zu einem Kompromiss. Ende Mai 1989 vertagte die NATO ihre Entscheidung bis 1992. Da aber gab es den Warschauer Pakt nicht mehr – und die Sowjetunion, die DDR und die Berliner Mauer auch nicht.

Vorhersehbar war diese dramatische Entwicklung nicht. Ganz im Gegenteil deutete während der achtziger Jahre alles darauf hin, dass der DDR die Zukunft gehöre. Ohne große Umstände machte die christlich-liberale Regierung da weiter, wo ihre sozial-liberale Vorgängerin aufgehört hatte. Gewiss, Helmut Kohl betonte vernehmlicher als Schmidt die Unvereinbarkeit der politischen, wirtschaftlichen und sozialen Systeme. Auch versah er die jährlichen Berichte zur »Lage der Nation« wieder demonstrativ mit dem Zusatz »im geteilten Deutschland«, der 1970 stillschweigend gestrichen worden war. Aber damit ließ sich in Ost-Berlin leben, solange die geschäftliche Grundlage der Beziehungen stimmte. Das tat sie. Nicht nur griff die neue Bundesregierung dem SED-Regime 1983 und 1984 mit Milliardenkrediten stabilisierend unter die Arme. Der Bundeskanzler versicherte dem Staatsratsvorsitzenden auch, ihn »als einen Partner kennengelernt« zu haben, »auf den Verlaß sei«.[8] Vor allem aber wurde der DDR in der Ära Kohl jene Anerkennung und Aufwertung zuteil, die für Honecker und Genossen fast ebenso wichtig war wie die harte D-Mark.

Vom 7. bis zum 11. September 1987 weilte der gebürtige Saarländer Erich Honecker als erster Staats- und Parteichef der DDR auf einem offiziellen Besuch in der Bundesrepublik. Die Reise ging auf eine Einladung Schmidts vom Dezember 1981 zurück. Sie hatte wiederholt verschoben werden müssen, weil die Sowjets Einwände gegen deutsch-deutsche Alleingänge erhoben. Als der Staatsratsvorsitzende nun bei seiner Ankunft in Bonn mit protokollarischen Ehren empfangen wurde, genoss er sichtlich den Triumph. Immerhin hatte die Bundesrepublik den anderen deutschen Staat ja fast fünfundzwanzig Jahre lang zu ignorieren und zu isolieren versucht, und das nicht ohne Erfolg. Aus Sicht des SED-Regimes war daher Honeckers symbolträchtiger Auftritt in der Bundesrepublik gleichbedeutend mit dem endgültigen Todesstoß für die Bonner »Alleinvertretungsanmaßung«.

In Bonn wussten sie natürlich, was sie taten. Da dort alle die innere, namentlich die wirtschaftliche Stabilität der DDR ziemlich hoch einschätzten, konnten Finanzkredite, Honecker-Besuch und anderes mehr nur dazu beitragen, das System weiter zu stabilisieren. Diese Zielsetzung war Mitte der achtziger Jahre quer durch die politischen Parteien der Bundesrepublik mehrheitsfähig. Gleichwohl erklärte Kohl dann in seiner Tischrede, deren Direktübertragung er zu einer Voraussetzung für den Empfang des Staatsratsvorsitzenden gemacht hatte: »Die Präambel unseres Grundgesetzes ... fordert das gesamte deutsche Volk auf, in freier Selbstbestimmung die Einheit und Freiheit Deutschlands zu vollenden ... Wir stehen zu diesem Verfassungsauftrag, und wir haben keinen Zweifel, daß dies dem Wunsch und Willen, ja der Sehnsucht der Menschen in Deutschland entspricht ... Die Menschen in Deutschland leiden unter der Trennung.«[9]

Nun sind Sehnsüchte eine Sache, realistische Aussichten eine andere. Niemand, auch der Kanzler nicht, hat es im Herbst 1987 für möglich gehalten, dass die Mauer fallen und die Teilung Deutschlands innerhalb von drei Jahren überwunden werden könnte. Denn keiner ahnte, dass die Sowjetunion zerbröseln und die Revolution ihre Kinder entlassen würde. Nichts anderes aber bedeutete Moskaus Abkehr von der Breschnew-Doktrin, die zwanzig Jahre zuvor – im Umfeld des Einmarsches von Truppen des Warschauer Paktes in die Tschechoslowakei – formuliert worden war und den Staaten des Ostblocks auch öffentlich eine Einschränkung ihrer Souveränität verordnet hatte. Zum Abschluss des Bukarester Gipfeltreffens attestierte am 8. Juli 1989 ebendieser Warschauer Pakt jedem Volk das Recht, »selbst das gesellschaftspolitische und ökonomische System, die staatliche Ordnung, die es für sich als geeignet betrachtet, zu wählen«.[10]

Das war der Anfang vom Ende der Sowjetunion. Der Untergang hatte vielfältige Ursachen – an vorderster Stelle die vollständige Erschöpfung der wirtschaftlichen Ressourcen, die mangelnde Flexibilität der staatstragenden Ideologie, die Erschütterung des militärisch-strategischen Selbstbewusstseins durch das Afghanistan-Debakel, die schonungslose Überdehnung der imperialen Kräfte und ganz gewiss auch die Unterdrückung und Unterschätzung des Strebens nach nationaler Eigenständigkeit. Was den Völkern über Jahrzehnte verwehrt worden war, klagten sie jetzt ein. So brach seit Mitte der achtziger Jahre jener Damm, der während des Kalten Krieges mühsam – oft gegen Widerstand – gebaut und gehalten worden war. Gegen die elementare Wucht, mit der sich der Wille zu nationaler Unabhängigkeit Geltung verschaffte, gab es kein Halten. Mit Worten nicht, und mit Gewalt auch nicht. Den Anfang machten einmal mehr die Polen. Im Verlauf des Jahres 1988 überzogen erneut Streikwellen das Land, und seit Februar 1989 wurde dann unter Beteiligung der nach wie vor illegalen *Solidarność* am Runden Tisch über die Zukunft Polens beraten. Am 4. Juni 1989 konnten erstmals »halbfreie« Wahlen durchgeführt werden.

Im Oktober 1988 formierten sich in Estland, Lettland und Litauen die ersten oppositionellen Volksfronten, deren erklärtes Ziel die Wiederherstellung der staatlichen Unabhängigkeit war. Vor aller Welt forderten die Menschen von Gorbatschow, sich zu den geheimen Absprachen Stalins mit Hitler zu bekennen und sie zu revidieren. Als der Kreml am 18. August 1989 offiziell die Existenz sämtlicher Dokumente des »Hitler-Stalin-Paktes« sowie der daran anschließenden Absprachen zugab, war klar, dass der Zusammenbruch der Sowjetunion kaum mehr aufzuhalten war.

In dieser unruhigen Zeit besuchte Gorbatschow vom 12. bis zum 15. Juni 1989 die Bundesrepublik. Die Visite war schon wegen des guten Einvernehmens zwischen Kohl und Gorbatschow bemerkenswert. Das Verhältnis zwischen den beiden hatte nämlich einen Tiefpunkt erreicht, als Kohl Ende Oktober 1986 gegenüber amerikanischen Journalisten, wenn auch *off the record*, Gorbatschow mit Goebbels verglichen hatte.[11] Das war Vergangenheit. Jetzt verstand man sich gut. Am 13. Juni 1989 gaben die beiden eine gemeinsame Erklärung ab, die gewissermaßen die Bukarester Liquidation der Breschnew-Doktrin vorwegnahm und unter anderem feststellte: »Das Recht aller Völker und Staaten, ihr Schicksal frei zu bestimmen und ihre Beziehungen zueinander auf der Grundlage des Völkerrechts souverän zu gestalten, muß sichergestellt werden.«[12] Galt das nicht auch für das deutsche Volk und die beiden deutschen Staaten?

Das sahen die Mitglieder der senilen Führungsspitze in Ost-Berlin anders. Noch im Januar 1989 hatte der Staatsrats- und Parteivorsitzende Erich Honecker prophezeit, dass die Mauer auch nach fünfzig und hundert Jahren stehen werde, sofern die »dazu vorhandenen Gründe« weiterhin bestünden.[13] So gesehen waren die Reaktionen von SED und DDR-Volkskammer auf das Massaker in Peking konsequent. Anfang Juni 1989 hatten sich auf dem Platz des Himmlischen Friedens zehntausende vorwiegend junge Demonstranten eingefunden, um ihren Forderungen nach einer demokratischen Öffnung des Systems Nachdruck zu verleihen. Als die von der chinesischen Führung eingesetzte Armee unter ihnen ein Blutbad anrichtete, reagierte die Weltöffentlichkeit mit nahezu einhelliger Empörung. Zu den wenigen Ausnahmen gehörte die Volkskammer der DDR, die am 8. Juni zwar ihrem Bedauern über die Opfer Ausdruck gab, aber gleichzeitig – und zwar einstimmig – das Vorgehen des Regimes in Peking billigte.[14]

Das waren Verlautbarungen einer Politkaste, die längst den Kontakt zur Wirklichkeit und damit zum Volk verloren hatte. Das wollte raus. Im Sommer 1989 bekam es die Chance. Nachdem Ungarns Außenminister Gyula Horn zum Abschluss eines Besuchs in Österreich am 27. Juni gemeinsam mit seinem Wiener Amtskollegen Alois Mock ein Loch in den Grenzzaun zwischen beiden Ländern geschnitten hatte, gab es kein Halten mehr. Denn der symbolische Akt hatte sehr konkrete Folgen – der »Eiserne Vorhang« war durchlässig geworden. Obgleich die ungarischen Behörden die Staatsangehörigen der DDR vorerst noch an der Ausreise nach Österreich zu hindern suchten, gelang in den folgenden Wochen Tausenden der Grenzübertritt. Je mehr sich das östlich der Elbe nicht zuletzt durch die westlichen Medien herumsprach, umso stärker schwoll der Flüchtlingsstrom an. Seine Hauptroute führte durch die Tschechoslowakei, da Staatsbürger der DDR für die Einreise in die ČSSR lediglich einen Pass, aber kein Visum benötigten. Von dort versuchten die Fluchtwilligen dann, illegal die Grenze nach Ungarn zu passieren.

In dieser zusehends schwierigen Situation trafen Ungarns Ministerpräsident Miklós Németh und Außenminister Horn am 25. August 1989 auf Schloss Gymnich zu einer zunächst geheim gehaltenen Unterredung mit Kohl und Genscher zusammen. Die Männer aus Budapest versicherten, keinen Flüchtling gegen seinen Willen in die DDR abzuschieben, vielmehr den Menschen schon bald die Ausreise in die Bundesrepublik zu ermöglichen. Am 10. September 1989 gab der ungarische Außenminister über das Fernsehen die Grenzöffnung bekannt. Innerhalb von achtundvierzig Stunden passierten zehntausend Flüchtlinge aus der DDR die ungarische Grenze nach Österreich.

In den folgenden Tagen und Wochen besetzten Tausende von DDR-Bürgern die Vertretungen der Bundesrepublik in Warschau und Prag, um von dort in die Bundesrepublik auszureisen. Zwangsläufig stellten sich vor Ort katastrophale Zustände ein. So hielten sich Ende September allein auf dem Botschaftsgelände in Prag etwa viertausend Menschen auf. Nach Sondierungen hinter den Kulissen durften am 1. Oktober etwa siebentausend DDR-Bürger die Vertretungen verlassen und in die Bundesrepublik reisen. Der Transport – das war eine Bedingung der SED-Strategen – erfolgte mit Sonderzügen durch die DDR. Auf diese Weise glaubten sie die Absatzbewegung als »Ausreise« darstellen und solchermaßen das Gesicht wahren zu können. Am 4. Oktober wurde die Prozedur mit elftausend Menschen wiederholt.

Das war die Lage, als am 6. und 7. Oktober 1989 die Feiern zum vierzigsten Jahrestag der Gründung der DDR stattfanden. Prominentester Gast der üppig inszenierten Veranstaltungen war der sowjetische Staats- und Parteichef Gorbatschow. Der wollte nach wie vor die Reform des kommunistischen Systems. Honecker wollte sie nicht. Da mochten noch so viele auf die Straßen gehen. Der Staatsratsvorsitzende fühlte sich vielmehr durch die Erfolge der zurückliegenden Jahre in seiner Überzeugung bestärkt, dass der DDR auch ohne Reformen die Zukunft gehöre. Dem Besuch Honeckers in der Bundesrepublik war im Januar 1988 die prestigeträchtige Visite in der französischen Hauptstadt gefolgt, noch für 1989 hatte man den ersehnten Staatsbesuch in den USA ins Auge gefasst, und die mannigfache, auch finanzielle Unterstützung aus Bonn schien, wenn man es denn so interpretieren wollte, insgesamt für stabile Verhältnisse zu sprechen. In Moskau, wo der Zustand der DDR ziemlich genau bekannt war, wusste man es besser.

Am 18. Oktober 1989 wurde Erich Honecker »auf eigenen Wunsch« von seinen Funktionen als Staats- und Parteichef entbunden. Zeitpunkt und Verlauf des nun folgenden Umsturzes waren eine Mischung von Zufall und Inszenierung. Allerdings entglitt der inszenierte Teil zusehends der Kontrolle durch die SED-Führung. Denn die Bevölkerung spielte fortan nicht mehr die Rolle, die ihr eigentlich zugedacht war. Mit ihren Massendemonstrationen haben die Bürger der DDR einen längst eingeleiteten, nicht mehr kontrollierbaren Prozess beschleunigt und ihm schließlich eine unerwartete Wendung gegeben. Zum Nachfolger Honeckers wurde Egon Krenz gewählt, der allerdings nur eine Übergangslösung sein sollte, um anderen den Weg zur Macht zu ebnen. Bereits in seiner ersten Ansprache machte der neue Mann am 18. Oktober deutlich, worum es jetzt ging, kündigte er doch die Vorbereitung eines »Gesetzentwurf[s] über Reisen von DDR-Bürgern ins Ausland« an.[15] Ein solches Gesetz ist indessen nie in Kraft getreten, es wurde auch nicht mehr gebraucht.

Am 8. November 1989 trat das gesamte SED-Politbüro angesichts der weiter zunehmenden öffentlichen Proteste zurück; dem verkleinerten Nachfolgegremium gehörten nach wie vor Egon Krenz als Generalsekretär und Günter Schabowski als Informationssekretär des ZK der SED an. Letzterer verlas am folgenden Tag, also am 9. November 1989, kurz vor 19.00 Uhr auf einer Pressekonferenz vor laufenden Kameras eine Erklärung zum Stand der Ausarbeitung des Reisegesetzes. Darin hieß es, dass bis zu dessen Inkrafttreten einige Regelungen Gültigkeit besäßen, darunter »[s]tändige Ausreisen … über alle Grenzübergangsstellen der DDR zur BRD beziehungsweise zu Berlin (West)«.[16] Befragt, wann die Regelung in Kraft trete, antwortete Schabowski: »Sofort, unverzüglich!« Der sowjetische Gesandte in Ost-Berlin notierte dazu: »Als er diese Auskunft gab, war dem völlig übermüdeten Schabowski nicht klar – und konnte es auch nicht sein –, daß er mit diesen beiden Worten den Grundstein zur Auflösung der DDR gelegt hatte.«[17]

Mit einer Mischung aus Überraschung, Skepsis und Neugier nahm die Bevölkerung der DDR die Nachricht zur Kenntnis. Als in Berlin immer mehr Menschen deren Wahrheitsgehalt vor Ort überprüfen wollten, gaben die verunsicherten Grenzsoldaten um 23.14 Uhr die ersten Tore in der Mauer frei. Damit war es um das monströse Bauwerk geschehen. Das noch wenig zuvor für unmöglich gehaltene historische Ereignis einer Öffnung der deutsch-deutschen Grenze war das Ergebnis von Zufall, Chaos, Druck, Ratlosigkeit und zugleich Teil eines revolutionären Prozesses, der längst weite Teile Ost-, Ostmittel- und Südosteuropas erfasst hatte.

Was Deutschland angeht, so war es der Bundeskanzler, der jetzt die Initiative ergriff. Nach gut siebenjähriger Amtszeit stand seine Regierung vor großen Problemen; auf dem Bremer Parteitag der CDU wäre es im September 1989 beinahe zu einer Palastrevolte gekommen. Auch deshalb war der Mauerfall für Kohl ein Geschenk der Geschichte, und er nutzte die Chance. Am 28. November 1989 legte er in der Haushaltsdebatte des Bundestages ein sogenanntes Zehn-Punkte-Programm vor, das weder mit den Koalitionsparteien, geschweige denn der Opposition, noch mit dem Auswärtigen Amt und den Verbündeten abgesprochen oder gar abgestimmt, sondern in seiner endgültigen Formulierung lediglich mit zwei Geistlichen und Kohls Ehefrau Hannelore beraten worden war, die auch die im heimischen Oggersheim von ihrem Mann verfassten Textpassagen auf ihrer Reiseschreibmaschine abgetippt hatte.

Im zentralen fünften Punkt seines Programms schlug der Kanzler als eine Art Zwischenschritt »*konföderative Strukturen* zwischen beiden Staaten in Deutschland« vor. Voraussetzung einer solchen »bundesstaatlichen Ordnung« war »eine demokratisch legitimierte Regierung in der DDR«.[18] Doch davon konnte gegenwärtig keine Rede sein. Nachdem die alte Garde »aus dem Amt demonstriert« worden war,[19] hatte die Volkskammer in Ost-Berlin lediglich am 18. November in offener Abstimmung einen neuen Ministerrat bestätigt. Zwölf seiner achtundzwanzig Mitglieder gehörten nicht der SED an. Zum Vorsitzenden wurde Hans Modrow gewählt, und der lehnte, wie er Kohl am 19. und 20. Dezember 1989 in Dresden sagte, dessen Pläne ab.

Damit wusste sich der Ministerpräsident der DDR in guter Gesellschaft. Selbst einige der wichtigsten Verbündeten Bonns hatten mit der deutschen Einheit zumindest keine Eile. Für Briten und Franzosen stand ja auch einiges auf dem Spiel, nicht zuletzt ein Stück ihres Großmachtstatus. Neben dem ständigen Sitz im Sicherheitsrat der Vereinten Nationen und den Nuklearwaffen war die Funktion als »Siegermacht« eines der wenigen verbliebenen Großmachtinsignien, seit die Stellung als Kolonialmacht nach dem Suez-Debakel von 1956 endgültig der Vergangenheit angehörte. Die britische Premierministerin Margaret Thatcher stellte wiederholt, so auch am 28. November, fest, dass die Wiedervereinigung Deutschlands »nicht auf der Tagesordnung« stehe.[20]

Noch einen Schritt weiter ging der französische Staatspräsident François Mitterrand, der sich düpiert fühlte, weil die Verlesung des »Zehn-Punkte-Programms« ohne vorherige Konsultation erfolgt war, und dem Kanzler diesen Alleingang »niemals vergessen« wollte.[21] Am 20. Dezember 1989 reiste Mitterrand für drei Tage nach Ost-Berlin und stattete damit als erstes Staatsoberhaupt einer der drei westlichen Siegermächte des Zweiten Weltkrieges überhaupt der DDR einen offiziellen Besuch ab – vierzig Jahre nach ihrer Gründung und in der Phase ihres Zusammenbruchs. Natürlich wusste Mitterrand, der viel Sinn für Symbolik besaß, was er tat.

Ähnlich skeptisch gegenüber einer sich abzeichnenden Wiedervereinigung Deutschlands waren naturgemäß die östlichen Nachbarn Deutschlands, allen voran Polen und die Sowjetunion. Warschau forderte in den Tagen und Wochen nach Öffnung der Mauer die Anerkennung der bestehenden Grenzen, Entschädigungen für die polnischen Zwangsarbeiter während des Zweiten Weltkrieges und sogar eine Beteiligung an den Gesprächen über die Lösung der deutschen Frage. Wie der Zufall es wollte, hatte der Bundeskanzler am Tag der Maueröffnung, am 9. November 1989, einen offiziellen Besuch in Polen angetreten, den er dann aus gegebenem Anlass für zwei Tage unterbrach.

Auch bei den Sowjets fand Kohl für seinen Plan kein Verständnis. Ganz im Gegenteil stellte Außenminister Eduard Schewardnadse am 19. Dezember 1989 dem Europäischen Parlament die Frage: »Wo sind die politischen, gesetzlichen und materiellen Garantien, daß die deutsche Einheit nicht in Zukunft eine Bedrohung für die nationale Sicherheit anderer Staaten und für den Frieden in Europa schafft?«[22]

Dass es trotz solcher Bedenken, Vorbehalte und Widerstände mit der deutsch-deutschen Annäherung rasch voranging, lag an den Bürgern der DDR. Sie wollten die Einheit, und sie wollten sie zu bundesdeutschen Bedingungen. Die vorgezogenen Wahlen zur Volkskammer, aus denen die von Kohl favorisierte, von der CDU geführte »Allianz für Deutschland« am 18. März 1990 überraschend als Sieger hervorging, waren in diesem Sinne zugleich ein Plebiszit. Keine Frage also, dass die neue Regierung – eine große Koalition aller demokratischen Parteien unter Ministerpräsident Lothar de Maizière – die »Einheit Deutschlands nach Verhandlungen mit der BRD auf der Grundlage des Art. 23 GG zügig und verantwortungsvoll für die gesamte DDR« verwirklichen wollte.[23] Besagter Artikel sah vor, dass das Grundgesetz in »anderen Teilen Deutschlands ... nach deren Beitritt in Kraft zu setzen« sei.[24] Am 18. Mai wurde der Vertrag über eine Währungs-, Wirtschafts- und Sozialunion unterzeichnet; am 1. Juli trat sie in Kraft. Allerdings saßen bei den Vertragsverhandlungen nur zwei Partner am Tisch. Dadurch unterschied sich die Herstellung der inneren Einheit von derjenigen der äußeren.

Kohl hatte schon in seinen Zehn Punkten betont, dass der Einigungsprozess in den »*gesamteuropäischen Prozeß*« eingebettet werden müsse.[25] Jetzt wollte vor allem Mitterrand sichergestellt wissen, dass auch ein wiedervereinigtes und voraussichtlich noch gewichtigeres Deutschland fest in den europäischen Rahmen eingebunden und solchermaßen unter französischer Beobachtung beziehungsweise Mitkontrolle blieb. Also gab der Kanzler auf der Straßburger Tagung des Europäischen Rates am 8. und 9. Dezember 1989 dem Druck Frankreichs und fast aller übrigen EG-Mitglieder nach und stimmte der Einberufung einer Regierungskonferenz zu, auf der die zweite und dritte Stufe der Europäischen Wirtschafts- und Währungsunion vorbereitet werden sollte: Die vorgezogene Einführung des Euro und damit der Abschied von der D-Mark waren der Preis, den die Deutschen für die Einheit ihres Landes zu zahlen hatten.

Je eindeutiger die Zeichen auf eine Vereinigung der beiden deutschen Staaten wiesen, umso weniger reichte jedoch das Zugeständnis vom Dezember 1989 aus, um die europäischen Partner zu beruhigen. Deshalb machte Kohl nach der ersten noch eine weitere Konzession – in Form einer Initiative. Als er und Mitterrand Mitte April 1990 vorschlugen, eine zweite Regierungskonferenz über die Europäische Politische Union einzuberufen, machten sich die beiden allerdings nicht nur Freunde. Manchem Verbündeten kam der Verdacht, dass mit diesem Schulterschluss jene alte Zweibund-Idee mit Leben erfüllt werden könnte, die seit den Tagen de Gaulles immer wieder im Gespräch gewesen war.

Als sich Kohl und Mitterrand anderthalb Jahre später, am 14. Oktober 1991, dann auch noch für eine gemeinsame europäische Sicherheits- und Verteidigungspolitik aussprachen und anregten, die deutsch-französische Brigade zum »Kern für ein europäisches Korps« zu formen,[26] war das Maß voll. Nicht nur in den USA und Großbritannien, auch in Italien und Belgien stießen sie auf eine reservierte bis ablehnende Reaktion. Daraus zogen Deutschland und Frankreich ihre Konsequenzen und unterzeichneten am 21. Januar 1993 mit der NATO ein Abkommen über die Anbindung des Eurokorps an die Allianz. Das hieß nichts anderes, als dass die inzwischen installierte Europäische Union keine militärische Eigenständigkeit besitzen würde. Jedenfalls vorläufig nicht.

Zu diesem Zeitpunkt war die Herstellung der deutschen Einheit längst abgeschlossen. In diesem Prozess fiel auf westlicher Seite den Vereinigten Staaten die Schlüsselrolle zu, und es war ein glücklicher Umstand, dass dort seit Januar 1989 mit George Bush ein Präsident amtierte, der als Diplomat, Direktor des CIA und langjähriger Vizepräsident Ronald Reagans vielfältige außenpolitische Erfahrungen hatte sammeln können. Keinen Augenblick ließ die amerikanische Regierung ihre Verbündeten darüber im Zweifel, dass sie die Vereinigung Deutschlands befürwortete und unterstützte, dass sie auf der deutschen NATO-Mitgliedschaft bestehen werde und dass sie entschlossen war, ihre Truppen in Deutschland zu belassen – wenn auch möglicherweise in reduziertem Umfang. Gerade auf Amerikas Verbündete, nicht zuletzt auf Briten und Franzosen, wirkte diese klare Linie beruhigend. Die NATO blieb also nach der Revolution der Weltpolitik weiterhin das, was sie stets auch gewesen war: eine Sicherheitsgarantie vor Deutschland. Entsprechend nahm die Bereitschaft zu, die Vereinigung zu akzeptieren – bei Mitterrand rascher als bei Thatcher.

Was im Verhältnis der Bundesrepublik zu den drei Westmächten hilfreich war, erwies sich auf der Ebene der deutsch-sowjetischen Beziehungen zunächst als das glatte Gegenteil. Doch dann signalisierte die sowjetische Führung, für die meisten unerwartet, schon im Februar 1990 ihre grundsätzliche Zustimmung zu den Einigungswünschen der Deutschen. Offenbar hatte sich im Kreml die Erkenntnis durchgesetzt, dass die Entwicklung in Deutschland ein Teil jenes mächtigen Trends zu nationaler Selbständigkeit war, der weite Teile des Warschauer Paktes und der Sowjetunion selbst erfasst hatte und von Moskau aus nicht mehr gesteuert werden konnte. Im Übrigen wusste Gorbatschow, dass der Reformprozess, den er angestoßen und der sich längst verselbständigt hatte, ohne westliche Unterstützung nicht erfolgreich fortzusetzen war. Und natürlich richtete sich der hilfesuchende Blick zuerst und vor allem auf die Bundesrepublik – in der sicheren Erwartung, dass die Deutschen der Sowjetunion als Gegenleistung für die Zustimmung zur Vereinigung ihres Landes wirtschaftliche Hilfe nicht vorenthalten würden.

So konnte der Bundeskanzler bereits am 10. Februar 1990, dem ersten Tag seines Moskau-Besuchs, in einer Pressekonferenz eine Botschaft an die deutsche Bevölkerung richten: »Generalsekretär Gorbatschow hat mir unmißverständlich zugesagt, daß die Sowjetunion die Entscheidung der Deutschen, in einem Staat zu leben, respektieren wird, und daß es Sache der Deutschen ist, den Zeitpunkt und den Weg der Einigung selbst zu bestimmen.«[27] Allerdings hatten die Sowjets, und das sagte Kohl bei dieser Gelegenheit nicht, ihre prinzipielle Zustimmung an drei Bedingungen geknüpft, von denen die beiden ersten vergleichsweise leicht zu erfüllen waren: die Anerkennung der Unantastbarkeit der Grenzen und deutsche Wirtschaftshilfe für die Sowjetunion. So erstattete Bonn zwei Milliarden D-Mark für Sowjetexporte in die DDR, die noch von deren Regierung vereinbart, aber 1990 nicht mehr abgenommen worden waren.

Unerfüllbar erschien die dritte Bedingung: der Verzicht des vereinigten Deutschland auf die NATO-Mitgliedschaft. Noch im März 1990 stellte Gorbatschow vor laufenden Kameras aus beiden deutschen Staaten fest: »Das ist absolut ausgeschlossen.«[28] Später brachten die Sowjets eine Doppelmitgliedschaft des vereinigten Deutschland in NATO und Warschauer Pakt ins Gespräch, mit der auch deutsche Politiker liebäugelten. Das galt für den Bundeskanzler, der allerdings spätestens bei seinem Gespräch mit Präsident Bush in Camp David am 24. Februar 1990 erkannte, wie essentiell es für die Amerikaner war, »daß das geeinte Deutschland in der NATO bleibe«.[29] Und es galt vor allem für Außenminister Genscher, dessen zögernde Haltung in dieser Frage die alte Skepsis weiter verstärkte und – so Condoleezza Rice, damals Mitarbeiterin im Nationalen Sicherheitsrat – in Washington »Sorgenfalten« produzierte.[30]

Einmal mehr war es Gorbatschow selbst, der den Deutschen aus der Zwickmühle half, indem er Mitte Juli bei einem Treffen mit Kohl im Kaukasus seine Zustimmung zur NATO-Mitgliedschaft des vereinigten Deutschland signalisierte. Eine überraschende Wendung. Aber abgesehen davon, dass der Generalsekretär auf dem 28. Parteitag der KPdSU, also im unmittelbaren Vorfeld der Begegnung mit dem Bundeskanzler, in geheimer Abstimmung als Parteichef bestätigt und damit in seiner politischen Linie bestärkt worden war, darf man nicht vergessen, dass die Sowjets nach dem Inkrafttreten der Währungsunion in Deutschland nicht mehr über nennenswerte Alternativen verfügten. Hilfreich war auch die »Londoner Erklärung« der NATO, mit der sie am 6. Juli 1990 bekräftigte, »niemals und unter keinen Umständen als erste Gewalt anwenden« zu wollen.[31] Das beruhigte in Moskau.

Schließlich erleichterte die Bundesregierung den Sowjets ihre Zustimmung zur NATO-Mitgliedschaft des vereinigten Deutschland, indem sie ihnen wirtschaftlich unter die Arme griff. So bürgte Bonn für einen Fünf-Milliarden-Kredit. Die Einzelheiten waren Mitte Mai auf einer Geheimmission des außenpolitischen Beraters von Bundeskanzler Kohl, Horst Teltschik, geklärt worden. Schon im Februar hatte Kohl zu Bush und Baker gesagt, dass letztlich alles eine Frage von »cash« sei: »Die brauchen Geld«,[32] und der Präsident hatte diese Beobachtung mit dem Hinweis quittiert, dass der Bundeskanzler schließlich »große Taschen« habe.[33]

Das also waren die Voraussetzungen, unter denen die zweitägige Begegnung zwischen Kohl und Gorbatschow stattfand. Am 16. Juli 1990 gab der Bundeskanzler der erstaunten Weltöffentlichkeit auf einer Pressekonferenz im kaukasischen Schelesnowodsk bekannt: »Das vereinte Deutschland kann in Ausübung seiner uneingeschränkten Souveränität frei und selbst entscheiden, ob und welchem Bündnis es angehören will.« Im Gegenzug verpflichtete sich die Bundesrepublik, eine Reihe von militärischen Selbstbeschränkungen einzuführen beziehungsweise beizubehalten, zu denen unter anderem der Verzicht auf »Herstellung, Besitz und Verfügung von ABC-Waffen« sowie die Mitgliedschaft im Nichtverbreitungsvertrag gehörten.[34]

Am folgenden Tag gelang dann auch auf der völkerrechtlich entscheidenden Ebene der Durchbruch. Nach vorbereitenden Gesprächen hatten die Außenminister der vier Siegermächte des Zweiten Weltkrieges und der beiden deutschen Teilstaaten am 5. Mai 1990 sogenannte Zwei-plus-Vier-Verhandlungen aufgenommen. An ihrem letzten Treffen nahm an jenem 17. Juli in Paris – auf Drängen Warschaus – zeitweilig der polnische Außenminister Krysztof Skubiszewski teil. Dort wurde dann auch der Weg für die polnische Zustimmung zur Vereinigung freigemacht. Eine Woche später, am 25. Juli, akzeptierte Ministerpräsident Tadeusz Mazowiecki die Bedingung Kohls, wonach der von Polen geforderte Grenzvertrag – und damit der Verzicht auf die vormals deutschen Gebiete östlich von Oder und Neiße – vom ersten gesamtdeutschen Parlament, also erst nach der Wiedervereinigung, ratifiziert werden sollte. Der Kanzler ging nämlich davon aus, dass er andernfalls mit einigem Widerstand nationalistischer Kräfte in der eigenen Fraktion rechnen müsse.

Am 12. September 1990 konnte in Moskau der »Vertrag über die abschließende Regelung in bezug auf Deutschland« unterzeichnet werden. Dieser sogenannte Zwei-plus-Vier-Vertrag war kein Friedensvertrag, übernahm aber dessen Funktion. Gemäß Artikel 1.1 umfasste das »vereinte Deutschland … die Gebiete der Bundesrepublik Deutschland, der Deutschen Demokratischen Republik und ganz Berlins … Seine Außengrenzen werden die Grenzen der Deutschen Demokratischen Republik und der Bundesrepublik Deutschland sein und werden am Tag des Inkrafttretens dieses Vertrages endgültig sein.«[35] Artikel 1.2 verpflichtete das vereinigte Deutschland, seine Grenze zu Polen in einem Vertrag zu bestätigen. Das geschah am 14. November 1990 in Warschau, indem Polen und Deutschland erklärten, »daß die zwischen ihnen bestehende Grenze jetzt und in Zukunft unverletzlich ist«.[36]

Mit Artikel 7.1 des Zwei-plus-Vier-Vertrages beendeten die Vier Mächte »ihre Rechte und Verantwortlichkeiten in bezug auf Berlin und Deutschland als Ganzes«.[37] Das hörte sich unscheinbar an, bedeutete aber nicht weniger als das Ende der Gültigkeit der Londoner Zonenprotokolle vom 12. September und 14. November 1944, der Erklärung der Übernahme der obersten Regierungsgewalt durch die Vier Mächte vom 5. Juni 1945, des sogenannten Potsdamer Abkommens, der »Deutschland-Verträge« zwischen den Westmächten und der

Bundesrepublik Deutschland sowie der entsprechenden Vereinbarungen zwischen der Sowjetunion und der DDR, der Anwendbarkeit der sogenannten Feindstaatenklauseln in den Artikeln 53.1 und 107 der UN-Charta und einer Reihe anderer Regelungen.

Am 1. Oktober 1990 überreichten die Vier Mächte der Bundesrepublik eine Erklärung, »daß die Wirksamkeit ihrer Rechte und Verantwortlichkeiten in bezug auf Berlin und Deutschland als Ganzes mit Wirkung vom Zeitpunkt der Vereinigung Deutschlands bis zum Inkrafttreten des Vertrages ... ausgesetzt wird«.[38] Damit war in dürren Worten fast ein halbes Jahrhundert nach Beendigung des Zweiten Weltkrieges die wichtigste noch offene Frage beantwortet. Am 3. Oktober 1990 wurde die Vereinigung der beiden deutschen Staaten feierlich vollzogen. Allerdings waren die Rechte und Verantwortlichkeiten der Vier Mächte vorläufig nur »ausgesetzt«. Ihr endgültiges Erlöschen hing vom Inkrafttreten des Zwei-plus-Vier-Vertrages ab, und das wiederum setzte dessen Ratifizierung voraus.

Die Sowjets machten diesen letzten Schritt von Vereinbarungen über die Modalitäten des Abzuges ihrer Truppen aus Deutschland abhängig. Immerhin standen auf dem Territorium der ehemaligen DDR noch über dreihundertfünfzigtausend Angehörige der Roten Armee – ausgestattet mit modernstem Gerät, auch mit taktischen Nuklearwaffen. Am 9. Oktober 1990 einigte man sich auf »einige überleitende Maßnahmen«, worunter im Wesentlichen die Finanzierung des sowjetischen Truppenabzugs durch die Bundesrepublik zu verstehen war. Insgesamt wurde ein auf vier Jahre verteilter Betrag von zwölf Milliarden D-Mark zugesagt, unter anderem für den Bau von Wohnungen für einen Teil der in die Sowjetunion abziehenden Soldaten. Drei Tage später regelte ein zweiter Vertrag die »Bedingungen des befristeten Aufenthalts und die Modalitäten des planmäßigen Abzugs der sowjetischen Truppen« bis zum Jahre 1994.

Von besonderem Interesse war allerdings eine Vereinbarung,

die schon am 13. September 1990 – einen Tag nach Unterzeichnung des Zwei-plus-Vier-Vertrages und auf den Tag genau fünfunddreißig Jahre nach Aufnahme diplomatischer Beziehungen zwischen der Bundesrepublik und der UdSSR – in Moskau paraphiert worden war. Am 9. November 1990, dem Jahrestag der Maueröffnung, wurde dieser »Vertrag über gute Nachbarschaft, Partnerschaft und Zusammenarbeit« von Kohl und Gorbatschow in Bonn unterzeichnet. Das Dokument enthielt eine Fülle bemerkenswerter Aussagen, nicht zuletzt diese: »Sollte eine der beiden Seiten«, heißt es in Artikel 3, »zum Gegenstand eines Angriffs werden, so wird die andere Seite dem Angreifer keine militärische Hilfe oder sonstigen Beistand leisten und alle Maßnahmen ergreifen, um den Konflikt ... beizulegen.«[39] Das war nichts anderes als eine Wiederbelebung des Neutralitäts- oder auch Nichtangriffsvertrages, der gerade im deutsch-sowjetischen beziehungsweise deutsch-russischen Verhältnis eine besondere Geschichte hatte. Sowohl der sogenannte Rückversicherungsvertrag des Jahres 1887 als auch der Berliner Vertrag von 1926 und der »Hitler-Stalin-Pakt« des Jahres 1939 waren unter anderem Neutralitätsverträge gewesen.

So wurde, wohl ungewollt, in den Dämmerstunden der alten Weltordnung noch einmal daran erinnert, wie eng die Schicksale Deutschlands und Russlands beziehungsweise der Sowjetunion seit 1871 miteinander verbunden waren. Daher überrascht es auch nicht, dass die Entlassung der Deutschen in die Souveränität einer der letzten Akte war, den die Sowjetunion auf ihrem Sterbebett vollzog: Am 4. März 1991 wurde vom Obersten Sowjet der Vertrag über gute Nachbarschaft, Partnerschaft und Zusammenarbeit sowie der Zwei-plus-Vier-Vertrag, am 2. April der deutsch-sowjetische Vertrag über die Stationierung und die »Modalitäten des planmäßigen Abzuges der sowjetischen Truppen aus dem Gebiet der Bundesrepublik Deutschland« ratifiziert.

Wenig später hauchte das sowjetische Imperium, das im

Herbst 1917 mit tatkräftiger deutscher Unterstützung das Licht der Welt erblickt hatte, sein Leben aus. Am 23. August 1991 verbot der seit Mitte Juni amtierende russische Präsident Boris Jelzin alle Aktivitäten der kommunistischen Partei in Russland. Am folgenden Tag trat Michail Gorbatschow von seinem Posten als Generalsekretär der KPdSU zurück. Nachdem am 8. Dezember durch Russland, Weißrussland und die Ukraine die GUS, die Gemeinschaft Unabhängiger Staaten, gegründet worden war, erklärte er am 25. Dezember 1991 seinen Rücktritt als sowjetischer Staatspräsident.

Dass die Wiederkehr Deutschlands als souveräner Nationalstaat mit globalem Gewicht und der Abtritt der Sowjetunion von der Weltbühne Hand in Hand gingen, war kein Zufall. Beides stand für nicht weniger als für das Ende des Großen Vaterländischen Krieges: Von Stalin am 29. Juni 1941 – also unter dem Eindruck allergrößter Bedrohung der Sowjetunion durch Deutschland – proklamiert, war dieser nicht etwa mit der Kapitulation des Gegners eingestellt worden. Gewiss, Hitler war besiegt. Aber die von ihm und seinesgleichen geschaffenen Strukturen hatten überlebt. Der »Faschismus« musste sogar »seine faktische Niederlage und seinen Untergang überleben«, damit auch »der Antifaschismus in der Geschichte dieses Jahrhunderts überleben konnte«.[40]

So wurde der Große Vaterländische Krieg, wurde der antifaschistische Kampf zu einer Strategie, mit deren Hilfe die Völker der Sowjetunion zusammengeschweißt und zugleich die Vorherrschaft der Kommunistischen Partei auf alle Zeit gesichert werden sollte. Das ging gut, solange die Bedrohung aus dem Westen realistische Konturen besaß oder doch zu besitzen schien und solange die sowjetische Führung ihren Völkern ein Minimum an Wohlstand und sozialer wie materieller Perspektive bieten konnte. Damit aber war es in den achtziger Jahren endgültig vorbei, schon weil die horrenden Rüstungsausgaben die unflexible Planwirtschaft zusehends in die Knie zwangen.

Es war der Westen, es war vor allem der amerikanische Präsident Ronald Reagan, der – ohne das zu ahnen – mit seiner windungsreichen Politik dem sowjetischen Imperium seit 1983 den Todesstoß versetzte. Nachdem er die obersten Sowjets zunächst mit einem massiven Rüstungsprogramm unter enormen Druck von außen gesetzt hatte, trug er dann mit seiner Unterstützung Gorbatschows entscheidend dazu bei, dass dieser den Weg der *Perestroika* fortsetzen konnte und damit unter immer stärkeren Druck im Innern geriet. Denn einmal in Gang gesetzt, ließ sich der Umbau von Wirtschaft und Gesellschaft schon deshalb nicht mehr aufhalten, weil er von *Glasnost*, einem Prozess der Transparenz und Offenheit, flankiert wurde.

Mit ihm kam alles auf den Prüfstand. Auch die Geschichte, auch der Große Vaterländische Krieg. Nachdem er aber zu einem Gegenstand öffentlicher Betrachtung und Erörterung geworden war, musste er verloren gehen, musste die jahrzehntelang künstlich am Leben gehaltene Legende in sich zusammenbrechen wie ein Kartenhaus. Und so war es kein Zufall, dass die Geschichte mit einer Kapitulation endete und die Deutschen schließlich doch noch bekamen, was unter allen Umständen und nicht zuletzt mit Hilfe der Legende verhindert werden sollte. Noch bevor die Sowjetunion endgültig die Weltbühne verließ, hatte Deutschland sie wieder betreten. Die Geschichte hatte die Gegenwart eingeholt.

EPILOG

Jenseits von Hitler

Nach fast einem halben Jahrhundert traten die Deutschen aus dem Schatten Adolf Hitlers. Anfänglich waren sie damit überfordert. Denn mit einem Ende der Teilung ihres Landes hatten sie nicht gerechnet. Mit den Folgen dieser Revolution also auch nicht. Sicher hatten alle Bundesregierungen bis zuletzt am Gebot der Wiedervereinigung festgehalten und damit ihren Willen bekundet, die durch den Zweiten Weltkrieg geschaffenen Verhältnisse zu überwinden. Dazu waren sie durch das Grundgesetz angehalten. Auch wurde diese Zielsetzung von den Westmächten rhetorisch mitgetragen. Allerdings hat kaum jemand ein Ende der DDR für möglich gehalten, weil niemand den Zusammenbruch der Sowjetunion vorausgesehen hat. Auch Ronald Reagan nicht, als er Mitte Juni 1987 in Berlin Michail Gorbatschow aufforderte, das Brandenburger Tor zu öffnen. Was den Präsidenten umtrieb, war die »Wut« über ein »korruptes totalitäres System«. »Nie« hätte er es sich »träumen lassen«, dass »weniger als drei Jahre danach die Mauer tatsächlich niedergerissen« würde.[1]

Und genaugenommen hat auch niemand, bis es soweit war, eine derart radikale Neufassung der Karte Europas gewollt – die Verbündeten der rheinischen Republik nicht, und ihre weltpolitischen Gegner schon gar nicht. Für die Sieger über Hitler stand ja nicht weniger als die Aufgabe ihres Mitspracherechts in der deutschen Frage auf dem Spiel. Weil Sowjets, Amerikaner, Briten und später auch Franzosen seit 1944/45 in dieser Sache nur zu einem Kompromiss in der Lage gewesen waren und weil sich damit seit den ausgehenden vierziger Jahren gut leben ließ, blieb es fast ein halbes Jahrhundert bei einem Provisorium: Der deutsche Nationalstaat war aufgelöst, die beiden Nachfolgestaaten westlich von Oder und Neiße existierten unter dem Vorbehalt, dass die endgültige Lösung nur durch einen Friedensvertrag, also durch die Vier gemeinsam festgeschrieben werden könne.

Zumindest aus Sicht der Sieger ließ sich die Sache so gut an, dass kaum jemandem noch der ursprünglich provisorische Charakter des Ganzen bewusst war und niemand die bewährte Konstruktion in Frage stellte – bis der nicht vorhersehbare Zusammenbruch der Sowjetunion die deutsche Frage erneut auf die Tagesordnung setzte: Der sich abzeichnende Ausfall eines Mitglieds der Anti-Hitler-Koalition zwang diese in der einzigen Angelegenheit, die sie formal noch verband, zu einer abschließenden Regelung. So übernahm der Zwei-plus-Vier-Vertrag nicht nur die Funktion des ausstehenden Friedensvertrages, sondern er besiegelte auch die überfällige Auflösung der anachronistischen Allianz und entließ die Deutschen damit in die Freiheit.

Vorbereitet waren diese darauf nicht. Längst hatten sie sich mit den Konsequenzen arrangiert, die andere für sie aus ihren Torheiten, Fehlern und Verbrechen während der ersten Jahrhunderthälfte gezogen hatten. Die Teilung des Landes und die eingeschränkte Souveränität war, bei Lichte betrachtet, sogar von Vorteil: Solange sie den Frieden nicht störten, sich an die Spielregeln des Kalten Krieges und die Bedingungen der westlichen Vormacht hielten, konnten sich die Bundesbürger auf den Auf- und Ausbau eines beispiellos prosperierenden Wohlfahrtsstaates konzentrieren, ohne international nennenswert in die Verantwortung genommen zu werden. Mit dieser weltpolitischen Zurückhaltung war es nun vorbei – und mit dem Wohlfahrtsstaat in seiner überkommenen Form auch, wenn sich diese Erkenntnis auch erst Jahre später durchsetzte.

Der sowjetische Kollaps mit seinen Begleit- und Folgeerscheinungen sorgte dafür, dass innerhalb nicht einmal eines Jahres – ganz gegen den allgemeinen Trend des Staatenzerfalls und mitten in Europa – entstand, was eigentlich niemand mehr wollte oder gar brauchte: ein souveräner Nationalstaat auf deutschem Boden, in den Grenzen der beiden vormaligen Teilstaaten und schon deshalb von einigem Gewicht. Über Nacht fanden sich die Deutschen in einer Lage wieder, die es bis dahin nur einmal gegeben hatte – zur Zeit jenes Deutschen Reiches, das 1871 von Bismarck gegründet und bis 1945 unter der Regie Hitlers in den Untergang geführt worden war.

Die neue Lage war gewöhnungsbedürftig – vor allem für die Deutschen selbst. Die anderen hingegen, ohne deren Unterstützung oder gar gegen deren Widerstand die Entwicklung nicht denkbar gewesen wäre, hatten damit ganz offenkundig weniger Probleme, ganz im Gegenteil. Die Republik war nicht einmal zwei Jahre souverän, da klagte der Generalsekretär der Vereinten Nationen am Rhein die »volle Beteiligung Deutschlands« an sämtlichen, auch militärischen Einsätzen seiner Organisation ein. Für deutsche Ohren unerhört, sprach Boutros Boutros-Ghali im Januar 1993 in Bonn von dem »Irrglauben«, die internationale Gemeinschaft fürchte sich vor bewaffneten deutschen Soldaten in den Krisengebieten der Erde.[2]

Offensichtlich war es für ihn wie für die allermeisten Beobachter in der Welt eine ausgemachte Sache, dass die Deutschen beinahe ein halbes Jahrhundert nach Ende des Zweiten Weltkrieges ihre Bewährungsprobe bestanden und damit die Voraussetzung erfüllt hatten, um aus Hitlers Schatten herauszutreten. Jetzt, da das geläuterte Deutschland als vollgültiges Mitglied in die Völkergemeinschaft aufgenommen war, nahm diese das Land in die Pflicht und forderte von ihm eine Politik, die seinem Status, aber auch seinem Gewicht und seinen Möglichkeiten entsprach. Dafür gab es zwingende Gründe: Mit dem Zusammenbruch des starren Gefüges der alten Weltordnung hielten Krieg und Bürgerkrieg wieder Einzug in die Welt – auch auf der nördlichen Halbkugel, auch in Europa. Die Deutschen wurden gebraucht.

In der Rückschau muss es überraschen, wie schnell sie sich auf diese Situation eingestellt haben. Denn um der Verantwortung gerecht werden zu können, die sich aus ihrer neuen Lage ergab, bedurfte es eines raschen und radikalen Lernprozesses. Anfänglich, während des zweiten Golfkrieges, konnte man sich noch mit der bewährten Scheckbuchdiplomatie des Kalten Krieges behelfen. Denn niemand innerhalb und außerhalb Deutschlands erwartete ernsthaft, dass sich die Bundeswehr in jene alliierte Streitmacht aus dreiunddreißig Staaten einreihte, die Mitte Januar 1991 – legitimiert durch die Vereinten Nationen und geführt von den Vereinigten Staaten – gegen den Irak zu Felde zog, um ihn zum Rückzug aus dem gewaltsam annektierten Kuwait zu zwingen. Also zahlte Bonn allein bis Februar 1991 siebzehn Milliarden D-Mark in die alliierten Kriegskassen.

Und doch war schon dieser Krieg der Wendepunkt. Denn er machte deutlich, dass man es auf Dauer nicht bei jenem lautstarken Protest würde bewenden lassen können, zu dem große Teile der deutschen Öffentlichkeit um die Jahreswende 1990/91 angetreten waren. Die entschiedene Haltung gegen den Krieg, zu der sich die Deutschen seit 1945 mit gutem Grund verpflichtet hatten, war eine Sache. Die Antwort auf die Frage, wie man schreiendem Unrecht, wie man Plünderungen, Vergewaltigungen oder Genoziden ohne den Einsatz militärischer Mittel beikommen sollte, war eine andere – vorausgesetzt, man wollte ihnen beikommen. Hatten gerade die Deutschen, deren Geschichte für solches Unrecht stand, eine Wahl?

Das Drama, das zur Antwort zwang, war der Krieg zwischen und in den Nachfolgestaaten des ehemaligen Jugoslawien, den die serbisch kontrollierte Bundesarmee im Sommer 1991 mit Angriffen auf Slowenien und Kroatien eröffnete. Bald war klar, dass der deutsche Einsatz dort andere Formen und Dimensionen annehmen würde als im Irak, in Kambodscha und Somalia, wo sich die Bundeswehr bereits seit Oktober 1991 bei unterschiedlichen Missionen der Vereinten Nationen engagierte.

Die Verwerfungen auf dem Balkan betrafen Deutschland

nämlich ganz unmittelbar, schon weil hunderttausende Flüchtlinge und Vertriebene hier Zuflucht suchten. Der Konflikt, bei dessen Beilegung immer vernehmlicher nach einer deutschen Beteiligung gerufen wurde, war der brutal geführte Krieg in Bosnien-Herzegowina, bei dem insbesondere das serbische Vorgehen gegen die Bevölkerung Sarajevos weltweites Entsetzen auslöste. Zusehends weniger vermochte das Argument zu überzeugen, dass dort, wo die Erinnerung an die Wehrmacht noch lebendig sei, der Einsatz deutscher Soldaten nicht in Betracht käme.

Angesichts der Vorgänge in einer Region, die gerade einmal eine Flugstunde von den eigenen Grenzen entfernt war, nahmen sich die in Deutschland geführten Debatten realitätsfern aus. So schleppte sich die Kontroverse, ob man einen Zerstörer der Bundesmarine für einen Inspektionsauftrag der UNO im Rahmen einer WEU-Aktion und als Teil eines NATO-Verbandes in eine Krisenregion entsenden dürfe, durch den Sommer 1992, und im Frühjahr des folgenden Jahres sah es vorübergehend so aus, als müssten die deutschen Besatzungen die AWACS-Aufklärungsmaschinen der NATO verlassen, sollten diese im Auftrag der Vereinten Nationen im Bosnien-Konflikt eingesetzt werden.

Immerhin hatte Hans-Dietrich Genscher im Mai 1992 nach achtzehn Jahren das Amt des Außenministers an Klaus Kinkel übergeben. Der 1936 geborene Jurist blickte auf eine vielseitige Beamtenkarriere zurück, mit Stationen unter anderem als Leiter des Planungsstabes des Auswärtigen Amtes und als Präsident des Bundesnachrichtendienstes. Mit Kinkels Amtszeit verbindet sich die mühsame, aber im Ergebnis erfolgreiche Anpassung der deutschen Außenpolitik an die Wirklichkeit der neuen Weltordnung.

Ob das allerdings ohne die Unterstützung durch das Bundesverfassungsgericht gelungen wäre, ist zweifelhaft. So lehnten es die Karlsruher Richter am 8. April 1993 ab, eine einstweilige Anordnung gegen die Teilnahme deutscher Soldaten an den AWACS-Flügen über Bosnien zu erlassen. Noch einen

Schritt weiter ging das Gericht mit einem Urteil vom 12. Juni 1994: Das Grundgesetz autorisiere den Bund »nicht nur zum Eintritt in ein System gegenseitiger kollektiver Sicherheit und zur Einwilligung in damit verbundene Beschränkungen seiner Hoheitsrechte«, sondern biete auch die verfassungsrechtliche Grundlage »für die Übernahme der mit der Zugehörigkeit zu einem solchen System typischerweise verbundenen Aufgaben«.[3]

Das kam einer Aufforderung zu handeln gleich. Am 13. Dezember 1996 stimmte der Bundestag einer zunächst auf anderthalb Jahre begrenzten Stationierung von Bundeswehrsoldaten zur Sicherung des Friedens in Bosnien-Herzegowina zu. Das Abkommen war Ende November 1995 in Dayton, Ohio, paraphiert worden und wäre zu diesem Zeitpunkt ohne den Einsatz der Amerikaner ebenso wenig denkbar gewesen wie der voraufgegangene Waffenstillstand, der in erster Linie auf die schweren Luftangriffe zurückging, welche die NATO, im Wesentlichen amerikanische Kampfbomber, im Auftrag der UNO gegen serbische Stellungen geflogen hatte. Als die deutschen Parlamentarier am 19. Juni 1998 den Weg für die Verlängerung der Bundeswehrmission frei machten, war endgültig klar, dass man in Bonn die Zeichen der Zeit erkannt hatte. Denn diese Entscheidung fiel mit den Stimmen der meisten Abgeordneten der Opposition.

Als Sozialdemokraten und Grüne wenig später, nach der Bundestagswahl vom 27. September 1998, die Regierungsverantwortung übernahmen, hatten sie mithin auf außenpolitischem Gebiet schon eine entscheidende Hürde genommen. Dennoch war es nicht selbstverständlich, dass ausgerechnet eine rot-grüne Koalition deutsche Soldaten erstmals seit mehr als einem halben Jahrhundert wieder in den Krieg schickte. Aber so wie der überfällige Umbau des deutschen Sozialstaates wohl nur in sozialdemokratischer Regie in Angriff genommen werden konnte, waren auch nur SPD und Grüne mit ihren dezidiert pazifistischen Profilen zu diesem weitgehenden Schritt in der

Lage, ohne dass es innerhalb Deutschlands zu Missverständnissen oder schweren Konflikten kam.

Dass hinter dem einen wie dem anderen anfänglich ein erkennbares, gar ein klarkonturiertes Konzept gesteckt hätte, lässt sich nicht sagen. Andererseits konnten wohl nur Sozialdemokraten und Grüne, als es soweit war, die deutschen Verbrechen der ersten Jahrhunderthälfte als Argument mobilisieren, um ihre Klientel von der Notwendigkeit eines Kampfeinsatzes der Bundeswehr zu überzeugen: »›Nie wieder Auschwitz‹ heißt heute ›Wehret den Anfängen‹«, begründete Außenminister Joschka Fischer seine Zustimmung zum Militärschlag gegen Serbien im Frühjahr 1999.[4]

Er wie der Bundeskanzler gehörten einer Generation an, die nicht mehr unmittelbar durch das Erlebnis des Zweiten Weltkrieges geprägt worden war, wenn dieser auch in beiden Biographien Spuren hinterlassen hat: Joschka Fischers Eltern hatten 1946 die angestammte ungarische Heimat der Familie verlassen müssen, zwei Jahre zuvor war Gerhard Schröders Vater als Soldat der Wehrmacht in Rumänien gefallen, ohne dass er den Sohn je gesehen hätte. Gut möglich, dass diese Prägungen und Erfahrungen den erstaunlichen Willen der beiden zum Aufstieg geformt oder doch beeinflusst haben. Jedenfalls haben ihre Biographien, so unterschiedlich sie auch verlaufen sind, hier früh eine klare Richtung erhalten.

Gerhard Fritz Kurt Schröder, Anfang April 1944 im ostwestfälischen Mossenberg geboren und in äußerst bescheidenen Verhältnissen aufgewachsen, fand nach dem Hauptschulabschluss und einer Lehre als Einzelhandelskaufmann über den zweiten Bildungsweg in die berufliche Karriere als Anwalt und die politische Laufbahn bei den Sozialdemokraten, denen er mit neunzehn beitrat. Dem Vorsitz bei den Jungsozialisten folgte, in den achtziger Jahren durch ein Bundestagsmandat ergänzt, die Parteikarriere in Niedersachsen. 1990 wurde er Ministerpräsident, 1994 zudem SPD-Landesvorsitzender. Die Kanzlerkandidatur schaffte Schröder erst im zweiten Anlauf, nachdem Rudolf Scharping 1994 angetreten und gescheitert war. Und auch beim Kampf um den Parteivorsitz hatte er zunächst gegenüber Rudolf Scharping, dann gegenüber Oskar Lafontaine das Nachsehen. Dass Schröder die Führung der Partei fünf Jahre, nachdem er sie im März 1999 von seinem auf ganzer Strecke gescheiterten Vorgänger Lafontaine übernommen hatte, wieder aufgab, lag unter anderem, wenn nicht in erster Linie, an der außerordentlichen Beanspruchung des Kanzlers durch die internationale Politik.

Jetzt nämlich zeigte sich – nicht zuletzt als Folge seines forschen, selbstbewussten Stils – das ganze Spektrum der Chancen und Risiken einer souveränen deutschen Außenpolitik. Außerdem hatte Schröder, wie andere Kanzler vor ihm, längst die Vorzüge des weltpolitischen Auftritts kennen gelernt: Während ihm die Opposition, aber auch innerparteiliche Kritiker und nicht zuletzt die Medien zu Hause das Leben zusehends schwerer machten, wuchs im Ausland seine Reputation. Deshalb und weil die internationale Lage sehr bald und immer wieder weitreichende Entscheidungen verlangte, wurde die Außenpolitik das Terrain, auf dem Gerhard Schröder als Kanzler sehr bald an Statur, Professionalität und Sicherheit gewann. Selbstverständlich war das nicht. Denn auch dieser Regierungschef war ja über die Innen-, Partei- und Landespolitik ins Amt gelangt.

Ähnliches galt für seinen Außenminister: Joseph Fischer, Jahrgang 1948, brach den Besuch des Gymnasiums vor Erreichen der Mittleren Reife ab, ebenso eine Lehre als Photograph. Angezogen von der außerparlamentarischen Opposition, folgte eine Karriere zunächst als Straßenkämpfer, unter anderem gegen die Notstandsgesetzgebung, dann als Autodidakt, Taxifahrer und Buchhändler, bevor er 1982 der Partei der Grünen beitrat. Für sie zog Fischer 1983 in den Bundestag ein, wurde Parlamentarischer Geschäftsführer der Fraktion und vertrat dort einen dezidiert realpolitischen Kurs. Pragmatismus und ein beträchtlicher Wille zur Macht standen auch Pate, als er 1985 erstmals als Umweltminister am hessischen Kabinettstisch Platz nahm. Nach seiner Rückkehr in den Bundestag im

Herbst 1994 war es vor allem Fischer, der die Grünen auf die Übernahme außen- und sicherheitspolitischer Verantwortung einstimmte und im Juni 1998 für die Verlängerung des Bundeswehreinsatzes im Rahmen der *Stabilization Force* (SFOR) für Bosnien votierte.

Die neue Regierung war nicht einmal ein halbes Jahr im Amt, als sie auf diesem militärpolitischen Feld eine grundsätzliche Entscheidung zu treffen hatte. Seit dem 24. März 1999 flogen vierzehn deutsche Kampfflugzeuge im Rahmen der NATO-Operation »Verbündete Kraft« nahezu fünfhundert Einsätze gegen strategische Ziele in Jugoslawien. Nachdem sämtliche diplomatischen Mittel ausgeschöpft worden waren, sollte Slobodan Milošević, der starke Mann Serbiens, gezwungen werden, seinen Feldzug gegen die albanische Minderheit im Kosovo einzustellen. Das gelang zwar nach einem wochenlangen Bombardement, war jedoch nicht unproblematisch, denn der Krieg wurde ohne Mandat der Vereinten Nationen geführt.

Weil man es aber nicht bei Militärschlägen belassen konnte, weil auch in Deutschland klar war, dass Friede und Wiederaufbau von den Menschen im Kosovo nicht aus eigener Kraft ins Werk gesetzt werden konnten, stimmte der Bundestag am 11. Juni 1999 einer Beteiligung an der *Kosovo Force* (KFOR) der Vereinten Nationen zu. So wurde ausgerechnet der Balkan, an dem sich Jahre zuvor die Auseinandersetzung über das Ob und Wie eines Bundeswehreinsatzes entzündet hatte, bis zum Ende der neunziger Jahre zu der Region, in der deutsche Soldaten in einer ganzen Reihe von Missionen aktiv waren. Und nicht nur dort. Wo immer Not am Mann war – auf dem Balkan oder in Afrika, in der Südsee oder in Südasien, bei der Bewältigung von Hunger- und Umweltkatastrophen, bei der Verfolgung marodierender Militärs und international gesuchter Terroristen –, richtete sich der hilfesuchende Blick auch nach Berlin. Am Anfang des 21. Jahrhunderts waren bis zu zehntausend Bundeswehrsoldaten für die Staatengemeinschaft im Einsatz.

Keine Frage, die außen- und sicherheitspolitische Lage Deutschlands hatte sich innerhalb weniger Jahre grundlegend gewandelt – und mit ihr der Spielraum der deutschen Diplomatie. Genutzt hat sie ihn erst nach der Jahrtausendwende. Auslöser war ein Ereignis, das mit Deutschland nichts zu tun hatte, aber in seinen Auswirkungen auch die deutsche Außen- und Sicherheitspolitik mittelbar und unmittelbar betraf. Denn die Terroranschläge gegen das *World Trade Center* in New York und das amerikanische Verteidigungsministerium in Washington, denen in den Morgenstunden des 11. September 2001 Tausende, durchweg Zivilisten, zum Opfer fielen, erforderten auch die deutsche Stellungnahme.

Sie kam umgehend und war unmissverständlich. Nicht nur ging Gerhard Schröder vierundzwanzig Stunden nach den Anschlägen so weit wie kein Bundeskanzler vor ihm und versprach Amerika die »uneingeschränkte Solidarität« Deutschlands;[5] die Bundesregierung trug selbstverständlich auch die Entscheidung der NATO mit, die am 2. Oktober 2001 – erstmals in ihrer fünfzigjährigen Geschichte – den Bündnisfall ausrief. Und auch die Politik und Kriegführung der USA gegen Afghanistan fanden deutsche Unterstützung. Denn bald war klar, dass Osama bin Laden, Führer des Terrornetzwerkes Al-Qaida und verantwortlich für die Anschläge, Unterschlupf ausgerechnet bei jenem Taliban-Regime in Afghanistan gefunden hatte, das seine Existenz – ähnlich wie das Regiment Saddam Husseins im Irak – nicht zuletzt jahrelanger westlicher, insbesondere amerikanischer Unterstützung verdankte.

Das deutsche Engagement hatte mit der Bonner Afghanistan-Konferenz und ihren abschließenden Vereinbarungen über die rechtlichen und politischen Grundlagen für eine Übergangsregierung vom Dezember 2001 eine politische Komponente, und es hatte eine militärische. Nicht nur beteiligte sich die Bundeswehr seit Januar 2002 in erheblichem Umfang an der Internationalen Schutztruppe für Afghanistan (ISAF). Auch die Bundesmarine begann im Januar 2002 – am Horn von Afrika und im Rahmen der Antiterroroperation *Enduring*

Freedom – den größten Einsatz in ihrer Geschichte. Hinzu kamen die Stationierung von ABC-Spürpanzern in Kuwait, von Seeaufklärern in Mombasa sowie Marinehubschraubern in Dschibuti und andere Maßnahmen mehr.

Anders als bei diesen Missionen, die zumeist bis 2004 abgeschlossen oder doch deutlich eingeschränkt werden konnten, war im Falle Afghanistans ein längerfristiger Einsatz absehbar. Deshalb und weil es sich anfangs grundsätzlich um einen Kampfeinsatz handelte, stieß er in den Reihen der rot-grünen Koalitionäre nicht auf ungeteilte Zustimmung. Immerhin führten der Bundeskanzler und sein Außenminister das Land innerhalb von nur zweieinhalb Jahren erneut »in den Krieg«.[6] Schröder hatte zum Mittel der Vertrauensfrage greifen müssen, um den Afghanistan-Einsatz am 16. November 2001 über die parlamentarischen Hürden zu bringen.

Das war nicht wiederholbar. Deshalb und weil er die Gründe für einen Krieg gegen den Irak, also die nächste Etappe des amerikanischen Feldzuges gegen den Terror, nicht überzeugend fand, verweigerte Schröder als erster Kanzler in der Geschichte der Bundesrepublik den Vereinigten Staaten von Amerika die Gefolgschaft. Dass er zudem hoffte, mit diesem Kurs Ende September 2002 doch noch die bereits verloren geglaubten Bundestagswahlen gewinnen zu können, war offensichtlich, allerdings nicht entscheidend. Der deutsche Bundeskanzler und mit ihm die Mehrzahl seiner Landsleute waren gegen einen Krieg, der erklärtermaßen dazu beitragen sollte, die Karten in der Weltpolitik neu zu mischen.

Dieses Ziel hatten die Amerikaner schon während der neunziger Jahre, also in der Ära des demokratischen Präsidenten Bill Clinton, fest im Visier. Sein Nachfolger, der Republikaner George W. Bush – Sohn von Clintons Vorgänger und nach einem äußerst umstrittenen Wahlsieg seit Januar 2001 im Amt – nutzte die Terroranschläge, verschärfte die Zielsetzung und radikalisierte die Methoden. Im Sinne einer neuen Militärdoktrin, die Präventivschläge als Teil der Gefahrenabwehr begriff, eröffneten die Vereinigten Staaten als Führungsmacht einer sogenannten Koalition der Willigen, nicht zuletzt aus den Reihen der Dritten Welt, einen Feldzug gegen den Diktator von Bagdad, der im April 2003 schon nach wenigen Wochen abgeschlossen werden konnte, ohne dass die Situation im Irak damit unter Kontrolle gewesen wäre.

Dem mochten sich die Deutschen, allen voran ihr Kanzler, nicht anschließen. Schon im Vorfeld hatte dieser sich festgelegt und betont, dass Deutschland »ein selbstbewußtes Land« sei, das für Abenteuer nicht zur Verfügung stehe, und für eine »Scheckbuchdiplomatie« wie während des zweiten Golfkrieges von 1991 auch nicht.[7] Am 13. September 2002 ließ Schröder vor dem Parlament keinen Zweifel, dass über »die existentiellen Fragen der deutschen Nation« in Berlin entschieden werde – »und nirgendwo anders«[8], also auch nicht in Washington. Sicher, man stand zum »Engagement im transatlantischen Bündnis« und insofern auch zur Partnerschaft mit den Vereinigten Staaten; allerdings – so der Kanzler am 3. April 2003 vor dem Bundestag – unter der Voraussetzung, dass die Allianz »wieder zu einem Ort intensiver gegenseitiger Konsultation« werde.[9] Mit den Amerikanern »auf gleicher Augenhöhe« zu verkehren war der Anspruch, den der deutsche Bundeskanzler für die Europäer erhob.[10]

Es war nicht nur die Absage an eine militärische Beteiligung Deutschlands im Irak-Krieg; es war dieser selbstbewusste Ton, der jenseits des Atlantiks aufhorchen ließ. Wollte dieser Kanzler tatsächlich die Konsequenzen aus der radikal geänderten weltpolitischen Lage ziehen und sein Land aus der bedingungslosen, einseitigen Abhängigkeit von der amerikanischen Vormacht lösen? Wollte er gar in dem aufziehenden transatlantischen Konflikt zugunsten Frankreichs optieren?

Es sah ganz danach aus, zumal Frankreichs Staatspräsident als Retter in der Not erschien und dem zu Jahresbeginn 2003 von allen Seiten bedrängten und zusehends isolierten Kanzler zur Seite sprang. Dass Jacques Chirac dann bald von Gerhard Schröder die Führung der amerika-kritischen Koalition übernahm, verschaffte Deutschland Luft und trug Frankreichs historischem und politischem Selbstverständnis, aber auch seinem Status als ständiges Mitglied im Sicherheitsrat der Vereinten Nationen Rechnung. Ohne einen starken Partner, ohne das auf die Bühne der Weltpolitik zurückgekehrte Deutschland hätte der Präsident diese Rolle freilich kaum annehmen und ausfüllen können. Kein Wunder, dass beide auch nach dem Irak-Krieg an dieser engen Kooperation festhielten und die Beziehungen zwischen den Schlüsselmächten der europäischen Integration zeitweilig aus jener Lähmung befreiten, die sie zum Jahresende 2000 – im Umfeld des gescheiterten Reformgipfels von Nizza – befallen hatte.

Tatsächlich haben sich Paris und Berlin auf praktisch allen Ebenen selten so eng abgesprochen wie seit dem Herbst 2002. Schröder und Chirac setzten fort, was Adenauer und de Gaulle begonnen, Schmidt und Giscard d'Estaing oder Kohl und Mitterrand ausgebaut hatten. Das gilt auch für die Holzwege: Agrarsubventionen, sogenannter Britenrabatt oder auch die Erweiterung der Union um zehn neue Staaten zum 1. Mai 2004 waren ein Erbe, das die beiden übernahmen – und unter anderem durch die Forcierung des Beitritts der Türkei zusätzlich belasteten. So trugen auch Schröder und Chirac das Ihre dazu bei, dass ein längst randvolles Fass im Frühjahr 2005 schließlich überlief. Das Scheitern des europäischen Verfassungsvertrages in Frankreich und den Niederlanden sowie das Debakel des Brüsseler Gipfeltreffens Mitte Juni 2005 bestätigten aber auch, dass nicht voluminöse Vertragswerke aus Europa eine Erfolgsgeschichte gemacht haben, sondern die pragmatische Kooperation auf einzelnen Feldern.

Und da gab es auch um die Jahrhundertwende durchaus Fortschritte. Nach der Installierung eines gemeinsamen Marktes, einer einheitlichen Währung, auch eines in weiten Bereichen schon vereinheitlichten Rechtssystems stand seit den Krisen und Kriegen im ehemaligen Jugoslawien und im Irak die Umsetzung einer gemeinsamen Außen- und Verteidigungspolitik in Europa auf der Tagesordnung. Dass der entscheidende Anstoß aus Berlin kam, war bemerkenswert. Noch in den achtziger Jahren hätte eine deutsche Initiative auf militärischem Gebiet ähnliche Erfolgsaussichten gehabt wie eine solche in Sachen Wiedervereinigung.

Der Vorschlag, die ESVP, eine gemeinsame Europäische Sicherheits- und Verteidigungspolitik, ins Leben zu rufen, war im Sommer 1999 durch Berlin ins Gespräch gebracht worden und bildete fortan die Basis aller weiteren Überlegungen. So setzte sich im Laufe des Sommers 2003 – zum Beispiel auf einem Treffen Blairs, Chiracs und Schröders in Berlin – die Überzeugung durch, »daß die EU über eine gemeinsame Fähigkeit zur Planung und Führung von Operationen ohne Rückgriff auf Nato-Mittel und -Fähigkeiten verfügen« müsse.[11]

Mit ihrem Formelkompromiss machten die drei den Weg für gemeinsame Operationen der Europäischen Union frei. Das gilt für die Theorie – etwa die Annahme der ersten Sicherheitsstrategie durch alle fünfundzwanzig Teilnehmer des im Übrigen gescheiterten Brüsseler Gipfeltreffens Mitte Dezember 2003 –, und es gilt für die Praxis: Nach begrenzten Einsätzen in Mazedonien und im Kongo, mit denen 2003 erste Signale gesendet wurden, schlug für die ESVP auf dem Balkan die Stunde der Wahrheit. Anfang Dezember 2004 übernahm sie von der NATO die Führung der fortan als EUFOR firmierenden Truppe in Bosnien-Herzegowina. Erstmals schickten die Europäer sich an, einen Brandherd des Balkankonflikts im Wesentlichen mit eigenen Mitteln und aus eigener Kraft unter Kontrolle zu halten. Das war ein Meilenstein im transatlantischen Wandlungsprozess.

So behielt die Irak-Krise auch in dieser Hinsicht die klärende Funktion im europäisch-amerikanischen Verhältnis, die sie von Anfang an erfüllt hatte. Seither ließ sich nicht mehr übersehen, dass die transatlantische Epoche abgeschlossen war. Eine Rückkehr zu den für sie charakteristischen Verhältnissen und Konstellationen würde es nicht geben. Das Zeitalter des Ost-West-Gegensatzes, der Blockkonfrontation und der bipolaren

Weltordnung hatte mit dem Untergang der Sowjetunion und ihres Imperiums sein Ende gefunden. Es war Geschichte.

Für die Amerikaner wurde damit jener Brückenkopf in Europa entbehrlich, den sie 1943/44 errichtet hatten, um Deutschland in die Knie zu zwingen, und den sie dann beinahe ein halbes Jahrhundert lang hielten, um die Sowjetunion politisch, wirtschaftlich und natürlich militärisch in Schach zu halten – im Interesse ihrer nationalen Sicherheit und zum Schutz der Freiheit eines großen Teils von Europa. Mit dem Ende der Sowjetunion war diese Aufgabe der NATO erfüllt. Jetzt entfiel die Notwendigkeit einer massiven militärischen Präsenz der USA auf dem alten Kontinent.

Allerdings hatten die Europäer auch nach 1991 gute Gründe, darauf zu drängen, dass die Amerikaner einstweilen da blieben, wo sie waren – vor allem auch in Deutschland –, dass sie sich also nicht etwa hinter den Atlantik zurückzogen, wie sie das nach dem Ersten Weltkrieg getan hatten. Denn zum einen war 1991 nicht auszuschließen, dass die Auflösung der Sowjetunion und ihres Imperiums ähnlich dramatische Konsequenzen für die Sicherheit in Europa zeitigen könnte wie nach 1917 die Zertrümmerung des Großreiches der russischen Zaren. Auch führte der Zerfall Jugoslawiens den Europäern ihre politische wie militärische Ohnmacht und ihre Abhängigkeit von den USA vor Augen, wenn es um die Beilegung ihrer Krisen und Kriege ging. Nicht zuletzt aber galt die amerikanische Präsenz vielen als Garantie, dass die Vereinigung Deutschlands mit der Sicherheit des Kontinents kompatibel sein würde: Hatte man sich richtig entschieden, als man die Deutschen aus der Teilung entließ und damit die letzte große Hinterlassenschaft des Zweiten Weltkrieges liquidierte?

Zehn Jahre später, zu Beginn des neuen Jahrhunderts, waren diese Themen vom Tisch. Das sowjetische Erbe in Europa erwies sich als kontrollierbar; die Folgen der Auflösungsprozesse in Jugoslawien waren, den politischen Willen vorausgesetzt, beherrschbar; die Einbindung des vereinigten Deutschland in die politischen, wirtschaftlichen und militärischen Strukturen des Kontinents war gesichert. So gesehen wurden die USA auf dieser Seite des Atlantiks tatsächlich nicht mehr gebraucht, jedenfalls nicht für die klassischen Aufgaben, wie die NATO sie für sich definiert hatte.

Folgen hatte das für alle Beteiligten, in besonderem Maße aber für das vier Jahrzehnte lang geteilte Deutschland, dessen Schicksal wie das keines zweiten Landes die transatlantische Epoche und eben auch deren Ende reflektierte: Ohne diesen unerwarteten Schlussakt, ohne den Untergang der Sowjetunion wäre die Überwindung der deutschen Teilung nicht vorstellbar gewesen. Mit dieser Revolution der Weltpolitik aber entfiel wenn nicht der einzige, so doch der eigentliche Grund für die bedingungslose Anlehnung an die Vor- und Garantiemacht des westlichen Bündnisses. Zugleich eröffnete sich – erstmals in der Geschichte der Bundesrepublik – die Möglichkeit, in entscheidenden Situationen ohne nennenswerte Risiken für andere Partner zu optieren.

Seit der Irak-Krise war diese neue Dimension des deutschen Handlungsspielraums erkennbar. So konnten sich China, vor allem aber Russland auf der Seite Frankreichs und Deutschlands einfinden, ohne dass Berlin wie seinerzeit Bonn mit transatlantischen Sanktionsdrohungen hätte rechnen müssen. Davon überzeugt, dass langfristig Europas »Sicherheit und Wohlergehen« nicht ohne eine »strategische Partnerschaft zu Rußland« zu garantieren seien,[12] übte sich der Kanzler gegenüber den Zuständen in Russland, allen voran der Tschetschenien-Krise, in einer Zurückhaltung, die unter den gegebenen Umständen einer Unterstützung für den bedenklich taktierenden Präsidenten Wladimir Putin gleichkam.

Andererseits eröffnete die deutsche Politik auch eine Chance, Russland dauerhaft an Europa zu binden, und darin wiederum lagen Möglichkeiten der Einflußnahme auf die russische Politik und vor allem Perspektiven für die deutsche Wirtschaft. Russland entwickelte sich nun einmal zu einem der wichtigsten Energielieferanten der Bundesrepublik und zu einem der aussichtsreichsten Märkte für die deutsche Industrie. Letzteres galt auch für China, dem Schröder eine Bedeutung zumaß wie kein zweiter Kanzler vor ihm. Etwa im Jahresrhythmus machte er sich auf den Weg ins Reich der Mitte. Und wenn es ums Geschäft mit der kommenden asiatischen Weltmacht ging, waren auch Waffen kein Tabu.

Keine Frage, die Deutschen waren in der Wirklichkeit angekommen, betrieben eine Außenpolitik, die dem Gewicht ihres Landes entsprach und von dem hohen Vertrauen profitierte, das man ihnen in der Welt entgegenbrachte. So in der Krisenregion des Nahen und Mittleren Ostens. Nicht nur brach der deutsche Außenminister, mitunter im Namen der Europäischen Union, nach der Jahrhundertwende zu einer Serie von Vermittlungsreisen nach Israel und Palästina auf. Auch der Vorschlag eines überwachten Weg- und Zeitplans zur Lösung des Konflikts, der den beiden Parteien Ende April 2003 durch die Europäer, die USA, Russland und die Vereinten Nationen übergeben wurde, die sogenannte *Roadmap*, ging auf deutsche Ideen zurück. Und es war die iranische Führung, die auf der Teilnahme Deutschlands bestand, als es um eine europäische Vermittlung im gefährlichen Streit Teherans mit der Völkergemeinschaft und der Internationalen Atomenergiebehörde wegen seiner Nuklearpolitik ging. Niemand fand es ungewöhnlich, dass der deutsche Außenminister Seite an Seite mit seinen französischen und britischen Amtskollegen seit Herbst 2003 die Führung des Iran zu umfassenden Kontrollen ihres Atomprogramms zu bewegen suchte. Auch nahm niemand Anstoß an dem noch aus der Ära Kohl-Kinkel stammenden Wunsch nach einem ständigen Sitz im Sicherheitsrat der Vereinten Nationen – wie realistisch er auch immer gewesen sein mag.

So nahm Deutschland im aufziehenden 21. Jahrhundert ganz selbstverständlich die Rolle ein, die ihm als Folge der weltpolitischen Umbrüche seit 1991 zugefallen war. Sie auszufüllen setzte ein Selbstbewusstsein voraus, das dem Gewicht des Landes angemessen war, ohne zum Rückfall in alte Verhaltensweisen zu führen. Dass der deutschen Politik

– nicht nur zu Beginn der Irak-Krise – handwerkliche Fehler unterliefen, war eine Sache; dass man in Berlin grundsätzlich nichts anderes tat, als vom Recht eines souveränen, unter Partnern gleichrangigen Staates Gebrauch zu machen, war eine andere. Das mochte manchem, namentlich in den Vereinigten Staaten von Amerika, nicht gefallen. Dennoch kam auch dort niemand zu dem Schluss, in Berlin greife man auf Mittel und Methoden zurück, die 1945 zu den Akten gelegt worden waren.

Das lag an dem Kapital, das die alte Bundesrepublik in Jahrzehnten angesammelt und sorgfältig verwaltet hatte. Es bestand im überzeugenden Nachweis des radikalen Kurswechsels der deutschen Außenpolitik nach Hitler. Hatte das Deutsche Reich bis zuletzt – in der Regel im Alleingang und wiederholt mit dem Mittel des Krieges – versucht, die in seiner Gründung angelegte, aus deutscher Sicht gefährliche halbhegemoniale Stellung zu seinen Gunsten zu korrigieren, setzte die Bonner Republik auf eine fundamental andere Strategie. Die Integration des Staates in die westliche Gemeinschaft und die Anerkennung einer für die Deutschen unerfreulichen Wirklichkeit, nämlich der Teilung des Landes und des Kontinents, sollten die Möglichkeit offen halten, diese Wirklichkeit zu überwinden – im europäischen Rahmen und selbstredend mit friedlichen Mitteln. Heute ist es dieses Kapitel der deutschen Geschichte, das zählt. Nicht am Zerstörungs- und Vernichtungswerk des Dritten Reiches wird die deutsche Politik gemessen, sondern an den Aufbau- und Integrationsleistungen der Bundesrepublik. Die Deutschen sind aus Hitlers Schatten herausgetreten.

Den Weg hatten nur die Opfer, Gegner und späteren Besieger Deutschlands frei machen können. Um aber eine »abschließende Regelung in bezug auf Deutschland« treffen zu können, mussten sie am Ende ihre Sicht auf die deutsche Geschichte einer Revision unterziehen. Spätestens 1941 waren sie nämlich zu dem Schluss gelangt, dass Hitlers Politik und Kriegführung den Eskalationspunkt einer Entwicklung bildeten, deren Anfänge sie in der Reichsgründung, wenn nicht schon im 18. Jahrhundert ausmachten. Aus dieser Perspektive betrachtet, setzten die Deutschen seit 1935 nur eine Tradition fort, die mit den Schlesischen Kriegen Friedrichs des Großen begonnen und in Bismarcks Einigungsfeldzügen sowie der Welt- und Weltkriegspolitik seiner Nachfolger ihre Fortsetzung gefunden hatte.

Manches schien für diese Sicht der Dinge zu sprechen. Nicht nur radikalisierte Hitler den in der Reichsgründung angelegten Drang zum Ausbruch aus den gegebenen Verhältnissen und führte die Deutschen so in den bitteren, aber wohl zwangsläufigen Untergang ihres Reiches. Er machte sich auch dessen Tradition zunutze. Mit sicherem Instinkt für die Befindlichkeiten und Bedürfnisse der 1919 schwer gedemütigten Deutschen setzten Hitler und Goebbels, sein Zeremonienmeister, anlässlich der ersten Reichstagssitzung nach der Machtübernahme ein Spektakel in Szene, das viele nur zu gerne als Akt der Auferstehung wahrnahmen.

Am 21. März 1933 – dem Jahrestag der ersten Reichstagseröffnung durch Bismarck, der nunmehr als »Tag der nationalen Erhebung« firmierte – erwies die junge nationalsozialistische Bewegung den Vertretern Preußen-Deutschlands die Reverenz. Auf den Stufen der Potsdamer Garnisonkirche, über dem Grab Friedrichs des Großen und in der Uniform des kaiserlichen Generalfeldmarschalls gab Reichspräsident Paul von Hindenburg dem sich verneigenden Reichskanzler Adolf Hitler, der in Zivil erschienen war, die Hand und führte den Zug zur Zeremonie in das von Friedrich Wilhelm I. errichtete Gotteshaus. Hier erhoben sich nicht nur die Abgeordneten des Parlaments, sondern auch Generäle der Wehrmacht und Veteranen der kaiserlichen Armee und nicht zuletzt Diplomaten aus aller Welt. Die Inszenierung verfing. Die Aktionen der kommenden Jahre taten ein Übriges. Hitler schien der Mann zu sein, der die »deutsche Ehre« wieder »rein« wusch[13] und so auch der Tradition zu ihrem Recht verhalf.

In Wirklichkeit stand Hitler »in keiner deutschen Tradition, am wenigsten in der protestantisch-preußischen, … Friedrich und Bismarck nicht ausgenommen«. Die Deutschen interessierten ihn eigentlich gar nicht, es sei denn als »Machtinstrument[e]« zur Umsetzung seiner Pläne und Programme.[14] Dass sie sich dazu verstanden, dass sie Hitler – von seinen Erfolgen geblendet und korrumpiert – ihre Tradition überließen und sie damit aufgaben, war ihr größter Fehler. Was immer sie jetzt taten, wurde auch dieser Tradition angelastet – selbst der rassenideologische Vernichtungskrieg mit seinen beispiellosen Verbrechen.

Wenn man das so sah, wenn man in Hitler nicht den Totengräber dieser Tradition wahrnahm, wenn man ihn vielmehr als ihren letzten Repräsentanten begriff und selbst den Vernichtungsfeldzug gegen die Juden Europas in ihr begründet glaubte – dann allerdings hatte man keine Wahl. Dann musste man nicht nur Hitler und seinem Regime, sondern auch dieser Tradition ein Ende setzen und ihre wichtigste Institution, den deutschen Nationalstaat, zerschlagen. So erhielt Hitler am Ende tatsächlich seinen Platz in dieser Tradition und mit ihm jene überragende Statur in der deutschen Geschichte, die ihm nicht entsprach. Fortan wurde alles an ihm gemessen – was vor ihm war und nach ihm kam. Die Implikationen und Konsequenzen dieser Sicht waren enorm. Denn genaugenommen waren die Teilung Deutschlands und die alliierten Vorbehalte bezüglich seines künftigen Schicksals nicht nur eine Quittung für die deutsche Politik und Kriegführung in der Ära Hitler, sondern auch ein Urteil über die Deutschen selbst, ihre Geschichte und ihren Charakter.

Entsprechend folgenreich war der Kurswechsel, den die vormaligen Sieger über Deutschland 1991 – im Windschatten und im Zusammenhang der Auflösung der Sowjetunion – vornahmen. Mit der Aufgabe ihrer Vorbehalte und der Zustimmung zur Wiedereinrichtung eines vollständig souveränen deutschen Nationalstaates haben sie die Deutschen nicht nur aus der langen Nachkriegszeit entlassen, sondern auch ihr Urteil über sie korrigiert und ihnen damit Chancen eröffnet, aus Hitlers Schatten herauszutreten.

Die Geschichte der deutschen Nation – auch das signalisiert die Entscheidung von 1991 – lässt sich nicht auf diese zwölf Jahre reduzieren oder mit ihnen allein erklären. Das Dritte Reich war eine Epoche der neueren Geschichte, und Adolf Hitler war einer von beinahe dreißig Reichs- beziehungsweise Bundeskanzlern – um nur von diesen zu reden –, die seit 1871 die Verantwortung in und für Deutschland getragen haben. Einige von ihnen haben länger amtiert, andere haben Weichen folgenreicher gestellt als er. Ohne die in Otto von Bismarcks Regie vollzogene Gründung des Deutschen Reiches und ohne den Blick in den Abgrund, an dem die Deutschen nach den Ausritten Wilhelms II. in die Weltpolitik standen, hätte Hitler wohl nie seine Chance bekommen. Konrad Adenauers Wegweisung in die westliche Gemeinschaft hat die Deutschen dauerhafter und tiefgreifender geprägt als der Angriff auf das Abendland, zu dem sie unter Hitlers Führung angetreten waren. Und dass sie sich unter der maßgeblichen Direktion Willy Brandts mit einer für sie schmerzlichen Wirklichkeit arrangierten, war für ihre Zukunft bedeutsamer als der Kampf, den sie seit 1871 gegen diese Wirklichkeit geführt hatten.

Das alles wussten auch ihre vormaligen Opfer und Gegner, als sie die Deutschen in die Freiheit entließen. Sie wussten, dass der deutsche Nationalstaat, den sie damit aus der Taufe hoben, nichts oder doch nur wenig mit dem gemeinsam haben würde, den sie beinahe ein halbes Jahrhundert zuvor zerschlagen hatten. Und sie wussten auch: Die Deutschen haben ihre Lektion gelernt. Sie haben die Chance genutzt, die sich ihnen nach Hitler bot.

ABKÜRZUNGEN

AAPD	Akten zur Auswärtigen Politik der Bundesrepublik Deutschland
ADAP	Akten zur deutschen auswärtigen Politik
AdG	Archiv der Gegenwart
Bulletin	Bulletin des Presse- und Informationsamtes der Bundesregierung
DD	Die Deutschen Dokumente zum Kriegsausbruch 1914
DDP	Dokumente zur Deutschlandpolitik
EA	Europa-Archiv
EG	Europäische Gemeinschaft
ESVP	Europäische Sicherheits- und Verteidigungspolitik
EU	Europäische Union
EVG	Europäische Verteidigungsgemeinschaft
FAZ	Frankfurter Allgemeine Zeitung
GP	Die Große Politik der Europäischen Kabinette
INF	Intermediate-Range Nuclear Forces
KPdSU	Kommunistische Partei der Sowjetunion
KSZE	Konferenz über Sicherheit und Zusammenarbeit in Europa
NATO	North Atlantic Treaty Organization
SALT	Strategic Arms Limitation Talks
Sten. Ber.	Stenographische Berichte des Deutschen Reichs- beziehungsweise Bundestages
UNO	United Nations Organization
VfZG	Vierteljahrshefte für Zeitgeschichte
WEU	Westeuropäische Union

ANMERKUNGEN

ALPTRAUM

1 GP 2, Nr. 294.
2 Deutscher Reichs-Anzeiger und Königlich Preußischer Staats-Anzeiger, Nr. 125, 1. Juni 1875.
3 GP 1, Nr. 189.
4 Andreas Hillgruber, Bismarcks Außenpolitik, Freiburg i.Br. 1972, S. 131.
5 Otto von Bismarck, Briefe, hrsg. von W. Windelband und W. Frauendienst, 2 Bde. (Gesammelte Werke, Bd. 14/I und II), Berlin 1933, Bd. 1, Nr. 27.
6 Parliamentary Debates. Third Series, Bd. 204, S. 81.
7 Helmut Plessner, Die verspätete Nation. Über die politische Verführbarkeit bürgerlichen Geistes, Stuttgart 1959.
8 Ludwig Dehio, Deutschland und die Epoche der Weltkriege, in: Historische Zeitschrift 173 (1952), S. 80.
9 Sebastian Haffner, Von Bismarck zu Hitler. Ein Rückblick, München 1987, S. 47.
10 Bismarck, Briefe, Bd. 2, Nr. 1457.
11 GP 2, Nr. 294.
12 Sten. Ber., Bd. 41.
13 GP 2, Nr. 246.
14 Bismarck an das AA, 2. November 1878, zitiert nach Manfred Müller, Die Bedeutung des Berliner Kongresses für die deutsch-russischen Beziehungen, Leipzig 1927, S. 83.
15 GP 3, Nr. 446.
16 GP 3, Nr. 485.
17 GP 3, Nr. 532.
18 GP 3, Nr. 571.
19 GP 3, Nr. 570/Anlage.

ÜBERMUT

1 Die politischen Testamente der Hohenzollern, bearb. von R. Dietrich, Köln/Wien 1986, S. 489.
2 GP 4, Nr. 743.
3 GP 4, Nr. 758.
4 GP 4, Nr. 757 f.
5 GP 4, Nr. 883.
6 Max Weber, Parlament und Regierung im neugeordneten Deutschland, in: ders., Gesammelte Politische Schriften, hrsg. von J. Winckelmann, Tübingen [3]1971, S. 319.
7 Friedrich Naumann, Das Königtum, in: ders., Werke, Bd. 2: Politische Schriften, hrsg. von T. Schieder, Opladen 1964, S. 439.
8 [August Keim], Erlebtes und Erstrebtes. Lebenserinnerungen von Generalleutnant Keim, Hannover 1925, S. 71.
9 Handbuch der Verträge 1871–1964. Verträge und andere Dokumente zur Geschichte der internationalen Beziehungen, hrsg. von H. Stoecker, Berlin (Ost) 1968, S. 74.
10 GP 10, Nr. 2478.
11 GP 11, Nr. 2579.
12 GP 11, Nr. 2610.
13 GP 13, Nr. 3407.
14 GP 13, Nr. 3413.
15 GP 12/II, Nr. 3159.
16 Sten. Ber., Bd. 159.
17 Briefe Wilhelms II. an den Zaren 1894–1914, hrsg. von W. Goetz, Berlin o.J. [1920], Nr. 14.
18 Zitiert nach Gregor Schöllgen, Imperialismus und Gleichgewicht. Deutschland, England und die orientalische Frage 1871–1914, München [3]2000, S. 434.
19 Max Weber, Der Nationalstaat und die Volkswirtschaftspolitik, in: Gesammelte Politische Schriften, S. 23.
20 GP 12/II, Nr. 3345, Anm. der Hrsg.
21 Zitiert nach: Rüstung im Zeichen wilhelminischer Weltpolitik. Grundlegende Dokumente 1890–1914, hrsg. von V. R. Berghahn und W. Deist, Düsseldorf 1988, S. 122.
22 Alfred von Tirpitz, Erinnerungen, Leipzig 1919, S. 10.
23 GP 14/I, Nr. 3782.
24 GP 14/I, Nr. 3793.
25 Quellen zur deutschen Außenpolitik im Zeitalter des Imperialismus 1890–1911, hrsg. von M. Behnen, Darmstadt 1977, S. 247.
26 Zitiert nach Schöllgen, Imperialismus und Gleichgewicht, S. 451 f.

ISOLIERUNG

1 GP 18/II, Nr. 5713.
2 GP 18/II, Nr. 5844.
3 GP 19/II, Nr. 6255.
4 GP 20/I, Nr. 6376.
5 Zitiert nach Schöllgen, Imperialismus und Gleichgewicht, S. 191.
6 GP 20/II, Nr. 6757.
7 GP 21/II, Nr. 7202.
8 Die Britischen Amtlichen Dokumente über den Ursprung des Weltkrieges 1898–1914 [...], deutsche Ausgabe hrsg. von H. Lutz, Berlin 1926ff., Bd. 3, Nr. 418.
9 Andreas Hillgruber, Deutschlands Rolle in der Vorgeschichte der beiden Weltkriege, Göttingen [2]1979, S. 33.
10 GP 25/I, Nr. 8537.
11 GP 26/I, Nr. 9079.
12 Sten. Ber., Bd. 236.
13 Feldmarschall [Franz Graf] Conrad [von Hötzendorf], Aus meiner Dienstzeit, Bd. 1, Wien u.a. 1921, S. 604ff.
14 Sten. Ber., Bd. 236.
15 Kiderlen-Wächter, der Staatsmann und Mensch. Briefwechsel und Nachlass, hrsg. von E. Jäckh, 2 Bde., Bd. 2, Berlin/Leipzig 1924, S. 128f.
16 GP 27/II, Nr. 10167.
17 Heinrich Claß, Wider den Strom. Vom Werden und Wachsen der nationalen Opposition im alten Reich, Leipzig 1932, S. 221.
18 Zitiert nach Schöllgen, Imperialismus und Gleichgewicht, S. 439.

VABANQUE

1 GP 39, Nr. 15612.
2 GP 39, Nr. 15613.
3 Zitiert nach Albert Hopman, Das ereignisreiche Leben eines »Wilhelminers«. Tagebücher, Briefe, Aufzeichnungen 1901 bis 1920, hrsg. von M. Epkenhans, München 2004, S. 269.
4 Friedrich v[on] Bernhardi, Deutschland und der nächste Krieg, Stuttgart/Berlin 1912, S. 344.
5 Sten. Ber., Bd. 286.
6 Zitiert nach Egmont Zechlin, Motive und Taktik der Reichsleitung 1914. Ein Nachtrag, in: Der Monat 18 (1966), S. 92.
7 Quellen zur Entstehung des Ersten Weltkrieges. Internationale

Dokumente 1901–1914, hrsg. von E. Hölzle, Darmstadt [2]1995, Nr. 126.

8 Ebd., Nr. 130 und 134.

9 DD 2, Nr. 293.

10 DD 2, Nr. 359.

11 DD 3, Nr. 487.

12 DD 3, Nr. 491 und 571.

13 Quellen zur Entstehung des Ersten Weltkrieges, Nr. 130.

14 Zitiert nach Egmont Zechlin, Bethmann Hollweg, Kriegsrisiko und SPD 1914, in: Der Monat 18 (1966), S. 32.

15 DD 1, Nr. 248.

16 Paul Sethe, Die großen Entscheidungen, Frankfurt a.M. 1958, S. 58.

17 Sten. Ber., Bd. 117.

18 Zitiert nach Egmont Zechlin, Friedensbestrebungen und Revolutionierungsversuche, IV: Bethmann Hollwegs Kriegszielpolitik, in: Aus Politik und Zeitgeschichte B 20/1963, S. 41 ff.

19 Thomas Mann, Gedanken im Kriege, zitiert nach ders., Friedrich und die große Koalition, Berlin 1915, S. 16.

20 Zitiert nach Gerhard Ritter, Staatskunst und Kriegshandwerk. Das Problem des »Militarismus« in Deutschland, 4 Bde., München 1954 ff., Bd. 3, S. 335.

21 Richard von Kühlmann, Erinnerungen, Heidelberg 1948, S. 533.

22 Das Werk des Untersuchungsausschusses der Verfassunggebenden Deutschen Nationalversammlung und des Deutschen Reichstages 1919–1928. Verhandlungen/Gutachten/Urkunden. Vierte Reihe, Zweite Abteilung, Bd. 12/I, Berlin 1929, S. 220.

23 Sebastian Haffner, Der Teufelspakt. Die deutsch-russischen Beziehungen vom Ersten zum Zweiten Weltkrieg, Zürich 1988, S. 26.

24 Kühlmann, Erinnerungen, S. 517.

25 Zitiert nach Ritter, Staatskunst und Kriegshandwerk, Bd. 3, S. 138.

26 George F. Kennan, Bismarcks europäisches System in der Auflösung. Die französisch-russische Annäherung 1875 bis 1890, Frankfurt a.M./Berlin/Wien 1981, S. 12.

27 Der Friedensvertrag zwischen Deutschland und der Entente. Vollständige Volksausgabe der amtlichen deutschen Übertragung. Im Auftrage des Auswärtigen Amtes, Charlottenburg 1919, Artikel 231.

28 Ebd., Artikel 43.

29 Ebd., Artikel 80.

30 Ebd., Artikel 104.

31 Philipp Scheidemann, Der Zusammenbruch, Berlin 1921, S. 251.

1 Klaus Mann, Der Wendepunkt. Ein Lebensbericht (1942), Reinbek 1993, S. 204.
2 W. I. Lenin, Sämtliche Werke, Bd. 25, Wien/Berlin 1930, S. 635 f.
3 Walther Rathenau, Gesammelte Reden, Berlin 1924, S. 194.
4 Ebd., S. 396.
5 Haffner, Teufelspakt, S. 110.
6 Reichsgesetzblatt, Jahrgang 1922, S. 677.
7 Haffner, Teufelspakt, S. 114.
8 ADAP, A V, Nr. 256.
9 Eine Rede Stresemanns über seine Locarnopolitik, in: VfZG 15 (1967), S. 418.
10 Ursachen und Folgen. Vom deutschen Zusammenbruch 1918 und 1945 bis zur staatlichen Neuordnung Deutschlands in der Gegenwart. Eine Urkunden- und Dokumentensammlung zur Zeitgeschichte, hrsg. von H. Michaelis u. a., 26 Bde., Berlin [1958 ff.], Bd. 5, Nr. 1079.
11 ADAP, B I/1, Anhang II.
12 Gustav Stresemann, The Economic Restoration of the World, in: Foreign Affairs 2 (1923/24), S. 557.
13 Reichsgesetzblatt, Jahrgang 1925, S. 979.
14 Ebd., S. 995.
15 Ebd., S. 1009.
16 ADAP, B II/1, Nr. 168.
17 Ebd.
18 Ursachen und Folgen, Bd. 6, Nr. 1375.
19 ADAP, B VIII, Nr. 60.
20 Ursachen und Folgen, Bd. 7, Nr. 1496.
21 Ebd., Nr. 1483.
22 Zitiert nach Peter Krüger, Die Außenpolitik der Republik von Weimar, Darmstadt 1985, S. 529.
23 ADAP, B XVI, Nr. 181.
24 Ursachen und Folgen, Bd. 8, Nr. 1757.
25 ADAP, B I/1, Nr. 144.
26 Haffner, Von Bismarck zu Hitler, S. 219.
27 Zitiert nach Hillgruber, Deutschlands Rolle in der Vorgeschichte der beiden Weltkriege, S. 76 f.
28 Zitiert nach Thilo Vogelsang, Neue Dokumente zur Geschichte der Reichswehr 1930–1933, in: VfZG 2 (1954), S. 435.
29 Sten. Ber., Bd. 457.
30 Akten der Reichskanzlei. Die Regierung Hitler, Teil I: 1933/34, Bd. 1, bearb. von K.-H. Minuth, Boppard a. Rh. 1983, Nr. 93.

ANGRIFF

1 Ursachen und Folgen, Bd. 10, Nr. 2436.
2 Joachim von Ribbentrop, Zwischen London und Moskau. Erinnerungen und letzte Aufzeichnungen, hrsg. von A. von Ribbentrop, Leoni 1961, S. 64.
3 ADAP, C IV/2, Nr. 485.
4 ADAP, C IV/2, Nr. 579.
5 Paul Schmidt, Statist auf diplomatischer Bühne 1923–45. Erlebnisse des Chefdolmetschers im Auswärtigen Amt mit den Staatsmännern Europas, Bonn 1949, S. 320.
6 Hitler, Reden und Proklamationen 1932–1945. Kommentiert von einem deutschen Zeitgenossen, hrsg. von M. Domarus, 2 Bde., Neustadt 1962/63, Bd. 1, S. 606.
7 Ribbentrop, Zwischen London und Moskau, S. 93.
8 ADAP, D I, Nr. 93.
9 ADAP, D I, Nr. 17.
10 Wilhelm Treue, Hitlers Denkschrift zum Vierjahresplan 1936, in: VfZG 3 (1955), S. 210.
11 ADAP, D I, Nr. 19.
12 ADAP, D I, Nr. 31.
13 Zitiert nach Gregor Schöllgen, Die Macht in der Mitte Europas. Stationen deutscher Außenpolitik von Friedrich dem Großen bis zur Gegenwart, München [2]2000, S. 101.
14 Zitiert nach Hans-Jürgen Döscher, Das Auswärtige Amt im Dritten Reich. Diplomatie im Schatten der »Endlösung«, Berlin 1987, S. 121.
15 ADAP, C V/2, Nr. 446.
16 Kurt von Schuschnigg, Ein Requiem in Rot-Weiß-Rot. »Aufzeichnungen des Häftlings Dr. Auster«, Zürich 1946, S. 113.
17 Der Prozeß gegen die Hauptkriegsverbrecher vor dem Internationalen Militärgerichtshof. Nürnberg 14. November 1945 – 1. Oktober 1946, 42 Bde., Nürnberg 1947–1949, Bd. 31, S. 369.
18 ADAP, D II, Nr. 107.
19 ADAP, D II, Nr. 135.
20 ADAP, D II, Nr. 221.
21 ADAP, D II, Nr. 632.
22 Hitler, Reden und Proklamationen, Bd. 1, S. 924 bzw. 930.
23 ADAP, D IV, Nr. 81.
24 ADAP, D IV, Nr. 152.
25 ADAP, D IV, Nr. 229.
26 Hitler, Reden und Proklamationen, Bd. 2, S. 1095.
27 ADAP, D VI, Nr. 40.

28 Ulrich von Hassell, Aufzeichnungen vom anderen Deutschland. Die Hassell-Tagebücher 1938–1944, hrsg. von F. Frhr. Hiller von Gaertringen, Berlin 1988, S. 85.
29 Parliamentary Debates. Fifth Series, Bd. 345, S. 2415.
30 ADAP, D VI, Nr. 433.
31 Hitler, Reden und Proklamationen, Bd. 2, S. 1058.
32 Ebd., S. 1148.
33 ADAP, D VI, Nr. 433.
34 ADAP, D VI, Nr. 758.
35 ADAP, D VII, Nr. 193/Anm. 1.
36 Galeazzo Ciano, Tagebücher 1939–1943, Bern 1946, S. 122.
37 ADAP, D VIII, Nr. 159.
38 ADAP, D XI/2, Nr. 638.
39 Hitler, Reden und Proklamationen, Bd. 2, S. 1391.
40 Das Diensttagebuch des deutschen Generalgouverneurs in Polen 1939–1945, hrsg. von W. Präg und W. Jacobmeyer, Stuttgart 1975, S. 335.
41 Generaloberst Halder, Kriegstagebuch. Tägliche Aufzeichnungen des Chefs des Generalstabes des Heeres 1939–1942, hrsg. vom Arbeitskreis für Wehrforschung, bearb. von H.-A. Jacobsen, 3 Bde., Stuttgart 1962–1964, Bd. 1, S. 90.
42 Johanna M. Menzel, Der geheime deutsch-japanische Notenaustausch zum Dreimächtepakt, in: VfZG 5 (1957), S. 190.
43 ADAP, D XI/2, Nr. 532.
44 Halder, Kriegstagebuch, Bd. 2, S. 203.
45 Haffner, Teufelspakt, S. 151.
46 Zitiert nach Walerij Danilow, Hat der Generalstab der Roten Armee einen Präventivschlag gegen Deutschland vorbereitet?, in: Österreichische Militärische Zeitschrift 31 (1993), S. 49.
47 Halder, Kriegstagebuch, Bd. 2, S. 337.
48 Hans Buchheim u. a., Anatomie des SS-Staates. Gutachten des Instituts für Zeitgeschichte, Bd. 2: Martin Broszat u. a., Konzentrationslager, Kommissarbefehl, Judenverfolgung, Olten/Freiburg i.Br. 1965, S. 204.
49 Zitiert nach Hans-Adolf Jacobsen, 1939–1945. Der Zweite Weltkrieg in Chronik und Dokumenten, Darmstadt 1959, S. 572.
50 Nürnberger Prozesse, Bd. 26, S. 267.
51 ADAP, E I, Nr. 150.
52 Heinrich Himmler, Geheimreden 1933 bis 1945 und andere Ansprachen, hrsg. von B. F. Smith und A. F. Peterson, Berlin/Frankfurt a. M./Wien 1974, S. 169.
53 Staatsmänner und Diplomaten bei Hitler. Vertrauliche Aufzeichnun-

gen und Unterredungen mit Vertretern des Auslandes 1939–1941, hrsg. von A. Hillgruber, 2 Bde., Frankfurt a.M. 1967/70, Bd. 2, S. 546.
54 Hitler, Reden und Proklamationen, Bd. 2, S. 1764.
55 Halder, Kriegstagebuch, Bd. 3, S. 295.
56 ADAP, D XII/1, Nr. 266.

RÜCKZUG

1 Hitlers Weisungen für die Kriegführung 1939–1945. Dokumente des Oberkommandos der Wehrmacht, hrsg. von W. Hubatsch, Frankfurt a.M. 1962, Nr. 41.
2 Günter Moltmann, Goebbels' Rede zum totalen Krieg am 18. Februar 1943, in: VfZG 12 (1964), S. 27.
3 Hitlers Weisungen für die Kriegführung, Nr. 51.
4 Zitiert nach Fabian von Schlabrendorff, Offiziere gegen Hitler, Frankfurt a.M./Hamburg 1959, S. 138.
5 Kriegstagebuch des Oberkommandos der Wehrmacht (Wehrmachtführungsstab) 1940–1945, hrsg. von P. E. Schramm, 4 Bde., Frankfurt a.M. 1961–1965, Bd. 4/2, S. 1580.
6 Werner Maser, Hitlers Briefe und Notizen. Sein Weltbild in handschriftlichen Dokumenten, Düsseldorf/Wien 1973, S. 375.
7 EA 1 (1946/47), S. 219.
8 EA 3 (1948), S. 1263 f.
9 Department of State: Bulletin, 28. März 1948, S. 419.
10 EA 4 (1949), S. 2115.
11 EA 1 (1946/47), S. 344.
12 Milovan Djilas, Gespräche mit Stalin, Frankfurt a.M. 1962, S. 146.
13 AdG 16/17 (1946/47), S. 669 f.
14 Sten. Ber., Bd. 5.
15 EA 5 (1950), S. 3091.
16 Kurt Schumacher, Reden – Schriften – Korrespondenzen 1945–1952, hrsg. von W. Albrecht, Berlin/Bonn 1985, S. 806 f.
17 Konrad Adenauer, Erinnerungen 1945–1953, Stuttgart 1965, S. 351.
18 Ebd., S. 358.
19 Ebd., S. 359.
20 AdG 20 (1950), S. 2588.
21 EA 5 (1950), S. 3518 f.
22 AAPD 1952, Nr. 250.
23 Bulletin, Nr. 163, 24. Oktober 1952, S. 1461.
24 AAPD 1951, Nr. 54.

25 Im Zentrum der Macht. Das Tagebuch von Staatssekretär Lenz 1951–1953, hrsg. von K. Gotto u. a., Düsseldorf 1989, S. 315.
26 AdG 22 (1952), S. 3485.
27 Konrad Adenauer, Teegespräche 1950–1954, bearb. von H. J. Küsters, Berlin 1984, S. 293.

OHNMACHT

1 Konrad Adenauer, Teegespräche 1955–1958, bearb. von H. J. Küsters, Berlin 1986, S. 90 bzw. 181.
2 AdG 24 (1954), S. 4804.
3 EA 10 (1955), S. 7345 f.
4 Zitiert nach Wladimir K. Wolkow, Die deutsche Frage aus Stalins Sicht (1947–1952), in: Zeitschrift für Geschichtswissenschaft 48 (2000), S. 45.
5 Konrad Adenauer, Erinnerungen 1953–1955, Stuttgart 1966, S. 515.
6 EA 10 (1955), S. 8315 ff.
7 Adenauer, Teegespräche 1955–1958, S. 163.
8 Ebd., S. 244.
9 Konrad Adenauer, Erinnerungen 1955–1959, Stuttgart 1967, S. 319.
10 The New York Times, 13. Juli 1956: »Radford Seeking 800,000-Man Cut; 3 Services Resist«.
11 Adenauer: »Wir haben wirklich etwas geschaffen«. Die Protokolle des CDU-Bundesvorstands 1953–1957, hrsg. von G. Buchstab, Düsseldorf 1990, S. 1228.
12 Franz Josef Strauß, Die Erinnerungen, Berlin 1989, S. 310.
13 Adenauer, Erinnerungen 1955–1959, S. 132.
14 Ebd., S. 377 f.
15 DDP IV/1, S. 19.
16 DDP IV/6, S. 1349.
17 DDP IV/7, S. 18.
18 Franz Josef Strauss, The Grand Design. A European Solution to German Reunification, London 1965, S. 53.
19 Henry A. Kissinger, Bündnisdiplomatie im Atomzeitalter. Wie einig muss die Atlantische Gemeinschaft sein?, in: FAZ, 24. Juni 1964.
20 Heinrich Krone, Tagebücher, Bd. 2.: 1961–1966, bearb. von H.-O. Kleimann, Düsseldorf 2003, S. 211 bzw. 206.
21 Ebd., S. 211.
22 DDP IV/1, S. 1268.
23 Sten. Ber., Anlagen, Bd. 84.
24 DDP IV/9, S. 572 ff.

25 DDP IV/8, S. 625.
26 DDP IV/10, S. 1026.
27 AAPD 1965, Nr. 2.
28 AAPD 1965, Nr. 88.
29 DDP IV/11, S. 207.
30 AAPD 1965, Nr. 480.
31 AAPD 1966, Nr. 298.
32 EA 21 (1966), D 171 f. und 175.
33 Interview mit: Die Zeit, 8. April 1966.
34 Sten. Ber., Bd. 63.
35 AAPD 1967, Nr. 47.
36 Ebd.
37 AAPD 1967, Nr. 99.
38 AAPD 1968, Nr. 293.
39 AAPD 1968, Nr. 270.
40 Willy Brandt, Plädoyer für die Vernunft. Deutsche Außenpolitik nach dem 21. August, in: Der Monat, Heft 245 (1969), S. 23.
41 AdG 37 (1967), S. 13020.
42 AAPD 1969, Nr. 206.

ABSCHIED

1 FAZ, 15. Dezember 1990: »Willy Brandt und die ›Lebenslüge‹«; Timothy Garton Ash, Im Namen Europas. Deutschland und der geteilte Kontinent, München 1993, S. 685.
2 Sten. Ber., Bd. 71.
3 AAPD 1973, Nr. 202.
4 Zitiert nach Willy Brandt, Begegnungen und Einsichten. Die Jahre 1960–1975, Hamburg 1976, S. 283.
5 Zitiert nach Arnulf Baring, Machtwechsel. Die Ära Brandt-Scheel, Stuttgart 1982, S. 305.
6 AAPD 1970, Nr. 221.
7 Ebd.
8 EA 25 (1970), D 399.
9 AAPD 1969, Nr. 414.
10 AAPD 1970, Nr. 336.
11 EA 26 (1971), D 25 f.
12 Brandt, Begegnungen und Einsichten, S. 386.
13 Henry A. Kissinger, Die Vernunft der Nationen. Über das Wesen der Außenpolitik, Berlin 1994, S. 811.
14 AAPD 1969, Nr. 314.

15 EA 26 (1971), D 444.
16 AAPD 1971, Nr. 291.
17 EA 28 (1973), D 225.
18 Willy Brandt, Erinnerungen, Berlin/Frankfurt a. M. 1989, S. 459 bzw. 482.
19 AdG 40 (1970), S. 15819.
20 Brandt, Begegnungen und Einsichten, S. 420.
21 AdG 44 (1974), S. 18571.
22 EA 28 (1973), D 13 f.
23 Dokumente des geteilten Deutschland, hrsg. von Ingo von Münch, 2 Bde., Stuttgart 1974, Bd. 2, S. 368 f.
24 AAPD 1970, Nr. 581.
25 EA 29 (1974), D 66.
26 Helmut Schmidt, Menschen und Mächte, Berlin 1987, S. 62.
27 EA 30 (1975), D 437 ff.
28 AAPD 1973, Nr. 202.
29 So die sowjetische Beurteilung der Affäre Guillaume: AAPD 1974, Nr. 146.
30 Sten. Ber., Bd. 108.
31 Interview Rudolf Augsteins mit: Die Zeit, 15. Oktober 1993.
32 Schmidt, Menschen und Mächte, S. 243.
33 Ebd., S. 230.
34 Ebd., S. 91.
35 Michail Gorbatschow, Erinnerungen, Berlin 1995, S. 620.
36 Kissinger, Die Vernunft der Nationen, S. 860.
37 EA 35 (1979), D 36 f.
38 Sten. Ber., Bd. 120.
39 Zitiert nach Heinrich Potthoff, Bonn und Ost-Berlin 1969–1982. Dialog auf höchster Ebene und vertrauliche Kanäle. Darstellung und Dokumente, Bonn 1997, S. 670.
40 Hans-Dietrich Genscher, Erinnerungen, Berlin 1995, S. 573 und 580.

ÜBERRASCHUNG

1 Remarks at the Annual Convention of the National Association of Evangelicals in Orlando, Florida, 8. März 1983, in: http://www.presidency.uscb.edu.
2 EA 36 (1981), D 657 f.
3 EA 43 (1988), D 132.
4 EA 44 (1989), D 141 f. und 162.
5 Sten. Ber., Bd. 149.

6 The New York Times, 2. Mai 1989: »Nobody Tells the Truth«.
7 Time Magazine, 8. Mai 1989: »The Implausibly Durable Guardian of Ostpolitik«.
8 Zitiert nach Heinrich Potthoff (Hrsg.), »Die Koalition der Vernunft«. Deutschlandpolitik in den 80er Jahren, München 1995, S. 310.
9 EA 42 (1987), D 533 f.
10 EA 44 (1989), D 605.
11 Newsweek, 27. Oktober 1986.
12 EA 44 (1989), D 382.
13 Neues Deutschland, 20. Januar 1989: »Schlussbemerkungen Erich Honeckers auf der Tagung des Thomas-Müntzer-Komitees«.
14 AdG 59 (1989), S. 33396.
15 AdG 59 (1989), S. 33888.
16 AdG 59 (1989), S. 33946.
17 Igor F. Maximytschew/Hans-Hermann Hertle, Die Maueröffnung. Eine russisch-deutsche Trilogie, Teil II, in: Deutschland Archiv 27 (1994), S. 1151.
18 Sten. Ber., Bd. 151.
19 Peter Bender, Episode oder Epoche? Zur Geschichte des geteilten Deutschland, München 1996, S. 125.
20 AdG 59 (1989), S. 33999.
21 Jacques Attali, Verbatim, Bd. 3, Paris 1995, S. 350.
22 EA 45 (1990), D 132.
23 AdG 60 (1990), S. 34431.
24 Dokumente des geteilten Deutschland, Bd. 2, S. 9.
25 Sten. Ber., Bd. 151.
26 EA 46 (1991), D 574.
27 EA 45 (1990), D 193.
28 FAZ, 8. März 1990: »Die Interessen der Nachbarn und der übrigen Welt berücksichtigen«.
29 DDP, Deutsche Einheit. Sonderedition aus den Akten des Bundeskanzleramtes 1989/90, bearb. von H. J. Küsters und D. Hofmann, München 1998, S. 865.
30 Philip Zelikow/Condoleezza Rice, Sternstunde der Diplomatie. Die deutsche Einheit und das Ende der Spaltung Europas, Berlin 1997, S. 351.
31 EA 45 (1990), S. 456 ff.
32 James A. Baker, III, The Politics of Diplomacy. Revolution, War and Peace 1989–1992, New York 1995, S. 231.
33 DDP, Deutsche Einheit, S. 869
34 EA 45 (1990), D 480.
35 EA 45 (1990), D 510.

36 EA 46 (1991), D 310.
37 EA 45 (1990), D 512.
38 Bulletin, Nr. 121, 10. Oktober 1990, S. 1266.
39 EA 41 (1991), D 86 f.
40 François Furet, Das Ende der Illusion. Der Kommunismus im 20. Jahrhundert, München/Zürich 1996, S. 210.

EPILOG

1 Ronald Reagan, Erinnerungen. Ein amerikanisches Leben, Berlin/Frankfurt a.M. 1990, S. 722 und 725.
2 EA 48 (1993), Z 26.
3 EA 49 (1994), D 430.
4 Joschka Fischer im Interview mit: Der Spiegel, Nr. 25, 21. Juni 1999.
5 Sten. Ber., Bd. 208.
6 Joschka Fischer im Interview mit: FAZ, 17. März 2003.
7 http://www.spd.de: Rede von Bundeskanzler Gerhard Schröder zum Wahlkampfauftakt am Montag, 5. August 2002, in Hannover.
8 Sten. Ber., Bd. 213.
9 Sten. Ber., Bd. 216.
10 Gerhard Schröder im Interview mit: Der Spiegel, Nr. 17, 19. April 2003.
11 So ein ursprünglich nicht für die Öffentlichkeit gedachtes Papier, zitiert nach FAZ, 22. September 2003: »Schröder: Keine weitere Angaben«.
12 Gerhard Schröder im Interview mit: Süddeutsche Zeitung, 2./3. Oktober 2004.
13 Joseph Goebbels, Vom Kaiserhof zur Reichskanzlei. Eine historische Darstellung in Tagebuchblättern, München 1934, S. 285 f.
14 Sebastian Haffner, Anmerkungen zu Hitler, München 1978, S. 201 ff.

QUELLEN UND LITERATUR

DIE AKTENWERKE DES AUSWÄRTIGEN AMTES

Die Große Politik der Europäischen Kabinette 1871–1914. Sammlung der Diplomatischen Akten des Auswärtigen Amtes. Im Auftrage des Auswärtigen Amtes hrsg. von J. Lepsius, A. Mendelssohn Bartholdy und F. Thimme, 40 Bde. in 54, Berlin 1922–1927.

Die Deutschen Dokumente zum Kriegsausbruch 1914. Hrsg. im Auftrag des Auswärtigen Amtes von Graf M. Montgelas und W. Schücking, 4 Bde., Berlin 1921.

Akten zur deutschen auswärtigen Politik 1918–1945. Aus dem Archiv des Auswärtigen Amtes, 62 Bde. in 76. Serie A: 1918–1925, 14 Bde., Göttingen 1982 ff.; Serie B: 1925–1933, 21 Bde., Göttingen 1966 ff.; Serie C: 1933–1937, 6 Bde., Göttingen 1971 ff.; Serie D: 1937–1941, 13 Bde., Baden-Baden u. a. 1950 ff.; Serie E: 1941–1945, 8 Bde., Göttingen 1969 ff.

Akten zur Auswärtigen Politik der Bundesrepublik Deutschland. Hrsg. im Auftrag des Auswärtigen Amtes vom Institut für Zeitgeschichte: Adenauer und die Hohen Kommissare, 2 Bde. (1949–1952), München 1989/90; 1949 ff.: bislang 4 Bde. (1949/50–1953) in 5, München 1997 ff.; 1963 ff.: bislang 12 Bde. (1963–1974) in 33, München 1994 ff.

QUELLEN (EINSCHLIESSLICH MEMOIREN)

Adenauer, Konrad: Erinnerungen, 4 Bde., Stuttgart 1965–68.

Adenauer, Konrad: Briefe, bearb. von H. P. Mensing, Berlin 1983 ff.

Adenauer, Konrad: Teegespräche, 4 Bde., bearb. von H. J. Küsters bzw. H. P. Mensing, Berlin 1984–92.

Auswärtiges Amt (Hrsg.): Außenpolitik der Bundesrepublik Deutschland. Dokumente von 1949 bis 1994, Köln 1995.

Bismarck, Otto von: Die gesammelten Werke, hrsg. von H. v. Petersdorff u. a., 14 Bde. in 19, Berlin 1924 ff.

Brandt, Willy: Begegnungen und Einsichten. Die Jahre 1960–1975, Hamburg 1976.
Brandt, Willy: Erinnerungen, Berlin/Frankfurt a.M. 1989.
Brandt, Willy: Berliner Ausgabe, hrsg. von H. Grebing u.a., Bonn 2000ff.
Brüning, Heinrich: Memoiren 1918–1934, Stuttgart 1970.
Deutsche Gesellschaft für Auswärtige Politik (Hrsg. seit 1957): Europa-Archiv, Bd. 1ff., Oberursel bzw. Bonn 1946ff., seit 1995: Internationale Politik.
Deutscher Bundestag (Hrsg.): Verhandlungen des Deutschen Bundestages. Stenographische Berichte, Bonn 1950ff.
Deutscher Reichstag (Hrsg.): Stenographische Berichte über die Verhandlungen des Deutschen Reichstags, Bd. 19ff., Berlin 1871ff.
Dokumente zur Deutschlandpolitik, hrsg. vom Bundesministerium für Gesamtdeutsche Fragen bzw. Bundesministerium für Innerdeutsche Beziehungen bzw. Bundesminister des Innern, Frankfurt a.M. 1961ff.
Dokumente zur Deutschlandpolitik: Deutsche Einheit. Sonderedition aus den Akten des Bundeskanzleramtes 1989/90, bearb. von H. J. Küsters und Daniel Hofmann, München 1998.
[Friedensvertrag:] Der Friedensvertrag zwischen Deutschland und der Entente. Vollständige Volksausgabe der amtlichen deutschen Übertragung. Im Auftrage des Auswärtigen Amtes, Charlottenburg 1919.
Genscher, Hans-Dietrich: Erinnerungen, Berlin 1995.
[Goebbels, Joseph:] Die Tagebücher von Joseph Goebbels, hrsg. von E. Fröhlich, Teil 1: Aufzeichnungen 1923–1941, 9 Bde.; Teil 2: Diktate 1941–1945, 15 Bde. und Registerbd., München 1993ff.
Grewe, Wilhelm G.: Rückblenden 1976–1951. Aufzeichnungen eines Augenzeugen deutscher Außenpolitik von Adenauer bis Schmidt, Frankfurt a.M. u.a. 1979.
Halder, [Franz]: Generaloberst Halder, Kriegstagebuch. Tägliche Aufzeichnungen des Chefs des Generalstabes des Heeres 1939–1942, hrsg. vom Arbeitskreis für Wehrforschung; bearb. von H.-A. Jacobsen, 3 Bde., Stuttgart 1962/64.
Handbuch der Verträge 1871–1964. Verträge und andere Dokumente zur Geschichte der internationalen Beziehungen, hrsg. von H. Stoecker, Berlin (Ost) 1968.
Hassell, Ulrich von: Aufzeichnungen vom anderen Deutschland. Die Hassell-Tagebücher 1938–1944. Nach der Handschrift revidierte und erweiterte Ausgabe, hrsg. von F. Frhr. Hiller von Gaertringen, Berlin 1988.
[Hitler, Adolf:] Hitlers Weisungen für die Kriegführung 1939–1945. Dokumente des Oberkommandos der Wehrmacht, hrsg. von W. Hubatsch, Frankfurt a.M. 1962.

Hitler, Adolf: Reden und Proklamationen 1932–1945. Kommentiert von einem deutschen Zeitgenossen, hrsg. von M. Domarus, 2 Bde., Neustadt 1962/63.
[Hitler, Adolf:] Staatsmänner und Diplomaten bei Hitler. Vertrauliche Aufzeichnungen über Unterredungen mit Vertretern des Auslandes 1939–1944, hrsg. von A. Hillgruber, 2 Bde., Frankfurt a.M. 1967/70.
Hopman, Albert: Das ereignisreiche Leben eines »Wilhelminers«. Tagebücher, Briefe, Aufzeichnungen 1901 bis 1920, hrsg. von M. Epkenhans, München 2004.
Julikrise und Kriegsausbruch 1914, bearb. von I. Geiss, 2 Bde., Bonn-Bad Godesberg [2]1976.
Kohl, Helmut: »Ich wollte Deutschlands Einheit«, dargestellt von K. Diekmann und R. G. Reuth, Berlin 1996.
Krone, Heinrich: Tagebücher, bearb. von H. Kleinmann, 2 Bde., Düsseldorf 1995/2003.
Kühlmann, Richard von: Erinnerungen, Heidelberg 1948.
[Nürnberger Prozesse:] Der Prozess gegen die Hauptkriegsverbrecher vor dem Internationalen Militärgerichtshof. Nürnberg 14. November 1945–1. Oktober 1946, 42 Bde., Nürnberg 1947 ff.
Potthoff, Heinrich: Bonn und Ost-Berlin 1969–1982. Dialog auf höchster Ebene und vertrauliche Kanäle. Darstellung und Dokumente, Bonn 1997.
Presse- und Informationsamt der Bundesregierung (Hrsg.): Bulletin, Bonn 1951 ff.
Quellen zur deutschen Außenpolitik im Zeitalter des Imperialismus 1890–1911, hrsg. von M. Behnen, Darmstadt 1977.
Quellen zur Entstehung des Ersten Weltkrieges. Internationale Dokumente 1901–1914, hrsg. von E. Hölzle, Darmstadt [2]1995.
Rathenau, Walther: Gesammelte Reden, Berlin 1924.
Schmidt, Helmut: Menschen und Mächte, Berlin 1987.
Strauß, Franz Josef: Die Erinnerungen, Berlin 1989.
Ursachen und Folgen. Vom deutschen Zusammenbruch 1918 und 1945 bis zur staatlichen Neuordnung Deutschlands in der Gegenwart. Eine Urkunden- und Dokumentensammlung zur Zeitgeschichte, hrsg. von H. Michaelis u.a., 26 Bde., Berlin [1958 ff.].

LITERATUR

Aly, Götz: »Endlösung«. Völkerverschiebung und der Mord an den europäischen Juden, Frankfurt a.M. [2]2002.
Baring, Arnulf: Machtwechsel. Die Ära Brandt-Scheel, Stuttgart 1982.

Baring, Arnulf/Schöllgen, Gregor: Kanzler, Krisen, Koalitionen, Berlin 2002.
Bender, Peter: Episode oder Epoche? Zur Geschichte des geteilten Deutschland, München 1996.
Besson, Waldemar: Die Außenpolitik der Bundesrepublik. Erfahrungen und Maßstäbe, München 1970.
Brand, Christoph-Matthias: Souveränität für Deutschland. Grundlagen, Entstehungsgeschichte und Bedeutung des Zwei-plus-Vier-Vertrages vom 12. September 1990, Köln 1993.
Buchheim, Hans: Deutschlandpolitik 1949–1972. Der politisch-diplomatische Prozeß, Stuttgart 1984.
Döscher, Hans-Jürgen: Das Auswärtige Amt im Dritten Reich. Diplomatie im Schatten der »Endlösung«, Berlin 1987.
Fest, Joachim: Hitler, Frankfurt a.M./Berlin/Wien 1973.
Fischer, Fritz: Griff nach der Weltmacht. Die Kriegszielpolitik des kaiserlichen Deutschland 1914/18, Düsseldorf 1961; zuletzt Kronberg/Ts. 1977.
Fischer, Fritz: Krieg der Illusionen. Die deutsche Politik von 1911 bis 1914, Düsseldorf 1969; zuletzt Kronberg/Ts. 1978.
Gall, Lothar: Bismarck. Der weiße Revolutionär, Frankfurt a.M./Berlin/Wien [5]1981.
Geiss, Immanuel: Der lange Weg in die Katastrophe. Die Vorgeschichte des Ersten Weltkrieges 1815–1914, München/Zürich [2]1991.
Graml, Hermann: Zwischen Stresemann und Hitler. Die Außenpolitik der Präsidialkabinette Brüning, Papen und Schleicher, München 2001.
Haffner, Sebastian: Anmerkungen zu Hitler, München 1978.
Haffner, Sebastian: Von Bismarck zu Hitler. Ein Rückblick, München 1987.
Haffner, Sebastian: Der Teufelspakt. Die deutsch-russischen Beziehungen vom Ersten zum Zweiten Weltkrieg, Zürich 1988.
Hilberg, Raul: Die Vernichtung der europäischen Juden. Die Gesamtgeschichte des Holocaust, Berlin [4]1992.
Hildebrand, Klaus: Das vergangene Reich. Deutsche Außenpolitik von Bismarck bis Hitler 1871–1945, Stuttgart [2]1996.
Hillgruber, Andreas: Bismarcks Außenpolitik, Freiburg i.Br. 1972.
Hillgruber, Andreas: Deutschlands Rolle in der Vorgeschichte der beiden Weltkriege, Göttingen [2]1979.
Hillgruber, Andreas: Der Zweite Weltkrieg 1939–1945. Kriegsziele und Strategie der großen Mächte, Stuttgart u.a. [6]1996.
Kielmansegg, Peter Graf: Nach der Katastrophe. Eine Geschichte des geteilten Deutschland, Berlin 2000.

Kießling, Friedrich: Gegen den »großen Krieg«? Entspannung in den internationalen Beziehungen 1911–1914, München 2002.

Kloeppel, Peter/Schöllgen, Gregor: Luftbrücken. Amerika und die Deutschen, Bergisch-Gladbach [2]2004.

Korte, Karl-Rudolf u. a.: Geschichte der deutschen Einheit, 4 Bde., Stuttgart 1998.

Krüger, Peter: Die Außenpolitik der Republik von Weimar, Darmstadt 1985.

Longerich, Peter: Politik der Vernichtung. Eine Gesamtdarstellung der nationalsozialistischen Judenverfolgung, München/Zürich 1998.

Mommsen, Hans: Die verspielte Freiheit. Der Weg der Republik von Weimar in den Untergang 1918 bis 1933, Frankfurt a. M./Berlin 1989.

Mommsen, Wolfgang J.: Großmachtstellung und Weltpolitik. Die Außenpolitik des Deutschen Reiches 1870 bis 1914, Frankfurt a. M./Berlin 1993.

Nolte, Ernst: Deutschland und der Kalte Krieg, Stuttgart [2]1985.

Ritter, Gerhard: Staatskunst und Kriegshandwerk. Das Problem des »Militarismus« in Deutschland, 4 Bde., München 1954 ff.

Schöllgen, Gregor: Imperialismus und Gleichgewicht. Deutschland, England und die orientalische Frage 1871–1914, München [3]2000.

Schöllgen, Gregor: Geschichte der Weltpolitik von Hitler bis Gorbatschow 1941–1991, München 1996.

Schöllgen, Gregor: Willy Brandt. Die Biographie, München [6]2004.

Schöllgen, Gregor: Der Auftritt. Deutschlands Rückkehr auf die Weltbühne, Berlin [2]2004.

Schwarz, Hans-Peter: Adenauer, 2 Bde., Stuttgart 1986/91.

Ullrich, Volker: Die nervöse Großmacht. Aufstieg und Untergang des deutschen Kaiserreichs 1871–1918, Frankfurt a. M. [4]2001.

Wehler, Hans-Ulrich: Bismarck und der Imperialismus, Köln [3]1972.

Winkler, Heinrich August: Der lange Weg nach Westen. Deutsche Geschichte, 2 Bde., München 2000.

Zelikow, Philip/Rice, Condoleezza: Sternstunde der Diplomatie. Die deutsche Einheit und das Ende der Spaltung Europas, Berlin 1997.

Zündorf, Benno: Die Ostverträge. Die Verträge von Moskau, Warschau, Prag, das Berlin-Abkommen und die Verträge mit der DDR, München 1979.

PERSONENREGISTER